"十四五"职业教育国家规划教材

公路工程定额与造价

（第4版）

俞素平　孙莉萍　徐筱婷　主　编
宁金成　刘必付　主　审

人民交通出版社股份有限公司
北　京

内 容 提 要

本教材为“十四五”职业教育国家规划教材。基于行动导向的“项目引领、任务驱动”教学模式进行编写，教材内容突出“职业性、实用性、适用性”，主要涵盖了公路工程造价基础知识，公路工程预算定额的应用，工、料、机预算单价的确定，公路工程建设项目概算、预算费用标准和计算，公路工程概算、预算文件的编制，公路工程施工投标报价的编制，公路工程施工阶段造价文件等内容。

本教材适合高职高专道路桥梁工程技术专业、工程造价专业学生学习使用，亦可作为公路工程相关人员参加造价工程师考试的参考用书。

图书在版编目(CIP)数据

公路工程定额与造价／俞素平、孙莉萍、徐筱婷主编
.—北京：人民交通出版社股份有限公司，2019.8
ISBN 978-7-114-15619-9

Ⅰ.①公… Ⅱ.①俞… ②孙… ③徐… Ⅲ.①道路工程—建筑经济定额②道路工程—工程造价 Ⅳ.①U415.13

中国版本图书馆 CIP 数据核字(2019)第 169231 号

“十四五”职业教育国家规划教材
书　　名：公路工程定额与造价(第 4 版)
著 作 者：俞素平　孙莉萍　徐筱婷
责任编辑：岑　瑜
责任校对：张　贺　龙　雪
责任印制：张　凯
出版发行：人民交通出版社股份有限公司
地　　址：(100011)北京市朝阳区安定门外外馆斜街 3 号
网　　址：http://www.ccpcl.com.cn
销售电话：(010)59757973
总 经 销：人民交通出版社股份有限公司发行部
经　　销：各地新华书店
印　　刷：北京市密东印刷有限公司
开　　本：787×1092　1/16
印　　张：21.75
字　　数：550 千
版　　次：2004 年 8 月　第 1 版
2011 年 2 月　第 2 版
2014 年 12 月　第 3 版
2019 年 8 月　第 4 版
印　　次：2023 年 12 月　第 4 版　第 10 次印刷
书　　号：ISBN 978-7-114-15619-9
定　　价：58.00 元

第4版

前·言

Preface

本书以交通运输部颁发的《公路工程建设项目造价文件管理导则》(JTG 3810—2017)、《公路工程建设项目概算预算编制办法》(JTG 3830—2018)、《公路工程预算定额》(JTG/T 3832—2018)、《公路工程机械台班费用定额》(JTG/T 3833—2018)、《公路工程标准施工招标文件》(2018版)(交通运输部公告2017年第51号)等计价文件为依据,结合编者近年来的课程教学改革实践,对原教材第3版进行了全面的修订和完善。

本书具有以下两大特色:

(1)"一个突出"

即教材内容突出"职业性、实用性、适用性"。本书基于学生毕业后从事公路工程造价工作内容和工作过程,并结合企业、行业调研成果,精心选择和编排教学内容。公路工程造价文件是基本建设程序各阶段造价文件的统称,包括投资估算、设计概算、施工图预算、工程量清单预算、招标控制价或施工投标报价、计量与支付、工程变更费用、工程结算、竣工决算等文件。根据高职学生培养目标,本书重点介绍施工图预算编制、施工投标报价编制、施工阶段造价文件编制等内容。

(2)"两个适应"

即适应"校企合作、工学结合"培养模式的需要,适应基于行动导向的"项目引领、任务驱动"教学模式的需要。教材力求深入浅出,加强其实用性,以应用为重点,做到理论联系实际,列举了代表性的工程案例。学生通过工程案例的学习,较容易掌握造价文件的编制方法。通过本书的学习,使学生具有"实际操作能力强、工程意识强、工作适应性强"的特点,努力实现"零距离"上岗。

为适应基于行动导向的“项目引领 任务驱动”教学模式,建议按照“能力目标先行,以教师为主导,以学生为主体,以工程项目为载体,以造价编制流程为导向,以综合训练为手段,理论实践一体化”原则开展课程教学。**为此,本书配有配套教学用书——《公路工程施工招标文件示例》,供组织项目教学使用。**可将该配套教学用书提供的工程项目作为载体,设计项目具体任务,以完成工程项目的施工图预算编制和投标报价编制任务为主线来组织和安排教学。

本书具体编写分工如下:福建船政交通职业学院俞素平编写第一章,第二章的第一节、第二节,第六章的第一节、第二节及第四节~第六节,第七章;河南交通职业技术学院孙莉萍编写第二章的第三节~第八节,第五章;湖北交通职业技术学院徐筱婷编写第四章;福建船政交通职业学院陈艳琼编写第三章;福建船政交通职业学院吴志华编写第六章的第三节。全书由俞素平、孙莉萍、徐筱婷担任主编,孙莉萍负责统稿,河南交通职业技术学院宁金成教授、福建省路桥建设有限公司刘必付高级工程师担任主审。

在本书编写过程中,参阅和引用了不少专家、学者论著中的有关资料,并得到了许多企业和院校专家的热情帮助,在此一并致以衷心的感谢。受编者经验和水平所限,书中缺点和不足之处在所难免,真诚希望使用本教材的教师和其他读者批评指正,并提出宝贵意见,以便今后进一步修订完善。

编 者

2019 年 7 月

第3版

前·言

Preface

本书第3版在第2版的基础上,依据国家和交通运输部最新的政策法规、技术标准、规范和计价文件的内容进行了调整和修订,并结合编者近年来在"校企合作、工学结合"人才培养模式改革、课程教学改革取得的一些经验与成果做了进一步的充实和完善。本书第3版主要的改进和新增内容如下:

(1)依据实际工程项目,结合课程目标的需要和教学的特点,设计了"公路工程概(预)算文件的编制""公路工程施工投标报价的编制"两个学习性项目,包括项目背景、项目任务书及任务实施示范等内容,以体现"行动导向"的教学原则,让学生在编制具体工程项目的预算文件及投标报价文件过程中掌握相关的技能与基础理论知识,实现"教、学、做"合一。

(2)按照《建设工程工程量清单计价规范》(GB 50500—2013)对工程造价、工程量清单计价、招标控制价的基本概念及基本方法进行了修编和完善。

(3)结合交通运输部公路造价工程师考试大纲要求修订了相关内容,并更新了部分案例。

(4)在"公路工程概(预)算文件的编制"章中增加了"应用造价软件编制概(预)算文件"内容。

(5)在"公路工程施工投标报价的编制"章中增加了工程量清单计量规则、造价软件编制报价文件的内容。

(6)根据工程造价领域的最新研究与实践成果,改写和更新了工程量清单编制、基础标价的计算和工程索赔费用计算等内容。

(7)删除了第2版"同望 WECOST 系统编制公路工程造示例"一章,将预算编制示例部分重新编写后调整至第3版"公路工程概

(预)算文件的编制"章中。

(8)在体系结构上做了一些调整,力求使本书的结构更能适应"工程造价编制流程"。

本书具有以下两大特色:

(1)"一个突出",即教材内容突出"职业性、实用性、适用性"。本书基于学生毕业后从事公路工程造价工作内容和工作过程,并结合企业、行业调研成果,精心选择和编排教学内容。公路工程造价涵盖内容非常广泛,包括估算、概算、预算、招标控制价或施工投标报价、结算、决算等。根据高职学生培养目标,本书重点介绍施工图预算文件的编制、施工投标报价的编制、工程结算三大内容。

(2)"两个适应",即适应"工学结合"培养模式的需要,适应"能力目标先行,以教师为主导,以学生为主体,以工程项目为载体,以造价编制流程为导向,以综合训练为手段,理论实践一体化"教学执行模式的需要。教材力求深入浅出,加强其实用性,以应用为重点,做到理论联系实际,列举了代表性的工程案例,学生通过工程案例的学习,较容易掌握造价文件的编制方法,同时使学生达到"实际操作能力强、工程意识强、工作适应性强"的培养目标,努力实现"零距离"上岗。

为适应"能力目标先行,以教师为主导,以学生为主体,以工程项目为载体,以造价编制流程为导向,以综合训练为手段,理论实践一体化"教学执行模式的需要,本书配有配套教学用书——《公路工程施工图设计与招标文件示例》(第2版),供组织项目教学使用。可将该配套教学用书提供的工程项目作为载体,以完成工程项目的施工图预算编制和投标报价编制任务为主线来组织和安排教学。

本书具体编写分工如下:福建船政交通职业学院俞素平编写项目一任务书、第一章、第二章、第三章、第四章、第一部分任务实施示范1~4、第二部分任务书、第六章的6.3~6.5节、第二部分任务实施示范2-1~2-3及附录,河南省交通运输厅高速公路濮阳至鹤壁管理处万铜岭编写第五章的5.1~5.4节、第六章的6.1~6.2节、第七章的7.3~7.4节,河南交通职业技术学院宁金成编写第八章,四川建筑职业技术学院袁芳编写第七章的7.1节和7.2节,福建船政交通职业学院陈艳琼编写第五章的5.5节、第一部分任务实施示范1-5~1-6。全书由俞素平、万铜岭担任主编,宁金成、陈艳琼担任副主编，俞素平负责统稿，陕西交通职业技术学院薛安顺担任主审。

在本书的编写过程中，参阅和引用了不少专家、学者论著中的有关资料，在此对原作者致谢。由于编者水平有限，加之编写"工学结合"教材经验不足，书中还有不少值得改进、深化之处，恳请读者批评指正，以便今后进一步修改完善。

编　者

2014 年 11 月

第 **2** 版

前·言

Preface

本书以交通运输部(原交通部)颁发的现行《公路工程基本建设项目概算预算编制办法》(JTG B06—2007)、《公路工程预算定额》(JTG/T B06-02—2007)、《公路工程机械台班费用定额》(JTG/T B06-02—2003)、《公路工程标准施工招标文件》(2009 版)(交公路发〔2009〕221 号)等计价文件为依据,在阐述工程造价基本概念的基础上,以公路工程预算定额的应用及施工图预算的编制为重点内容,同时介绍了工程造价的计价依据、招投标阶段与施工阶段的造价编制等内容。

本书按照“以就业为导向、以培养综合职业能力为本位、以岗位需要为依据”的思路,强化“职业性、实用性、可操作性”,着力体现当前高等职业教育教学改革的精神。

本书具体编写分工如下:福建交通职业技术学院俞素平编写第1章、第3~5章、第7章的7.4节和附录一~附录六,河南交通职业技术学院宁金成编写第2章、第8章的8.3节和8.4节,昆明冶金高等专科学校金晶编写第6章,河南城建学院王小召编写第7章的7.1~7.3节,四川建筑职业技术学院袁芳编写第8章的8.1节和8.2节,福建交通职业技术学院陈艳琼编写第9章。俞素平负责统稿。

本书在编写过程中参考了有关教材与著作,在此向相关作者表示感谢。由于编者水平有限,可能还存在疏漏,恳请读者批评指正。

编　者

2010 年 11 月

第 **1** 版

前·言

Preface

随着我国对道路交通基础设施投资力度的加大，道路建设迅速发展。为了提高道路建设投资效益，严格控制成本，就需要在工程建设的各个阶段合理地确定工程造价，有效地控制工程造价，因此工程造价管理已成为建设项目管理的重要内容之一。

本书以公路工程为背景，兼顾城市道路，在阐述工程造价基本概念的基础上，以定额的应用、预算的编制为重点介绍内容，同时也介绍了工程招标标底、投标报价、工程变更、工程索赔、计量与支付（工程结算）、竣工决算等工程造价的确定与管理问题，并通过示例解析了用WCOST软件编制公路工程施工图预算的全过程。

鉴于道路工程造价内容技术性、实践性、综合性和政策性很强，以及高职高专教学改革的要求，所以本书在制过程中，本着实用、简明扼要、坚持理论与实际相结合的原则，并注重增加新知识、强化能力培养、突出实际应用。

本书具体编写分工如下：福建交通职业技术学院俞素平编写第一章、第三章、第五章、第六章的6.8节，平顶山工学院赵全振编写第二章、第六章的6.1～6.7节，平顶山工学院王小召编写第七章、第八章，深圳职业技术学院刘万忠编写第九章，宁波高等专科学校周小春编写第四章及附录。全书由俞素平统稿，西南林学院张兰芳主审。

由于编者水平有限，书中的疏漏或不足在所难免，恳请读者批评指正。

编　者

2004年4月

目·录

Contents

第一章
CHAPTER ONE

公路工程造价基础知识

第一节 公路工程基本建设

一、基本建设的含义及内容

基本建设是添置新增固定资产的投资活动,包括固定资产的新建、扩建和改建等,属于固定资产的扩大再生产。具体来讲,就是把一定的建筑材料、设备等,通过购置、建造和安装等活动,转化为固定资产的过程。

公路基本建设活动的内容应包括以下内容。

1. 建筑安装工程

建筑安装工程含建筑工程和设备安装工程。建筑工程,如路基、路面、桥梁、隧道、防护、交通安全设施、机电、房建等工程构造物的建设;设备安装工程,如高速公路、大型桥梁所需要的各种机械、设备、仪器的安装和调试等工作。

2. 设备、工具、器具的购置

设备、工具、器具的购置,即为满足公路的运营、管理及养护必须购置设备、工具和器具,如通信、照明、养护设备等。

3. 其他基本建设工作

其他基本建设工作主要有勘察、设计及与之有关的调查和技术研究工作,如征用土地、青苗补偿和安置补助等。

二、基本建设项目组成

每项基本建设工程,就其实物形态来说,都由许多部分组成。为了加强对基本建设工作的管理，便于编制施工组织设计文件和概(预)算文件，便于工程招投标工作和工程施工管理，必须对基本建设工程进行项目划分。基本建设工程可依次划分为建设项目、单项工程、单位工程、分部工程和分项工程。

1. 建设项目

建设项目，又称基本建设项目，一般指符合国家总体建设规划，能独立发挥生产功能或满足生活需要，其项目建议书经批准立项，可行性研究报告经过批准的建设任务。如一座工厂、一个矿山、一条公路，均可称为一个建设项目。

2. 单项工程

单项工程，又称为工程项目，它是建设项目的组成部分，是具有独立的设计文件，在竣工后能独立发挥设计规定的生产能力或效益的工程。一个建设项目有时可以仅包括一个单项工程，也可以包括多个单项工程。如高速公路的独立特大桥和特长隧道等。

3. 单位工程

单位工程是单项工程的组成部分，一般是指具有独立施工条件，可以单独作为成本核算对象的工程。根据《公路工程质量检验评定标准　第一册　土建工程》(JTG F80/1—2017)的规定，一般建设项目划分为路基工程(每 10km 或每标段)、路面工程(每 10km 或每标段)、桥梁工程(每座或每合同段)、隧道工程(每座或每合同段)、绿化工程(每合同段)、声屏障工程(每合同段)、交通安全设施(每 20km 或每标段)、交通机电工程和附属设施等九个单位工程。

4. 分部工程

在单位工程中，按结构部位、路段长度及施工特点或施工任务划分为若干个分部工程。如路基工程划分为路基土石方工程(1 ~ 3km 路段)，排水工程(1 ~ 3km 路段)，小桥和符合小桥标准的通道、人行天桥及渡槽(每座)，涵洞、通道(1 ~ 3km 路段)，防护支挡工程(1 ~ 3km 路段)，大型挡土墙、组合挡土墙(每处)等分部工程。

5. 分项工程

分部工程按不同结构、不同材料和不同施工方法等因素划分为若干个分项工程。如路基土石方工程又划分为土方路基、填石路基、软土地基处治、土工合成材料处治层等分项工程。在概、预算编制中，分项工程是概、预算定额的基本计量单位，故也称为工程定额子目或称工程细目。

三、基本建设程序

基本建设程序，是指基本建设项目从设想、选择、评估、决策、设计、施工到竣工投产交付使用的整个建设过程中各项工作必须遵循的先后顺序。它是基本建设全过程及其客观规律的反映，是建设项目科学决策和顺利实施的重要保证。按照建设项目发展的内在联系和发展过程，将建设程序分为若干阶段，这些发展阶段有严格的先后次序，不能任意颠倒。

我国现行的基本建设程序可概括为 4 个阶段和 8 个程序，如图 1-1 所示。

公路基本建设应当按照国家规定的建设程序和有关规定进行。《公路建设监督管理办法》(交通部令 2006 年第 6 号)对政府投资的公路建设程序和企业投资的公路建设程序做了明确规定。

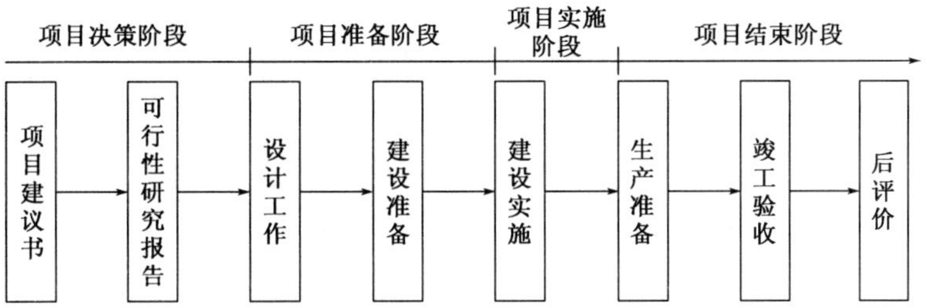

图 1-1 我国现行基本建设程序示意图

1. 我国政府投资的公路建设程序

(1)根据规划,编制项目建议书;

(2)根据批准的项目建议书,进行工程可行性研究,编制可行性研究报告;

(3)根据批准的可行性研究报告,编制初步设计文件;

(4)根据批准的初步设计文件,编制施工图设计文件;

(5)根据批准的施工图设计文件,组织项目招标;

(6)根据国家有关规定,进行征地拆迁等施工前准备工作,并向交通主管部门申报施工许可;

(7)根据批准的项目施工许可,组织项目实施;

(8)项目完工后,编制竣工图表、工程决算和竣工财务决算,办理项目交、竣工验收和财产移交手续;

(9)竣工验收合格后,组织项目后评价。

2. 我国企业投资的公路建设程序

(1)根据规划,编制工程可行性研究报告;

(2)组织投资人招标工作,依法确定投资人;

(3)投资人编制项目申请报告,按规定报项目审批部门核准;

(4)根据核准的项目申请报告,编制初步设计文件,其中涉及公共利益、公众安全、工程建设强制性标准的内容应当按项目隶属关系报交通主管部门审查;

(5)根据初步设计文件编制施工图设计文件;

(6)根据批准的施工图设计文件组织项目招标;

(7)根据国家有关规定,进行征地拆迁等施工前准备工作,并向交通主管部门申报施工许可;

(8)根据批准的项目施工许可,组织项目实施;

(9)项目完工后,编制竣工图表、工程决算和竣工财务决算,办理项目交、竣工验收;

(10)竣工验收合格后,组织项目后评价。

所有新建及改建的大、中型项目都必须严格按照上述程序进行。对于小型项目,可根据具体情况适当合并或删去部分程序。

四、公路基本建设项目设计文件

公路工程设计文件是安排建设项目、控制造价、编制招标文件、组织施工和竣工验收的重要依据。设计文件由封面、扉页、目录、工程说明书、设计图纸、工程数量表及其他成果表、基础资料等组成。设计图纸是计算工程量的主要依据。所谓计算工程量,就是指按照设计图纸上的尺寸计算实物工程数量,而所计算的工程量是编制工程造价的基础资料。设计图纸资料,除了表示各种构造、大小尺寸外,作为计价的基础资料的各种工程量,基本上都反映在图表上,而有些又是隐含在图纸内,如混凝土和砂浆的强度等级、石砌工程的规格种类以及施工要求等。凡难以在图纸上表示的项目内容,往往多在文字说明内加以规定。通常用图形表现的设计图纸和用文字叙述的工程说明书,确定工程的数量和施工方法。所以,深入熟悉设计文件中的设计图表和设计说明等设计图纸资料,做好工程量的核对工作,是准、快、全地编制工程造价的首要前提。

1. 设计阶段

公路工程基本建设项目一般采用两阶段设计,即初步设计和施工图设计。高速公路、一级公路必须采用两阶段设计;对于技术简单、方案明确的小型建设项目,可采用一阶段设计,即施工图设计;对于技术复杂、基础资料缺乏和不足的建设项目或建设项目中的特大桥、长隧道、大型地质灾害治理等,必要时采用三阶段设计,即初步设计、技术设计和施工图设计。

采用一阶段设计的建设项目,施工图设计应根据批复的可行性研究报告、测设合同和定测、详勘资料编制。施工图设计阶段编制施工图预算。

采用两阶段设计的建设项目,施工图设计应根据批复的初步设计、测设合同和定测、详勘(含补充定测、详勘)资料编制。初步设计阶段编制设计概算;施工图设计阶段编制施工图预算。

采用三阶段设计的建设项目,初步设计应根据批复的可行性研究报告、测设合同和初测、初勘资料编制;技术设计应根据批复的初步设计、测设合同和定测、详勘资料编制;施工图设计应根据批复的技术设计、测设合同和补充定测、补充详勘资料编制。初步设计阶段编制设计概算;技术设计阶段编制修正概算;施工图设计阶段编制施工图预算。

2. 施工图设计文件的组成

施工图设计文件由下列12篇和附件组成。

第一篇　总体设计
第二篇　路线
第三篇　路基、路面
第四篇　桥梁、涵洞
第五篇　隧道
第六篇　路线交叉
第七篇　交通工程及沿线设施
第八篇　环境保护与景观设计
第九篇　其他工程
第十篇　筑路材料
第十一篇　施工组织计划
第十二篇　施工图预算
附　件　　基础资料

第二节 公路工程造价相关概念

一、工程造价的含义

1. 工程造价

在与市场经济适应的建设项目管理体制下,建设工程造价针对建设市场的需求主体和供给主体具有如下两种含义。

第一种含义:从投资者(业主)角度分析,工程造价是指建设一项工程预期开支或实际开支的全部固定资产投资费用。建设工程造价,一般是指建设项目或单项工程造价,即该建设项目有计划地进行固定资产投资的一次性费用总和;是指从项目业主角度,为获得一项具有生产能力的固定资产所需的全部建设成本。根据我国现行的制度规定,工程造价包括建筑工程费用、安装工程费用、设备工(器)具购置费用、其他费用、预留费用。

第二种含义:从市场交易的角度分析,工程造价是为建成一项工程,预计或实际在土地市场、设备市场、技术劳务市场以及承包市场等交易活动中所形成的建筑安装工程的价格和建设工程总价格。此处强调的是在工程的建造过程中而形成的价格,与招投标阶段的控制价、报价、合同价、结算价口径大体一致。从建设工程市场交易的角度,工程造价反映不同层次的工程、设备或其他标的物的交易价格。最为典型的是公路的土建工程。工程交易价格包括的费用主要是工程施工成本、利润、税金等费用,与公路概、预算中的建筑工程费用相当。

2. 公路工程造价

公路工程造价是指公路工程基本建设项目、养护项目从筹建到竣工验收交付使用所需的全部费用。

二、公路工程造价文件

公路工程造价文件是基本建设程序各阶段造价类文件的统称,包括投资估算、设计概算、施工图预算、工程量清单、工程量清单预算、招标控制价、投标报价、合同工程量清单、计量与支付、工程变更费用、造价管理台账、工程结算、工程竣工决算等文件。

公路工程各阶段造价文件构成框架如图1-2所示。

1. 投资估算

投资估算,是指在公路工程项目建议、工程可行性研究阶段,按照规定的造价依据、方法和程序,以项目建议书、工程可行性研究报告、设计文件为依据,对工程建设所需的总投资及其构成进行预测和估计所确定的造价预估值。投资估算是公路工程项目决策的重要依据。

项目建议书阶段应编制预可行性研究投资估算,工程可行性研究报告阶段应编制工程可行性研究投资估算。投资估算文件是公路工程项目建议书、可行性研究报告的重要组成部分。

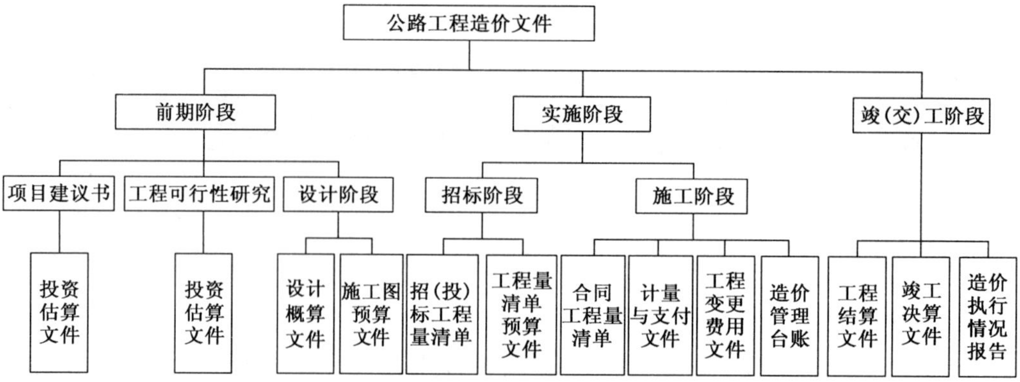

图1-2　公路工程各阶段造价文件构成框架

投资估算应依据现行《公路工程建设项目投资估算编制办法》(JTG 3820—2018)[以下简称《投资估算编制办法》(2018版)],采用现行《公路工程估算指标》(JTG/T 3821—2018)[以下简称《估算指标》(2018版)]及相应的补充造价依据编制。

2. 初步设计(修正)概算

初步设计(修正)概算,是指在公路工程初步设计阶段,按照规定的造价依据、方法和程序,以项目初步设计、技术设计为依据,对工程建设所需要的全部费用及其构成进行计算所确定的造价预计值。初步设计(修正)概算是公路工程项目建设管理重要的控制目标。

初步设计阶段应编制初步设计概算。对技术复杂的建设项目或技术复杂的特大桥、长隧道、大型地质灾害治理等工程,要进行技术设计的,应编制相应的修正概算。初步设计概算文件和修正概算文件分别是公路工程初步设计和技术设计文件的重要组成部分。

初步设计(修正)概算应依据现行《公路工程建设项目概算预算编制办法》(JTG 3830—2018)[以下简称《概算预算编制办法》(2018版)],采用现行《公路工程概算定额》(JTG/T 3831—2018)[以下简称《概算定额》(2018版)]及相应的补充造价依据编制。

3. 施工图预算

施工图预算,是指在公路工程施工图设计阶段,按照规定的造价依据、方法和程序,以项目施工图设计为依据,对工程建设所需要的全部费用及其构成进行计算所确定的造价预计值。

施工图设计阶段应编制施工图预算。施工图预算是组织项目实施、评价施工图设计经济合理性的重要依据,是编制工程量清单预算、确定标底或投标最高限价,以及分析衡量投标报价合理性的参考。工程实施中,施工图设计发生重(较)大变化时应编制设计变更预算。施工图预算文件是公路工程施工图设计文件的重要组成部分。

施工图预算应依据现行《概算预算编制办法》(2018版),采用现行《公路工程预算定额》(JTG/T 3832—2018)[以下简称《预算定额》(2018版)]及相应的补充造价依据编制。施工图预算不得超过经批准的初步设计(修正)概算。

4. 工程量清单

工程量清单,是指在工程实施阶段用于表述公路工程量及对应价款的组成和内容的明细清单,包括完成公路建设活动所需的实物工程、措施项目以及费用项目等。

招标人在招标阶段应编制工程量清单，作为招标文件的组成部分。招标工程量清单是投标人编制投标工程量清单、进行投标报价的依据。

投标工程量清单依据招标文件约定的计量计价规则，根据市场价格和投标企业经营状况等因素编制而成。

5. 工程量清单预算

工程量清单预算，是指在公路工程施工招、投标活动中，对采用工程量清单计价的工程，参照编制施工图预算的造价依据和方法，按规定程序，对招标工程建设所需的全部费用及其构成进行测算所确定的造价预计值。

招标阶段宜编制工程量清单预算。工程量清单预算是招标人确定招标控制价或最高投标限价和评判投标报价合理性的重要依据。

6. 招标控制价(最高投标限价)

招标控制价是招标人根据国家或省级、行业建设主管部门颁发的有关计价依据和办法，以及拟定的招标文件和招标工程量清单，编制的招标工程的最高限价，其作用是招标人用于对招标工程发包的最高限价，也称为最高投标限价。为体现招标的公平、公正，防止招标人有意抬高或压低工程造价，招标人应在招标文件中(或开标前在指定的媒体上)如实公布招标控制价。同时，招标人应将招标控制价报工程所在地的工程造价管理机构备案。

7. 投标报价

投标报价是在工程采用招标发包的过程中，由投标人按照招标文件的要求，根据工程特点，并结合自身的施工技术、装备和管理水平，依据有关计价规定自主确定的工程造价。投标报价是投标文件最重要的组成部分和主要内容，是投标工作的关键和核心，也是决定能否中标的主要依据。

投标人的投标报价高于招标控制价的应予以废标，投标报价不得低于工程成本。因此，可以得出：工程成本≤投标报价≤招标控制价(最高投标限价)。

8. 合同工程量清单

合同工程量清单，是指在公路工程发、承包活动中，发、承包双方根据合同法、招(招)标文件及有关规定，以约定的工程量清单计价方式，签订工程承包合同时确定的工程量清单。合同工程量清单包括拟建工程量、单价、合价及总额。合同工程量清单是发、承包双方进行工程计量与支付、工程费用变更、工程结算的依据。

9. 计量与支付文件

计量与支付文件，是指在公路工程实施阶段，对已完工程进行计量，并根据计量结果和合同约定对应付价款进行统计和确认，用于支付工程价款而编制的文件。计量与支付文件一般以规定格式的报表形式表现。

工程施工阶段，应编制计量与支付文件。计量与支付文件是公路工程资金支付和工程结算的依据性文件，应依据合同文件、工程变更、签认的质量检验单和计量工程量等编制。

10. 工程变更费用

工程变更费用，是指在公路工程实施过程中，由于工程设计、合同约定发生变化等因素导致增加或减少的费用。

发生费用变化的工程变更应编制工程变更费用文件，具体可根据工程管理实际采用工程量清单形式或施工图预算形式编制。工程变更费用文件是评价工程变更经济合理性的依据，是编制计量与支付文件、工程结算、工程竣工决算的基础性资料。

11. 造价管理台账

造价管理台账，是指在公路工程实施阶段，总体反映公路工程自初步设计至工程竣工过程中的造价变化、工程变更、合同支付以及预估决算等造价管理动态信息的台账式文件。

工程实施阶段，建设单位应组织编制造价管理台账。造价管理台账是合理控制投资的有效手段，其内容应反映公路工程建设项目实施期工程投资动态变化的总体情况。造价管理台账应依据批准的初步设计概算、施工图预算、合同价、工程变更、投资进度及其他相关的造价管理信息等资料进行编制，并动态更新。

12. 工程结算

工程结算，是指在公路工程实施过程中或工程完工后，发、承包双方依据国家有关法律、法规，按合同约定计算确定的最终工程价款。

合同约定的工程、服务或采购完成后，应编制工程结算文件。工程结算文件是承包人向发包人申请办理最终工程价款清算的依据。工程结算文件应依据合同文件、计量与支付文件、工程变更费用文件等资料编制。

13. 工程竣工决算

工程竣工决算，是指公路工程经审定的从筹建到竣工验收、交付使用全过程中实际支出的全部工程建设费用。工程竣工决算是整个公路工程的最终造价，是建设单位财务部门汇总固定资产的主要依据。公路工程建设项目竣工验收前，应编制工程竣工决算文件。

公路工程各个阶段造价文件的编制是相互衔接、由粗到细、由浅到深、由预期到实际、前者制约后者、后者修正和补充前者的过程。

14. 造价执行情况报告

造价执行情况报告，是指在公路工程竣工验收前，建设单位就本公路工程全过程造价管理和投资控制等情况编制的造价工作总结报告。造价执行情况报告主要内容包括概、预算执行，合同管理，重（较）大设计变更，工程竣工决算，造价信息收集和报送等方面的情况。

三、工程造价计价

1. 工程造价计价的概念与基本原理

工程造价计价就是计算和确定建设工程项目的工程造价，简称工程计价，也称为工程估价。工程计价有不同的内容、方法及表现形式，业主或其委托的咨询单位编制的工程项目投资估算、设计概算、施工图预算，咨询单位编制的招标控制价，承包商提出的投标报价，都是工程计价的不同表现形式。

工程造价计价的基本原理就是确定“量”（基本构造要素的工程数量）和“价”（基本构造要素的工程单价），并通过一定的计算将“量”“价”结合的过程，可用式(1-1)表达：

$$工程造价 = \sum_{i=1}^{n}(基本构造要素工程量 \times 相应工程单价)_i \tag{1-1}$$

式中：i——第 i 个基本构造要素；

n——工程结构分解得到的基本构造要素数目。

在计价时，基本构造要素的工程量和工程单价与项目分解的深度、粗细直接关联。一般来说，分解结构层次越多，基本子项越细，计算也更精确。一个建设项目往往含有多个单项工程，一个单项工程又由多个单位工程组成。单位工程可进一步细分解为分部工程，分部工程进一步分解为分项工程。我国工程造价计价的主要思路是将建设项目细分至最基本的构成单位（基本构造要素，如分项工程），用其工程量与相应单价相乘后汇总，即为整个建设项目的工程造价。因此，工程造价计价的顺序是：分项工程造价→分部工程造价→单位工程造价→单项工程造价→建设项目总造价。

2. 公路工程计价的方式

公路工程计价目前采用的计价方式有定额计价和工程量清单计价。

(1) 定额计价

定额计价是以费用项目清单为表现形式，以定额为主要依据计算确定工程造价和技术经济指标的方式。

公路工程费用项目清单是针对公路工程造价的费用构成、综合费用来源和作用、工程管理和定额计价习惯等因素，结合长期工程设计和建设管理实践经验，按一定规则以工程或费用编码、名称、统计单位等因素划分，在公路工程计价各阶段以列表形式展现的一种相对稳定的工程或费用的明细清单。费用项目清单主要包括估算项目清单、概算项目清单、预算项目清单等。

定额计价是我国长期以来在工程价格形成中采用的计价模式，是国家通过颁布统一的估算指标、概算定额、预算定额和相应的费用定额，对建筑产品价格有计划管理的一种方式。**公路工程估算和概算预算的编制目前采用的主要是定额计价方式。**

(2) 工程量清单计价

工程量清单计价是以工程量清单为表现形式，以约定的计价规则计算确定单价、工程合价的方式。

公路工程工程量清单表中的单价是全费用单价或完全价格，是指完成本计价工程子目所需的全部工程内容和费用内容的费用，包括完成该子目下所有工程内容所需的成本、利润、税金和一般风险费。以清单子目所给的工程数量与该单价相乘，得到该子目的“合价”。**工程量清单计价作为一种市场价格的形成机制，主要在工程招投标和结算阶段使用。**

3. 公路工程造价计价的基本要素

公路工程造价计价包括下面 5 个要素。

(1) 预算工程量

预算工程量包括两部分：①工程实体数量（设计文件中的设计工程量）；②施工措施工程量，包括施工方案确定的辅助工程量（在设计图纸中不出现，取决于施工组织设计）和临时工程量。

(2)完成单位数量的分项工程消耗的工、料、机(人工、材料、施工机械)数量标准(定额水平)

在正常条件下完成合格的单位数量分项工程消耗的工、料、机数量标准,决定了消耗的资源实物量,是确定工程成本的重要因素。作为承包商投标估价用的定额必须以反映其个别成本的企业定额为基础,适当参考行业统一定额。作为业主编制招标控制价(标底),因为不是业主亲自施工,无法确定未来施工承包商的个别成本,只能以反映行业平均水平的部颁预算定额为基础,估测所需工、料、机资源数量。

(3)工、料、机的预算价格

作为预算价格,是用于计算工程的直接费用,应具备以下两个条件:①尽可能反映工、料、机的市场供应价,要求做好充分的工、料、机市场价格调查;②预算价格中必须包括分摊至该工、料、机要素的全部成本或费用,如材料预算价格必须包括出厂价(原价)、自供应地到工地的运杂费、场外运输损耗费及材料仓储保管损耗费用。但在工、料、机预算价格中不应包含需单列的综合取费和利润因素。

(4)综合费率

承包商在确定工程成本或投标报价时,对于除了直接费、设备购置费、规费、专项费用之外的措施费、企业管理费、利润,以本单位的费用定额为依据,确定具有竞争性的各项费率,对于税金的计算则必须执行国家税法。业主确定招标控制价(最高投标限价)时,对于综合取费一般执行交通运输部发布的现行《概算预算编制办法》(2018 版)或地方上的补充编制办法中规定的费率标准或略有降低。

(5)计价规则或计价程序

一般按照交通运输部颁布的现行《概算预算编制办法》(2018 版)中规定的计价规则或计价程序计算建安工程造价,反映的是以上 4 种要素的整合方式。

四、工程造价管理

1. 工程造价管理的含义

工程造价有两种含义,相应地工程造价管理也包括建设工程投资费用管理和工程价格管理两种含义。

工程建设投资费用管理是指为实现投资预期目标,在拟定的规划、设计方案条件下,预测、计算、确定和监控工程造价及其变动的系统活动。工程建设投资费用管理属于工程建设投资管理范畴,它既涵盖了微观层次的项目投资费用的管理,又涵盖了宏观层次的投资费用管理。

工程价格管理属于价格管理范畴。在社会主义市场经济条件下,价格管理分微观和宏观两个层次。在微观层次上,是生产企业在掌握市场价格信息的基础上,为实现管理目标而进行的成本控制、计价、定价和竞价的系统活动。在宏观层次上,是政府根据社会经济发展的要求,利用法律手段、经济手段和行政手段对价格进行管理和调控,以及通过市场管理规范市场主体价格行为的系统活动。

2. 全面造价管理

全面造价管理就是有效地使用专业知识和专门技术去计划和控制资源、造价、盈利和风险。建设工程全面造价管理包括全寿命造价管理、全过程造价管理、全要素造价管理、全方位造价管理等。

(1)全寿命造价管理

建设工程全寿命期造价是指建设工程初始建造成本和建成后的日常使用成本之和,它包括建设前期、建设期、使用期及拆除期各个阶段的成本。由于在工程建设及使用的不同阶段,工程造价存在诸多不确定性,使得工程造价管理者管理建设工程全寿命期造价比较困难,因此,全寿命造价管理至今只能作为一种实现建设工程全寿命周期造价最小化的指导思想,指导建设工程投资决策及设计方案的选择。

(2)全过程造价管理

建设工程造价管理覆盖建设工程前期决策及实施的各个阶段,包括前期决策阶段的项目策划、投资估算、项目经济评价、项目融资方案分析;设计阶段的限额设计、方案比选、概预算编制;招投标阶段的标段划分、承包发包模式以及合同形式的选择、招标控制价(标底)的编制;施工阶段的工程计量与结算、工程变更控制、索赔管理;竣工验收阶段的竣工结算与决算等。

(3)全要素造价管理

控制建设工程造价不仅仅是控制建设工程的成本(即成本要素),还应同时考虑工期、质量、安全、环境等要素,从而实现工程造价、工期、质量、安全、环境的集成管理。

(4)全方位造价管理

建设工程造价管理不仅仅是业主或承包单位的任务,而应该是政府建设行政主管部门、行业协会、业主方、设计方、承包方以及有关咨询机构的共同任务。尽管各方的地位、利益、角度等有所不同,但必须建立完善的协同工作机制,才能实现建设工程造价的有效控制。

3. 工程造价管理的基本内容

工程造价管理的基本内容,就是合理确定和有效控制工程造价。

(1)工程造价的合理确定

工程造价的合理确定,就是在建设程序的各个阶段,合理确定投资估算、概算造价、预算造价、承包合同价、结算价、竣工决算价。

(2)工程造价的有效控制

工程造价的有效控制,就是在优化建设方案、设计方案的基础上,在建设程序的各个阶段,采用一定的方法和措施把建设项目投资的发生控制在合理的范围和核定的造价限额以内。具体来说,就是要用投资估算价控制设计方案的选择和初步设计概算造价;用概算造价控制技术设计和修正概算造价;用概算造价或修正概算造价控制施工图设计和预算造价。有效地控制工程造价应体现以设计阶段为重点的建设全过程造价控制、主动控制和技术与经济相结合三项原则。

五、造价工程师执业资格制度及考试实施办法

为统一和规范造价工程师职业资格设置和管理,提高工程造价专业人员素质,提升建设工程造价管理水平,住房和城乡建设部、交通运输部、水利部、人力资源和社会保障部于 2018 年 7 月 20 日联合印发了《造价工程师职业资格制度规定》《造价工程师职业资格考试实施办法》。

1. 造价工程师的基本规定

(1)造价工程师的概念。造价工程师是指通过职业资格考试取得中华人民共和国造价工

程师职业资格证书，并经注册后从事建设工程造价工作的专业技术人员。

(2)造价工程师的级别划分。造价工程师分为一级造价工程师和二级造价工程师。一级造价工程师英文译为 Class 1 Cost Engineer。二级造价工程师英文译为 Class2 Cost Engineer。

(3)造价工程师的素质要求。造价工程师的素质包括思想品德、专业、身体等方面，这些只是造价工程师工作能力的基础。造价工程师在实际岗位上应能独立完成建设方案、设计方案的经济比较工作，项目可行性研究的投资估算、设计概算和施工图预算、招标标底和投标报价、补充定额和造价指数等编制与管理工作，应能进行合同价结算和竣工决算的管理，以及对造价变动规律和趋势具有分析预测能力。

(4)造价工程师的权利和义务。造价工程师享有下列权利：①称谓权，即使用注册造价工程师名称；②执业权，即依法独立执行工程造价业务；③签章权，即在本人执业活动中形成的工程造价成果文件上签字并加盖执业印章；④立业权，即发起设立工程造价咨询企业；⑤保管和使用本人的注册证书和执业印章；⑥参加继续教育。

造价工程师应履行下列义务：①遵守法律、法规、有关管理规定，恪守职业道德；②保证执业活动成果的质量；③接受继续教育，提高执业水平；④执行工程造价计价标准和计价方法；⑤与当事人有利害关系的，应当主动回避；⑥保守在执业中知悉的国家秘密和他人的商业、技术秘密。

(5)造价工程师不得有的行为。造价工程师不得有下列行为：①不履行注册造价工程师义务；②在执业过程中，索贿、受贿或者谋取合同约定费用外的其他利益；③在执业过程中实施商业贿赂；④签署有虚假记载、误导性陈述的工程造价成果文件；⑤以个人名义承接工程造价业务；⑥允许他人以自己名义从事工程造价业务；⑦同时在两个或者两个以上单位执业；⑧涂改、倒卖、出租、出借或者以其他形式非法转让注册证书或者执业印章；⑨法律、法规、规章禁止的其他行为。

2. 造价工程师考试实施办法

(1)考试组织办法。

一级造价工程师职业资格考试的具体考务工作由人力资源社会保障部人事考试中心承担。各省、自治区、直辖市住房和城乡建设、交通运输、水利、人力资源社会保障行政主管部门共同负责本地区一级造价工程师执业资格考试组织工作，具体职责分工由各地协商确定。

一级造价工程师职业资格考试全国统一大纲、统一命题、统一组织。二级造价工程师职业资格考试全国统一大纲，各省、自治区、直辖市自主命题并组织实施。考点原则上设在省会城市、自治区首府和直辖市的大、中专院校或者高考定点学校。

(2)一级造价工程师报考条件。

凡遵守中华人民共和国宪法、法律、法规，具有良好的业务素质和道德品行，具备下列条件之一者，可以申请一级造价工程师职业资格考试：

①具有工程造价专业大学专科（或高等职业教育）学历，从事工程造价业务工作满 5 年；具有土木建筑、水利、装备制造、交通运输、电子信息、财经商贸大类大学专科（或高等职业教育）学历，从事工程造价业务工作满 6 年。

②具有通过工程教育专业评估（认证）的工程管理、工程造价专业大学本科学历或学位，从事工程造价业务工作满 4 年；具有工学、管理学、经济学门类大学本科学历或学位，从事工程

造价业务工作满 5 年。

③具有工学、管理学、经济学门类硕士学位或者第二学士学位，从事工程造价业务工作满 3 年。

④具有工学、管理学、经济学门类博士学位，从事工程造价业务工作满 1 年。

⑤具有其他专业相应学历或者学位的人员，从事工程造价业务工作年限相应增加 1 年。

(3)二级造价工程师报考条件。

凡遵守中华人民共和国宪法、法律、法规，具有良好的业务素质和道德品行，具备下列条件之一者，可以申请二级造价工程师职业资格考试：

①具有工程造价专业大学专科(或高等职业教育)学历，从事工程造价业务工作满 2 年；具有土木建筑、水利、装备制造、交通运输、电子信息、财经商贸大类大学专科(或高等职业教育)学历，从事工程造价业务工作满 3 年。

②具有工程管理、工程造价专业大学本科及以上学历或学位，从事工程造价业务工作满 1 年；具有工学、管理学、经济学门类大学本科及以上学历或学位，从事工程造价业务工作满 2 年。

③具有其他专业相应学历或学位的人员，从事工程造价业务工作年限相应增加 1 年。

(4)考试科目。

一级造价工程师职业资格考试设《建设工程造价管理》《建设工程计价》《建设工程技术与计量》《建设工程造价案例分析》4 个科目。其中，《建设工程造价管理》和《建设工程计价》为基础科目，《建设工程技术与计量》和《建设工程造价案例分析》为专业科目。

二级造价工程师职业资格考试设《建设工程造价管理基础知识》《建设工程计量与计价实务》2 个科目。其中，《建设工程造价管理基础知识》为基础科目，《建设工程计量与计价实务》为专业科目。

(5)造价工程师专业类别。

造价工程师职业资格考试专业科目分为土木建筑工程、交通运输工程、水利工程和安装工程 4 个专业类别，考生在报名时可根据实际工作需要选择其一。其中，土木建筑工程、安装工程专业由住房和城乡建设部负责；交通运输工程专业由交通运输部负责；水利工程专业由水利部负责。

(6)考试时间安排。

一级造价工程师职业资格考试每年一次，全国统一规定，一般安排在 10 月。如 2018 年造价工程师考试时间为 10 月 27 日和 28 日。考试分 4 个半天进行。《建设工程造价管理》《建设工程计价》《建设工程技术与计量》科目考试时间均为 2.5 小时；《建设工程造价案例分析》科目考试时间为 4 小时。

二级造价工程师职业资格考试每年不少于一次，具体考试日期由各地确定。二级造价工程师职业资格考试分 2 个半天。《建设工程造价管理基础知识》科目考试时间为 2.5 小时，《建设工程计量与计价实务》为 3 小时。

(7)考试周期。

一级造价工程师职业资格考试成绩实行 4 年为一个周期的滚动管理办法，在连续的 4 个考试年度内通过全部考试科目，方可取得一级造价工程师职业资格证书。

二级造价工程师职业资格考试成绩实行 2 年为一个周期的滚动管理办法，参加全部 2 个科目考试的人员必须在连续的2个考试年度内通过全部科目，方可取得二级造价工程师职业资格证书。

(8)免考。

具有以下条件之一的，参加一级造价工程师考试可免考基础科目：

①已取得公路工程造价人员资格证书(甲级)；

②已取得水运工程造价工程师资格证书；

③已取得水利工程造价工程师资格证书。

申请免考部分科目的人员在报名时应提供相应材料。

具有以下条件之一的，参加二级造价工程师考试可免考基础科目：

①已取得全国建设工程造价员资格证书；

②已取得公路工程造价人员资格证书(乙级)；

③具有经专业教育评估(认证)的工程管理、工程造价专业学士学位的大学本科毕业生。

3. 造价工程师的注册

国家对造价工程师职业资格实行执业注册管理制度。取得造价工程师职业资格证书且从事工程造价相关工作的人员，经注册方可以造价工程师名义执业。

住房和城乡建设部、交通运输部、水利部分别负责一级造价工程师的注册及相关工作。各省、自治区、直辖市住房和城乡建设、交通运输、水利行政主管部门按专业类别分别负责二级造价工程师注册及相关工作。经批准注册的申请人，由住房和城乡建设部、交通运输部、水利部核发《中华人民共和国一级造价工程师注册证》(或电子证书)；或由各省、自治区、直辖市住房和城乡建设、交通运输、水利行政主管部门核发《中华人民共和国二级造价工程师注册证》(或电子证书)。

造价工程师执业时应持注册证书和执业印章。注册证书、执业印章样式以及注册证书编号规则由住房和城乡建设部会同交通运输部、水利部统一制定。执业印章由注册造价工程师按照统一规定自行制作。

造价工程师的注册分为初始注册、续期注册以及变更注册。

4. 造价工程师的执业规定

造价工程师不得同时受聘于两个或两个以上单位执业，不得允许他人以本人名义执业，严禁“证书挂靠”。出租出借注册证书的，依据相关法律法规进行处罚；构成犯罪的，依法追究刑事责任。

专业技术人员取得一级造价工程师、二级造价工程师职业资格，可认定其具备工程师、助理工程师职称，并可作为申报高一级职称的条件。

5. 造价工程师的执业范围

一级造价工程师的执业范围包括建设项目全过程的工程造价管理与咨询等，具体工作内容如下：

(1)项目建议书、可行性研究投资估算与审核，项目评价造价分析；

(2)建设工程设计概算、施工预算编制和审核；

(3)建设工程招标文件工程量和造价的编制与审核；

(4)建设工程合同价款、结算价款、竣工决算价款的编制与管理；
(5)建设工程审计、仲裁、诉讼、保险中的造价鉴定，工程造价纠纷调解；
(6)建设工程计价依据、造价指标的编制与管理；
(7)与工程造价管理有关的其他事项。

二级造价工程师主要协助一级造价工程师开展相关工作，可独立开展以下具体工作内容：
(1)建设工程工料分析、计划、组织与成本管理，施工图预算、设计概算的编制；
(2)建设工程量清单、最高投标限价、投标报价的编制；
(3)建设工程合同价款、结算价款和竣工决算价款的编制。

6. 造价工程师的继续教育

取得造价工程师注册证书的人员，应当按照国家专业技术人员继续教育的有关规定接受继续教育，更新专业知识，提高业务水平。造价工程师在每一注册期内应当达到注册机关规定的继续教育要求。注册造价工程师继续教育分为必修课和选修课，每一注册有效期各为30学时。经继续教育达到合格标准的，颁发继续教育合格证明。

第三节 公路工程计价依据与公路工程定额

一、工程造价计价依据的概念和种类

1. 工程造价计价依据的概念

工程造价计价依据是用以编制各阶段造价文件所依据的办法、规则、定额、费用标准、造价指标及其他相关的计价标准。

2. 公路工程造价计价依据的种类

在公路基本建设程序的各个阶段，需要编制估算、概算、预算、招标控制价、投标报价、工程结算、竣工决算价等工程造价成果。针对不同造价编制阶段或不同成果要求的主要计价依据，见表1-1。

公路工程造价计价依据一览表　　表1-1

序号	造价类型	主要计价依据
1	估算	《估算指标》(2018版)、《投资估算编制办法》、建设项目初步方案和现场踏勘资料、基础单价(人工、材料、机械、设备等单位价格)
2	概算	《概算定额》(2018版)、《公路工程机械台班费用定额》(JTG/T 3830—2018)[以下简称《机械台班费用定额》(2018版)]、《概算预算编制办法》(2018版)、设计文件、基础单价
3	施工图预算	《预算定额》(2018版)、《机械台班费用定额》《概算预算编制办法》(2018版)、设计文件、基础单价
4	招标控制价	项目招标文件、《预算定额》(2018版)、《机械台班费用定额》《概算预算编制办法》(2018版)、设计文件、基础单价、施工组织方案

续上表

序号	造价类型	主要计价依据
5	投标报价	项目招标文件、企业定额、项目有关调查资料（项目所在地的自然、社会、经济等情况的调查资料）、设计文件、施工组织设计
6	工程结算	合同文件、结算资料（工程量清单、监理工程师签署的各类证书、日常施工记录）、结算规定（时间、内容、程序）
7	竣工决算	设计文件、概（预）算文件、招标文件、招标控制价、合同文件、支付凭证、竣工图纸、其他有关文件及资料

二、公路工程定额体系

1. 工程定额的概念

工程定额是在合理的劳动组织和合理地使用材料与机械的条件下，完成一定计量单位合格建筑产品所消耗人工、材料、施工机械台班（时）（工、料、机）等资源的数量标准。

在理解工程定额的概念时，应注意以下三点：

（1）定额中的人工、材料、施工机械消耗量系指在正常施工条件下的消耗量，即对施工对象进行合理的组织、合理拟定工作组成、合理拟定施工人员编制条件下的工、料、机等消耗量。

（2）定额中的人工、材料、施工机械消耗量系指符合国家技术标准、技术规范和质量检验评定标准等要求下的工、料、机等消耗量。

（3）定额中的人工、材料、施工机械消耗量系指在完成定额中规定的相应工作内容和要达到的质量标准以及安全要求下的工、料、机等消耗量。

2. 工程定额的分类

工程定额反映了工程建设与各种资源消耗之间的客观规律，它是一个综合的概念，是工程建设中各类定额的总称。工程建设定额包括许多种类，可以按照不同的原则和方法对它们进行分类。

（1）按定额反映的生产要素内容分类

按定额反映的生产要素内容分类，工程定额可分为劳动消耗定额、机械消耗定额和材料消耗定额三种。

①劳动消耗定额。劳动消耗定额简称劳动定额（也称人工定额），是指在一定的生产（施工）组织和生产（施工）技术条件下，为完成单位合格产品所必需的劳动消耗标准。劳动消耗定额的主要表现形式是时间定额，但同时也表现为产量定额。时间定额与产量定额互为倒数。

②机械消耗定额。机械消耗定额是以一台机械一个工作班为计量单位，所以又称为机械台班定额。机械消耗定额是指在合理使用机械和合理的施工组织条件下，生产工人使用机械完成单位合格产品必须消耗的机械作业时间标准。机械消耗定额的主要表现形式是时间定额，但同时也以产量定额表现。

③材料消耗定额。材料消耗定额简称材料定额，是指在节约与合理使用材料的条件下，规定生产单位合格产品所必须消耗的原材料、成品、半成品、构配件、燃料以及水、电等动力资源

的数量标准。

(2)按定额的用途分类

按定额的用途分类,工程定额可分为施工定额、预算定额、概算定额、投资估算指标四种。

①施工定额。施工定额是施工企业(建工安装企业)为组织生产和加强管理在企业内部使用的一种定额,属于企业定额的性质。施工定额是以同一性质的施工过程——工序作为对象编制,表示生产产品数量与生产要素消耗综合关系的定额。为了适应组织生产和管理的需要,施工定额的项目划分很细,是工程定额中分项最细、定额子目最多的一种定额,也是工程定额中的基础性定额。

②预算定额。预算定额是在编制施工图预算阶段,以工程中的分项工程和结构构件为对象编制,用来计算工程造价和计算工程中的劳动、机械台班、材料需要量的定额。预算定额是一种计价性定额。从编制程序上看,预算定额是以施工定额为基础综合扩大编制的,同时它也是编制概算定额的基础。

③概算定额。概算定额是以扩大分项工程或扩大结构构件为对象编制的,计算和确定劳动、机械台班、材料消耗量所使用的定额,也是一种计价性定额。概算定额是编制扩大初步设计概算、确定建设项目投资额的依据。概算定额的项目划分粗细,与扩大初步设计的深度相适应,一般是在预算定额的基础上综合扩大而成的,每一综合分项概算定额都包含了数项预算定额。

④投资估算指标。投资估算指标是在项目建议书和可行性确定阶段编制投资估算、计算投资需要量时使用的一种定额。它非常概略,往往以独立的单项工程或完整的工程项目为计算对象,编制内容是所有项目费用之和。它的概略程度与可行性研究阶段相适应。投资估算指标往往根据历史的预、决算资料和价格变动等资料编制,但其编制基础仍然离不开预算定额、概算定额。

上述各种定额的相互联系可参见表 1-2。

各种定额间的关系比较 表 1-2

项目	施工定额	预算定额	概算定额	投资估算指标
对象	工序	分项工程	扩大的分项工程	独立的单项工程或完整的工程项目
用途	编制施工预算	编制施工图预算	编制扩大初步设计概算	编制投资估算
项目划分	最细	细	较粗	很粗
定额水平	平均先进	平均	平均	平均
定额性质	生产性定额	计价性定额		

(3)按适用范围分类

按适用范围分类,工程定额可分为全国通用定额、行业通用定额和专业专用定额三种。全国通用定额是指在部门间和地区间都可以使用的定额;行业通用定额是指具有专业特点在行业部门内可以通用的定额;专业专用定额是特殊专业的定额,只能在指定的范围内使用。

(4)按主编单位和管理权限分类

按主编单位和管理权限分类,工程定额可分为全国统一定额、行业统一定额、地区统一定额、企业定额和补充定额五种。

①全国统一定额。全国统一定额是由国家建设行政主管部门综合全国工程建设中技术和施工组织管理的情况编制,并在全国范围内执行的定额。

②行业统一定额。行业统一定额是考虑到各行业部门专业工程技术特点,以及施工生产和管理水平编制的。一般只在本行业和相同专业性质的范围内使用。如交通运输部的《公路工程预算定额》。

③地区统一定额。地区统一定额主要是考虑地区性特点对全国统一定额水平做适当调整和补充编制的,包括省、自治区、直辖市定额。

④企业定额。企业定额是施工企业考虑本企业具体情况,参照国家、部门或地区定额的水平制定的定额。企业定额只在企业内部使用,是企业素质的一个标志。企业定额水平一般应高于国家现行定额,才能满足生产技术发展、企业管理和市场竞争的需要。在工程量清单计价方式下,企业定额作为施工企业进行建设工程投标报价的计价依据,正发挥越来越大的作用。

⑤补充定额。补充定额是指随着设计、施工技术的发展,现行定额不能满足需要的情况下,为了补充缺陷所编制的定额。补充定额只能在指定的范围内使用,可作为以后修订定额的基础。

上述各种定额虽然适用于不同的情况和用途,但是它们是一个互相联系的、有机的整体,在实际工作中需要配合使用。

3. 公路工程定额

公路工程定额分两大类:工程定额、指标和费用定额,如图1-3所示。

- 公路工程定额
  - 工程定额、指标
    - 公路工程施工定额
    - 公路工程预算定额
    - 公路工程概算定额
    - 公路工程估算指标
  - 费用定额
    - 公路工程机械台班费用定额
    - 公路工程建设项目投资估算编制办法
    - 公路工程建设项目概算预算编制办法

图1-3　公路工程定额分类

第四节　公路工程工程量计算规则

一、工程量的概念

1. 工程量

工程量是以物理计量单位或自然计量单位所表示的建筑安装工程各个分项工程或结构构件的实物数量。物理计量单位是指需要度量的具有物理性质的单位,如长度、面积、体积和质量的计量单位分别是米(m)、平方米(m^2)、立方米(m^3)、千克(kg)或吨(t);自然计量单位是指不需要度量的具有自然属性的单位,如建筑成品或结构构件在自然状态下所表示的个、条、块、座等单位,但需要明确该成品或结构构件的结构尺寸。

2. 设计工程量

设计工程量是在公路工程设计文件中列出的各分项工程的工程数量。各分项工程数量一般由列在设计图纸前面的工程数量表和设计图纸中的文字说明共同定义。

3. 概(预)算工程量

概(预)算工程量是概(预)算编制人员根据设计文件中的设计工程量、概(预)算工程量计算规则、施工组织方案确定的施工措施工程量(又称辅助工程量)及临时工程量和概(预)算定额子目的口径大小四个要素,以概(预)算定额子目为编制单元所确定的工程量。

因此概(预)算工程量不仅包括设计的永久工程量(设计工程量),还包括因施工工艺不同、自然因素影响等原因导致的施工措施工程量(辅助工程量)和临时工程量。

二、工程量计算规则

在工程计量中所涉及的工程量计算规则主要有两种:一是概(预)算工程量计算规则;二是工程量清单计量规则。

1. 概(预)算工程量计算规则

概(预)算工程量计算规则是确定概(预)算工程量的依据,其规则一般是推荐性的,而非强制性的。公路工程没有专门的概(预)算工程量计算规则,计算规则分散在概(预)算定额的章节说明中,它是在套用定额时确定概(预)算工程量的依据。可以说,公路工程概(预)算定额中的工程量计算规则,是指按分部工程、分项工程界定的定额单位所包含的施工工艺内容,更确切地说,是从设计图表资料上去摘取工程量(设计工程量)的规则。

2. 工程量清单计量规则

工程量清单计量规则,是按照“净值、成品”的计算原则,根据设计图纸计算最终完成的工程数量的一种方法。该规则一般应统一,有一定的强制性。如房屋建筑工程和市政工程的计量工程量应依据现行《建设工程工程量清单计价规范》(GB 50500—2013)来计算。公路工程项目的工程量清单计量规则目前是依据《公路工程标准施工招标文件》(2018 版)“第八章 工程量清单计量规则”中各章节的计量规则,包括说明和计量规则两部分。

3. 两种工程量计算规则间的相互关系

概(预)算工程量计算规则主要适用于定额计价方式下的设计概算和施工图预算的编制,在清单计价方式中可作为分析工程量清单计价工程子目综合单价的参考。

工程量清单计量规则是招投标阶段编制工程量清单、计算清单工程子目工程数量的依据,也是标底(招标控制价)或报价编制中分析清单计价子目综合单价和施工阶段对已完工程数量计量支付的依据。

在标底(招标控制价)或报价编制中,要运用两种工程量计算规则分析综合单价。

三、概(预)算工程量的计算与核对

1. 概(预)算工程量的计算

概(预)算工程量计算是根据设计图纸、拟定的施工方案、概(预)算工程量计算规则、预算定额划分的项目,列出分部分项工程名称和工程量计算式,然后计算其结果的过程。概(预)算工程量计算包括永久工程量(设计工程量)的计算、施工措施工程量(辅助工程量)和临时工程量计算三个方面的内容。

2. 工程量的核对与摘取

永久工程量(设计工程量)的计算,是指按照设计图纸上的尺寸计算实物工程数量的过程。在公路工程不同设计阶段的设计图表中,实际上已经由设计人员计算出了工程量(主要是设计工程量),并用表格的形式在设计文件中给出;在设计结构图中,也给出了相应的工程数量。而施工措施工程量(辅助工程量)和临时工程量主要由施工组织设计或施工方案所确定。

所以,深入熟悉设计文件中的设计图表和设计说明等设计图纸资料,对工程项目进行分项,并做好工程量(主要是设计工程量)的核对工作,是准、快、全地编制工程概(预)算的必要前提。而如何正确地从设计图表中摘取作为概(预)算编制基础资料的工程量,却是概(预)算编制人员必须具备的基本技能与业务知识之一。摘取计价工程量实际上是根据定额规定的工程量计算规则,将设计图表中提供的工程量进行分类、统计、汇总后,得出符合定额表要求的计价工程量。为了正确摘取工程量,做到不重不漏,编制人员必须明确定额规定的工程内容、适用范围,清楚定额的各章、节说明及定额表附注。

思考题

1. 公路基本建设包括哪些内容?
2. 基本建设项目是如何划分的?
3. 简述公路工程施工图设计文件的文件组成。
4. 简述我国政府投资的公路建设程序。
5. 工程造价的含义是什么? 什么是公路工程造价?
6. 公路基本建设程序的各阶段相应要编制的造价文件有哪些?
7. 公路工程造价计价方式有哪几种? 各适用于什么情况?
8. 分析影响公路工程造价计价的基本要素有哪些?
9. 什么是工程造价管理? 其基本内容是什么?
10. 如何有效控制工程造价?
11. 工程造价计价依据的含义是什么? 公路工程预算和施工投标报价的主要计价依据有哪些?

12. 工程定额的含义是什么?
13. 按工程定额反映的生产要素内容和用途来分类,定额可分为哪几种?
14. 公路工程定额是如何分类的?
15. 何谓设计工程量、概(预)算工程量? 概(预)算工程量计算包括哪些内容?

第二章
CHAPTER TWO

公路工程预算定额的应用

第一节 概述

一、公路工程预算定额的内容组成

现行《公路工程预算定额》（JTG/T 3832—2018）［以下简称《预算定额》（2018 版）］共分路基工程、路面工程、隧道工程、桥涵工程、交通工程及沿线设施、绿化及环境保护工程、临时工程、材料采集及加工、材料运输等九章及附录，分上、下两册。主要内容包括说明（含总说明、章说明、节说明）、定额表及其下附注和附录。

总说明是针对全套定额而言，其主要内容包括：定额的使用范围、主要作用；定额的编制原则、主要依据；定额的编制顺序、定额内容；定额的结构形式、计算方法；定额的水平标准、资源消耗含义；定额的使用及抽换规定；定额包括的内容及未包括的内容需编制补充定额的规定等。

章说明是针对本章的规定及说明，其主要内容包括：各章定额子目的划分依据；各章工程项综合的内容及抽换规定；各章定额的使用规定及工程量计算规则。

节说明是针对本节的工作内容、主要施工方法、施工工艺、施工机具、本节工程项目的工程量计算规则的简要说明。

附注是针对某一项定额的补充说明或规定，有些定额项目下列有在章、节说明中没有包括的内容，仅供本定额项目使用的注释。附注一般在定额表的下方。

附录是配合定额使用不可缺少的一个重要组成部分，包括“路面材料计算基础数据表”“基本定额”“材料的周转及摊销”“定额人工、料料、设备单价表”四部分内容。定额附录的作用包括：定额编制时采用的各种统一规定，如路面材料计算基础数据，预制构件混凝土与模板的接触面积，每 $10m^2$ 接触面积的模板所需的人工、机械及材料的周转使用量；供抽换定额中混凝土强度等级、砂浆标号时使用的混凝土、砂浆配合比表;编制补充预算定额所需的统一规定,如材料的周转次数、规格、单位质量、代号、基价等。

1.《预算定额》(2018 版)总说明

《预算定额》(2018 版)的总说明是涉及定额使用方面的全面性的规定和解释。《预算定额》(2018 版)的总说明共有 20 条,现就其内容重点介绍如下:

(1)在使用定额时要注意总说明中第四条的规定,即"除定额中规定允许换算者外,均不得因具体工程的施工组织、操作方法和材料消耗与定额的规定不同而调整定额"。

(2)定额中的工程内容,均已包括定额项目的全部施工过程。定额内除扼要说明施工的主要操作工序外,均包括准备与结束、场内操作范围内的水平与垂直运输、材料工地小搬运、辅助和零星用工、工具及机械小修、场地清理等工程内容。

(3)编制预算时不得另行增加材料及半成品等的场内运输损耗及操作损耗。其场外损耗、仓库保管损耗应在材料预算单价中考虑。

(4)对于工程中使用的周转性材料,允许根据具体情况(达不到周转次数者)进行换算并按规定计算回收的,只限于:①就地浇筑钢筋混凝土梁用的支架;②拱圈用的拱盔、支架。其余工程一般不予抽换,只能套用定额规定值。

(5)当设计采用的混凝土、砂浆强度等级或水泥强度等级与定额所列强度等级不同时,可按《预算定额》(2018 版)附录二中"配合比表"进行换算,以替换定额表中相应的材料消耗定额值。但实际施工配合比材料用量与定额配合比表用量不同时,除配合比表说明中允许换算外,均不得调整。

(6)定额中各类混凝土均按施工现场拌和进行编制,当采用商品混凝土时,可将相关定额中的水泥、中(粗)砂、碎石的消耗量扣除,并按定额中所列的混凝土消耗量增加商品混凝土的消耗。

(7)《预算定额》(2018 版)中未包括机械台班单价,编制预算时应按《公路工程机械台班费用定额》(JTG/T 3833—2018)[以下简称《机械台班费用定额》(2018 版)]分析计算机械台班单价。

(8)定额中只列工程所需的主要材料和主要机械台班数量。次要、零星材料和小型机具均未一一列出,分别列入"其他材料费"及"小型机具使用费"内,以元计,编制预算时即按此计算。

在编制预算时除应特别注意上述各项外,还必须注意全面阅读和遵循总说明的规定。

2. 预算定额项目表

定额表是定额手册的主要组成部分,它规定完成一定计量单位的某合格分项工程或结构构件所需的人工消耗量指标、各种原材料、半成品、构配件的消耗量指标、各种型号的机械台班消耗量指标,以及根据定额手册所取定的人工、材料、构配件、机械台班预算价计算的该定额单位分项工程或结构构件的基价。

《预算定额》(2018 版)以定额项目表的形式给出相应的工、料、机消耗的额定标准。

定额表是各类定额的最基本的组成部分,是定额指标数额的具体表示。概(预)算定额的定额表格式基本相同。定额表由以下内容组成:

(1)表号及定额表名称。如“1-3-3 石砌边沟、排水沟、截水沟、急流槽”,见表 2-1。

1-3-3　石砌边沟、排水沟、截水沟、急流槽　　表 2-1

顺序号	项　目	单位	代号	边沟、排水沟(10m³)		急流槽(10m³)		截水沟(10m³)	
				浆砌片石	浆砌块石	浆砌片石	浆砌块石	浆砌片石	浆砌块石
				1	2	3	4	5	6
1	人工	工日	1001001	6.6	6.5	5.1	4.9	8.1	8
2	M7.5 水泥砂浆	m^3	1501002	(3.50)	(2.70)	(3.50)	(2.70)	(3.50)	(2.70)
3	M10 水泥砂浆	m^3	1501003	(0.33)	(0.20)	(0.33)	(0.14)	(0.33)	(0.20)
4	水	m^3	3005004	18	18	18	18	18	18
5	中(粗)砂	m^3	5503005	4.17	3.16	4.17	3.16	4.17	3.16
6	片石	m^3	5505005	11.5	—	11.5	—	11.5	—
7	块石	m^3	5505025	—	10.5	—	10.5	—	10.5
8	32.5 级水泥	t	5509001	1.037	0.782	1.037	0.782	1.037	0.78
9	其他材料费	元	7801001	2.3	2.3	2.3	2.3	2.3	2.3
10	1.0m³ 以内轮胎式装载机	台班	8001045	0.08	0.08	0.08	0.08	0.1	0.1
11	400L 以内灰浆搅拌机	台班	8005010	0.15	0.12	0.15	0.12	0.15	0.12
12	基价	元	999901	2229	2301	2070	2131	2401	2471

(2)工程内容。如表 2-1 的工程内容包括:①拌、运砂浆;②选修石料;③砌筑、勾缝、养护。

(3)计量单位。完成一定计量单的合格产品,如 10m³ 实体、1000m³ 天然密实方。

(4)项目。本定额表的工程所需工料机和费用的名称及规格。

(5)代号。工料机电算代号。

(6)定额子目名称。如“浆砌片石边沟、排水沟”,基本上要达到分项工程的口径,即按照不同的施工方法、不同的工程部位、不同的材料、不同的质量要求和工作难易程度来划分的工作项目单元,是预算定额的基本计量对象。

(7)栏号。栏号即子目号,表示子目在某个定额表中的顺序号。

(8)定额值。各种资源的消耗量数值。

①主要材料以实际使用量或周转使用量的消耗数量表示。如表 2-1 中浆砌片石边沟预算定额项目的片石消耗量为 11.5m³,中(粗)砂消耗量为 4.17m³,材料消耗量包括施工过程中的场内运输及操作损耗。

②次要材料及消耗量很少的材料以其他材料费的形式表示。为避免材料项目过多引起的计算复杂、成果表量大,因此将占费用比例很少的材料列入其他材料费。如表 2-1 中浆砌片石边沟预算定额项目的其他材料费消耗量为 2.3 元。

③不以材料数量表示,而以使用时间来进行折旧的金属构件,以设备摊销费的形式表示。

④主要机械以实际使用台班数量表示。

⑤次要机械及消耗量很少的机械以小型机具使用费的形式表示,如手动葫芦、滑车、电钻等。

⑥其中括号内的数值，一般是指半成品的数量定额值。如表2-1中浆砌片石边沟预算定额项目中M7.5水泥砂浆（3.50m^3）是指砌筑10m^3浆砌片石边沟实体消耗3.50m^3M7.5水泥砂浆。

（9）基价（定额基价）。基价是指该工程子目的人工费、材料费、机械使用费的合计价值，其中人工费、材料费按《预算定额》（2018版）附录四计算，机械使用费按《机械台班费用定额》（2018版）计算。

注：针对某一项定额的补充说明或规定，在章、节说明中没有包括的，仅供本定额项目使用的注释，注一般在定额表的下方。使用时，应仔细阅读，以免发生错误。

二、查用公路工程概（预）算定额的基本方法

查用定额是根据编制概（预）算的具体条件和目的，查得需要的、正确的定额的过程。公路工程概（预）算定额项目多，内容复杂，查用定额的工作不仅量大，而且要十分细致。为了能够正确地运用定额，首先，必须反复学习定额，熟练地掌握定额。

1. 查用概（预）算定额的步骤

下面以《预算定额》（2018版）为例说明其查用步骤。

（1）确定定额种类

在查用定额时，应根据运用定额的目的，确定所用定额的种类。

（2）确定定额表号（或称定额编号）

定额表号一般采用[章-节-表-栏]的编号方法。如《预算定额》（2018版）中的[1-3-3-1]，是指引用第一章路基工程第三节排水工程第3表中的第1栏，即浆砌片石边沟的预算定额。在编制预算时，必须保证定额表号的准确性。

确定定额表号，首先应根据概（预）算项目表依次按章、节确定欲查定额的项目名称。再据此在《预算定额》（2018版）目录中找到其所在的页次，并找到所需定额表，从而确定定额的表号。

（3）查定额表

对照该分项工程实际工程内容（如土方运距、路面混合料运距、混凝土强度等级等）与定额工作内容判断：直接套用定额，或组合定额，或抽换定额，或补充定额，以确定该分项工程的预算定额工料机消耗量。

（4）查另一项目的定额

该项目的细目定额查完后，再查定该项目的另外细目的定额，依次完成后，再查另一项目的定额。

2. 运用定额确定资源消耗量

当已知工程数量值，则可按式（2-1）计算定额所包含的各种资源（工、料、机、费用等）的数量：

$$M_i = Q \times S_i \tag{2-1}$$

式中：M_i——某种资源的数量（t、m^3…）；

Q——工程数量（m^2、m^3…）；

S_i——项目定额中某种资源（人工、材料、机械台班、费用……）数量（kg、m^3…）。

例 2-1

某预制圆管涵工程(管径1.5m),工程量为25.5m^3,试求所需人工和32.5级水泥、中(粗)砂及碎石(2cm)的数量。

解:由预算定额表4-7-4-2所示定额表的定额值和工程量求得:

人工:$M_{人} = QS_{人} = (25.5 \times 32.8) \div 10 = 83.64$ 工日

32.5级水泥:$M_{泥} = QS_{泥} = (25.5 \times 4.101) \div 10 = 10.46$t

中(粗)砂:$M_{砂} = QS_{砂} = (25.5 \times 4.65) \div 10 = 11.86m^3$

碎石(2cm):$M_{石} = QS_{石} = (25.5 \times 7.98) \div 10 = 20.35m^3$

三、定额抽换、基本定额、材料周转及摊销

1. 定额抽换(定额换算)

所谓定额抽换,就是当设计所规定的内容与定额中的工作内容、子目或表中某序号所列的规格(如混凝土强度等级)不符时,则应查用相应定额或基本定额予以替换。在抽换前应仔细阅读定额的总说明和章节说明与注解,确定是否需要抽换,以及怎样抽换。

由于定额是按一般正常合理的施工组织和正常的施工条件编制的,定额中所采用的施工方法和工程质量标准,主要是根据国家现行公路工程施工技术及验收规范、质量评定标准及安全操作规程取定的,因此,在使用时不得因具体工程的施工组织、操作方法和材料消耗与定额的规定不同而变更定额。允许对定额进行抽换的主要情况有:

(1)就地浇筑钢筋混凝土梁用的支架及拱圈用的拱盔、支架,如确因施工安排达不到规定的周转次数时,可根据具体情况进行换算,并按规定计算回收。

(2)当设计采用的混凝土、砂浆强度等级或水泥强度等级与定额所列强度等级不同时,可按《预算定额》(2018版)附录二基本定额中"混凝土、砂浆配合比表"[见《预算定额》(2018版)的1213~1219页]进行换算,以替换定额表中相应的水泥、中(粗)砂、碎石等材料消耗定额值。

2. 基本定额

(1)基本定额及其分类

在《预算定额》(2018版)附录二中编有"基本定额",它是公路工程预算定额的组成部分。基本定额,是指在合理的条件下,为生产单位数量半成品、中间产品所规定的各种资源(工、料、机等)消耗量标准。其组成如下:

①砂浆及混凝土材料消耗。含砂浆配合比表、混凝土配合比表、泡沫轻质土配合比表、砌筑工程石料及砂浆消耗等内容。

②脚手架、踏步、井字架工料消耗。含轻型上下架材料消耗、门式钢支架材料消耗、钢管脚手架及井字架工料消耗、木脚手架及井字架工料消耗、踏步工料消耗、工作平台材料消耗、脚手架和轻型上下架的配备等内容。

③基本定额材料规格与质量。

(2)基本定额的用途

①进行定额抽换。当定额需要抽换时,可利用基本定额表进行抽换计算。

②分析分项工程或半成品所需人工、材料、机械消耗量。当设计中出现定额表中查不到的个别分项工程、工作时,应根据其具体工程数量通过基本定额表,分析计算所需工、料、机等的数量。

3. 材料周转及摊销

工程中使用的材料,按其使用次数可分为只能一次性使用的材料(如水泥、砂、石等)和能够多次使用的材料(如模板、支架、拱盔等)。能够多次使用的材料,称为周转性材料。在《预算定额》(2018 版)附录三中编有“材料的周转及摊销”定额。它的用途主要是:

①规定各种周转性材料的周转、摊销次数。

②对达不到规定周转次数的材料定额进行抽换。《预算定额》(2018 版)的总说明中指出:定额中的周转性材料、模板等的数量,已考虑了正常周转次数,计算在定额内,其中就地浇筑钢筋混凝土梁用的支架及拱圈用的拱盔、支架,如确因施工安排达不到规定周转次数时,可根据具体情况进行换算,并按规定计算回收,其余工程一般不予抽换。按此规定,对于达不到周转次数的周转性材料定额(即按实际周转次数确定的备料定额),可按式(2-2)进行换算。

$$E' = E \cdot k \tag{2-2}$$

式中:E'——实际周转次数的周转性材料定额;

E——定额规定的周转性材料定额;

k——换算系数,$k = n/n'$;

n——定额规定的材料周转次数;

n'——实际的材料周转次数。

第二节 路基工程

《预算定额》(2018 版)“路基工程”章包括路基土石方工程,特殊路基处理工程、排水工程和防护工程等项目。对于路基工程的土壤、岩石类别,定额按开挖难易程度将其分为六类。土壤分松土、普通土、硬土三类;岩石分为软石、次坚石、坚石三类。土、石六类分类与十六级土、石分类的对照表见表 2-2。

土壤、岩石的分类 表 2-2

公路定额分类	松土	普通土	硬土	软石	次坚石	坚石
六级分类	Ⅰ	Ⅱ	Ⅲ	Ⅳ	Ⅴ	Ⅵ
十六级分类	Ⅰ ~ Ⅱ	Ⅲ	Ⅳ	Ⅴ ~ Ⅵ	Ⅶ ~ Ⅸ	Ⅹ ~ ⅩⅥ

一、路基土、石方工程

1. 说明

“路基工程”章说明共8条,这里仅介绍其主要内容。

(1)“人工挖运土方、装运石”“人工开炸石方”“机械打眼开炸石方”“控制爆破石方”“抛坍爆破石方”“挖掘机带破碎锤破碎石方”等定额中,已包括开挖边沟消耗的人工、材料和机械台班消耗量。因此,开挖边沟的数量应合并在路基土、石方数量内计算。

(2)自卸汽车运输路基土、石方定额项目和洒水汽车洒水定额项目,仅适用于平均运距在15km以内的土、石方或水的运输。当平均运距超过15km时,应按社会运输的有关规定计算其运输费用。当运距超过第一个定额运距单位时,其运距尾数不足一个增运定额单位的半数时不计,等于或超过半数时按一个增运定额运距单位计算。

例如,平均运距为10.2km,套用第一个1km和运距15km以内的增运定额18个单位后尾数为0.2km,不足一个增运定额单位(0.5km)的半数(0.25km),因此不计;如平均运距为10.3km,套用第一个1km和运距15km以内的增运定额18个单位后尾数为0.3km,已超过一个增运定额单位(0.5km)的半数(0.25km),因此应计一个增运定额运距单位,增运单位则合计为19个。

(3)路基加宽填筑部分如需清除时,按刷坡定额中普通土子目计算;清除的土方如需远运,按土方运输定额计算。

(4)应由施工组织设计提出,并计入填方数量内的几种土、石方数量。

下列各种土、石方数量的发生,在编制预算定额时没有考虑在定额内,必须以计量方式计入预算之中:

①清除表土或零填方地段的基底压实、耕地填前夯(压)实后,回填至原地面标高所需的土、石方数量。

②因路基沉陷需增加填筑的土、石方数量。

③为保证路基边缘的压实度须加宽填筑时,所需的土、石方数量。

清除表土或零填方地段的基底压实、耕地填前夯(压)实后,回填至原地面标高所需的土、石方数量和因路基沉陷需增加填筑的土、石方数量,由设计人员在设计时根据不同情况提出,这部分数量应计入计价方数量内。

为保证填方路基边缘的压实度,施工时一般采取填方区边缘处加宽填筑的方式,但这样就要增加土方用量。采用机械碾压时,其每边加宽的宽度通常在20~50cm之间,需由设计根据具体情况确定加宽宽度,计算加宽填筑数量。这部分数量不应计入计价方数量内,但其费用应摊入计价方的单价内。加宽填筑数量一般可用式(2-3)计算:

$$宽填土方量=填方区边缘全长\times边坡平均坡长\times宽填厚度 \tag{2-3}$$

(5)土、石方体积计算。天然密实方是指土体在自然状态下的体积。压实方是指将天然密实方压(夯)实之后的体积。在路基施工中,路基土、石方的开挖、装卸、运输是按天然密实方体积计算的,而填方是按压(夯)实以后的几何尺寸计算的,即填方是压实方。天然密实方与压实方必然存在一定的数量差。它直接影响到土、石方数量计算,调配及土、石方工程定额的确定(有的土、石方调配表中已考虑了换算系数)。

因此,定额中明确规定:“除定额中另有说明者外,土方挖方按天然密实体积计算,填方按压(夯)实后的体积计算;石方爆破按天然密实体积计算。”当以填方压实体积为工程量,采用以天然密实方为计量单位的定额时,所采用的定额应乘以压实方与天然密实方的换算系数(表 2-3);如路基填方为借方,则应在表 2-3 系数基础上增加 0.03 的损耗。

压实方与天然密实方间的换算系数 表 2-3

土的类别 / 公路等级	土方			石方
	松土	普通土	硬土	
二级及二级以上公路	1.23	1.16	1.09	0.92
三、四级公路	1.11	1.05	1.00	0.84

例 2-2

某二级公路路基土、石方工程,计有挖土方 30000m^3(其中松土 5000m^3,普通土 15000m^3,硬土 10000m^3,),开炸石方计 10000m^3(挖方均为天然方)。本断面挖方可利用方量为 19000m^3(松土 3000m^3、普通土 8000m^3、硬土 5000m^3、石方 3000m^3,均为天然方),远运利用方量为普通土 2000m^3(天然方)。需填方数量为 40000m^3,不足部分借土填方。

试计算:①路基设计断面方数量;②利用方数量(压实方);③借方数量(借硬土,压实方);④计价方数量;⑤弃方数量;⑥当计算借方的开挖费用和运输费用时,其工程数量应为多少?

解:①路基设计断面方数量。

设计断面方 = 挖方(天然密实方) + 填方(压实方)

$= 30000 + 10000 + 40000 = 80000\text{m}^3$

②利用方数量。

利用方 = 本桩利用方(压实方) + 远运利用(压实方)

$= (3000 \div 1.23 + 8000 \div 1.16 + 5000 \div 1.09 + 3000 \div 0.92) + 2000 \div 1.16 = 18908\text{m}^3$

③借方(压实方)数量。

借方 = 填方(压实方) − 利用方(压实方) $= 40000 - 18908 = 21092\text{m}^3$

④计价方数量。

计价方 = 挖方(天然密实方) + 借方(压实方)

$= 30000 + 10000 + 21092 = 61092\text{m}^3$

⑤弃方数量。

弃方 = 挖方(天然密实方) − 利用方(天然密实方)

$= (30000 + 10000) - (3000 + 8000 + 5000 + 3000 + 2000) = 19000(\text{m}^3)$

⑥计算借方的开挖费用和运输费用时的工程数量。

当计算借方的开挖费用和运输费用时,其工程数量应为 $21092 \times (1.09 + 0.03) = 23623\text{m}^3$ 或其定额应乘 1.12 的系数。

上列的挖方、填方、本桩利用方、远运利用方、借方、弃方均引自施工图设计“路基土、石方数量计算表”。

2. 各种土、石方量套用的定额、计量单位及计价内容

(1)挖方。按土质分类分别套用相应的定额,定额单位为天然密实方。

(2)填方。套用相应的压实定额,定额单位为压实方。

(3)本桩利用。这一数量不参与费用的计算,其挖已在“挖方”内计算,其填已在“填方”内计算。

(4)远运利用。只计算其调配运输费用。其挖已在其他断面的“挖方”内计算,其填已在“填方”内计算。

(5)借方。计算其挖、装、运的费用,其填已在“填方”内计算。

(6)弃方。只计算其运输费用,其挖已在“挖方”内计算。

套用定额时应注意:当以压实方量为工程数量,在采用以天然密实方为定额计量单位的定额表时,应将其定额值乘以表 2-3 的换算系数。如上例中的借方 21092m^3,若套用预算定额表“1-1-10 装载机装土、石方”和“1-1-11 自卸汽车运土、石方”定额时,则应对定额表所列定额值乘以 1.12(1.09 +0.03)的系数(或其工程数量乘以 1.12 的系数)。此外,应注意施工图设计文件中的路基土、石方数量计算表中的相关数量是否已考虑了表 2-3 的系数,如已考虑,则套用预算定额时不再重复。

3. 定额表的附注及工程内容

选用定额时应注意定额有无附注,还要注意其工程内容,防止重复计算及漏项。在定额表中只有允许调整的部分方可调整;否则,不得任意调整与变更。如:

(1)“1-1-1 伐树、挖根、除草、清除表土”定额:清除表土和除草定额不同时套用。清除的表土如需远运,按土方运输定额另行计算。

(2)“1-1-5 填前夯(压)实及填前挖松”定额:二级及二级以上等级公路的填前压实应采用压路机压实。

(3)“1-1-8 机动翻斗车、手扶拖拉机配合人工运土、石方定额”附注:定额中不包括人工挖土、开炸石方及装、卸车的工料消耗,需要时按“人工挖运土方、装运石方定额”附注的有关规定计算;不适用运距超过 1000m 的情况。

(4)“1-1-9 挖掘机挖装土、石方”定额:土方不需装车时,应乘以 0.87 的系数。

(5)“1-1-10 装载机装土、石方”定额:装载机装土如需推土机配合推松、集土时,其人工、推土机台班的数量按“推土机推运土方”第一个 20m 定额乘以 0.8 的系数计算。

(6)“1-1-13 铲运机铲运土方”定额:定额是按拖式铲运机编制的,当采用自行式铲运机时,应按附注规定乘以 0.7 的系数。

(7)“1-1-14 开炸石方”“1-1-15 控制爆破石方”“1-1-16 抛坍爆破石方”定额:仅包括爆破石方,如需清运,可按相关运输定额计算。

(8)“1-1-18 机械碾压路基Ⅱ零填及挖方路基”定额:定额按自行式平地机整平土方编列,如采用推土机整平土方时,可采用括号内数字并扣除定额中平地机的全部台班数量。

4. 施工方法的选择

路基工程中,土、石方工程量很大,采用何种施工方法,人工、机械消耗数量差异很大。目

前，高等级公路为了满足施工质量和工期要求一般都是采用机械施工，而低等级公路多采用人工机械组合施工。在机械施工中，主要是就作业种类和机械经济运距选择机械的问题。选择时可参考表 2-4 和表 2-5 进行。

作业类型与筑路机械选择表　　表 2-4

作业种类	供选择的机械种类	作业种类	供选择的机械种类
伐树、挖根	推土机	运输	推土机、自卸汽车、手扶拖拉机、翻斗车
挖掘	挖掘机、推土机、松土机	摊铺	推土机、平地机
装载	挖掘机、装载机	压实	轮胎式压路机、振动压路机、推土机、羊足碾
挖掘、运输	推土机、铲运机	洒水	洒水汽车

根据运输距离选择机械表　　表 2-5

机械类型	经济运距(m)	机械类型	经济运距(m)
推土机	0 ~ 60	自行式铲运机	70 ~ 500
拖式铲运机	80 ~ 400	自行式平地机	500 ~ 3000
装载机 + 自卸汽车	>500	手扶拖拉机、翻斗车	50 ~ 500
挖掘机 + 自卸汽车	>500	—	—

此外，还应根据工程规模、土质条件及现场施工条件来选择施工机械；同时还应注意机械间的相互配套，如装载机械的容量与自卸汽车的车厢容积(或吨位)相配套。大容量配大吨位，小容量配小吨位。

案例 2-3

背景材料：某三级公路路基长 35km，路基宽 8.5m，其路基土、石方设计资料见表 2-6。

路基土石方数量　　表 2-6

项目名称	单位	数量	附注
本桩利用土方	m^3	24000	普通土
远运利用土方	m^3	56000	普通土，运距 1500m
借土方	m^3	680000	普通土，运距 3000m
填土方	m^3	760000	—

问题：

(1)根据上述资料，计算路基设计断面方、计价方数量。

(2)列出编制本项目土、石方工程施工图预算所需的全部工程细目名称、单位、定额代号及数量等内容，并填入表格中，需要时应列式计算。

分析要点：

本案例除考核关于土、石方的概念及相互之间的关系外，还应注意，由于案例给定已知条件中，均未明确土、石方数量是天然密实方还是压实方，因此，解题时需进行必要的分析判断。

根据给定的工程量，分析发现：填土方($760000m^3$) = 利用方($24000m^3 + 56000m^3$) + 借方($680000m^3$)，说明土方是平衡的，也就是说已知条件给定的工程量均为压实方。

答案：

（1）问题1。

设计断面方数量＝挖方数量＋填方数量

挖土方数量：$(24000+56000)\times1.05=84000\text{m}^3$

填方数量：760000m^3

断面方数量：$760000+84000=844000\text{m}^3$

计价方数量＝挖方（天然密实方）＋借方（压实方）

$=84000+680000=764000\text{m}^3$

（2）问题2。

路拱数量：$35000\times8.5=297500\text{m}^2$

预算定额子目名称、工程量、定额表号及调整情况见表2-7。

预算定额子目表

表2-7

序号	定额子目名称		单位	定额表号	工程量	定额调整情况	备　注
1	165kW以内推土机推普通土第一个20m		1000m^3	1-1-12-18	24.0	定额×1.05	挖土（本桩利用）
2	2.0m^3以内挖掘机挖装普通土		1000m^3	1-1-9-8	56.0	定额×1.05	挖土（远运利用）
3	12t以内自卸汽车运土方	第一个1km	1000m^3	1-1-11-7	56.0	定额×1.05	
		每增运0.5km	1000m^3	1-1-11-8	56.0	定额×1.05	
4	2m^3以内挖掘机挖装普通土		1000m^3	1-1-9-8	680.0	定额×1.08	借方
5	12t以内自卸汽车运土方	第一个1km	1000m^3	1-1-11-7	680.0	定额×1.08	
		每增运0.5km	1000m^3	1-1-11-8	680.0	定额×1.08×4	
6	三、四级公路填方路基 10t以内振动压路机碾压土方		1000m^3	1-1-18-11	760.0		
7	机械整修路拱		1000m^2	1-1-20-1	297.5		
8	三、四级公路整修边坡		km	1-1-20-6	35.0		

案例2-4

背景材料：某高速公路第二合同段共长16.76km，路基宽度为26m，两端分别为2.46km和3.40km，穿越丘陵地带，土壤为普通土；中间10.90km穿越农田、果林，绝大部分为填方地段。

（1）路基土、石方工程量。

挖方（天然密实方）：开挖土方（普通土）262826m^3；开炸石方（次坚石）1444300m^3；石方弃方计400000m^3（远运3km）。

填方（压实方）：利用土填方226574m^3（远运4.0km）；利用石填方1135109m^3（远运4.5km）；借土填方210576m^3（普通土远运5km）。

（2）其他零星工程的工程量。

耕地填前压实260000m^2；整修路拱435760m^2；整修边坡16.76km；填方地段为保证路基边

缘压实度每边加宽的填方，完工后应刷坡计 80000m^3。

问题：

(1)简要叙述该段路基土、石方工程的施工方法。

(2)列出上列项目的预算定额工程细目名称、工程量、定额代号及调整系数。

答案：

(1)施工方法的选用。

该高速公路路基土、石方工程，挖方和填方都比较集中，利用方和借方运距达 4～5km，因此，施工方法采用大型土、石方机械施工较为合适；路基土、石方挖运宜采用 165kW 以内推土机推运和集料，3m^3 装载机装料，15t 自卸汽车运输。填方选用平地机平整、重型振动压路机碾压，符合高速公路施工进度和质量要求。

(2)预算定额子目名称、工程量、定额表号及调整情况见表 2-8。

预算定额子目表 表 2-8

序号	定额子目名称		单位	定额表号	工程量	定额调整情况	备注
1	165kW 以内推土机推普通土第一个 20m		1000m^3	1-1-12-18	262.826	—	开挖路基土方
2	165kW 以内推土机推次坚石第一个 20m		1000m^3	1-1-12-38	1444.300	—	开挖路基石方
3	3m^3 装载机装石(弃方)		1000m^3	1-1-10-9	400	—	
4	15t 以内自卸汽车运石方	第一个 1km	1000m^3	1-1-11-23	400	—	
		每增运 0.5km	1000m^3	1-1-11-24	400	定额×4	
5	3m^3 装载机装土		1000m^3	1-1-10-3	226.574	定额×1.16	利用土方填方
6	15t 以内自卸汽车运土方	第一个 1km	1000m^3	1-1-11-9	226.574	定额×1.16	
		每增运 0.5km	1000m^3	1-1-11-10	226.574	定额×6×1.16	
7	土方碾压		1000m^3	1-1-18-5	226.574	—	
8	3m^3装载机装石		1000m^3	1-1-10-9	1135.109	定额×0.92	利用石方填方
9	15t 以内自卸汽车运石方	第一个 1km	1000m^3	1-1-11-23	1135.109	定额×0.92	
		每增运 0.5km	1000m^3	1-1-11-24	1135.109	定额×7×0.92	
10	石方碾压		1000m^3	1-1-18-13	1135.109	—	
11	165kW 以内推土机推、集土方		1000m^3	1-1-12-18	210.576	定额×(1.16+0.03)×0.8	借土方填方
12	3m^3 装载机装土		1000m^3	1-1-10-3	210.576	定额×1.19	
13	15t 以内自卸汽车运土方	第一个 1km	1000m^3	1-1-11-9	210.576	定额×1.19	
		每增运 0.5km	1000m^3	1-1-11-10	210.576	定额×8×1.19	
14	土方碾压		1000m^3	1-1-18-5	210.576	—	
15	耕地填前压实		1000m^2	1-1-5-4	260	—	路基零星工程
16	刷坡		1000m^3	1-1-21-2	80	—	
17	整修边坡		km	1-1-20-4	16.76	—	
18	整修路拱		1000m^2	1-1-20-1	435.76	—	

二、特殊路基处理工程

特殊路基处理工程应注意以下几个方面：

(1)袋装砂井及塑料排水板处理软土地基，工程量为设计深度，定额材料消耗中已包括砂袋或塑料排水板的预留长度。

(2)振冲碎石桩定额中不包括污泥排放处理的费用，需要时另行计算。

(3)挤密碎石桩、灰土桩、砂桩和石灰砂桩处理软土地基定额的工程量为设计桩断面积乘以设计桩长。

(4)水泥搅拌桩和高压旋喷桩处理软土地基定额的工程量为设计桩长。

(5)土工布的铺设面积为锚固沟外边缘所包围的面积，包括锚固沟的底面积和侧面积。定额中不包括排水内容，需要时另行计算。

另外，在使用时还应注意定额表的附注，在此不一一列出。

三、排水工程

排水工程应注意以下几个方面：

(1)边沟、排水沟、截水沟、盲沟的挖基费用按开挖沟槽定额计算，其他排水工程的挖基费用按《预算定额》(2018 版)“路基工程”第一节土、石方工程的相关定额计算。

(2)边沟、排水沟、截水沟、急流槽定额均未包括垫层的费用，需要时按有关定额另行计算。

(3)工程量计算规则。

①预制混凝土构件的工程量为预制构件的实际体积，不包括预制构件中空心部分的体积。

②挖截水沟、排水沟的工程量为设计水沟断面积乘以水沟长度与水沟圬工体积之和。

③路基盲沟、中央分隔带盲沟(纵向、横向)的工程量按设计的工程内容计算。

(4)在使用“混凝土边沟、排水沟、急流槽”定额时，应注意混凝土预制块件(含水沟盖板)损耗引起的预制工程量与铺砌工程量的差异，即预制块件预制工程量 = 铺砌工程量 × (1 + 预制块的铺砌操作损耗)。如：每安装 $10m^3$ 实体的水沟盖板(定额表号为[1-3-4-12])，预制构件的消耗量为 $10.10m^3$，其中的 $0.10m^3$ 即为每安装 $10m^3$ 实体的水沟盖板的操作损耗量。

四、防护工程

防护工程在套用定额时应注意以下几点：

(1)“路基工程”章节定额未列出的其他结构形式的砌石防护工程，需要时按“桥涵工程”项目的有关定额计算。

(2)“路基工程”章节定额除注明者外，均不包括挖基、基础垫层的工程内容，需要时按“桥涵工程”项目有关定额计算。

(3)“路基工程”章节定额除注明者外，均已包括按设计要求设置的伸缩缝、沉降缝的费用。

(4)“路基工程”章节定额除注明者外，均已包括水泥混凝土的拌和费用。

(5)植草护坡定额中均已综合考虑黏结剂、保水剂、营养土、肥料、覆盖薄膜等的费用,使用定额时不得另行计算。

(6)预应力锚索护坡定额中的脚手架系按钢管脚手架编制的,脚手架宽度按 2.5m 考虑。

(7)工程量计算规则如下:

①铺草皮工程量按所铺边坡的坡面面积计算。

②护坡定额中以 $100m^2$ 或 $1000m^2$ 为计量单位的子目的工程量,按设计需要防护的边坡坡面面积计算。

③本章定额预制混凝土构件的工程量为预制构件的实际体积,不包括预制构件中空心部分的体积。

④预应力锚索的工程量为锚索(钢绞线)长度与工作长度的质量之和。

例 2-5

某浆砌片石挡土墙工程,试确定该工程的基础和填片石垫层的人工、片石、基价预算定额。

解:(1)浆砌片石基础定额。

查预算定额[1-4-16-5],查得每 $10m^3$ 消耗:

人工:5.6 工日

材料:片石 $11.50m^3$

基价:2042 元

(2)填片石垫层定额。

根据防护工程章说明 2,填片石垫层定额可采用桥梁工程有关定额。该挡土墙基础垫层定额,采用“4-11-5 基础垫层”定额代替,定额编号为 4-11-5-3。每 $10m^3$ 消耗:

人工:4.1 工日

材料:片石 $12.5m^3$

基价:1225 元

第三节 路面工程

一、路面工程构造与施工方法

1. 路面工程主要构造

路面工程主要包括垫层、底基层、基层、面层、路肩、路缘石、路槽、分隔带等。路面工程预算定额,包括路面基层及垫层、路面面层、路面附属工程三部分。

2. 主要施工方法

路面工程按照不同的构造,其主要施工方法如图 2-1 所示。

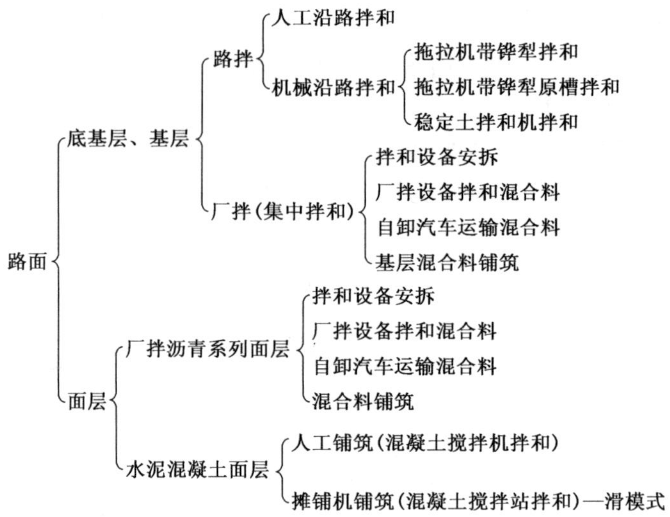

图 2-1　路面工程主要施工方法

二、路面工程章说明

《预算定额》(2018 版)“路面工程”章说明共 7 条，要正确使用路面工程预算定额，应注意以下各点：

(1) 路面实体计算单位。

对于各种类型路面以及路槽、路肩、垫层、基层等，除沥青混合料路面、厂拌基层稳定土混合料运输、自卸汽车运输水泥混凝土以 $1000m^3$ 路面实体为计算单位外，其余路面均以 $1000m^2$ 为计算单位。

(2) 路面、路肩厚度。

路面项目中的厚度均为压实厚度，培路肩厚度为净培路肩的夯实厚度。

(3) 本章定额中的水泥混凝土除摊铺机铺筑水泥混凝土及碾压混凝土路面外，均已包括其拌和费用，使用定额时不得再另行计算。

(4) 在进行单车道路面施工时，由于路面宽度的限制，压路机不能按施工规范要求进行错轮碾压，导致效率降低，因此，当设计为单车道路面宽度时，两轮光轮压路机乘以 1.14 系数、三轮光轮压路机乘以 1.33 系数、轮胎式压路机和振动压路机乘以 1.29 系数。

(5) 自卸汽车运输稳定土混合料、沥青混合料和水泥混凝土定额项目，仅适用于平均运距在 15km 以内的混合料运输，当平均运距超过 15km 时，应按市场运价计算其运输费用。当运距超过第一个定额运距单位时，其运距尾数不足一个增运定额单位的半数时不计，超过半数时按一个增运定额运距单位计算。如：运距为 2.2km 时，应按 2km 计算，即增运按两个 0.5km 计算；运距为 2.3km 时，应按 2.5km 计算，即增运按三个 0.5km 计算。

此外，“路面工程”章定额中工程量以 $1000m^2$ 为计算单位的，其计价工程量一般按设计需要铺设的路面各层的顶面面积进行计算。

三、路面基层及垫层

(1)压实厚度及分层铺筑时压实机械的计算规定。

①各类垫层、级配碎石、级配砾石基层的压实厚度在15cm以内;②填隙碎石基层的压实厚度在12cm以内;③各类稳定土基层、其他种类的基层和底基层压实厚度在20cm以内。当压实厚度超过上述规定厚度进行分层拌和、摊铺、碾压时,拖拉机、平地机、摊铺机和压路机的台班消耗应按定额数量加倍,且每$1000m^2$增加1.5工日。

(2)设计配合比与定额标明的配合比不同时,有关材料的换算方法。

当各类稳定土基层材料消耗的设计配合比与定额标明的配合比不同时,有关材料可分别按式(2-4)计算:

$$C_i = [C_d + B_d \times (H - H_0)] \times L_i / L_d \tag{2-4}$$

式中:C_i——按设计配合比换算后的材料数量;

C_d——定额中基本压实厚度的材料数量;

B_d——定额中压实厚度每增减1cm的材料数量;

H_0——定额的基本压实厚度;

H——设计的压实厚度;

L_d——定额标明的该种材料的百分率;

L_i——设计配合比的该种材料的百分率。

例 2-6

某水泥、石灰稳定土基层工程(稳定土拌和机拌和),定额标明的配合比为水泥:石灰:土=6:4:90,设计配比合为水泥:石灰:土=5:4:91,设计压实厚度15cm,试确定水泥、石灰、土调整后的定额值。

解:根据上述(2)的规定;并根据定额表[2-1-6-(21+22)]的定额值,按式(2-4)换算水泥、石灰、土调整后的定额值。

32.5级水泥:$[20.392 + 1.02 \times (15 - 20)] \times 5/6 = 12.743t$

熟石灰:$[14.943 + 0.747 \times (15 - 20)] \times 4/4 = 11.208t$

土:$[268.07 + 13.4 \times (15 - 20)] \times 91/90 = 203.30m^3$

(3)路面用土的预算价格的计算规定。定额中土的预算价格,按材料采集及加工和材料运输定额中的有关项目计算。

(4)路面底基层采用基层定额时压路机消耗量的计算规定。各类稳定土底基层采用稳定土基层定额时,每$1000m^2$路面减少12~15t光轮压路机0.18台班。

四、路面面层

(1)压实厚度及分层铺筑时压实机械的计算规定。泥结碎石、级配碎石、级配砾石、天然砂砾、粒料改善土壤路面面层的压实厚度在15cm以内。当压实厚度超过上述规定厚度进行分层拌和、碾压时,拖拉机、平地机和压路机台班消耗应按定额数量加倍,且每$1000m^2$增加1.5工日。

(2)有关透层、黏层和封层的计算规定。沥青路面未包括透层、黏层和封层,需要时可按有关定额另行计算。

(3)乳化沥青和改性沥青材料的计算规定。沥青路面定额中的乳化沥青和改性沥青材料,如在现场自行配制时,其配制费用应在材料预算价格中。

(4)沥青玛蹄脂碎石混合料中有关纤维填加料的计算规定。纤维稳定剂的掺加比例与定额不同时,可根据设计用量调整纤维稳定剂的消耗。

(5)在冬五区、冬六区,沥青路面采用层铺法施工时,定额中沥青用量调整系数的计算规定。在冬五区、冬六区,沥青路面采用层铺法施工时,其用油量可按定额用油量乘以下列系数:沥青表面处治1.05;沥青贯入式基层1.02;面层1.028;沥青上拌下贯式下贯部分1.043。

(6)设计油石比与定额采用的油石比不同时的计算规定。当设计采用的油石比与定额不同时,可按设计油石比调整定额中的沥青用量。换算公式为式(2-5)。

$$S_i = S_d \times \frac{L_i}{L_d} \tag{2-5}$$

式中:S_i——按设计油石比换算后的沥青数量;

S_d——定额中的沥青数量;

L_d——定额中标明的油石比;

L_i——设计采用的油石比。

(7)"2-2-9 沥青上拌下贯式路面"定额附注:定额中的压实厚度系指上拌下贯式路面的贯入层的压实厚度;定额中仅包括沥青上拌下贯式路面的下贯部分消耗量,其上拌部分实际用量可按压实厚度范围2~4cm计算工程量,按有关定额另行计算;当拌和层与贯入部分不能连续施工,又要在短期内通行施工车辆时,每$1000m^2$路面增加人工1.5工日、石屑$2.5m^3$、15t以内振动压路机(双钢轮)0.14台班。

(8)"2-2-16 透层、黏层、封层"定额附注:粒料基层浇洒沥青后,不能及时铺筑面层并需要开放施工车辆通行时,每$1000m^2$路面增加粗砂$0.83m^3$、6~8t光轮压路机0.13台班,沥青用乘以1.1的系数。

(9)"2-2-17 水泥混凝土路面"定额附注:定额未包括混凝土拌和站的安、拆费用,需要时按有关定额另行计算;人工铺筑定额包括混凝土拌和,仅适用于一般数量不大的水泥钢筋混凝土路面。二级及二级以上的水泥混凝土路面应套用摊铺机铺筑定额。摊铺机铺筑定额中不包括水泥混凝土的拌和、运输,需要时按有关定额另行增加。

(10)"2-2-19 自卸汽车运输水泥混凝土"定额附注:本定额适用于碾压混凝土路面的混凝土运输,其他混凝土应按要求套用混凝土搅拌车运输(4-11-11 混凝土拌和及运输)。

五、路面附属工程

(1)硬路肩的计算规定。硬路肩工程项目,根据其不同设计层次结构,分别采用不同的路面定额项目进行计算。

(2)各类铺砌水泥混凝土预制块定额的计算规定。铺砌水泥混凝土预制块人行道、路缘石、沥青路面镶边和土硬路肩加固定额中,均已包括水泥混凝土预制块的预制,使用定额时不得另行计算。

(3)“2-3-1 全部挖除旧路面”定额附注:挖除的废渣如需远运时,另按路基土方运输定额计算;混凝土废渣按路基石方运输定额计算。废渣清除后,底层如需碾压,每 $1000m^2$ 可增加15t 以内振动压路机 0.18 台班。

(4)“2-3-2 挖路槽、培路肩、修筑泄水槽”定额附注:挖路槽按全挖路槽断面编制,当设计为半填半挖路槽时,人工工日乘以 0.8 的系数。挖除的土、石需远运时,另按路基土、石方运输定额计算。培路肩的填方数量已在路基填方内计算,在使用本定额时不应再另行计算培路肩土方的开挖、运输等费用。

定额表中的培路肩只是培筑、压实、修整路槽等工作内容。

案例 2-7

背景材料:某高速公路沥青混凝土路面,其面层设计上面层为 5cm 厚细粒式;中面层为 6cm 厚中粒式;下面层为 7cm 厚粗粒式。某标段路线长 24km(起点桩号 K32+000),上、中、下面层数量均为 $624000m^2$。在该标段 K40+000 处有一块比较平坦的场地,且与路线相邻,可设置拌和站。施工工期为 6 个月,采用集中拌和自卸汽车运输、机械摊铺,拌和站场地建设不考虑。

问题:请根据上述材料列出本标段中路面工程造价所涉及的相关定额的名称、单位、定额表号、数量等内容,并填入表格,需要时应列式计算或文字说明。

答案:

(1)工程数量的计算。

各面层体积计算:

下层(粗粒式) $624000\times0.07=43680m^3$

中层(中粒式) $624000\times0.06=37440m^3$

上层(细粒式) $624000\times0.05=31200m^3$

合计 $43680+37440+31200=112320m^3$

沥青混合料质量 $43680\times2.377+37440\times2.370+31200\times2.363=266285.76t$

(2)面层混合料拌和设备数量计算。

假定设置的拌和设备型号为 320t/h,设备利用率为 0.85,每天施工 8h。考虑到拌和设备安拆等因素,工作时间按 5 个月考虑。则混合料拌和设备的需要量为:

$266285.76\div(320\times30\times5\times8\times0.85)=0.82$ 台

应设置一台拌和设备。

(3)面层混合料综合平均运距。

设每千米沥青混合料为 y,其混合料综合平均运距为:

$L=[8\times y\times4+16\times y\times8]\div(24\times y)=6.7km$。根据定额中关于运距的规定,本项目应按 6.5km 计算。

(4)预算定额子目名称、工程量、定额表号及调整情况见表 2-9。

预算定额子目表 表 2-9

定额子目名称		单位	定额表号	数量	定额调整情况
透层沥青		$1000m^2$	2-2-16-3	624	
黏层沥青		$1000m^2$	2-2-16-5	624	
沥青混凝土拌和	粗粒式	$1000m^3$	2-2-11-6	43.680	
	中粒式	$1000m^3$	2-2-11-13	37.440	
	细粒式	$1000m^3$	2-2-11-20	31.200	
15t 自卸汽车运混合料	第一个 1km	$1000m^3$	2-2-13-7	112.320	
	每增运 0.5km	$1000m^3$	2-2-13-8	112.320	定额×11
沥青混合料铺筑	粗粒式	$1000m^3$	2-2-14-50	43.680	
	中粒式	$1000m^3$	2-2-14-51	37.440	
	细粒式	$1000m^3$	2-2-14-52	31.200	
沥青混合料拌和设备安拆(320t/h)		1 座	2-2-15-6	1	

注：透层沥青数量按面层数量增加5%以内均为正确，自卸汽车用12t、20t以内均可。

案例 2-8

背景材料：某一级公路，路面结构形式及数量见表 2-10。运距为 2km，混凝土采用商品混凝土并由供应单位运至施工现场。

路面结构形式及数量 表 2-10

路面结构形式	单位	数量
4%水泥稳定碎石底基层 20cm 厚	m^2	13200
5%水泥稳定碎石基层 22cm 厚	m^2	12977
C25 水泥混凝土面层 25cm 厚	m^2	12977

问题：分别列出路面工程造价所涉及的相关定额的名称、单位、定额表号及数量等内容，并填入表格中。

答案：预算定额子目名称、工程量、定额表号及调整情况见表 2-11。

预算定额子目表 表 2-11

定额子目名称			单位	定额表号	数量	定额调整情况
4%水泥稳定碎石底基层（20cm 厚）	拌和	压实厚度 20cm	$1000m^2$	2-1-7-5	13.200	换算水泥碎石比例为 4:96
	10t 以内自卸汽车运 2km	第一个 1km	$1000m^3$	2-1-8-3	2.640	
		每增运 0.5km	$1000m^3$	2-1-8-4	2.640	定额×2
	摊铺机铺筑		$1000m^2$	2-1-9-10	13.200	
5%水泥稳定碎石基层（22cm 厚）	拌和	压实厚度 20cm	$1000m^2$	2-1-7-5	12.977	
		每增减 1cm	$1000m^2$	2-1-7-6	12.977	定额×2
	10t 以内自卸汽车运 2km	第一个 1km	$1000m^3$	2-1-8-3	2.855	
		每增运 0.5km	$1000m^3$	2-1-8-4	2.855	定额×2
	摊铺机铺筑		$1000m^2$	2-1-9-9	12.977	人工及压实机械调整

续上表

定额子目名称		单位	定额表号	数量	定额调整情况
基层稳定土厂拌设备安装、拆除(300t/h 以内)		1 座	2-1-10-4	1	
C25 水泥混凝土面层(25cm 厚)	2-2-17-3	1000m²	2-2-17-3	12.977	普通 C30-32.5-4 混凝土换成商品混凝土,相关的材料消耗量调整为 0;实际厚度(cm):+[2-2-17-4]×5;取费类别调整为构造物Ⅲ

第四节 隧道工程预算定额

隧道工程预算定额主要分洞身工程、洞门工程、辅助坑道和瓦斯隧道四部分,其中瓦斯隧道定额为参考定额。

一、隧道工程章说明

《预算定额》(2018 版)的"隧道工程"章说明共 7 条,其中要特别注意:

(1)隧道围岩分级的规定:定额采用与现行隧道设计、施工技术规范一致的围岩划分标准,将围岩分为六级,即Ⅰ级~Ⅵ级。

(2)定额中混凝土工程拌和费用的规定:定额中混凝土工程均未考虑拌和的费用,应按《预算定额》(2018 版)"桥涵工程相"关定额另行计算。

(3)洞内弃渣洞外运输的规定:洞内出渣运输定额已综合洞门外 500m 运距,当洞门外运距超过此运距时,可按照路基工程自卸汽车运输土石方的增运定额加计增运部分的费用。

(4)混凝土及预制块运输费用的计算规定:定额均未包括混凝土及预制块的运输,需要时应按有关定额另行计算。

(5)隧道工程项目采用其他章节定额的规定:

①洞门挖基、仰坡及天沟开挖、明洞明挖土石方及明洞顶防水层等,应使用其他章节有关定额。

②洞内工程项目如需采用其他章节的有关项目时,所采用定额的人工工日、机械台班数量及小型机具使用费应乘以 1.26 的系数。

二、洞身工程

定额中所指隧道长度均是指隧道进出口(不含与隧道相连的明洞)洞门端墙墙面之间的距离,即两端端墙面与路面的交线同路线中线交点间的距离。但需注意,当隧道连接有明洞时,应扣除明洞的长度。

1. 开挖

（1）人工开挖、机械开挖轻轨斗车运输项目定额编制采用的开挖方法，以及支撑和出渣、通风及临时管线等的计算规定：人工开挖、机械开挖轻轨斗车运输项目系按上导洞、扩大、马口开挖编制的，也综合了下导洞扇形扩大开挖方法，并综合了木支撑和出渣、通风及临时管线的工料机消耗。

（2）正洞机械开挖自卸汽车运输定额的编制情况和使用规定：正洞机械开挖自卸汽车运输定额系按开挖、出渣运输分别编制，不分工程部位（即拱部、边墙、仰拱、底板、沟槽、洞室）均使用本定额。施工通风及高压风水管和照明电线路单独编制定额项目。

（3）连拱隧道的计算规定：连拱隧道中导洞、侧导洞开挖和中隔墙衬砌是按连拱隧道施工方法编制的，除此以外的其他部位的开挖、衬砌、支护可套用本节其他定额。

（4）正洞内开挖、出渣运输、通风管线路等与隧长（隧道长度）相关的项目，按隧长≤1000m、≤2000m、≤3000m、≤4000m、≤5000m 编制。

①当隧长 >5000m 时：正洞开挖，以隧长≤5000m 定额为基础，与隧长 >5000m 增加定额叠加使用。

②正洞出渣运输。通过隧道进出口开挖正洞，以换算隧长套用相应的出渣定额。换算隧长计算公式为：

$$换算隧长 = 全隧长度 - 通过辅助坑道开挖正洞的长度$$

当换算隧长 >5000m 时，以隧长≤5000m 定额为基础，与隧长 >5000m 每增 1000m 定额叠加使用。

通过斜井开挖正洞，出渣运输按正洞和斜井两段分别计算，二者叠加使用。

③正洞出渣运输按围岩级别编制，洞外出渣距离按 500m 以内编制，若超过时，超过部分可按路基工程中"自卸汽车配合装载机运土石方"项目的增运定额计算。

（5）工程量计算规则：洞身开挖、出渣工程量按设计断面数量（成洞断面加衬砌断面）计算，定额中已考虑超挖因素，不得将超挖数量计入工程量。

2. 支护

（1）喷射混凝土。喷射混凝土定额消耗中已综合考虑混凝土的回弹量；钢纤维混凝土中钢纤维掺入量按喷射混凝土质量的 3% 掺入。当设计采用的钢纤维比例与本定额不符或采用其他材料时，可以抽换。喷射混凝土工程量按设计厚度乘以喷射面积计算，喷射面积按设计外轮廓线计算。

（2）钢支撑。格栅钢架、型钢钢架均按永久性支护编制，如作为临时支护使用时，应按规定计取回收。定额中已综合连接钢筋的数量。格栅钢架、型钢钢架、连接钢筋工程数量按钢架的设计重量计算。

（3）锚杆。砂浆锚杆工程量为锚杆、垫板及螺母等材料质量之和；中空注浆锚杆、自进式锚杆的工程量按锚杆设计长度计算。

（4）管棚、小导管。管棚、小导管的工程量按设计钢管长度计算，当管径与定额不同时，可调整定额中钢管的消耗量。

（5）衬砌。

①衬砌项目按现浇混凝土衬砌,石料、混凝土预制块衬砌分别编制。定额中已综合考虑超挖回填因素;当设计采用的混凝土强度等级与定额采用的不同或采用特殊混凝土时,可根据具体情况对混凝土配合比进行抽换。

②现浇混凝土衬砌中浇筑、运输的工程数量均按设计断面衬砌数量计算,包含洞身及所有附属洞室的衬砌数量,定额中已综合超挖因素,不得超挖数量计入工程数量。

(6)混凝土运输。混凝土运输应按桥涵工程有关定额计算。

3. 防排水

(1)防水板、明洞防水层的工程数量按设计敷设面积计算,止水带(条)、盲沟、透水管的工程数量,均按设计数量计算。

(2)横向塑料排水管按设计的铺设长度计算;纵向弹簧管按隧道纵向每侧铺设长度之和计算;环向盲沟以隧道横断面敷设长度计算。

(3)洞内施工排水。正洞内排水系按全隧道长度综合编制,当隧长 >5000m 时,以隧长≤5000m 为基础,与隧长 >5000m 每增 1000m 定额叠加使用。

4. 通风、照明

(1)通风、管线路定额,按正洞隧道长度综合编制,当隧长 >5000m 时,以隧长≤5000m 为基础,与隧长 >5000m 每增 1000m 定额叠加使用。

(2)正洞高压风管、水管、照明、电线路的工程量按隧道设计长度计算。

三、洞门工程和辅助坑道

1. 洞门工程

(1)本节定额的适用范围:隧道和明洞洞门,均采用本定额。

(2)洞门墙的计算规定:洞门墙工程量为主墙和翼墙等圬工体积之和。仰坡、截水沟等应按有关定额另行计算。

2. 辅助坑道

辅助坑道中含斜井、竖井项目。斜井按开挖、出渣、通风及管线路分别编制;竖井项目定额中已综合了出渣、通风及管线路。斜井相关定额项目系按斜井长度 1500m 以内综合编制。斜井支护按正洞相关定额计算。辅助坑道工程量计算规则如下:

(1)开挖、出渣工程量按设计断面数量(成洞断面加衬砌断面)计算,定额中已考虑超挖因素,不得将超挖数量计入工程量。

(2)现浇混凝土衬砌工程数量均按设计断面衬砌数量计算。

(3)喷射混凝土工程量按设计厚度乘以喷射面积计算,喷射面积按设计外轮廓线计算。

(4)锚杆工程量为锚杆、垫板及螺母等材料重量之和。

(5)斜井洞内通风、风水管照明及管线路的工程量按斜井设计长度计算。

案例 2-9

背景材料:某分离式山区高速公路隧道,全长 1462m,主要工程量:

(1)洞门部分：浆砌片石墙体 $1028m^3$，浆砌片石截水沟 $69.8m^3$。

(2)洞身部分：设计开挖断面为 $162m^2$，开挖土、石方 $247180m^3$，其中Ⅴ级围岩 10%、Ⅳ级围岩 70%、Ⅲ级围岩 20%；钢支撑 445t；喷射混凝土 $10050m^3$，钢筋网 138t，锚杆 387.539t；拱墙混凝土 $25259m^3$，光圆钢筋 16t，带肋钢筋 145t。

(3)洞内路面：$21930m^2$，水泥混凝土面层厚 26cm。

(4)洞外出渣运距为 1200m。

(5)隧道防排水、洞内管沟、装饰、照明、通风、消防等不考虑。

问题：请列出该隧道工程施工图预算所涉及的相关定额的名称、单位、定额表号、数量、定额调整等内容，并填入表格中，需要时应列式计算或以文字说明。

答案：

(1)洞身开挖数量计算。

由于 $162 \times 1462 = 236844m^3$ 小于题目中给定的开挖数量 $247180m^3$，说明在题目中给定的洞身开挖数量中包含超挖数量，按定额规定，超挖数量是不能计价的。

按定额中的工程量计算规则：

开挖数量 = 设计开挖断面 × 隧道长度

则计价工程量应为：

开挖Ⅴ级围岩：$162 \times 1462 \times 0.1 = 23684.4m^3$

开挖Ⅳ级围岩：$162 \times 1462 \times 0.7 = 165790.8m^3$

开挖Ⅲ级围岩：$162 \times 1462 \times 0.2 = 47368.8m^3$

(2)隧道工程施工图预算所涉及的相关定额的名称、单位、定额表号、数量、定额调整等内容见表2-12。

隧道工程施工图预算定额子目表 表2-12

序号	定额子目名称		定额编号	单位	数量	定额调整情况
1	洞门	浆砌片石墙体(装修另计)	3-2-1-4	$10m^3$	102.8	
2		浆砌片石截水沟	1-3-3-5	$10m^3$	6.98	
3	开挖	Ⅴ级围岩	3-1-3-11	$100m^3$	236.844	
4		Ⅳ级围岩	3-1-3-10	$100m^3$	1657.908	
5		Ⅲ级围岩	3-1-3-9	$100m^3$	473.688	
6	洞内出渣	Ⅳ、Ⅴ级围岩	3-1-3-47	$100m^3$	1894.752	
7		Ⅲ级围岩	3-1-3-46	$100m^3$	473.688	
8	洞外出渣	土	1-1-11-12	$1000m^3$	23.6844	定额×1 (注：增运700m)
9		石	1-1-11-26	$1000m^3$	213.1596	定额×1 (注：增运700m)
10	洞身	钢支撑	3-1-5-1	1t	445	
11		锚杆	3-1-6-1	1t	387.539	
12		钢筋网	3-1-6-5	1t	138	

续上表

序号	定额子目名称			定额编号	单位	数量	定额调整情况
13	支护	喷射混凝土		3-1-8-1	$10m^3$	1005	
14		混凝土拌和		4-11-11-13	$100m^3$	100.5	定额×1.2
15		混凝土运输(第一个 1km)		4-11-11-24	$100m^3$	100.5	定额×1.2
16		混凝土运输(每增运 0.5km)		4-11-11-25	$100m^3$	100.5	定额×1.2
17	衬砌	现浇拱墙混凝土		3-1-9-1	$10m^3$	2525.9	
18		混凝土拌和		4-11-11-13	$100m^3$	252.59	定额×1.17
19		混凝土运输		4-11-11-24	$100m^3$	252.59	定额×1.17
20		混凝土运输		4-11-11-25	$100m^3$	252.59	定额×1.17
21		钢筋	光圆	3-1-9-7	1t	16	光圆:1.025;带肋:0
22			带肋	3-1-9-7	1t	145	带肋:1.025;光圆:0
23	水泥混凝土路面	厚度 20cm		2-2-17-3	$1000m^2$	21.93	人工、机械×1.26
24		厚度增加 6cm		2-2-17-4	$1000m^2$	21.93×6	人工、机械×1.26
25		混凝土拌和		4-11-11-13	$100m^3$	57.108	定额×1.02
26		混凝土运输		4-11-11-24	$100m^3$	57.108	定额×1.02
27		混凝土运输		4-11-11-25	$100m^3$	57.108	定额×1.02
28	混凝土搅拌站安拆			4-11-11-8	1 座	1	

第五节 桥涵工程预算定额

桥梁工程结构复杂,类型多,施工方法多样,其定额是《预算定额》(2018 版)中内容最多的一章,共包括开挖基坑;筑岛、围堰及沉井工程;打桩工程;灌注桩工程;砌筑工程;现浇混凝土及钢筋混凝土;预制、安装混凝土及钢筋混凝土构件;构件运输;拱盔、支架工程、钢结构工程;杂项工程等十一节。由于内容很多,受篇幅限制,不能进行全面介绍,只能重点介绍说明的主要内容和工程量的计算规则与方法。为了正确地使用桥涵工程各节的定额,必须耐心反复地阅读并理解其全部的内容。

一、桥涵工程章说明

《预算定额》(2018 版)"桥涵工程"章说明主要内容如下:

1. 混凝土工程

(1)定额中混凝土强度等级的确定原则和混凝土的施工方法:混凝土强度等级均按一般图纸选用,其施工方法除小型构件采用人拌人捣外,其他均按机拌机捣计算。

(2)混凝土拌和费用的计算规定:定额中混凝土工程除大型预制构件底座、混凝土搅拌站安拆和钢桁架桥式码头项目中已考虑混凝土的拌和费用外,其他混凝土项目中均未考虑混凝土的拌和费用，应按有关规定另行计算。

（3）泵送混凝土水平泵送距离超过定额中综合范围时的计算规定：定额中采用泵送混凝土的项目，均已包括水平和向上垂直泵送所消耗的人工、机械，当水平泵送距离超过定额综合范围时，可按表2-13增列人工及机械消耗量。向上垂直泵送不得调整。

水平泵送距离超过定额时的人工及机械消耗增加量 表2-13

项目		定额综合的水平泵送距离(m)	每$100m^3$混凝土每增加水平距离50m增列数量	
			人工(工日)	混凝土输送泵(台)班
基础工程	灌注桩	100	1.08	0.24
	其他	100	0.89	0.16
桥梁上、下部构造		50	1.97	0.32
桥面铺装		250	1.97	0.32

例2-10

某灌注桩工程（桩径250cm的回旋钻），施工组织设计的混凝土水平泵送距离为200m，套用灌注桩混凝土定额时，其人工和混凝土输送泵的消耗量如何调整？

解：查定额编号[4-4-8-15]，每$10m^3$混凝土实体人工和混凝土输送泵消耗量为人工6.5工日，混凝土输送泵0.1台班（定额综合的水平泵送距离为100m）。

当水平泵送距离为200m时，其人工和混凝土输送泵的消耗量应调整为：

人工：$6.5+1.08\div10\times(200-100)\div50=6.716$ 工日/$10m^3$

混凝土输送泵：$0.1+0.24\div10\times(200-100)\div50=0.148$ 台班/$10m^3$

2. 钢筋工程

（1）钢筋种类的规定：定额中的钢筋按选用图纸分为HRB300、HRB400，如设计中采用HRB500时，可将定额中的HRB400抽换为HRB500。当设计图纸的钢筋比例与定额有出入时，可调整钢筋品种的比例。

（2）定额中机械连接接头钢套筒消耗的调整规定：定额中的钢筋是按一般定尺长度计算的，如设计提供的钢筋连接用钢套筒数量与定额有出入时，可按设计数量调整定额中钢套筒消耗，其他消耗不调整。

3. 模板工程

（1）混凝土模板费用的计算规定：模板不单列项目，在混凝土工程中所需的模板包括钢模板、组合钢模板、木模板，均按其周转摊销量计入混凝土定额中。

（2）混凝土结构的外观有特殊要求时模板费用的计算规定：定额中的模板均为常规模板，当设计或施工对混凝土结构的外观有特殊要求时，可根据定额中所列的混凝土模板接触面积增列相应的特殊模板材料的费用。

（3）定额中均已包括各种模板的维修、保养所需的工、料及费用。

4. 设备摊销费

定额中设备摊销费的设备指属于固定资产的金属设备，包括万能杆件、装配式钢桥桁架及有关配件拼装的金属架桥设备。挂篮、移动模架设备摊销费按设备质量每吨每月 180 元计算，其他设备摊销费按设备质量每吨每月 140 元(除设备本身折旧费用，还包括设备的维修、保养等费用)计算。各项目中凡注明允许调整的，可按计划使用时间调整。

5. 工程量计算一般规则

(1)混凝土圬工的工程量计算规定：现浇混凝土、预制混凝土、构件安装的工程量为构筑物或预制构件的实际体积，不包括其中空心部分的体积，钢筋混凝土项目的工程量不扣除钢筋(钢丝、钢绞线)、预埋件和预留孔道所占的体积。

(2)构件安装定额中预制构件用量的规定：构件安装定额中在括号内所列的构件体积数量，表示安装时需要备制的构件数量。

(3)钢筋工程量的计算规定：钢筋工程量为钢筋的设计质量，定额中已计入施工操作损耗，一般钢筋因接长所需增加的钢筋质量已包括在定额中，不得将这部分质量计入钢筋设计质量内。但对于某些特殊的工程，必须在施工现场分段施工采用搭接接长时，其搭接长度的钢筋质量未包括在定额中，应在钢筋的设计质量内计算。

如钻孔灌注桩的钢筋笼，需在现场搭接接长，其接长的长度应含在设计提供的数量内。

二、开挖基坑

开挖基坑的主要规定有：

(1)开挖基坑土、石方运输，如坑上水平运距超过 10m 时，另按路基土、石方增运定额计算。

(2)基坑深度为坑的顶面中心高程至底面的数值。在同一基坑内，不论开挖哪一深度，均执行该基坑的全深度定额。

(3)开挖基坑定额中已综合了基底夯实、基坑回填及检平石质基底用工，湿处挖基还包括挖边沟、挖集水井及排水作业用工，使用定额时，不得另行计算。

(4)开挖基坑定额中不包括挡土板，需要时应据实按有关定额另行计算。

(5)机械挖基定额中已综合了基底高程以上 20cm 范围内采用人工开挖和基底修整用工。

(6)基坑开挖定额均按原土回填考虑，当采用取土回填时，应按路基工程有关定额另计取土费用。

(7)挖基及基础、墩台砌筑所需的水泵台班，按《预算定额》(2018 版)中的“基坑水泵台班消耗表”规定计算，并计入挖基项目中。

三、筑岛、围堰工程

筑岛、围堰工程的主要规定有：

(1)围堰定额中“土”的消耗量作用：草土、塑料编织袋、竹笼、木笼铁丝围堰定额中已包括 50m 以内人工挖运土方的工日数量，定额中括号内所列“土”的数量不计价，仅限于取土运距超过 50m 时，按人工挖运土方的增运定额，增加运输用工。

(2)草土、塑料编织袋、竹笼围堰长度按围堰中心长度计算，高度按施工水深加 0.5m 计算。木笼铁丝围堰实体为木笼所包围的体积。

(3)套箱围堰的工程量套箱金属结构的质量。套箱整体下沉时悬吊平台的钢结构及套箱内支撑的钢结构均已综合在定额中,不得作为套箱工程量进行计算。

四、灌注桩工程

灌注桩工程的主要规定有:

(1)灌注桩造孔根据造孔的难易程度,将土质分为砂土、黏土、砂砾、砾石、卵石、软石、次坚石、坚石 8 种。

(2)灌注桩成孔定额分为人工挖孔、卷扬机带冲击锥冲孔、冲击钻机冲孔、回旋钻机冲孔、潜水钻机冲孔、旋挖钻机冲孔、全套钻机冲孔 7 种。

(3)在河滩、水中采用围堰、筑岛方法施工或搭设的便桥与工作平台相连时,应采用陆地上成孔定额计算。

(4)不同设计桩径成孔定额的调整系数。当设计桩径与定额采用桩径不同,按表 2-14 系数调整。

桩径调整系数 表 2-14

设计桩径(cm)		120	130	140	160	170	180	190	210	220	230	240	260	270	280	290	310	320	330	340
调整系数	冲击锥、冲击钻	0.85	0.9	0.95	0.8	0.85	0.9	0.95	0.88	0.91	0.94	0.97	0.72	0.78	0.85	0.92	0.7	0.78	0.85	0.93
	回旋钻	—	0.94	0.97	0.75	0.82	0.87	0.92	0.88	0.91	0.94	0.96	0.72	0.78	0.85	0.92	0.7	0.78	0.85	0.93
定额桩径(cm)		桩径 150 以内			桩径 200 以内				桩径 250 以内				桩径 300 以内				桩径 350 以内			

(5)灌注桩成孔工程量。按设计入土深度计算。定额中的孔深指护筒顶至桩底(设计高程)的深度。造孔定额中同一孔内的不同土质,不论其所在的深度如何,均采用总孔深定额。

(6)人工挖孔的工程量。按护筒(护壁)外缘包围的面积乘以设计孔深计算。

(7)浇筑水下混凝土的工程量。按设计桩径断面积乘以设计桩长计算,不得将扩孔因素计入工程量。

(8)灌注桩工作平台工程量。按施工组织设计需要的面积计算。

(9)钢护筒的工程量。按护筒的设计质量计算。设计质量为加工后的成品质量,包括加劲肋及连接用法兰盘等全部钢材质量。当设计提供不出钢护筒的质量时,可按表 2-15 中的质量计算,桩径不同时可以内插计算。

每米护筒参考质量表 表 2-15

桩径(cm)	100	120	150	200	250	300	350
护筒单位质量(kg/m)	267.0	390.0	568.0	919.0	1504.0	1961.0	2576.0

另外,注意以下几点:

①钢护筒定额中,干处埋设按护筒设计质量的周转摊销量计入定额中,使用定额时,不得另行计算。水中埋设则按全部设计质量计入定额中,可根据设计确定的回收量按规定计算回收金额。所以必须根据实地调查的水位,计算出钢护筒在干处和水中的数量及质量。

②护筒的内径一般比桩的设计直径稍大,可参照相关桥梁施工规范的有关规定确定。

③护筒顶面应高于地下水位或施工最高水位 1.5 ~ 2.0m,在旱地时应高出地面 0.3m。护

筒底面应低于施工最低水位，且应下沉至稳定土层中一定深度：黏性土应达到0.5～1.0m，砂性土应达到3～4.0m。护筒的长度应按实际情况计算。

五、砌筑工程

(1)砌筑工程定额中不同强度等级砂浆的用途：定额中的M7.5水泥砂浆为砌筑用砂浆，M10水泥砂浆为勾缝用砂浆。套用砌筑工程定额后不得再套用砌体勾缝的工程内容。

(2)脚手架、踏步和井字架的计算规定：定额中已按砌体的总高度配置了脚手架、踏步和井字架，并计入搭拆用工，其材料用量均以摊销方式计入定额中。

(3)砌筑混凝土预制块时预制块预制费用的计算规定：浆砌混凝土预制块定额中，未包括预制块的预制，应按定额中括号内所列预制块数量，另按预制混凝土构件的有关定额计算。

(4)砌筑工程有镶面时其内部砌体的计算规定：浆砌料石或混凝土预制块作镶面时，其内部应按填腹石定额计算。

(5)桥涵拱圈定额中，未包括拱盔和支架，需要时应按《预算定额》(2018版)“桥涵工程”中第九节“拱盔、支架工程”中有关定额另行计算。

六、现浇混凝土及钢筋混凝土

(1)现浇混凝土及钢筋混凝土上部构造所需的拱盔、支架的计算规定：定额中未包括所需的拱盔、支架，需要时按有关规定另行计算。

(2)片石混凝土中片石含量的说明：定额中片石混凝土中片石含量均按15%计算。

(3)有底模承台定额的适用范围：有底模承台适用于高桩承台施工。

(4)套箱围堰定额与承台定额配合使用的计算规定：使用套箱围堰浇筑承台混凝土时，应采用无底模承台的定额。

(5)定额中均未包括提升模架、拐角门架、悬浇挂篮、移动模架等金属设备，需要时，应按有关定额另行计算。

(6)墩台高度的计算规定：墩台高度为基础顶、承台顶或系梁底到盖梁顶、墩台帽顶或0号块件底的高度。

七、预制、安装混凝土及钢筋混凝土构件

1.定额主要内容

(1)构件安装的含义及预制、安装工程中现浇混凝土的计算规定：构件安装系指从架设孔起吊至安装就位，整体化完成的全部施工工序。本节定额中除安装矩形板、空心板及连续板等项目的现浇混凝土可套用桥面铺装定额计算外，其他安装上部构造定额中均单独列有现浇混凝土子目。

(2)本节定额中凡采用金属结构吊装设备和缆索吊装设备安装的项目，均未包括吊装设备的费用，应按有关定额另行计算。

(3)预应力钢筋、钢绞线定额的抽换规定和定额中束长的含义：制作、张拉预应力钢筋、钢绞线定额，是按不同的锚头形式分别编制的，当每吨钢绞线的束数或每吨钢筋的根数有变化

时，可根据定额进行抽换。

(4)预应力钢筋、钢丝束、钢绞线定额中均已计入预应力管道及压浆的消耗量，使用定额时不得另行计算。定额中不含铁皮管及波纹管的定位钢筋，需要时应另行计算。定额中的束长为一次张拉的长度。

(5)当工程项目钢绞线锚具与定额中锚具型号不同时，可按表2-16规定进行抽换。

锚具型号不同时定额抽换规定表　　表2-16

设计采用型号(孔)	1	4	5	6	8	9	10	14	15	16	17	24
套用定额型号(孔)	3		7				12			19		22

(6)预制场用龙门架、悬浇箱梁用的墩顶拐脚门架的计算规定：预制场用龙门架、悬浇箱梁用的墩顶拐脚门架的计算规定，可套用高度9m以内的跨墩门架定额，但质量应根据实际计算。

(7)工程量计算规则。

①预制构件的工程量为构件的实际(不包括空心部分)数量，但是预应力构件的工程量为构件预制体积与构件端头封锚混凝土的数量之和。预制空心板的空心堵头混凝土工程量已综合在预制定额内，在计算工程量时，不应再计列这部分混凝土的工程量。

②使用定额时，构件的预制数量应为安装定额中括号内所列的构件备制数量。

③构件安装时的现浇混凝土，其工程量为现浇混凝土和砂浆的数量之和。但如在安装定额中已计列砂浆消耗的项目，则在工程量中不应再计列砂浆的数量。

④预应力钢绞线、预应力精轧螺纹粗钢筋的工程量为锚固长度与工作长度的质量之和。

⑤先张钢绞线质量为设计图纸质量，定额中已包括钢绞线损耗及预制场构件间的工作长度及张拉工作长度。

(8)其他。①预制场、拌和站用地、平整、碾压、简易地面、路面等工程量，根据施工组织设计计算；②大型预制、张拉工作台、底座、蒸汽养护室等工程量，根据施工组织设计计算；③拌和站规模、数量，根据施工组织设计计算。

2. 钢绞线工程量计算及定额使用

(1)有关定义。

预应力钢绞线表示方法通常用公称直径来表示，其符号记为ϕ^s，例如ϕ^s15.2表示钢绞线的公称直径为15.2mm。1×7ϕ^s15.2表示一股由7根钢丝组成的钢绞线，该钢绞线的公称直径为15.2mm。

①根(或丝)：即指一根钢丝。

②股：即指由几根钢丝组成一股钢绞线。

③束：预应力构件截面中见到的钢绞线束数量，每一束配两个锚具。预应力构件横截面中见到的钢绞线束的数量与孔道数数量相同，每一束要张拉一次，预制构件多为两端同时张拉。

④××孔：它是指使用的锚具的孔数。选择定额时，其孔数≥设计图标定的孔数(不一定将所有的孔数都用上)。

⑤束长：即指一次张拉的长度。

⑥每吨××束：是指在标准张拉长度内，每吨钢绞线折合成多少束。

(2)定额的选择与调整。

①束长、孔数要符合设计或施工方案的实际张拉长度和锚具孔数,选择定额时,锚具的孔数≥设计图标定的孔数。

②计算设计图纸钢绞线的束数。每吨的束数 = 设计束数/设计质量。

③每吨束数要调整为设计图纸给定的束数。根据计算的束数套用相近的定额。如果计算的设计图每吨的束数与定额的每吨束数不同时,则需要进行定额调整,将定额中的"每吨××束"和"每增减1束"定额子目组合使用。

八、构件运输

(1)各种运输工具运输混凝土预制构件时运距的计算规定:本节中的运输距离以10m、50m、1km为计算单位,不足第一个10m、50m、1km者,均按10m、50m、1km计,超过第一个定额运距单位时,其运距尾数不足一个定额单位的半数时不计,等于或超过半数时按一个定额运距单位计算。

(2)运输便道、轨道的铺设,栈桥码头、龙门架、缆索的架设等,均未包括在定额内,应按有关章节定额另行计算。

(3)预制构件出坑堆放的计算规定:本节定额中未单列构件出坑堆放的定额,如需出坑堆放,可按相应构件运输第一个运距单位定额计列。

九、拱盔、支架工程

(1)拱盔、支架实际宽度与定额采用的有效宽度不同时的计算规定:桥梁拱盔、木支架及简单支架,均按有效宽度8.5m计,钢支架按有效宽度12m计,如实际宽度与定额宽度不同时,可按比例换算。应当注意,支架的有效宽度不是指桥面的宽度,应当正确理解为支架制作安装的有效宽度。

(2)涵洞拱盔支架及板涵支架工程量的计算规定:涵洞拱盔支架、板涵支架的计量单位为涵洞长度乘以净跨径的水平投影面积。

(3)桥梁拱盔工程量的计算规定:桥梁拱盔定额单位的立面积,系指起拱线以上的弓形侧面积,其工程量按式(2-6)及表2-17计算。

$$F = K \times (\text{净跨})^2 \tag{2-6}$$

系 数 *K* 表 表2-17

拱矢度	1/2	1/2.5	1/3	1/3.5	1/4	1/4.5	1/5	1/5.5
K	0.393	0.298	0.241	0.203	0.172	0.154	0.138	0.125
拱矢度	1/6	1/6.5	1/7	1/7.5	1/8	1/9	1/10	
K	0.113	0.104	0.096	0.090	0.084	0.076	0.067	

(4)桥梁支架工程量和支架高度的计算规定:桥梁支架定额单位的立面积为桥梁净跨径乘以高度;拱桥高度为起拱线以下至地面的高度,梁式桥高度为墩、台帽至地面的高度。这里的地面指支架地梁的底面。

(5)钢拱架工程量的计算规定和设备摊销费的调整规定:钢拱架的工程量为钢拱架及支座金属构件的质量之和,其设备摊销费按4个月计算,若实际使用期与定额不符时可予以调整。

(6)钢管支架的含义,支架中上部、下部的划分规定,以及支架工程量的计算规定:钢管支架定额指采用直径大于30cm的钢管作为立柱,在立柱上采用金属构件搭设水平支撑平台的支架,其中下部指立柱顶面以下部分,上部指立柱顶面以上部分。下部工程量按立柱质量计算,上部工程按支架水平投影面积计算。上部定额中每100m² 综合的金属设备质量为13.3t,设备摊销费按每吨每月140元计算,并按使用4个月编制,如施工工期不同时,可以调整。下部定额中钢管桩消耗量为陆地上搭设管桩支架的消耗,若为水中搭设钢管桩支架或用于索塔横梁的现浇支架时,应将定额中的钢管桩消耗量调整为3.467t,其余消耗量不变。如果钢管桩支架的地基需要处理,定额中未包括,需要另行计算。

(7)支架预压工程量的计算规定:支架预压的工程量按支架上现浇混凝土的体积进行计算。

十、杂项工程

(1)大型预制构件底座面积的计算规定。

①平面底座。适用于T形梁、I形梁、等截面箱梁,每根梁底座面积的工程量按式(2-7)计算:

$$底座面积=(梁长+2.00m)\times(梁宽+1.00m) \tag{2-7}$$

②曲面底座。适用于梁底为曲面的箱梁(如T形刚构等),每根梁底面积的工程量按式(2-8)计算:

$$底座面积=构件下弧长\times底座实际修建宽度 \tag{2-8}$$

(2)模数式伸缩缝预留槽钢纤维混凝土含量的计算规定:预留槽钢纤维混凝土中钢纤维的含量是按水泥用量的1%计算,当设计钢纤维含量与定额不一致时,可按设计用量调整钢纤维的消耗。

(3)施工塔式起重机和施工电梯费用的计算规定:施工塔式起重机和施工电梯所需的安拆数量和使用时间按施工组织设计的进度安排进行计算。

例 2-11

现浇预应力箱梁5000m³,墩台高 $H=6.0m$,采用满堂式钢管支架,有效宽度为16m,跨径为30×5m,试确定工程量及定额子目。

解:工程量及定额子目见表2-18。

工程量及定额子目　　表2-18

序号	项目或定额子目名称	单　位	定额表号	工　程　量	定额调整情况
	现浇箱梁混凝土	m^3		5000	
1	支架现浇箱梁混凝土(非泵送)	$10m^3$实体	4-6-10-1	500.0	
2	满堂式钢管支架(支架高度6m)	$10m^3$立面积	4-9-3-8	90	定额×16/12
3	支架预压	$10m^3$ 实体	4-9-6-1	500.0	
	支架基底处理(场地碾压、地面硬化),混凝土拌和、运输和拌和站固定设施另按施工组织方案和有关定额确定				

例 2-12

某工程上部构造采用 25m 预应力混凝土 T 形梁 936 片，梁肋底宽 0.54m、梁顶宽 1.6m。根据施工进度安排，制梁工期为 8 个月，每月按 25 个工作日计算，根据施工工艺要求，每片梁在平面预制底座上的周转时间平均为 7d。试确定预制构件底座工程量。

解：(1) 根据 T 梁总数量、制梁总工期、每片梁在底座上的平均周转时间，可确定平面底座的数量。

$$\frac{936}{8 \times 25/7} = 32.76 \approx 33\text{ 个}$$

(2) 每个底座的面积。

由《预算定额》(2018 版)“第十一节杂项工程”中的节说明 2 可知：

每个底座的面积 = (梁长 + 2.00m) × (梁宽 + 1.00m)

$$= (25.00 + 2.00) \times (1.6 + 1.00\text{m}) = 70.2\text{m}^2$$

(3) 预制构件底座工程量。

$$33 \times 70.2 = 2316.6\text{m}^2$$

案例 2-13

背景材料：某高速公路有一直径为 ϕ150cm 的钢筋混凝土圆管涵，涵管壁厚为 15cm，涵长为 32.5m(13 × 2.5 = 32.5)。其施工图设计的工程量见表 2-19。

圆管涵主要工程量表 表 2-19

序　号	项　目	单　位	工 程 量
1	挖基土方	m^3	1800
2	基础碎砾石垫层	m^3	6.24
3	M7.5 浆砌块石管身基础	m^3	8.85
4	预制 C35 号混凝土圆管	m^3	4.99
5	圆管钢筋	t	0.41
6	M7.5 浆砌粗料石帽石	m^3	0.44
7	M7.5 浆砌块石八字墙	m^3	6.04
8	M7.5 浆砌块石跌水井	m^3	5.49
9	M7.5 浆砌片石急流槽	m^3	40.5
10	M7.5 浆砌片石铺底及隔水墙	m^3	2.41

注：土方运距为 1km，混凝土构件运距为 2km。预制场设施不考虑。

问题：列出编制施工图预算所需的全部工程子目名称、定额表号及数量等内容。

答案：施工图预算所涉及的定额子目名称、定额表号、工程量等见表 2-20。

预算定额子目表

表 2-20

序号	定额子目名称	单 位	定额表号	工程量	定额调整情况
1	挖基土方	$1000m^3$	4-1-3-8	1.8	
2	挖基土方运输	$1000m^3$	1-1-11-7	1.8	
3	基础碎砾石垫层	$10m^3$	4-11-5-2	0.624	
4	M7.5 号浆砌块石管身基础	$10m^3$	4-5-3-1	0.885	
5	C35 号预制混凝土圆管	$10m^3$	4-7-4-2	0.499	C30 混凝土调整为 C35
6	混凝土拌和	$10m^3$	4-11-11-2	0.499	定额 ×1.01
7	圆管钢筋	t	4-7-4-3	0.41	
8	汽车运预制构件第一个 1km	$100m^3$	4-8-3-10	0.0499	
9	汽车运预制构件每增运 0.5km	$100m^3$	4-8-3-14	0.0499	定额 ×2
10	安装圆管涵	$10m^3$	4-7-5-4	0.499	
11	M7.5 浆砌粗料石帽石	$10m^3$	4-5-4-5	0.044	
12	M7.5 浆砌块石八字墙	$10m^3$	4-5-3-4	0.604	
13	M7.5 浆砌块石跌水井	$10m^3$	4-5-3-8	0.549	
14	M7.5 浆砌片石急流槽	$10m^3$	4-5-2-7	4.05	
15	M7.5 浆砌片石铺底及隔水墙	$10m^3$	4-5-2-1	0.241	

案例 2-14

背景材料：某预应力混凝土连续梁桥，桥跨组合为(30 +4 ×50 +30)m，桥梁全长 265.50m，桥梁宽度为 25.00m。桥墩基础为钻孔灌注桩，采用回旋钻机施工，桥墩为每排 4 根共 8 根 2.20m的桩。承台尺寸为 8.00m ×20.00m ×3.00m。桥墩基础均为水中施工（水深 5m 以内）。混凝土均要求采用集中拌和、泵送施工，水上混凝土施工考虑搭便桥的方法，便桥费用本案例不计入。混凝土平均运距 3km，混凝土拌和站场地处理费用不计。本工程计划工期为 18 个月。其施工图设计的主要工程数量见表 2-21。

桥梁下部主要工程数量表

表 2-21

项 目		钻孔深度(m)				钢筋(t)
		砂土	砂砾	软石	次坚石	
灌注桩(桩径 2.2m)	桥墩	159	862	286	66	238
承台		封底混凝土(m^3)		承台混凝土(m^3)		钢筋(t)
		800		2400		136

问题：请列出该桥梁基础工程造价所涉及的相关定额名称、单位、定额表号、数量等内容，并填入表格中，需要时应列式计算。

答案：

(1)钻孔灌注桩护筒数量的确定。

根据钻孔土质情况，拟定桥墩钻孔桩的护筒长度平均为10.0m。其质量为：

$8\times5\times10\times[0.919+(1.504-0.919)\times2\div5]=461.2\text{t}$。

(2)水中施工钻孔工作平台数量的确定。

根据承台平面尺寸，拟定工作平台尺寸为10m×25m，其面积为：$10\times25\times5=1250\text{m}^2$。

(3)钻孔灌注桩混凝土数量的确定。

$(159+862+286+66)\times2.2^2\times\pi\div4=5219.22\text{m}^3$。

(4)承台采用钢套箱施工，按低桩承台考虑，钢套箱按高出水面0.5m计算，其质量按0.15t/m²计算，为：$(8+20)\times2\times5.5\times5\times0.15=231\text{t}$。

(5)桩基础平均深度确定。

$(159+862+286+66)\div8\div5=34.33\text{m}$。

(6)施工图预算所涉及的定额子目名称、定额表号、工程量等见表2-22。

预算定额子目 表2-22

<table>
<tr><th>序号</th><th colspan="2">定额子目名称</th><th>定额表号</th><th>单位</th><th>数量</th><th>定额调整情况</th></tr>
<tr><td>1</td><td colspan="2">桩径2.5m，孔深40m内砂土</td><td>4-4-4-305</td><td>10m</td><td>15.9</td><td>定额×0.91</td></tr>
<tr><td>2</td><td colspan="2">桩径2.5m，孔深40m内砂砾</td><td>4-4-4-307</td><td>10m</td><td>86.2</td><td>定额×0.91</td></tr>
<tr><td>3</td><td colspan="2">桩径2.5m，孔深40m内软石</td><td>4-4-4-310</td><td>10m</td><td>28.6</td><td>定额×0.91</td></tr>
<tr><td>4</td><td colspan="2">桩径2.5m，孔深60m内砂土</td><td>4-4-4-312</td><td>10m</td><td>6.6</td><td>定额×0.91</td></tr>
<tr><td>5</td><td rowspan="4">灌注桩混凝土</td><td>浇筑</td><td>4-4-8-15</td><td>10m³</td><td>52.192</td><td></td></tr>
<tr><td>6</td><td>拌和</td><td>4-11-11-14</td><td>100m³</td><td>52.192</td><td>定额×1.197</td></tr>
<tr><td>7</td><td>混凝土运输(第一个1km)</td><td>4-11-11-24</td><td>100m³</td><td>52.192</td><td>定额×1.197</td></tr>
<tr><td>8</td><td>混凝土运输(每增运0.5km)</td><td>4-11-11-25</td><td>100m³</td><td>52.192</td><td>定额×1.197×4</td></tr>
<tr><td>9</td><td colspan="2">护筒</td><td>4-4-9-8</td><td>t</td><td>461.2</td><td></td></tr>
<tr><td>10</td><td colspan="2">水中施工工作平台</td><td>4-4-10-1</td><td>100m²</td><td>12.5</td><td></td></tr>
<tr><td>11</td><td colspan="2">灌注桩钢筋</td><td>4-4-8-27</td><td>t</td><td>238</td><td></td></tr>
<tr><td>12</td><td colspan="2">承台封底混凝土</td><td>4-6-1-11</td><td>10m³</td><td>80</td><td></td></tr>
<tr><td>13</td><td colspan="2">承台混凝土</td><td>4-6-1-10</td><td>10m³</td><td>240</td><td></td></tr>
<tr><td>14</td><td colspan="2">承台及封底混凝土拌和</td><td>4-11-11-14</td><td>100m³</td><td>320</td><td>定额×1.04</td></tr>
<tr><td>15</td><td colspan="2">混凝土运输(第一个1km)</td><td>4-11-11-24</td><td>100m³</td><td>320</td><td>定额×1.04</td></tr>
<tr><td>16</td><td colspan="2">混凝土运输(每增运0.5km)</td><td>4-11-11-25</td><td>100m³</td><td>320</td><td>定额×1.04×4</td></tr>
<tr><td>17</td><td colspan="2">承台钢筋</td><td>4-6-1-13</td><td>1t</td><td>136</td><td></td></tr>
<tr><td>18</td><td colspan="2">钢套箱</td><td>4-2-6-2</td><td>10t</td><td>23.1</td><td></td></tr>
<tr><td>19</td><td colspan="2">40m³/h以内混凝土搅拌站安拆</td><td>4-11-11-9</td><td>1座</td><td>1</td><td></td></tr>
</table>

案例 2-15

背景材料:某桥梁全长1216m,两岸接线路基各500m,地势较为平坦(土石方填挖计入路基工程,预制场建设不考虑土石方的填挖)。桥梁跨径12×30m+6×40m+20×30m,为先简支后连续预应力混凝土T形梁结构,每跨布置预制T形梁14片。其中30m预应力T形梁梁高180cm、底宽40cm、顶宽160cm,40m预应力T形梁梁高240cm、底宽50cm、顶宽160cm。T形梁预制、安装工期均按8个月计算,预制安装存在时间差,按1个月考虑。吊装设备考虑1个月安拆时间,每片梁预制周期按10天计算。施工组织提出20m跨度,12m高龙门吊机每套质量43.9t(每套2台)。40m双导梁架桥机全套质量165t。桥梁上部结构的主要工程数量见表2-23。

上部结构主要工程数量 表2-23

工程内容		单位	数量	备注
40m预制T形梁	C50混凝土	m^3	2520	
	HPB300钢筋	t	50.4	
	HRB400钢筋	t	403.2	
	钢绞线	t	92.4	OVM锚15-7:672套
30m预制T形梁	C50混凝土	m^3	8960	
	HPB300钢筋	t	179.2	
	HRB400钢筋	t	1433.6	
	钢绞线	t	289.9	OVM锚15-7:3136套

问题:请列出该桥梁工程上部结构的施工图预算所涉及的相关定额名称、单位、定额表号、数量、定额调整等内容,并填入表格中,需要时请列式计算或文字说明。

答案:

(1)预制底座计算。

预制30m预应力T形梁数量:(12+20)×14=448片;

预制40m预应力T形梁数量:6×14=84片;

T形梁的预制工期为8个月,每片梁预制需用10天时间,所以需要底座的数量为:

30mT形梁底座:448×10÷8÷30=18.7,取19个;

40mT形梁底座:84×10÷8÷30=3.5,取4个;

底座面积:19×(30+2)×(1.6+1)+4×(40+2)×(1.6+1)=2017.6m^2。

(2)吊装设备。

桥梁两端地势较为平坦,可做预制场,因此考虑就近建设预制场。考虑运梁及安装,底座方向按顺桥向布置,每排4个,净间距2.5m,排列宽度为4×2.6+3×2.5=17.9m。

预制场拟采用2套20m跨度、12m高的龙门架设备,预制、存梁各1套。

架桥机按40m梁考虑，采用双导梁架桥机，全桥配备1套。

因预制、安装存在1个月的时间差，再考虑1个月安拆时间，龙门架的设备摊销时间按10个月计算，定额中设备摊销费调整为14000元；架桥机的设备摊销时间按9个月计算，定额中设备摊销费调整为12600元。

(3)临时轨道。

存梁区长度考虑80m，因此预制场的长度为：32×5+42+7×2.5+80=299.5m，取300m。

考虑运输的方便，预制场与桥头直接相连，同时考虑架桥机拼装长度，按两孔跨径计80m，则路基上轨道长度为(300+80×2)×2=920m。

桥上轨道长度为梁板全长减一跨考虑，即：(1216−30)×2=2372m。

(4)预制构件的平均运输距离。

假定预制场设置在桥跨(20×30m)一岸。

30m T形梁：

单片质量：8960÷448×2.5=50t；

平均运距：[(20×30÷2)×(20×14)+(20×30+6×40+12×30÷2)×(12×14)]÷(32×14)=570m。

40m T形梁：

单片质量：2520÷84×2.5=75t；

平均运距：[(20×30)×(6×14)+(6×40÷2)×(6×14)]÷(6×14)=720m。

(5)预应力钢绞线每吨束数。

40m以内：(672+3136)÷2÷(92.4+289.9)=4.98束/t。

(6)施工图预算所涉及的工程子目名称、定额表号、工程量等见表2-24。

预算定额子目 表2-24

序号	定额子目名称		定额表号	单位	数量	定额调整情况
1	T形梁预制		4-7-14-2	$10m^3$	1148	
2	预制钢筋	HPB300钢筋	4-7-14-4	1t	229.6	HPB300：量1.02，HRB400：量0
3		HRB400钢筋	4-7-14-4	1t	1836.8	
4	30mT梁出坑堆放		4-8-2-5	$100m^3$	89.6	
5	40mT梁出坑堆放		4-8-2-6	$100m^3$	25.2	
6	30mT梁运输		4-8-2-5	$100m^3$	89.6	实际运距570m：+[4-8-2-16]×10
7	40mT梁运输		4-8-2-6	$100m^3$	25.2	实际运距720m：+[4-8-2-17]×13
8	T形梁安装		4-7-14-9	$10m^3$	1148	
9	预应力钢绞线40m内		4-7-19-17	1t	382.3	实际束数(4.98束)：+[4-7-19-18]×1.16
10	混凝土搅拌站拌和混凝土($40m^3$/h以内)		4-11-11-14	$100m^3$	114.8	定额×1.02

续上表

序号	定额子目名称		定额表号	单位	数量	定额调整情况
11	$6m^3$以内混凝土搅拌运输车运输混凝土第 1 个 km		4-11-11-24	$100m^3$	114.8	定额×1.02
12	大型预制构件底座		4-11-9-1	$10m^2$	201.76	
13	双导梁架桥机金属结构吊装设备		4-7-28-2	10t	16.5	设备摊销费调整为 16200 元
14	预制场龙门架金属结构吊装设备		4-7-28-4	10t	8.78	设备摊销费调整为 14000 元
15	临时轨道	路基上	7-1-4-3	100m	9.2	
16		桥面上	7-1-4-4	100m	23.72	
17	40 m^3以内混凝土搅拌站安拆		4-11-11-9	1 座	1	

第六节 交通工程及沿线设施

《预算定额》(2018 版)“交通工程及沿线设施”章中定额共设安全设施、监控及收费系统、通信系统及通信管道、通风及消防设施、供电及照明系统、电缆敷设、配管及铁构件制作安装七节(如有未包括的项目,可参照相关行业定额)。现仅对其中的“安全设施”节作重点介绍。“交通工程及沿线设施”定额中均已包括混凝土的拌和费用。

安全设施节定额包括混凝土、砌体护栏,钢护栏,隔离栅,标志牌,路面标线,里程碑、百米桩、界碑,轮廓标,防眩、防撞设施,安全设施拆除,客运汽车停靠站防雨棚等项目。使用定额时应着重注意以下几点:

(1)定额中波形钢板、型钢立柱、钢管立柱、镀锌钢管、护栏、钢板网、钢板标志、铝合金板标志、柱式轮廓标、钢管防撞立柱、镀锌钢管栏杆、预埋钢管等均为成品,编制预算时按成品价格计算。其中标志牌单价中不含反光膜的费用。

(2)水泥混凝土构件的预制、安装定额中均包括了混凝土及构件运输的工程内容,编制预算时,不得另行计算。

第七节 临时工程

一、临时工程与临时设施

公路建设中的临时工程是间接为建设工程服务的,它的特点是公路工程建成后,应全部拆除,并恢复原来的生态面貌。临时工程包括两个方面的内容,一是施工企业进行正常施工,施工现场必须设置的生产和生活用的临时设施,其所需费用,根据不同的工程项目、不同的地区类别以费率的形式计入其他工程费内的临时设施费中,常称为小型临时设施。二是为主体工程的施工必须修建的临时工程,包括临时便道、临时便桥、临时轨道、临时电力和电讯线路等,可以根据建设工程的实际需要,逐项列入工程造价内,是构成全部建筑安装工程费用的一个内容,常称为大型临时工程。本节所指的即为大型临时工程。临时工程与临时设施的划分原则见表 2-25。

临时工程与临时设施 表 2-25

工程内容	临时工程	临时设施
划分原则	临时工程指工程施工需要配备的一般通用的、大型的施工设施,包括临时便道、临时便桥、临时轨道、临时电力和电信线路等	临时设施指各种生活、生产用房,工作便道,人行便桥,临时用水、用电的水管支线,电力支线和其他小型临时设施等

二、临时工程章定额主要内容与应用

临时工程应按施工组织设计结合工程实际情况需要而定,正确运用定额,如实反映工程造价。《预算定额》(2018 版)“临时工程”章定额由汽车便道、临时便桥、临时码头、轨道铺设、架设输电线路、人工夯打小圆木桩 6 个项目组成。套用定额时应注意以下几点:

(1)汽车便道按路基宽度 7.0m 和 4.5m 分别编制,便道路面宽度按 6.0m 和 3.5m 分别编制,路基宽 4.5m 的定额中已包括错车道的设置。汽车便道如使用期内需要养护的,按相应定额另行计算。

(2)临时汽车便桥按桥面净宽 4m、单孔跨径 21m 编制。钢栈桥按上、下部编制。

(3)轨道铺设定额中轻轨(11kg/m,15kg/m)部分未考虑道渣;重轨(32kg/m)考虑了道渣铺筑。

(4)便桥输电线路的木料、电线的材料消耗均按一次使用量计列,编制预算时,应按规定计算回收;其他各项定额分不同情况,按其周转次数摊入材料数量。

第八节 公路预算定额小结

一、确定工、料、机消耗的几种方法

(1)直接套用单个定额。

(2)定额子目组合(叠加):如自卸汽车配合挖掘机运输土方;路面基层面层混合料、混凝土运输或构件运输(距离调整)。

(3)定额抽换。涉及定额抽换的主要有以下几种情况:

①路基土方压实方与天然方之间的换算系数;

②路面基层混合料分层碾压（每 $1000m^2$ 增加人工 1.5 工日，平地机、拖拉机、摊铺机、压路机台班数量加倍）；

③基层混合料配合比调整；

④砂浆、混凝土、片石混凝土配合比调整；

⑤采用商品混凝土；

⑥泵送混凝土水平泵送距离调整；

⑦钢筋定额调整；

⑧设备摊销费调整；

⑨桥涵拱盔、支架有效宽度调整；

⑩周转性材料定额调整（桥梁支架及桥涵拱盔、支架所用周转性材料达不到定额规定的周转次数，可根据实际周转次数进行调整）等。

二、运用定额应注意的问题

（1）使用定额前应仔细阅读总说明、章说明、节说明以及表后附注。

（2）当查定额时，首先要鉴别工程项目是属于哪类工程，以免盲目随意确定而在表中找不到栏目、无法计算或错误引用定额。如“汽车运土”与“汽车运输”（构件）就是如此，前者为路基工程，而后者为桥梁工程。

（3）找到相关定额时，应仔细核对定额工程内容与设计工程内容，看是否应对定额进行组合或抽换。

（4）看清定额计量单位。

（5）施工方法、措施、项目、工程量（含辅助工程量、临时工程量），应根据施工组织设计确定。

思考题

1. 说明查用概（预）算定额的步骤。

2. 何谓定额抽换？什么情况下应进行定额抽换？

3. 什么叫基本定额？其用途是什么？

4. 路基土石方体积计算时，对于天然方和压实方是如何考虑的？对土石方运距是如何考虑的？

5. 在路基工程中，应根据施工组织设计的要求予以取定并计入路基填方数量内的几种土石方数量是什么？

6. 举例说明运输机械的经济运距。

7. 路面实体计算单位是什么？

8. 自卸汽车运输稳定土混合料、沥青混合料和水泥混凝土定额项目适用范围和运距是如何规定的？

9. 公路工程预算定额中对路面压实厚度及分层铺筑时压实机械的计算是如何规定的？

10. 当各类稳定土基层材料消耗的设计配合比与定额标明的配合比不同时，有关材料如何换算？

11. 隧道工程混凝土拌和费用、超挖及预留变形和弃渣洞外运输用的计算是如何规定的？

12. 说明隧道工程项目采用其他章节定额的规定。

13. 说明隧道工程项目混凝土运输定额的适用范围。

14. 说明隧道工程项目明洞身开挖和支护有关的工程量计算规则。

15. 桥涵工程的混凝土拌和、运输（含泵送）费用的计算是如何规定的？

16. 桥梁工程构件安装定额中预制构件的用量是如何规定的？

17. 说明灌注桩混凝土工程量计算方法。

18. 拱盔、支架实际宽度与定额时采用的有效宽度不同时如何换算？桥梁支架工程量和支架高度的计算是如何规定的？

19. 临时工程预算定额包括哪些内容？

20. 临时工程与临时设施是如何划分的？

习 题

1. 某高速公路建设项目路基土石方的工程量见表 2-26。

路基土石方工程量 表 2-26

挖方（m^3）		利用方填方（m^3）		借方填方（m^3）	
普通土	次坚石	土方	石方	普通土	次坚石
470700	1045000	382400	1033700	200000	11500

问题：(1) 本项目土石方的计价方数量、断面方数量、利用方数量（天然密实方）、借方数量（天然密实方）和弃方数量各是多少？

(2) 假设填方路段路线长 10km，路基宽度 28m，大部分均为农田。平均填土高度为 4m，边坡坡率为 1∶1.25，问耕地填前压实的工程量应是多少？

2. 某高速公路一合同段的路基工程填方集中，填方需借土 210000m^3（普通土，远运平均运距 5km），试确定其工、料、机的消耗量。

3. 某桥梁工程采用装配式上部构造，桥梁全长 520m，跨径为 40m，每孔设置 7 片梁，每片梁的预制周基为 10d。根据施工组织设计的安排，要求混凝土预制构件施工在 8 个月内完成。

问题：(1) 请问该桥梁工程应设置多少个构件预制底座？

(2) 如果因施工场地的限制，只能设置 2 个构件预制底座，在施工组织设计中需安排多长的预制时间？

案例练习题

案例题一

背景：某二级公路第 × 合同段长 15km，路基宽度 12m，其中挖方路段长 4.5km，填方路段长 10.5km，施工图设计图纸提供的路基土、石方表见表 2-27。

路基土石方表

表2-27

挖方(m³)		本桩利用(m³)		远运利用(m³)		填方(m³)
普通土	软石	土方	石方	土方	石方	
150000	75000	35000	15000	115000	50000	550000

注:表中挖方、利用方均指天然密实方,填方指压实方,借方为普通土。

已知:远运利用土、石方的平均运距为400m,借方、弃方的平均运距为3km。

问题:请根据上述资料列出该土、石方工程造价所涉及的相关定额的名称、单位、定额表号、数量等内容,并填入表2-28中,需要时应列式计算或文字说明。

预算定额子目表

表2-28

序号	定额子目名称	单　　位	定额表号	数　　量	定额调整情况	备　　注

案例题二

背景材料:某公路工程采用沥青混凝土路面。施工图设计的路面基层为20cm厚的(5%)水泥稳定碎石,底基层为20cm厚的(5∶15∶80)石灰粉煤灰砂砾。其中某标段路线长30km,基层为771780m²,底基层数量均为789780m²,要求采用集中拌和施工,根据施工组织设计资料,在距路线两端1/3处各有一块比较平坦的场地,且与路线紧邻。路面施工期为6个月。拌和站场地处理不考虑。

问题:请按不同结构分别列出本标段路面工程造价所涉及的相关定额的名称、单位、定额表号、数量等内容,并填入表2-29中,需要时应列式计算或文字说明。

预算定额工程细目表

表2-29

序号	定额子目名称	定额代号	单　　位	数　　量	定额调整或系数

案例题三

背景:某隧道工程全长1360m,主要工程量为:设计开挖断面积为150m²,开挖土石方数量为210780m³,其中Ⅴ级围岩10%,Ⅳ级围岩70%,Ⅲ级围岩20%,洞外出渣运距为1300m。

问题：列出隧道洞身开挖及回填工程施工图预算所涉及的相关定额的名称、单位、定额表号、数量等内容，并填入表2-30中，需要时应列式计算或文字说明。

预算定额工程细目 表2-30

序号	定额子目名称	定额代号	单　位	数　量	定额调整或系数

案例题四

背景：某四车道高速公路，路基宽26.00m，设计若干座钢筋混凝土矩形板小桥。其中有一座一孔标准跨径5.00m的小桥，其上部构造行车道钢筋混凝土矩形板设计采用C25混凝土62.40m^3、5.24t钢筋，台高5.00m。小桥处有浅水，0.30m深，须用草袋围堰，适当平整用砂砾垫层3.00m^3加固后才能架设桥梁临时支架，以便现浇上部构造混凝土。

10座小桥设一处预制场计10000m^2，场中面积30%要铺筑15cm厚砂砾垫层，20%面积用2cm厚水泥砂浆进行抹面，作为构件预制底板。预制场至桥址平均运距计10km，用汽车运至安装地点。

问题：试分别按预制、安装和现浇上部混凝土两种施工方法，提出行车道板的各项工程细目、预算定额表号及工程量，并填入表2-31中。

预算定额工程细目 表2-31

序号	定额子目名称	定额代号	单　位	数　量	定额调整或系数

案例题五

背景：某高速公路有一处1-5×3钢筋混凝土盖板涵，进出口均为八字墙，其施工图设计主要工程数量见表2-32。

盖板涵主要工程量 表2-32

项　目	单　位	工　程　量
C35预制混凝土盖板	m^3	126
盖板钢筋R235	kg	3067
盖板钢筋HRB335	kg	16352

续上表

项　　目	单　　位	工　程　量
台身 C20 混凝土	m^3	298
台身基础 C20 混凝土	m^3	519
帽石 C30 混凝土	m^3	1.44
端墙身 C20 混凝土	m^3	17
端墙基础 C20 混凝土	m^3	2.15
开挖基坑土方	m^3	820
M7.5 浆砌片石涵底铺砌	m^3	47.5

注：盖板预制场运距 1.5km，弃土场运距 1.5km。

问题：列出编制施工图预算所涉及的相关定额的名称、单位、定额表号、数量等内容，并填入表 2-33 中，需要时应列式计算或文字说明。

预算定额工程细目表　　表 2-33

序号	定额子目名称	定额代号	单　　位	数　　量	定额调整或系数

第三章
CHAPTER THREE

工、料、机预算单价的确定

第一节 人工、施工机械台班预算单价的确定

一、人工工日单价的确定

1. 人工工日单价及其组成

人工工日单价是指一个建筑安装生产工人一个工作日在概(预)算中应计入的全部人工费用。包括:

(1)计时工资或计件工资。计时工资或计件工资指按计时工资标准和工作时间或对已做工作按计件单价支付给个人的劳动报酬。

(2)津贴、补贴。津贴、补贴指为了补偿职工特殊或额外的劳动消耗和因其他特殊原因支付给个人的津贴,以及为了保证职工工资水平不受物价影响支付给个人的物价补贴。如流动施工津贴、特殊地区施工津贴、高温(寒)作业临时津贴、高空津贴等。

(3)特殊情况下支付的工资。特殊情况下支付的工资指根据国家法律、法规和政策规定,因病、工伤、产假、计划生育假、婚丧假、事假、探亲假、定期休假、停工学习、执行国家或社会义务等原因按计时工资标准或计件工资标准的一定比例支付的工资。

2. 人工工日单价的确定方法

人工工日单价按照本地区公路建设项目的人工工资统计情况以及公路建设劳务市场情况进行综合分析确定。人工工日单价由省级交通运输主管部门制定发布,并适时进行动态调整。同时人工单价仅作为编制概(预)算的依据,不作为施工企业实发工资的依据。

公路工程概(预)算定额中的人工工日单价为综合工日单价,不区分工种,即公路建设所有用工(例如小工、混凝土工、钢筋工、木工、起重工、张拉工、隧道掌子面开挖工、交通工程安装工、施工机械工等)都是采用同一综合工日单价。

综合工日单价已包括由个人缴纳的社会保险费中的养老保险费、失业保险费、医疗保险费（生育保险除外）和住房公积金。

综合工日单价不同于公路建设人工劳务市场价，其主要区别在于：

(1)工作时间不同。综合工日单价通常按每天工作8h（隧道7h，潜水6h）考虑，公路建设劳务用工每天工作时间普遍与综合工日有差异。

(2)企业应支出的“四险一金”不同。编制公路工程概（预）算时，由企业支付的社会保险费和住房公积金需单独计算，而公路建设人工劳务市场价一般已包含上述费用。

(3)其他费用计算不同。公路工程概（预）算的工人的冬、雨、夜施工的补助，工地转移、取暖补贴、主副食补贴、探亲路费等单独计算，而公路建设人工劳务市场价不再单独计算。

二、施工机械台班预算单价的确定

1. 公路工程机械台班费用定额

《公路工程机械台班费用定额》（JTG/T 3833—2018）[以下简称《机械台班费用定额》（2018版）]，是《公路工程预算定额》（JTG/T 3832—2018）[以下简称《预算定额》（2018版）]、《公路工程概算定额》（JTG/T 3831—2018）[以下简称《概算定额》（2018版）]的配套定额，是编制公路建设工程估算、概算、预算的依据。

《机械台班费用定额》（2018版）的主要内容包括说明和台班费用定额表两大部分。

说明共12条，对机械台班费用定额的作用、机械分类、费用组成和某些规定作了说明。

台班费用定额表是《机械台班费用定额》（2018版）的主要组成部分，表格按机械分类编制。机械共分13类，包括土、石方工程机械，路面工程机械，混凝土及灰浆机械，水平运输机械，起重及垂直运输机械，打桩、钻孔机械，泵类机械，金属、木、石料加工机械，动力机械，工程轮船舶，工程检测仪器仪表，通风机，其他机械。每类机械为一个表，共分13个表，表中给出相应类别、不同规格机械的不变费用和可变费用。

《机械台班费用定额》（2018版）的用途是：①计算施工机械台班预算单价；②计算台班消耗的人工、燃料等实物消耗；③供编制施工组织方案（特别是机械化施工方案）进行经济比较之用。

2. 施工机械台班预算单价的组成与确定

一台机械工作一个工作班即称为一个台班（除潜水设备、变压器和配电设备外，每台班均按8h计算）。机械台班预算单价是指一台施工机械在一个台班中，为使机械正常运转所支出和分摊的人工、材料、折旧、维修等各项费用的总和。

公路工程施工机械台班预算单价应按《机械台班费用定额》（2018版）计算，不得采用社会出租台班单价计价。施工机械台班预算单价由不变费用和可变费用组成。

(1)不变费用。不变费用包括折旧费、检修费、维护费、安拆辅助费等4项费用。在《机械台班费用定额》（2018版）中，将不变费用中的各项费用直接用金额的形式列入。在编制机械台班单价时，除青海、新疆、西藏等边远地区可按省级交通运输主管部门批准的调整系数进行调整外，其他地区均应以定额规定的数值为准，不得任意变动。

(2)可变费用。可变费用包括机上人员人工费（随机操作人员的工作日工资）、动力燃料费、车船使用税等3项费用。在《机械台班费用定额》(2018版)中仅规定实物量,即人工工日、动力物质(包括汽油、柴油、电、水、煤)等每台班的实物消耗数量。在编制机械台班单价时,随机操作人员数量(人工工日数)及动力物质消耗量应以《机械台班费用定额》(2018版)中的数值为准。台班人工费工日单价同生产工人人工费单价,按当地有关部门规定计算。动力燃料费的预算价格,按当地的工地预算价格计算。如需缴纳其他费用时,应按各省(自治区、直辖市)及国务院有关部门的规定标准,按机械的年工作台班计入台班费用。台班人工费和台班动力燃料费的计算公式为

$$台班人工费=定额人工工日数\times人工工日单价 \quad (3\text{-}1)$$

$$台班燃料动力费=定额台班动力燃料消耗量\times相应单价 \quad (3\text{-}2)$$

当工程用电为自行发电时,电动机械每千瓦时(度)电的单价可由下述近似公式计算:

$$A=0.15\times K/N$$

式中:A——每千瓦时电单价(元);

K——发电机组的台班单价(元);

N——发电机组的总功率(kW)。

第二节 材料预算单价的确定

一、材料预算单价的组成与计算

1. 材料预算价的概念与组成

材料的预算价格是指材料(包括原材料、构件、成品及半成品等)从其来源地(或交货地)到达工地仓库(或施工地点堆放材料的地方)后的出库价格。

材料预算价格由材料原价、运杂费、场外运输损耗、采购及仓库保管费组成。

2. 材料预算价的计算

(1)材料原价

各种材料原价按以下规定计算。

外购材料:参照本行政区域内交通运输主管部门发布的价格和按调查的市场价格进行综合取定。

地方性材料:地方性材料包括外购的砂、石材料等,按实际调查价格或当地主管部门规定的预算价格计算。

自采材料:自采的砂、石、黏土等材料,按《预算定额》(2018版)“第八章　材料采集及加工”中开采单价加辅助生产间接费和矿产资源税(如有)计算。因此,自采材料的原价通常也称为料场价格。

在编制概(预)算时,自采材料原价(料场价)是通过自采材料料场价格计算表来完成的。

(2)运杂费

运杂费系指材料自供应地点至工地仓库(施工地点存放材料的地方)的运杂费用,包括装卸费、运费,如果发生,还应计囤存费及其他杂费(如过磅、标签、支撑加固、路桥通行等费用)。

一种材料如有两个以上的供应点时,都应根据不同的运距、运量、运价采用加权平均的方法计算运费。由于概(预)算定额中已考虑了工地运输便道的特点,以及定额中已计入了"工地小搬运"的费用,因此汽车运输平均运距中不得乘调整系数,也不得在工地仓库或堆料场之外再加场内运距或二次倒运的运距。

①社会运输运杂费的确定。社会运输即通过铁路、水路和公路等部门运输,应按铁路、航运和当地交通运输部门规定的运价计算运费。对于社会运输材料,其单位运杂费的计算,可参照以下方法计算:

$$材料单位运杂费 = 单位运费 + 单位装卸费 + 单位杂费 \tag{3-3}$$

$$单位运费 = 运价率 \times 运距 \times 单位毛质量 \tag{3-4}$$

$$单位装卸费 = 装卸费率 \times 单位毛质量 \tag{3-5}$$

其中单位毛质量的计算如下:

对于有包装及容器的材料及长大轻浮材料,其单位毛质量按下式计算:

$$单位毛质量 = 单位质量 \times 毛质量系数 \tag{3-6}$$

式中: 运价率——运输每吨千米物资金额(元/吨·千米),按当地运输部门规定计列;

运距——运料起点至运料终点间的里程(km);

毛质量系数、单位毛质量——按表3-1及式(3-6)确定;

单位质量——按《预算定额》(2018版)附录四确定。

材料毛质量系数及单位毛质量表　　表3-1

材料名称	单位	毛质量系数	单位毛质量
爆破材料	t	1.35	
水泥、块状沥青	t	1.01	
铁钉、铁件、焊条	t	1.10	
液体沥青、液体燃料、水	t	桶装1.17,油罐车1.00	
木料	m^3	—	原木0.750t,锯材0.650t
草袋	个	—	0.004t

②施工单位自办运输运杂费的确定。自办运输是施工企业根据公路建设项目所在地交通不便,社会运力缺乏的情况,结合本企业运输能力而组织材料运输的一种运输方式。自办运输运费的确定应按概(预)算编制办法的规定进行。

平均运距在15km以上时,应按市场运价计算其运输费用。

平均运距在15km及以内时,按《预算定额》(2018版)"第九章　材料运输"计算运费,其中人工、机械装卸和运输另按人工费的3%加计辅助生产间接费。

(3)场外运输损耗费

场外运输损耗系指有些材料在正常的运输过程中发生的损耗,这部分损耗应摊入材料单价内。材料场外运输损耗率见表3-2。计算公式为

$$单位场外运输损耗费=(材料原价+材料单位运杂费)\times材料场外运输损耗率 \quad (3\text{-}7)$$

材料场外运输操作损耗率(%) 表3-2

材料名称		场外运输(包括一次装卸)	每增加一次装卸
块状沥青		0.5	0.2
石屑、碎砾石、砂砾、煤渣、工业废渣、煤		1.0	0.4
砖、瓦、桶装沥青、石灰、黏土		3.0	1.0
草皮		7.0	3.0
水泥(袋装、散装)		1.0	0.4
砂	一般地区	2.5	1.0
	多风地区	5.0	2.0

注:汽车运水泥如运距超过500km时,袋装水泥损耗率增加0.5%。

(4)采购及保管费

材料采购及保管费是指在组织采购、保管材料过程中所需的各项费用及工地仓库的材料储存损耗。材料采购及保管费计算公式如下:

$$单位采购及保管费=(材料原价+单位运杂费+单位场外运输损耗费)\times采购及保管费率 \quad (3\text{-}8)$$

商品混凝土、沥青混合料和各类稳定土混合料、外购的构件、成品及半成品的预算价格计算方法与材料相同。商品混凝土、沥青混合料和各类稳定土混合料不计采购及保管费。

公路工程材料的采购及保管费费率见表3-3。

采购及保管费费率表 表3-3

名称	费率(%)	名称	费率(%)
钢材	0.75	外购的构件、成品及半成品	0.42
燃料、爆破材料	3.26	商品混凝土、沥青混合料和各类稳定土混合料	0
其余材料	2.06		

综合上述四种费用的计算,材料预算价格的计算公式如下:

$$材料预算价格=(材料原价+运杂费)\times(1+场外运输损耗率)\times(1+采购及保管的费率)-包装材料回收价值 \quad (3\text{-}9)$$

在编制概(预)算时,材料预算价格是通过材料预算单价计算表来完成的。

二、材料采集及加工定额、材料运输定额

1.材料采集及加工定额

材料采集及加工系指工程施工现场周边无法采购到符合工程设计要求的建筑材料(主要

是指土、砂石料等），而必须由施工企业自行采集与加工来满足工程建设的需要。《预算定额》（2018 版）第八章为材料采集及加工，对于自采材料的原价（料场价）应按本章定额中开采单价加辅助生产间接费和矿产资源税（如有）计算。有条件的工程项目，材料应综合考虑自采加工，以降低工程造价。

（1）定额中机制砂、机轧碎石用到的片石均应按《预算定额》（2018 版）第八章中捡清片石计算。

（2）材料采集及加工定额已包括采、筛、洗、堆及加工等操作损耗在内。

（3）采用定额时要结合附注内容，合理运用。

例 3-1

某路线工程的桥涵工程所需片石由两种方法取得，一种是采石场开采片石，另一种是利用开炸路基石方时捡清片石。试列出这两种采集片石方法的预算定额。

解：（1）开采片石定额（机械开采）。由预算定额表[8-1-5-2]可查得（每 100m^3码方）定额

人工：15.8 工日。

材料：空心钢钎 2.1kg、合金钻头 3 个、硝铵炸药 20.4kg、导爆索 13m、非电毫秒雷管 28 个。

机械：9m^3/min 机动空机 1.31 台班、小型机具使用费 48.7 元。

基价：3139 元。

（2）人工捡清片石定额。由定额表[8-1-5-3]查得（每 100m^3码方）定额：

人工：18.6 工日。

基价：1977 元。

2. 材料运输定额

材料运输是指将材料通过人工或机械从采购地或料场运送到施工现场堆放地或工地仓库。《预算定额》（2018 版）的第九章　材料运输定额是供材料自办运输费用使用的。

材料运输方式有人工挑抬、手推车运输、机动翻斗车运输（配合人工装车）、手扶拖拉机运输（配合人工装车）、载货汽车运输（配合人工装卸）、自卸汽车运输（配合装载机装车）等。要根据具体情况，合理选用运输方式，以确定合理的材料预算价格。

（1）汽车运输项目中因路基不平、土路松软、泥泞、急弯、陡坡而增加的消耗，定额内已综合考虑。

（2）所有材料的运输及装卸均未包括堆、码方工日。

（3）载货汽车运输、自卸汽车运输和洒水汽车运水定额项目，仅适用于平均运距在 15km 以内的运输；当运距超过第一个定额运距单位时，其运距尾数不足一个增运定额单位的半数时不计，等于或超过半数时按一个增运定额单位计算。平均运距在 15km 以上时，应按市场运价计算其运输费用。

（4）《预算定额》（2018 版）第九章定额中未列名称的材料，可按下列规定执行，其中不是以质量计量的应按单位质量进行换算：①天然级配、石渣、风化石按碎石运输定额计；②其他材料一律按水泥运输定额执行。

例 3-2

试确定下列工程的预算定额编号:

(1)10t 以内自卸汽车运路基土 5km。

(2)10t 以内自卸汽车运土 5km。

(3)10t 以内自卸汽车运输路面厂拌基层稳定土混合料 5km。

(4)10t 载货汽车运输预制构件 5km。

解:上述各题虽都是汽车运输,但由于运输对象不同,故各自的定额编号亦不相同。

(1)汽车运土已明确是运路基土,因此,该工程属于“路基工程”的一项。其定额编号为[1-1-11-5]和[1-1-11-6]。

(2)汽车运土因没有明确为何工程运土,因此,该土是当作材料来运输的,属于“材料运输”中的一项,其定额编号为[9-1-6-55]和[9-1-6-56]。

(3)汽车运路面混合料,属于“路面工程”中的一项,其定额编号为[2-1-8-3]和[2-1-8-4]。

(4)汽车运预制构件,由于运送对象是预制构件,故属于“桥涵工程”中的一项,其定额编号为[4-8-3-10]和[4-8-3-14]。

三、材料平均运距的计算

材料平均运距的计算,从阶段来分,可分为施工阶段的材料运距计算和设计阶段的材料运距计算。在施工阶段,对于运距要结合实际、精打细算;而在设计阶段,对于运距则要求接近实际,基本合理。对材料运距的计算可归纳为如下三个问题:

(1)卸料地点问题。卸料地点问题包括线形工程运料终点的确定、集中型工程运料终点的确定。

(2)供料地点问题。供料地点问题包括自采材料料场供应范围、外购材料供应地点的确定。

(3)某种材料的预算平均运距问题。某种材料的预算平均运距问题包括线式卸料总平均运距的计算、点式卸料总平均运距的计算。

1. 运料终点的确定

由于公路工程是线形构造物,卸料地点分散,所以材料运输终点的确定,对运距的确定影响较大。为此,应对运料终点做出原则规定:

(1)点式卸料

点式卸料是指材料运输终点相对地卸于一个特定的代表地点,主要适用于集中型工程,其材料运输终点是:

①大中桥的桥址中心桩号;

②大型隧道的中心桩号;

③集中型工程范围中心的桩号。

(2)线式卸料

所谓线式卸料,亦称多点式卸料,是指材料的运输终点是分散的。主要适用于路线工程各

种工程项目所用的各种材料运距的计算。其卸料地点原则上是其用料的“重心”地点，即

①需集中拌和的路面混合料的各种原材料，为各拌和厂的堆料中心点。

②不需集中厂拌的路面材料，为各用料路段的中心桩号。

③砌石工程的材料为各集中工程地段的中心桩号。

④小桥涵及小型构造物用材料，如果用料数量比较均匀可取路线的中心桩号，若分布不均匀则应划段取其中心点桩号。

2. 材料供应地点和供应范围

公路工程所用材料按其供应来源性质可分为外购材料和自采材料两大类。在确定材料运距时，除明确卸料地点外，还必须明确材料的供应地点和供应范围。

(1)材料供应地点

①外购材料的供应地点，即材料的起运地点，应由调查资料确定。

②自采材料的供应地点，即各供应路段的相应供料料场地点。

(2)料场经济供应范围的确定

当公路沿线有若干个同种材料的料场时，应在两相邻料场间确定一个经济供应范围的分界点，分界点的确定，可以采用以下两个原则：

①从 1 号、2 号料场运至 L 路段的材料总费用(料场价格加运费)最小。

②单位材料从料场运至分界点 K 的费用相等。

上述两个原则是完全等价的。

图 3-1 表示某路段两相邻料场 1 号和 2 号的分布，其有关参数见表 3-4。

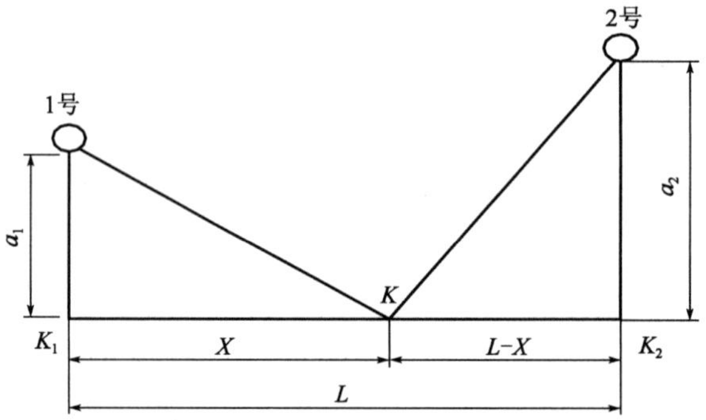

图 3-1　材料经济供应范围

料 场 参 数 表　　表 3-4

项　目	单　位	1 号料场	2 号料场
材料料场单价	元/m^3	c_1	c_2
上路距离	km	a_1	a_2
单位运价	元/(m^3·km)	f_1	f_2
材料需要量	m^3	$q \cdot x$	$q \cdot (L-x)$

注：q 为单位里程长度的材料用量。

经济分界点 K 的桩号按可式(3-10)计算：

$$X = \frac{1}{f_1 + f_2}[L \cdot f_2 + (c_2 - c_1) + a_2 \cdot f_2 - a_1 \cdot f_1] \tag{3-10}$$

K 点的桩号 = K_1 桩号 + X。

计算桩号时注意：

①路线起终点至最近料场的运距在其经济范围内，路线起终点即为经济分界点，不必计算。

②计算运距时，要注意断链的影响。

3. 材料平均运距的计算

为了计算材料单价的运杂费，必须确定各种材料的平均运距。当一种材料有多个供应点时，必须先确定各供应点的经济范畴；当一种材料有多个卸料点时，必须先计算其平均运距。

（1）自采材料平均运距计算

当自采材料沿路线有多个供应点且有多个用料点时，材料料场供应范围及各卸料点的位置、运距、用料数量确定以后，可用式（3-11）计算全路线加权平均运距（图 3-2），即

$$L = \frac{\sum_{i=1}^{n} Q_i L_i}{\sum_{i=1}^{n} Q_i} \tag{3-11}$$

式中：L——某种材料全路线加权平均运距（km）；

n——卸料点个数；

Q_i——各卸料点某种材料数量；

L_i——各供料点到卸料点间运距（km）。

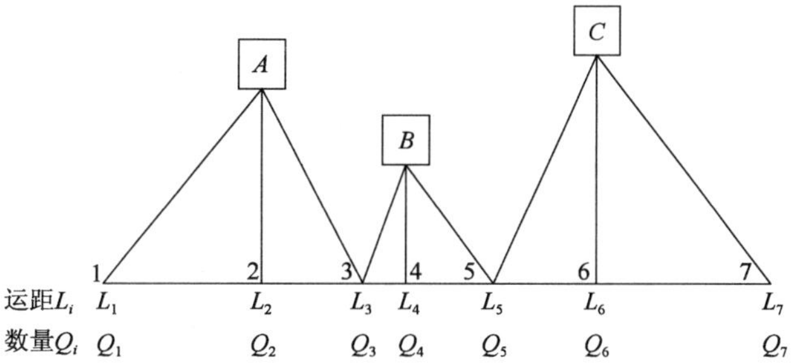

图 3-2 自采材料平均运距

（2）外购材料平均运距计算

外购材料一般只有一个供应点，具有多个用料点（图 3-3），可用公式（3-12）计算平均运距，即

$$L = \frac{\sum_{i=1}^{n} Q_i L_i}{\sum_{i=1}^{n} Q_i} \tag{3-12}$$

式中：L——某种外购材料全路线加权平均运距（km）；

n——卸料仓库个数；

Q_i——某种材料各仓库入库数量；

L_i——卸料仓库到供料点运距（km）。

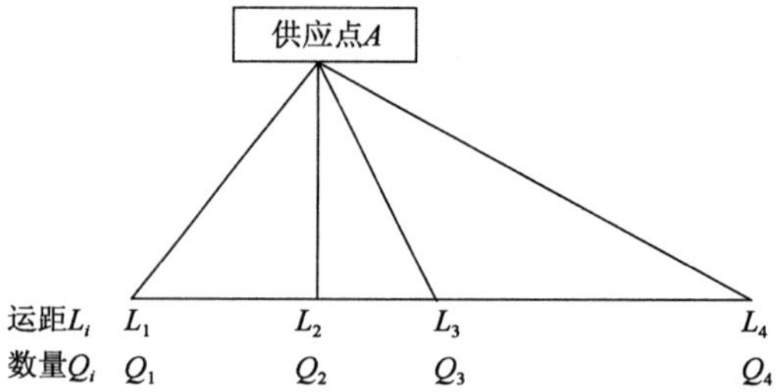

图 3-3　外购材料平均运距

案例 3-3

背景材料：某隧道围岩为石灰岩，长 500m，隧道弃渣于洞口附近，距隧道洞口 20km 处有一碎石场，2cm 碎石供应价为 50 元/m³（含装卸费等杂费），当地运价标准为 1.6 元/t. km，人工工资单价为 112 元/工日，150mm×250mm 电动破碎机台班预算单价 135 元/台班，滚筒式筛分机台班预算单价为 230 元/台班。

问题：

(1) 假设隧道弃渣经破碎筛分后能满足隧道混凝土工程需要，请合理确定本项目碎石预算单价。

(2) 如隧道弃渣加工的碎石只能满足 200m 隧道混凝土工程的需要，此时的 2cm 碎石综合单价是多少？

答案：

(1) 外购碎石预算单价计算。

$(50+20\times1.6\times1.5)\times(1+1\%)\times(1+2.06\%)=101.02$ 元/m³。

（注：碎石的单位质量为 1.5t/m³，1% 为碎石的场外运输损耗率，2.06% 为采购及保管费率。）

(2) 考虑利用隧道弃渣自行加工碎石预算单价计算。

片石单价计算：隧道弃渣不需进行开采，根据定额规定套用检清片石定额计算片石单价，即：

检清[8-1-5-3]（只需人工检清片石），则：$(18.6\times112+18.6\times106.28\times3\%)/100=21.43$元。

注：3% 为辅助生产间接费，按定额人工费的 3% 计。

碎石单价：机械轧碎石定额[8-1-7-11]。

$(33.3\times112+33.3\times106.28\times3\%+117.6\times21.43+7.01\times135+7.13\times230)/100=89.42$ 元/m³。

(3) 综合选定。

利用弃渣单价为 89.42 元/m³，比外购 101.02 元/m³低，所以合理单价应为利用弃渣。即本项目碎石预算单价为 89.42 元/m³。

(4) 2cm 碎石预算单价综合计算。

由于利用隧道弃渣加工碎石仅能满足200m隧道混凝土工程需要，即自采加工碎石的比重为：

200/500 = 40%。

因此，本项目2cm碎石预算单价为：

$89.42 \times 0.4 + 101.02 \times 0.6 = 96.38$ 元/m^3。

思考题

1. 施工机械台班单价由哪些费用组成？
2. 说明材料预算价格的定义、组成和计算方法。

案例练习题

背景材料：在编制某公路工程材料预算价格时，片石考虑施工企业自采加工（机械开采）。已知工程所在地几种常用材料预算价格（表3-5），人工预算单价为106元/工日，石料场至工地运距为300m，用机动翻斗车运输（配合人工装卸）。

问题：试计算片石的预算价格。

材料预算价格表 表3-5

材料规格或名称	单　　位	预算价格（元）
空心钢钎	kg	6.84
合金钻头	个	31.88
硝铵炸药	kg	11.97
导爆索	m	2.05
非电毫秒雷管	个	3.16

注：$9m^3$/min 机动空压机的台班单价为719.10元/台班。1t以内机动翻斗车的台班单价为212.72元/台班。

第四章
CHAPTER FOUR

公路工程建设项目概算、预算费用标准和计算

第一节 概述

一、公路工程概算、预算的概念及作用

1. 初步设计(修正)概算

. 初步设计(修正)概算，是指在公路工程初步设计阶段，按照规定的造价依据、方法和程序，以项目初步设计、技术设计为依据，对工程建设所需要的全部费用及其构成进行计算所确定的造价预计值。初步设计(修正)概算是公路工程项目建设管理重要的控制目标。

初步设计阶段应编制初步设计概算。对技术复杂的建设项目或技术复杂的特大桥、长隧道、大型地质灾害治理等工程，要进行技术设计的，应编制相应的修正概算。初步设计概算文件和修正概算文件分别是公路工程初步设计和技术设计文件的重要组成部分。

2. 施工图预算

施工图预算，是指在公路工程施工图设计阶段，按照规定的造价依据、方法和程序，以项目施工图设计为依据，对工程建设所需要的全部费用及其构成进行计算所确定的造价预计值。

施工图设计阶段应编制施工图预算。施工图预算是组织项目实施、评价施工图设计经济合理性的重要依据，是编制工程量清单预算、确定标底或投标最高限价，以及分析衡量投标报价合理性的参考。工程实施中，施工图设计发生重(较)大变化时应编制设计变更预算。施工图预算文件公路工程施工图设计文件的重要组成部分。

二、概算、预算的编制依据

1. 设计概算编制依据

设计概算的编制依据主要有:

(1)国家发布的有关法律、法规等。

(2)现行的《公路工程概算定额》(JTG/T 3831—2018)[以下简称《概算定额》(2018版)]、《公路工程预算定额》(JTG/T 3832)(以下简称《预算定额》(2018版)、《公路工程机械台班费用定额》(JTG/T 3833)[以下简称《机械台班费用定额》(2018版)]及《公路工程建设项目概算预算编制办法》(JTG 3830—2018)[以下简称《概算预算编制办法》(2018版)]。

(3)工程所在地省级交通运输主管部门发布的补充规定和定额等。

(4)可行性研究报告的批(核准)文件(修正概算时为初步设计批复文件)等有关资料。

(5)初步设计(或技术设计)图纸等设计文件、工程施工方案(含施工组织设计)。

(6)工程所在地的人工、材料与设备、施工机械价格等。

(7)有关合同、协议等。

(8)其他有关资料。

2. 施工图预算编制依据

施工图预算的编制依据主要有:

(1)国家发布的有关法律、法规等。

(2)现行的《概算定额》(2018版)、《预算定额》(2018版)、《机械台班费用定额》(2018版)及《建设项目概算预算编制办法》(2018版)。

(3)工程所在地省级交通运输主管部门发布的补充规定和定额等。

(4)批准的初步设计(或技术设计)等有关资料。

(5)施工图设计图纸等设计文件、工程施工方案(含施工组织设计)。

(6)工程所在地的人工、材料与设备、施工机械价格等。

(7)有关合同、协议等。

(8)其他有关资料。

三、概算、预算项目划分的规定

为使公路工程概算、预算编制规范化,在《概算预算编制办法》中对费用项目的名称、编码规则做了统一的规定,从而可以防止列项时出现混乱、漏列、错列的现象。因此,预算项目划分时必须严格按照《概算预算编制办法》“附录B 概算预算项目表”中的划分规定,结合设计图纸及施工组织设计对工程项目进行分项。

(1)项目表

概算、预算项目主要包括以下内容:

第一部分 建筑安装工程费

第一项　临时工程
第二项　路基工程
第三项　路面工程
第四项　桥梁涵洞工程
第五项　隧道工程
第六项　交叉工程
第七项　交通工程及沿线设施
第八项　绿化及环境保护工程
第九项　其他工程
第十项　专项费用
1. 施工场地建设费
2. 安全生产费
第二部分　土地使用及拆迁补偿费
第三部分　工程建设其他费用
第四部分　预备费
第五部分　建设期贷款利息

公路工程概算、预算项目表实际上反映了公路基本建设项目的全部工程和全部费用的一种分类情况。在《概算预算编制办法》(2018 版)中,对公路工程概预算项目表的表现形式和详细内容作了规定,其详细内容见《概算预算编制办法》(2018 版)“附录 B　概算预算项目表”。

(2)运用项目表列项要求

熟悉运用项目表,对于概算、预算编制十分重要。概算、预算项目应按项目表规定的序列及内容编制,不得随意划分。如实际出现的工程和费用项目与项目表的内容不完全相符时,应按以下规定办理:

“部分”和“项”的序号、内容应保留不变。即一、二、三、四、五部分和“项”的序号、内容应保留不变。如第一部分第五项为“隧道工程”,第七项为“交通工程及沿线设施”,若无隧道工程项目,但其序号“五”仍保留,而“交通工程及沿线设施”则仍为第七项。

缺少的分项内容可随需要增加,并按项目表的顺序以实际出现的级别依次排列,不保留缺少的“项”以下的项目序号。即依次递补,改变序号。

分项编号采用部(1 位数)、项(2 位数)、目(2 位数)、节(2 位数)、细目(2 位数)组成,以部、项、目、节、细目等依次展开,概预算分项编号详见《概算预算编制办法》(2018 版)“附录 B　概算预算项目表”。

四、概算、预算费用组成

根据《概算预算编制办法》(2018 版)的规定,公路基本建设工程概算、预算费用组成见表 4-1。

公路工程概算、预算费用项目组成表

表 4-1

<table>
<tr><th colspan="4">费 用 组 成</th></tr>
<tr><td rowspan="13">概预算费用总金额</td><td rowspan="8">建筑安装工程费</td><td>直接费</td><td>人工费、材料费、施工机械使用费</td></tr>
<tr><td>设备购置费</td><td></td></tr>
<tr><td>措施费</td><td>冬季、雨季、夜间、特殊地区、行车干扰施工增加费,施工辅助费,工地转移费</td></tr>
<tr><td>企业管理费</td><td>基本费用、主副食运费补贴、职工探亲路费、职工取暖补贴、财务费用</td></tr>
<tr><td>规费</td><td>养老保险费、失业保险费、医疗保险费、工伤保险费、住房公积金</td></tr>
<tr><td>利润</td><td></td></tr>
<tr><td>税金</td><td></td></tr>
<tr><td>专项费用</td><td>施工场地建设费、安全生产费</td></tr>
<tr><td>土地使用及拆迁补偿费</td><td colspan="2"></td></tr>
<tr><td>工程建设其他费</td><td colspan="2">建设项目管理费、研究试验费、建设项目前期工作费、专项评价(估)费、联合试运转费、生产准备费、工程保通管理费、工程保险费、其他相关费用</td></tr>
<tr><td>预备费</td><td colspan="2">基本预备费、价差预备费</td></tr>
<tr><td>建设期贷款利息</td><td colspan="2"></td></tr>
</table>

五、工程类别划分

由于措施费及企业管理费是根据工程项目的定额人工费和定额施工机械费或定额直接费为取费基数,以规定的费率计算的,而工程项目内容千差万别,所以无法个别地按各具体工程项目来制定费率标准。因此,只能将性质相近的工程项目合并成若干类别来制定费率。《概算预算编制办法》(2018 版)规定,措施费和企业管理费取费标准的工程类别划分如下。

(1)土方。土方指人工及机械施工的土方工程、路基掺灰、路基换填及台背回填。

(2)石方。石方指人工及机械施工的石方工程。

(3)运输。运输指用汽车、拖拉机、机动翻斗车、船舶等运送的土石方、路面基层和面层混合料、水泥混凝土及预制构件、绿化苗木等工程。

(4)路面。路面指路面所有结构层工程、路面附属工程、便道以及特殊路基处理等工程(不含特殊路基处理中的圬工构造物)。

(5)隧道。隧道指隧道土建工程(不含隧道的钢材及钢结构)。

(6)构造物Ⅰ。构造物Ⅰ指砍树挖根、拆除工程、排水、防护、特殊路基处理中的圬工构造物、涵洞、交通安全设施、拌和站(楼)安拆工程、便桥、便涵、临时电力和电信设施、临时轨道、临时码头、绿化工程等工程。

(7)构造物Ⅱ。构造物Ⅱ指小桥、中桥、大桥、特大桥工程。

(8)构造物Ⅲ。构造物Ⅲ指商品水泥混凝土的浇筑、商品沥青混合料和各类商品稳定土混合料的铺筑、外购混凝土构件、设备安装工程等。

(9)技术复杂大桥。技术复杂大桥指钢管拱桥、斜拉桥、悬索桥、单孔跨径在 120m 以上(含 120m)和基础水深在 10m 以上(含 10m)的大桥主桥部分的基础、下部和上部工程(不含桥梁的钢材及钢结构)。

(10)钢材及钢结构。钢材及钢结构指所有工程的钢材及钢结构等工程。

购买的路基填料、绿化苗木、商品水泥混凝土、商品沥青混合料和各类商品稳定土混合料、外购混凝土构件不作为措施费及企业管理费的计算基数。

第二节 建筑安装工程费

一、直接费

直接费是指施工过程中耗费的构成工程实体和有助于工程形成的各项费用,包括人工费、材料费和施工机械使用费。

1. 人工费

人工费指列入概算、预算定额的直接从事建筑安装工程施工的生产工人开支的各项费用。某工程细目的人工费可根据该工程细目的工程量和相应的定额、工日单价按式(4-1)计算:

$$人工费 = 分项工程数量 \times 相应项目定额单位工日数 \times 人工工日单价 \tag{4-1}$$

式中: 分项工程数量——由设计图纸按工程量计算规则计算的定额单位工程数量;

相应项目定额单位工日数——完成一定数量单位的分项工程数量(如:$10m^3$实体、1t 钢筋、$1000m^2$……)定额规定所需人工工日,由定额可直接查得;

人工工日单价——按地区规定取值。

2. 材料费

材料费指施工过程中耗用的构成工程实体的原材料、辅助材料、构配件、零件、半成品、成品等,按工程所在地的材料预算价格计算的费用。在工程造价中,材料费一般占很大比重,准确计算材料费对概(预)算工作质量有重要意义。其计算公式如下:

$$材料费 = \sum(分项工程数量 \times 定额单位材料消耗量 \times 材料预算价格) + 其他材料费 \tag{4-2}$$

式中:分项工程数量——同前;

定额单位材料消耗量——由定额查得;

其他材料费——从定额中查出相应项目定额单位所规定的消耗费用(在定额中以"元"的形式表示),与分项工程数量相乘即可。

3. 施工机械使用费

施工机械使用费指列入概(预)算定额的工程机械和工程仪器仪表台班数量按相应的施工机械台班费用定额计算的费用等。

(1)工程机械使用费。工程机械使用费包括按台班数量计算的机械使用费和不按台班数量计算的(小型)机械使用费用两类。计算公式为

$$施工机械使用费=\sum(分项工程数量\times相应项目定额单位机械台班消耗量\times机械台班单价)+小型机具使用费 \quad (4\text{-}3)$$

式中：分项工程数量——同前；

相应项目定额单位机械台班消耗量——由定额直接查得完成一定数量单位的分项工程定额所规定消耗的机械种类和台班数量；

机械台班单价——由不变费用和可变费用组成，应按交通运输部颁布的《机械台班费用定额》(2018 版)计算；

小型机具使用费——从定额中查出相应项目定额单位所规定的消耗费用（在定额中以“元”的形式表示），与分项工程数量相乘即可。

(2)工程仪器仪表使用费。工程仪器仪表使用费指机电工程施工作业所发生的仪器仪表使用费，以施工仪器仪表台班耗用量乘以施工仪器仪表台班单价计算。施工仪器仪表台班预算价格应按现行《机械台班费用定额》(2018 版)计算。台班人工费工日单价同生产工人人工费单价，按当地有关部门规定计算。动力燃料费预算价格，按材料费的计算规定计算。

综上所述，直接费的计算步骤如下：

(1)将工程项目按要求分解成分项工程，并计算各分项工程的工程量。

(2)查阅和套用定额项目表中各分项工程的人工、材料、机械消耗量（定额值）。

(3)根据分项工程的工程量大小和定额的规定计算出各分项工程的人工、材料、机械消耗量。

(4)用人工工日单价、材料预算单价和机械台班单价计算出各分项工程的人工费、材料费、机械使用费，即直接费。直接费的计算公式为

$$直接费=人工费+材料费+施工机械使用费 \quad (4\text{-}4)$$

4. 定额直接费

定额直接费包括定额人工费、定额材料费、定额施工机械使用费。即

$$定额直接费=定额人工费+定额材料费+定额施工机械使用费 \quad (4\text{-}5)$$

定额人工费、定额材料费、定额施工机械使用费是按《预算定额》(2018 版)附录四“定额人工、材料、设备单价”及现行《机械台班费用定额》(2018 版)中规定的人工、材料、设备、机械的相应基价计算的费用，即定额中人工、材料、施工机械消耗量分别乘以人工工日基价、材料基价、施工机械台班基价计算的费用。

二、设备购置费

1. 费用内容

设备购置费指为满足公路初期营运、管理需要购置的构成固定资产标准的设备和虽低于固定资产标准但属于设计明确列入设备清单的设备的费用，包括渡口设备，隧道照明、消防、通风的动力设备，公路收费、监控、通信、路网运行监测、供配电及照明设备等。

2. 计算方法

设备购置费应由列出计划购置的清单（包括设备的规格、型号、数量），以设备预算价计入。

设备购置费包括设备原价、运杂费、运输保险费、采购及保管费，各种税费按编制期有关部

门规定计算。

需要安装的设备，按建筑安装工程费的有关规定计算设备的安装工程费。设备与材料的划分标准见《概算预算编制办法》(2018 版)附录 C。

《概算预算编制办法》(2018 版)另列有定额设备购置费用，作为定额建筑安装工程费的组成部分。

定额设备购置费是按《预算定额》(2018 版)附录四“定额人工、材料、设备单价”中规定的设备基价计算的费用，即设备购置数量乘以设备基价计算的费用。

三、措施费

措施费包括冬季施工增加费、雨季施工增加费、夜间施工增加费、特殊地区施工增加费、行车干扰施工增加费、施工辅助费、工地转移费等 7 项。

1. 冬季施工增加费

冬季施工增加费指按照公路工程施工及竣工验收规范所规定的冬季施工要求，为保证工程质量和安全生产所需采取的防寒保温设施、工效降低和机械作业率降低以及技术操作过程的改变等所增加的有关费用。

冬季施工增加费的内容包括：因冬季施工所需增加的一切人工、机械与材料的支出；施工机械所需修建的暖棚(包括拆、移)，增加其他保温设备购置费用；因施工组织设计确定，需增加的一切保温、加温等有关支出；与冬季施工有关的其他各项费用，如清除工作地点的冰雪等费用。

冬季施工增加费以各类工程的定额人工费和定额施工机械使用费之和为基数，根据工程类别及工程所在地的气温区选用表 4-2 的费率计算。

冬季施工增加费费率表(%) 表 4-2

气温区 / 工程类别	冬季期平均温度(℃)								准一区	准二区
	-1 以上		-1 ~ -4		-4 ~ -7	-7 ~ -10	-10 ~ -14	-14 以下		
	冬一区		冬二区		冬三区	冬四区	冬五区	冬六区		
	Ⅰ	Ⅱ	Ⅰ	Ⅱ						
土方	0.835	1.301	1.800	2.270	4.288	6.094	9.140	13.720	—	—
石方	0.164	0.266	0.368	0.429	0.859	1.248	1.861	2.801	—	—
运输	0.166	0.25	0.354	0.437	0.832	1.165	1.748	2.643	—	—
路面	0.566	0.842	1.181	1.371	2.449	3.273	4.909	7.364	0.073	0.198
隧道	0.203	0.385	0.548	0.710	1.175	1.52	2.269	3.425	—	—
构造物Ⅰ	0.652	0.940	1.265	1.438	2.607	3.527	5.291	7.936	0.115	0.288
构造物Ⅱ	0.868	1.240	1.675	1.902	3.452	4.693	7.028	10.542	0.165	0.393
构造物Ⅲ	1.616	2.296	3.114	3.523	6.403	8.680	13.020	19.520	0.292	0.721
技术复杂大桥	1.019	1.444	1.975	2.230	4.057	5.479	8.219	12.338	0.170	0.446
钢材及钢结构	0.04	0.101	0.141	0.181	0.301	0.381	0.581	0.861	—	—

冬季施工增加费与工程所在地的气温区有关。《概算预算编制办法》(2018 版)附录 D 列有“全国冬季施工气温区划分表”,只要知道工程所在的省和县市,即可在附录 D 中查得工程所属的气温区。

在计算冬季施工增加费时应注意以下三点:①为了简化计算手续,冬季施工增加费采用全年平均摊销的方法计算,即不论是否在冬季施工,均按规定的取费标准计取冬季施工增加费;②一条路线穿过两个以上的气温区时,可分段计算或按各区的工程量比例求得全线的平均增加率,计算冬季施工增加费;③绿化工程不计冬季施工增加费。

2. 雨季施工增加费

雨季施工增加费指雨季期间施工为保证工程质量和安全生产所需采取的防雨、排水、防潮和防护措施、工效降低和机械作业率降低以及技术作业过程的改变等,所需增加的有关费用。

雨季施工增加费的内容包括:

(1)因雨季施工所需增加的工、料、机费用的支出。包括工作效率的降低及易被雨水冲毁的工程所增加的工作内容等(如基坑坍塌和排水沟等堵塞的清理、路基边坡冲沟的填补等)。

(2)路基土方工程的开挖和运输。因雨季施工(非土壤中水影响)而引起的黏附工具、降低工效所增加的费用。

(3)因防止雨水必须采取的防护措施的费用,如挖临时排水沟,防止基坑坍塌所需的支撑、挡板等费用。

(4)材料因受潮、受湿的耗损费用。

(5)增加防雨、防潮设备的费用。

(6)其他有关雨季施工所需增加的费用,如因河水高涨致使工作困难而增加的费用等。

雨季施工增加费以各类工程的定额人工费和定额施工机械使用费之和为基数,按工程所在地的雨量区、雨季期选用表 4-3 的费率计算。

雨季施工增加费费率表(%) 表 4-3

工程类别	雨季期(月数)																			
	1	1.5	2		2.5		3		3.5		4		4.5		5		6		7	8
	雨量区																			
	Ⅰ	Ⅰ	Ⅰ	Ⅱ	Ⅰ	Ⅱ	Ⅰ	Ⅱ	Ⅰ	Ⅱ	Ⅰ	Ⅱ	Ⅰ	Ⅱ	Ⅰ	Ⅱ	Ⅰ	Ⅱ	Ⅱ	Ⅱ
土方	0.140	0.175	0.245	0.385	0.315	0.455	0.385	0.525	0.455	0.595	0.525	0.700	0.595	0.805	0.665	0.939	0.764	1.114	1.289	1.499
石方	0.105	0.140	0.212	0.349	0.280	0.420	0.349	0.491	0.418	0.563	0.487	0.667	0.555	0.772	0.626	0.876	0.701	1.081	1.194	1.373
运输	0.142	0.178	0.249	0.391	0.320	0.462	0.391	0.568	0.462	0.675	0.533	0.781	0.604	0.888	0.675	0.959	0.781	1.136	1.314	1.527
路面	0.115	0.153	0.230	0.366	0.306	0.480	0.366	0.557	0.425	0.634	0.501	0.710	0.578	0.825	0.654	0.940	0.749	1.093	1.267	1.459
隧道	—	—	—	—	—	—	—	—	—	—	—	—	—	—	—	—	—	—	—	—
构造物Ⅰ	0.098	0.131	0.164	0.262	0.196	0.295	0.229	0.360	0.262	0.426	0.327	0.491	0.393	0.557	0.458	0.622	0.524	0.753	0.884	1.015
构造物Ⅱ	0.106	0.141	0.177	0.282	0.247	0.353	0.282	0.424	0.318	0.494	0.388	0.565	0.459	0.636	0.530	0.742	0.600	0.883	1.059	1.201
构造物Ⅲ	0.200	0.266	0.366	0.565	0.466	0.699	0.565	0.832	0.665	0.998	0.765	1.164	0.898	1.331	1.031	1.497	1.164	1.730	1.996	2.295
技术复杂大桥	0.109	0.181	0.254	0.363	0.290	0.435	0.363	0.508	0.435	0.580	0.508	0.689	0.580	0.798	0.653	0.907	0.725	1.052	1.233	1.414
钢材及钢结构	—	—	—	—	—	—	—	—	—	—	—	—	—	—	—	—	—	—	—	—

雨季施工增加费与工程所在地的雨量区和雨季期有关。《概算预算编制办法》(2018 版)附录 E 中列有“全国雨季施工雨量区及雨季期划分表”，只要知道工程所在的省和县市，即可在附录 E 中查得工程所属的雨量区和雨季期。

雨季施工增加费的计算应注意以下三点：①雨季施工增加费是按全年平均摊销的方法计算的，即不论是否在雨季施工，均按规定的取费标准计取雨季施工增加费；②一条路线通过不同的雨量区和雨季期时，应分别计算雨季施工增加费或按工程量比例求得平均的增加率，计算全线雨季施工增加费；③室内和隧道内工程及设备安装工程不计雨季施工增加费。

3. 夜间施工增加费

夜间施工增加费指根据设计、施工技术规范和合理的施工组织要求，必须在夜间连续施工或必须昼夜连续施工而发生的夜班补助费、夜间施工工效降低、施工照明设备摊销及照明用电等费用。

夜间施工增加费以夜间施工工程项目的定额人工费和定额施工机械使用费之和为基数，按表 4-4 的费率计算。

夜间施工增加费费率表(%) 表 4-4

工程类别	费率	工程类别	费率
构造物Ⅱ	0.903	技术复杂大桥	0.928
构造物Ⅲ	1.702	钢材及钢结构	0.874

注：设备安装工程及金属标志牌、防撞钢护栏、防眩板(网)、隔离栅、防护网等不计夜间施工增加费。

4. 特殊地区施工增加费

特殊地区施工增加费包括高原地区施工增加费、风沙地区施工增加费和沿海地区施工增加费三项。

(1)高原地区施工增加费。高原地区施工增加费指在海拔 2000m 以上地区施工，由于受气候、气压的影响，致使人工、机械效率降低而增加的费用。

高原地区施工增加费以各类工程的定额人工费和定额施工机械使用费之和为基数，按表 4-5的费率计算。

高原地区施工增加费费率表(%) 表 4-5

工程类别	海拔(m)						
	2001～2500	2501～3000	3001～3500	3501～4000	4001～4500	4501～5000	5000 以上
土方	13.295	19.709	27.455	38.875	53.102	70.162	91.853
石方	13.711	20.358	29.025	41.435	56.875	75.358	100.223
运输	13.288	19.666	26.575	37.205	50.493	66.438	85.040
路面	14.572	21.618	30.689	45.032	59.615	79.500	102.640
隧道	13.364	19.850	28.490	40.767	56.037	74.302	99.259
构造物Ⅰ	12.799	19.051	27.989	40.356	55.723	74.098	95.521
构造物Ⅱ	13.622	20.244	29.082	41.617	57.214	75.874	101.408
构造物Ⅲ	12.786	18.985	27.054	38.616	53.004	70.217	93.371
技术复杂大桥	13.912	20.645	29.257	41.670	57.134	75.640	100.205
钢材及钢结构	13.204	19.622	28.269	40.492	55.699	73.891	98.930

一条路线通过两个以上(含两个)不同的海拔分区时,应分别计算高原地区施工增加费或按工程量比例求得平均的增加率,计算全线高原地区施工增加费。

(2)风沙地区施工增加费。风沙地区施工增加费指在沙漠地区施工时,由于受风沙影响,按照施工及验收规范的要求,为保证工程质量和安全生产而增加的有关费用。

风沙地区施工增加费内容包括防风、防沙及气候影响的措施费,人工、机械效率降低增加的费用,以及积沙、风蚀的清理修复等费用。

风沙地区施工增加费以各类工程的定额人工费和定额施工机械使用费之和为基数,根据工程所在地的风沙区划及类别,按表4-6规定的费率计算。

风沙地区施工增加费费率表(%) 表4-6

工程类别	风沙一区			风沙二区			风沙三区		
	沙漠类型								
	固定	半固定	流动	固定	半固定	流动	固定	半固定	流动
土方	4.558	8.056	13.674	5.618	12.614	23.426	8.056	17.331	27.507
石方	0.745	1.490	2.981	1.014	2.236	3.959	1.490	3.726	5.216
运输	4.304	8.608	13.988	5.38	12.912	19.368	8.608	18.292	27.976
路面	1.364	2.727	4.932	2.205	4.932	7.567	3.365	7.137	11.025
隧道	0.261	0.522	1.043	0.355	0.783	1.386	0.522	1.304	1.826
构造物Ⅰ	3.968	6.944	11.904	4.96	10.912	16.864	6.944	15.872	23.808
构造物Ⅱ	3.254	5.694	9.761	4.067	8.948	13.828	5.694	13.015	19.523
构造物Ⅲ	2.976	5.208	8.928	3.720	8.184	12.648	5.028	11.904	17.226
技术复杂大桥	2.778	4.861	8.333	3.472	7.638	11.805	8.861	11.110	16.077
钢材及钢结构	1.035	2.07	4.14	1.409	3.105	5.498	2.07	5.175	7.245

全国风沙地区公路施工区划见《概算预算编制办法》(2018版)的附录F。只要知道工程所在的省和县市,即可在表中查得工程所属的施工区划。一条路线穿过两个以上(含两个)不同风沙区时,按路线长度经过不同的风沙区加权计算项目全线风沙地区施工增加费。

(3)沿海地区施工增加费。沿海地区施工增加费指工程项目在沿海地区施工受海风、海浪和潮汐的影响,致使人工、机械效率降低等所需增加的费用。本项费用,由沿海各省份省级交通运输主管部门制定具体的适用范围(地区)。

沿海地区工程施工增加费以各类工程的定额人工费和定额施工机械使用费之和为基数,按表4-7的费率计算。

沿海地区工程施工增加费费率表(%) 表4-7

工程类别	费率	工程类别	费率
构造物Ⅱ	0.207	技术复杂大桥	0.212
构造物Ⅲ	0.195	钢材及钢结构	0.200

5. 行车干扰施工增加费

行车干扰施工增加费指由于边施工边维持通车,受行车干扰的影响,致使人工、机械效率降低而增加的费用。

该费用以受行车影响部分的工程项目的定额人工费和定额施工机械使用费之和为基数，按表4-8的费率计算。

行车干扰施工增加费费率表(%) 表4-8

工程类别	施工期间平均每昼夜双向行车次数(机动车、非机动车合计)							
	51～100	101～500	501～1000	1001～2000	2001～3000	3001～4000	4001～5000	5000以上
土方	1.499	2.343	3.194	4.118	4.775	5.314	5.885	6.468
石方	1.279	1.881	2.618	3.479	4.035	4.492	4.973	5.462
运输	1.451	2.230	3.041	4.001	4.641	5.164	5.719	6.285
路面	1.390	2.098	2.802	3.487	4.046	4.496	4.987	5.475
隧道	—	—	—	—	—	—	—	—
构造物Ⅰ	0.924	1.386	1.858	2.320	2.693	2.988	3.313	3.647
构造物Ⅱ	1.007	1.516	2.014	2.512	2.915	3.244	3.593	3.943
构造物Ⅲ	0.948	1.417	1.896	2.365	2.745	3.044	3.373	3.713
技术复杂大桥	—	—	—	—	—	—	—	—
钢材及钢结构	—	—	—	—	—	—	—	—

由于该增加费用以“受行车影响部分”工程的定额人工费和定额施工机械使用费之和为计算基数，所以如何区分受行车影响部分的工程，是正确计算该费用的核心。需要注意的是，新建工程、中断交通进行封闭施工或为保证交通正常通行而修建保通便道的改(扩)建工程，不计行车干扰施工增加费。

6. 施工辅助费

施工辅助费包括生产工具用具使用费、检验试验费和工程定位复测、工程点交、场地清理等费用。

生产工具用具使用费指施工所需不属于固定资产的生产工具、检验、试验用具及仪器、仪表等的购置、摊销和维修费，以及支付给工人自备工具的补贴费。

检验试验费指施工企业对建筑材料、构件和建筑安装工程进行一般鉴定、检查所发生的费用，包括自设试验室进行试验所耗用的材料和化学药品的费用，以及技术革新和研究试验费，不包括新结构、新材料的试验费和建设单位要求对具有出厂合格证明的材料进行检验、对构件破坏性试验及其他特殊要求检验的费用。

施工辅助费以各类工程的定额直接费之和为基数，按表4-9的费率计算。

施工辅助费费率表(%) 表4-9

工程类别	费率	工程类别	费率
土方	0.521	构造物Ⅰ	1.201
石方	0.470	构造物Ⅱ	1.537
运输	0.154	构造物Ⅲ	2.729
路面	0.818	技术复杂大桥	1.677
隧道	1.195	钢材及钢结构	0.564

需要注意的是,高填方和软基沉降监测、高边坡稳定监测、桥梁施工监测、隧道施工监控量测、超前地质预报等施工监控费含在施工辅助费中,不得另行计算。

7.工地转移费

工地转移费指施工企业迁至新工地的搬迁费用。其内容包括:

(1)施工单位全体职工及随职工迁移的家属向新工地转移的车费、家具行李运费、途中住宿费、行程补助费、杂费等。

(2)公物、工具、施工设备器材、施工机械的运杂费,以及外租机械的往返费及施工机械、设备、公物、工具的转移费等。

(3)非固定工人进退场的费用。

工地转移费以各类工程的定额人工费和定额施工机械使用费之和为基数,按表4-10的费率计算。

工地转移费费率表(%) 表4-10

工程类别	工地转移距离(km)					
	50	100	300	500	1000	每增加100
土方	0.224	0.301	0.470	0.614	0.815	0.036
石方	0.176	0.212	0.363	0.476	0.628	0.030
运输	0.157	0.203	0.315	0.416	0.543	0.025
路面	0.321	0.435	0.682	0.891	1.191	0.062
隧道	0.257	0.351	0.549	0.717	0.959	0.049
构造物Ⅰ	0.262	0.351	0.552	0.720	0.963	0.051
构造物Ⅱ	0.333	0.449	0.706	0.923	1.236	0.066
构造物Ⅲ	0.622	0.841	1.316	1.720	2.304	0.119
技术复杂大桥	0.389	0.523	0.818	1.067	1.430	0.073
钢材及钢结构	0.351	0.473	0.737	0.961	1.288	0.063

高速公路、一级公路及独立大桥、独立隧道项目转移距离按省级人民政府所在城市至工地的里程计算,二级及二级以下公路项目转移距离按地级城市所在地至工地的里程计算;工地转移里程数在表列里程之间时,费率可内插计算。工地转移距离在50km以内的工程按50km计算。

以上介绍的7项费用构成了措施费,但是各项费用在概(预)算表格中不直接出现。在编制概(预)算时,首先根据取费工程分类,将各类工程的七项费用的费率均列入04表,形成“综合费率计算表(04表)”;其次在21-2表(分项工程概预算表)中将根据工程类别选取的“措施费综合费率”乘以工程细目的定额直接费或定额人工费与施工机械使用费之和,则可形成工程细目的措施费;最后将各工程细目的措施费累加起来就形成了项目的措施费。[03表、04表、06表、21-2表等为《概算预算编制办法》(2018版)中约定表号,下同]

综上所述,措施费的计算公式为

措施费 = 措施费Ⅰ + 措施费Ⅱ

= (定额人工费 + 定额施工机械使用费) × 综合费率Ⅰ + 施工辅助费 × 综合费率Ⅱ (4-6)

式中的综合费率在04表中计算。

四、企业管理费

企业管理费由基本费用、主副食运费补贴、职工探亲路费、职工取暖补贴和财务费用五项组成。

1. 基本费用

企业管理费基本费用指建筑安装企业为组织施工生产和经营管理所需的费用。内容包括管理人员工资、办公费、差旅交通费、固定资产使用费、工具用具使用费、劳动保险费、工会经费、职工教育经费、保险费(企业财产保险、管理用及生产用车辆等保险费用及人身意外伤害险的费)、税金(指企业按规定缴纳的城市维护建设税、教育费附加、地方教育附加、房产税、车船使用税、土地使用税、印花税等)及其他费等。

基本费用以各类工程的定额直接费之和为基数,按表4-11的费率计算。

基本费用费率表(%)　　表4-11

工程类别	费率	工程类别	费率
土方	2.747	构造物Ⅰ	3.587
石方	2.792	构造物Ⅱ	4.726
运输	1.374	构造物Ⅲ	5.976
路面	2.427	技术复杂大桥	4.143
隧道	3.569	钢材及钢结构	2.242

2. 主副食运费补贴

主副食运费补贴指施工企业在远离城镇及乡村的野外施工购买生活必需品所需增加的费用。该费用以各类工程的定额直接费之和为基数,按表4-12的费率计算。

主副食运费补贴费率表(%)　　表4-12

工程类别	综合里程(km)										
	3	5	8	10	15	20	25	30	40	50	每增加10
土方	0.122	0.131	0.164	0.191	0.235	0.284	0.322	0.377	0.444	0.519	0.07
石方	0.108	0.117	0.149	0.175	0.218	0.261	0.293	0.346	0.405	0.473	0.063
运输	0.118	0.13	0.166	0.192	0.233	0.285	0.322	0.379	0.447	0.519	0.073
路面	0.066	0.088	0.119	0.13	0.165	0.194	0.224	0.259	0.308	0.356	0.051

续上表

工程类别	综合里程(km)										
	3	5	8	10	15	20	25	30	40	50	每增加10
隧道	0.096	0.104	0.13	0.152	0.185	0.229	0.26	0.304	0.359	0.418	0.054
构造物Ⅰ	0.114	0.12	0.145	0.167	0.207	0.254	0.285	0.338	0.394	0.463	0.062
构造物Ⅱ	0.126	0.14	0.168	0.196	0.242	0.292	0.338	0.394	0.467	0.54	0.073
构造物Ⅲ	0.225	0.248	0.303	0.352	0.435	0.528	0.599	0.705	0.831	0.969	0.132
技术复杂大桥	0.101	0.115	0.143	0.165	0.205	0.245	0.28	0.325	0.389	0.452	0.063
钢材及钢结构	0.104	0.113	0.146	0.168	0.207	0.247	0.281	0.331	0.387	0.449	0.062

注：1. 综合里程 = 粮食运距 ×0.06 + 燃料运距 ×0.09 + 蔬菜运距 ×0.15 + 水运距 ×0.70；粮食、燃料、蔬菜、水的运距均为全线平均运距；

2. 综合里程数在表列里程之间时，费率可内插；

3. 综合里程在3km以内的工程，按3km计取本项费用。

3. 职工探亲路费

职工探亲路费指按照有关规定发放给施工企业职工在探亲期间发生的往返交通费和途中住宿费等费用。该费用以各类工程的定额直接费之和为基数，按表4-13的费率计算。

职工探亲路费费率表(%) 表4-13

工程类别	费率	工程类别	费率
土方	0.192	构造物Ⅰ	0.274
石方	0.204	构造物Ⅱ	0.348
运输	0.132	构造物Ⅲ	0.551
路面	0.159	技术复杂大桥	0.208
隧道	0.266	钢材及钢结构	0.164

4. 职工取暖补贴

职工取暖补贴指按规定发放给施工企业职工的冬季取暖费和为职工在施工现场设置的临时取暖设施的费用。该费用以各类工程的定额直接费之和为基数，按工程所在地的气温区[见《概算预算编制办法》(2018版)附录D]选用表4-14的费率计算。

职工取暖补贴费率表(%) 表4-14

工程类别	气温区						
	准二区	冬一区	冬二区	冬三区	冬四区	冬五区	冬六区
土方	0.060	0.130	0.221	0.331	0.436	0.554	0.663
石方	0.054	0.118	0.183	0.279	0.373	0.472	0.569
运输	0.065	0.130	0.228	0.336	0.444	0.552	0.671
路面	0.049	0.086	0.155	0.229	0.302	0.376	0.456
隧道	0.045	0.091	0.158	0.249	0.318	0.409	0.488
构造物Ⅰ	0.065	0.130	0.206	0.304	0.390	0.499	0.607

续上表

工程类别	气温区						
	准二区	冬一区	冬二区	冬三区	冬四区	冬五区	冬六区
构造物Ⅱ	0.070	0.153	0.234	0.352	0.481	0.598	0.727
构造物Ⅲ	0.126	0.264	0.425	0.643	0.849	1.067	1.297
技术复杂大桥	0.059	0.120	0.203	0.310	0.406	0.501	0.609
钢材及钢结构	0.047	0.082	0.141	0.222	0.293	0.363	0.433

5. 财务费用

财务费用指施工企业为筹集资金提供投标担保、预付款担保、履约担保、职工工资担保等发生的各项费用，包括企业经营期间发生的短期贷款利息净支出、汇兑净损失、调剂外汇手续费、金融机构手续费，以及企业筹集资金发生的其他财务费用。

财务费用以各类工程的定额直接费之和为基数，按表4-15 的费率计算。

财务费用费率表(%) 表4-15

工程类别	费率	工程类别	费率
土方	0.271	构造物Ⅰ	0.466
石方	0.259	构造物Ⅱ	0.545
运输	0.264	构造物Ⅲ	1.094
路面	0.404	技术复杂大桥	0.637
隧道	0.513	钢材及钢结构	0.653

综上所述，企业管理费的计算公式为

$$企业管理费=定额直接费\times企业管理费综合费率 \tag{4-7}$$

企业管理费的综合费率在04 表中计算。

五、规费

规费指法律、法规、规章、规程规定施工企业必须缴纳的费用，包括：

(1)养老保险费。养老保险费指施工企业按规定标准为职工缴纳的基本养老保险费。

(2)失业保险费。失业保险费指施工企业按国家规定标准为职工缴纳的失业保险费。

(3)医疗保险费。医疗保险费指施工企业按规定标准为职工缴纳的医疗保险费(含生育保险费)。

(4)工伤保险费。工伤保险费指施工企业按规定标准为职工缴纳的工伤保险费(包括流动作业人员的工伤强制险)。

(5)住房公积金。住房公积金指施工企业按规定标准为职工缴纳的住房公积金。

各项规费以各类工程的人工费之和为基数，按国家或工程所在地法律、法规、规章、规程规定的标准计算。即

$$规费=人工费\times规费综合费率 \tag{4-8}$$

规费的综合费率在04 表中计算。

六、利润

1. 费用内容

利润指施工企业完成所承包工程应取得的盈利。

2. 计算方法

利润按定额直接费及措施费、企业管理费之和的7.42%计算。即

$$利润=(定额直接费+措施费+企业管理费)\times利润率 \quad (4\text{-}9)$$

七、税金

1. 费用内容

税金指按国家税法规定应计入建筑安装工程造价内的增值税销项税额。

2. 计算方法

$$税金=(直接费+设备购置费+措施费+企业管理费+规费+利润)\times增值税税率9\% \quad (4\text{-}10)$$

八、专项费用

专项费用包括施工场地建设费和安全生产费。

1. 施工场地建设费

(1)费用内容

施工场地建设费包括以下内容:

①按照工地建设标准化要求进行承包人驻地、工地试验室建设,钢筋集中加工、混合料集中拌制、构件集中预制等所需的办公、生活居住房屋(包括职工家属房屋及探亲屋),公用房屋(如广播室、文体活动室、医疗室等)和生产用房屋(如仓库、加工厂、加工棚、发电站、变电站、空压机站、停机棚、值班室等)等费用。

②包括场区平整(山岭重丘区的土石方工程除外)、场地硬化、排水、绿化、标志、污水处理设施、围墙隔离设施等的费用,不包括钢筋加工的机械设备、混凝土拌和设备及安拆、预制构件台座、预应力张拉设备、起重及养护设备,以及概算、预算定额中临时工程的费用。

③包括以上范围内各种临时工作便道(包括汽车、人力车道)、人行便道,工地临时用水、用电的水管支线和电线支线,临时构筑物(如水井、水塔等)、其他小型临时设施等的搭设或租赁、维修、拆除、清理的费用;但不包括红线范围内贯通便道、进出场的临时道路、保通便道。

④工地试验室所发生的属于固定资产的试验设备和仪器等折旧、维修或租赁费用。

⑤施工扬尘污染防治措施费:裸露的施工场地覆盖防尘网、施工便道和施工场地洒水或喷洒抑尘剂,运输车辆的苫盖和冲洗、环境敏感区设置围挡,防尘标识设置,环境监控与检测等所需要的费用。

⑥文明施工、职工健康生活的费用。

(2)计算方法

施工场地建设费以施工场地计费基数,按表4-16的费率,以累进方法计算。施工场地计费基数为定额建筑安装工程费减去专项费用。

施工场地建设费费率表 表4-16

施工场地计费基数(万元)	费率(%)	算例(万元)	
		施工场地计费基数	施工场地建设费
500及以下	5.338	500	500×5.338% =26.69
500~1000	4.228	1000	26.69+(1000-500)×4.228% =47.83
1001~5000	2.665	5000	47.83+(5000-1000)×2.665% =154.43
5001~10000	2.222	10000	154.43+(10000-5000)×2.222% =265.53
10001~30000	1.785	30000	265.53+(30000-10000)×1.785% =622.53
30001~50000	1.694	50000	622.53+(50000-30000)×1.694% =961.33
50001~100000	1.579	100000	961.33+(100000-50000)×1.579% =1750.83
100001~150000	1.498	150000	1750.83+(150000-100000)×1.498% =2499.83
150001~200000	1.415	200000	2499.83+(200000-150000)×1.415% =3207.33
200001~300000	1.348	300000	3207.33+(300000-200000)×1.348% =4555.33
300001~400000	1.289	400000	4555.33+(400000-300000)×1.289% =5844.33
400001~600000	1.235	600000	5844.33+(600000-400000)×1.235% =8314.33
600001~800000	1.188	800000	8314.33+(800000-600000)×1.188% =10690.33
800001~1000000	1.149	1000000	10690.33+(1000000-800000)×1.149% =12988.33
1000000以上	1.118	1200000	12988.33+(1200000-1000000)×1.118% =15224.33

即:施工场地建设费=(定额建筑安装工程费-专项费用)×施工场地建设费费率 (4-11)

施工场地建设费的计算应注意以下几点:

①山岭重丘区的土石方工程需要单独计算。

②施工场地内的场地硬化、各种临时便道已含在费率中,不单独计算。

③施工场地的厂房、加工棚等含在费率中,不单独计算。

2.安全生产费

(1)费用内容

安全生产费包括完善、改造和维护安全设施设备费用,配备、维护、保养应急救援器材、设备费用,开展重大危险源和事故隐患评估和整改费用,安全生产检查、评价、咨询费用,配备和更新现场作业人员安全防护用品支出,安全生产宣传、教育、培训费用,安全设施及特种设备检测检验费用,施工安全风险评估、应急演练等有关工作及其他与安全生产直接相关的费用。

(2)计算方法

安全生产费按建筑安装工程费(不含安全生产费本身)乘以安全生产费费率计算,费率按不少于1.5%计取。

即: 安全生产费=建筑安装工程费(不含安全生产费本身)×安全生产费费率 (4-12)

九、建筑安装工程费的计算

建筑安装工程费(简称建安费)是由八项费用组成的,即

$$建筑安装工程费=直接费+设备购置费+措施费+企业管理费+规费+利润+税金+专项费用 \tag{4-13}$$

建筑安装工程费除专项费用外,其他均按“价税分离”计价规则计算,即各项费用均以不含增值税(可抵扣进项税额)的价格(费率)进行计算,具体要素价格适用增值税税率执行财政部门的相关规定。

编制概(预)算时,建筑安装工程费通过21-2表和03表计算的。

十、定额建筑安装工程费的计算

定额建筑安装工程费(简称定额建安费)主要作为工程建设其他费的计算基数,按下式计算:

$$定额建筑安装工程费=定额直接费+定额设备购置费\times 40\%+措施费+企业管理费+规费+利润+税金+专项费用 \tag{4-14}$$

十一、辅助生产间接费

辅助生产间接费指由施工单位自行开采加工的砂、石等材料及施工单位自办的人工、机械装卸和运输的间接费。辅助生产间接费按定额人工费的3%计。该项费用并入材料预算单价之内构成材料费,不直接出现在概算、预算中。

高原地区施工单位的辅助生产,可按高原地区施工增加费费率,以定额人工费与施工机械使用费用之和为基数计算高原地区施工增加费(其中:人工采集、加工材料、人工装卸、运输材料按土方费率计算;机械采集、加工材料按石方费率计算;机械装、运输材料按运输费率计算)。辅助生产高原地区施工增加费不作为辅助生产间接费的计算基数。

第三节 土地使用及拆迁补偿费

一、费用内容

土地使用及拆迁补偿费包含永久占地费、临时占地费、拆迁补偿费、水土保持补偿费、其他费用。

1. 永久占地费

永久占地费包括土地补偿费、征用耕地安置补助费、耕地开垦费、森林植被恢复费、失地农民养老保险费。

(1)土地补偿费。土地补偿费包括征地补偿费、被征用土地上的青苗补偿费，征用城市郊区的菜地等缴纳的菜地开发建设基金，耕地占用税，用地图编制费及勘界费等。

(2)征用耕地安置补助费。征用耕地安置补助费指征用耕地需要安置农业人口的补助费。

(3)耕地开垦费。耕地开垦费指公路建设项目占用耕地的，应由建设项目法人(业主)负责补充耕地所发生的费用；没有条件开垦或者开垦的耕地不符合要求的，按规定缴纳的耕地开垦费。

(4)森林植被恢复费。森林植被恢复费指公路建设项目需要占用、征用林地的，经县级以上林业主管部门审核同意或批准，建设项目法人(业主)单位按照有关规定向县级以上林业主管部门预缴的森林植被恢复费。

(5)失地农民养老保险费。失地农民养老保险费指根据国家有关规定为保障依法被征地农民养老而交纳的保险费用。失地农民养老保险费按项目所在地省级人民政府的相关规定进行计算。

2. 临时占地费

临时占地费包括临时征地使用费和复耕费。

(1)临时征地使用费。临时征地使用费指为满足施工所需的承包人驻地、预制场、拌和场、仓库、加工厂(棚)、堆料场、取弃土场、进出场便道、便桥等所有的临时用地及附着物的补偿费用。

(2)复耕费。复耕费指临时占用的耕地、鱼塘等，在工程交工后将其恢复至原有标准所发生的费用。

3. 拆迁补偿费

拆迁补偿费指被征用或占用土地地上、地下的房屋及附属构筑物，公用设施、文物等的拆除、发掘及迁建补偿费，拆迁管理费等。

4. 水土保持补偿费和其他费用

水土保持补偿费根据国家相关法律、法规规定缴纳。

其他费用指国务院行政主管部门及省级人民政府规定的与征地拆迁相关的费用。

二、计算方法

(1)土地征用及拆迁补偿费应根据设计文件确定的建设工程用地和临时用地面积及其附着物的情况，以及实际发生的费用项目，按国家有关规定及工程所在地的省(自治区、直辖市)颁布的有关规定和标准计算。

(2)森林植被恢复费用应根据审批单位批准的建设工程占用林地的类型及面积，按国家有关规定及工程所在地的省(自治区、直辖市)颁布的有关规定和标准计算。

(3)当与原有的电力电信设施、管线、水利工程、铁路及铁路设施互相干扰时，应与有关部门联系，商定合理的解决方案和补偿金额，也可由这些部门按规定编制费用以确定补偿金额。

(4)水土保持补偿费按各省(自治区、直辖市)制定的水土保持补偿费收费标准进行计算。

第四节 工程建设其他费

工程建设其他费由建设项目管理费、研究试验费、建设项目前期工作费、专项评价(估)费、联合试运转费、生产准备费、工程保通管理费、工程保险费和其他相关费用构成。在编制概算、预算时,应本着厉行节约,满足建筑工程投资的需要的原则,从实际出发,在正确贯彻执行有关方针、政策和条例的基础上计算其他费用。与地方或其他有关部门(如邮电、水利、铁路等部门)发生关系时,应注意省、自治区、直辖市及其他有关部门的规定。这些费用通过“工程建设其他费用及回收金额计算表”(06 表)计算。

一、建设项目管理费

建设项目管理费包括建设单位(业主)管理费、建设项目信息化费、工程监理费、设计文件审查费和竣(交)工验收试验检测费。

1. 建设单位(业主)管理费

(1)费用内容。建设单位(业主)管理费指建设单位(业主)为建设项目的立项、筹建、建设、竣(交)工验收、总结等工作所发生的费用。

费用内容包括:工作人员的工资、工资性补贴、施工现场津贴、社会保险费用(基本养老、基本医疗、失业、工伤保险)、住房公积金、职工福利费、工会经费、劳动保护费,办公费、会议费、差旅交通费、固定资产使用费(包括办公及生活房屋拆旧、维修或租赁费,车辆折旧、维修、使用或租赁费,通信设备购置、使用费,测量、试验设备仪器折旧、维修或租赁费,其他设备折旧、维修或租赁费等)、零星固定资产购置费、招募生产工人费,技术图书资料费、职工教育培训经费、招标管理费、合同契约公证费、法律顾问费,咨询费,建设单位的临时设施费、完工清理费、竣(交)工验收费[含其他行业或部门要求的竣工验收费用、建设单位负责的竣(交)工文件编制费]、各种税费(包括房产税、车船使用税、印花税等),对建设项目前期工作、项目实施及竣工决算等过程进行审计所发生的审计费用,境内外融资费用(不含建设期贷款利息)、业务招待费、工程质量、安全生产管理费和其他管理性开支。

建设单位(业主)管理费不包括应计入材料与设备预算价格的建设单位采购及保管材料与设备所需的费用。代建费在建设单位(业主)管理费开支。审计费为建设单位(业主)内部审计所发生的费用,施工单位所发生的审计费在建安费的企业管理中。

(2)计算方法。建设单位(业主)管理费以定额建筑安装工程费总额为基数,按表 4-17 的费率,以累进办法计算。

建设单位(业主)管理费费率表 表4-17

定额建安工程费总额(万元)	费率(%)	算例(万元)	
		定额建安工程费	建设单位(业主)管理费
500以下	4.858	500	500×4.858% =24.29
501~1000	3.813	1000	24.29+(1000-500)×3.813% =43.355
1001~5000	3.049	5000	43.355+(5000-1000)×3.049% =165.315
5001~10000	2.562	10000	165.315+(10000-5000)×2.562% =293.415
10001~30000	2.125	30000	293.415+(30000-10000)×2.125% =718.415
30001~50000	1.773	50000	718.415+(50000-30000)×1.773% =1073.015
50001~100000	1.312	100000	1073.015+(100000-50000)×1.312% =1729.015
100001~150000	1.057	150000	1729.015+(150000-100000)×1.057% =2257.515
150001~200000	0.826	200000	2257.515+(200000-150000)×0.826% =2670.515
200001~300000	0.595	300000	2670.515+(300000-200000)×0.595% =3265.515
300001~400000	0.498	400000	3265.515+(400000-300000)×0.498% =3763.515
400001~600000	0.450	600000	3763.515+(600000-400000)×0.45% =4663.515
600001~800000	0.400	800000	4663.515+(800000-600000)×0.4% =5463.515
800001~1000000	0.375	1000000	5463.515+(1000000-800000)×0.375% =6213.515
1000000以上	0.350	1200000	6213.515+(1200000-1000000)×0.35% =6913.515

注：1. 双洞长度超过5000m的独立隧道，水深大于15m、跨径大于或等于400m的斜拉桥或跨径大于或等于800m的悬索桥等独立特大型桥梁工程的建设单位(业主)管理费按表4-17中的费率乘以系数1.3计算。

2. 海上工程[指由于风浪影响，工程施工期(不包括封冻期)全年月平均工作日少于15天的工程]的建设单位(业主)管理费按表4-17中的费率乘以系数1.2计算。

2. 建设项目信息化费

(1)费用内容。建设项目信息化费指建设单位(业主)和参建单位用于建设项目的质量、安全、进度、费用等方面的信息化建设、运维及各种税费等，包括建设项目全寿命周期的建筑信息模型(BIM)等相关费用。

(2)计算方法。建设项目信息化费以定额建筑安装工程费总额为基数，按表4-18的费率，以累进办法计算。

建设项目信息化费费率表 表4-18

定额建安工程费总额(万元)	费率(%)	算例(万元)	
		定额建安工程费	建设项目信息化费
500以下	0.600	500	500×0.6% =3
501~1000	0.452	1000	3+(1000-500)×0.452% =5.26
1001~5000	0.356	5000	5.26+(5000-1000)×0.356% =19.5
5001~10000	0.285	10000	19.5+(10000-5000)×0.285% =33.75
10001~30000	0.252	30000	33.75+(30000-10000)×0.252% =84.15
30001~50000	0.224	50000	84.15+(50000-30000)×0.224% =128.95

续上表

定额建安工程费总额（万元）	费率(%)	算例(万元)	
		定额建安工程费	建设项目信息化费
50001～100000	0.202	100000	128.95+(100000−50000)×0.202%=229.95
100001～150000	0.171	150000	229.95+(150000−100000)×0.171%=315.45
150001～200000	0.160	200000	315.45+(200000−150000)×0.16%=395.45
200001～300000	0.142	300000	395.45+(300000−200000)×0.142%=537.45
300001～400000	0.135	400000	537.45+(400000−300000)×0.135%=672.45
400001～600000	0.131	600000	672.45+(600000−400000)×0.131%=934.45
600001～800000	0.127	800000	934.45+(800000−600000)×0.127%=1188.45
800001～1000000	0.125	1000000	1188.45+(1000000−800000)×0.125%=1438.45
1000000以上	0.122	1200000	1438.45+(1200000−1000000)×0.122%=1682.45

3.工程监理费

(1)费用内容。工程监理费指建设单位(业主)委托具有监理资格的单位,按施工监理规范进行全面的监督和管理所发生的费用。

费用内容包括:工作人员的基本工资、工资性津贴、社会保险费用(基本养老、基本医疗、失业、工伤保险)、住房公积金、职工福利费、工会经费、劳动保护费,办公费、会议费,差旅交通费,固定资产使用费(包括办公及生活房屋折旧、维修或租赁费,车辆折旧、维修、使用或租赁费,通信设备购置、使用费,测量、试验、检测设备仪器折旧、维修或租赁费,其他设备折旧、维修或租赁费等)、零星固定资产购置费、招募生产工人费,技术图书资料费、职工教育经费、投标费用;合同契约公证费、法律顾问费、咨询费、业务招待费,财务费用、监理单位的临时设施费、完工清理费、竣(交)工验收费、各种税费、安全生产管理费和其他管理性开支。

工程监理费包括公路建设过程中土建、机电、环保、水保、房建等所有监理工作所发生的费用。建设单位若委托有资质的单位承担试验检测、计量支付费用监理等,其费用应由工程监理费支列。

(2)计算方法。工程监理费以定额建筑安装工程费总额为基数,按表4-19的费率,以累进办法计算。

工程监理费费率表 表4-19

定额建安工程费总额（万元）	费率(%)	算例(万元)	
		定额建安工程费	工程监理费
500以下	3.00	500	500×3%=15
501～1000	2.40	1000	15+(1000−500)×2.4%=27
1001～5000	2.10	5000	27+(5000−1000)×2.1%=111
5001～10000	1.94	10000	111+(10000−5000)×1.94%=208
10001～30000	1.87	30000	208+(30000−10000)×1.87%=582
30001～50000	1.83	50000	582+(50000−30000)×1.83%=948
50001～100000	1.78	100000	948+(100000−50000)×1.78%=1838

续上表

定额建安工程费总额（万元）	费率（%）	算例（万元）	
		定额建安工程费	工程监理费
100001～150000	1.72	150000	1838 +（150000 − 100000）×1.72% =2698
150001～200000	1.64	200000	2698 +（200000 − 150000）×1.64% =3518
200001～300000	1.55	300000	3518 +（300000 − 200000）×1.55% =5068
300001～400000	1.49	400000	5068 +（400000 − 300000）×1.49% =6558
400001～600000	1.45	600000	6558 +（600000 − 400000）×1.45% =9458
600001～800000	1.42	800000	9458 +（800000 − 600000）×1.42% =12298
800001～1000000	1.37	1000000	12298 +（1000000 − 800000）×1.37% =15038
1000000以上	1.33	1200000	15038 +（1200000 − 1000000）×1.33% =17698

4. 设计文件审查费

（1）费用内容。设计文件审查费指在项目审批前，建设单位（业主）为保证勘察设计工作的质量，组织有关专家或委托有资质的单位，对提交的建设项目可行性研究报告和勘察设计文件进行审查所需要的相关费用。

建设项目若有地质勘察监理、设计咨询（或称设计监理、设计双院制），其费用在设计文件审查费内开支。

（2）计算方法。设计文件审查费以定额建筑安装工程费总额为基数，按表4-20的费率，以累进办法计算。

设计文件审查费费率表 表4-20

定额建安工程费总额（万元）	费率（%）	算例（万元）	
		定额建安工程费	设计文件审查费
5000以下	0.077	5000	5000 ×0.077% =3.85
5001～10000	0.072	10000	3.85 +（10000 − 5000）×0.072% =7.45
10001～30000	0.069	30000	7.45 +（30000 − 10000）×0.069% =21.25
30001～50000	0.066	50000	21.25 +（50000 − 30000）×0.066% =34.45
50001～100000	0.065	100000	34.45 +（100000 − 50000）×0.065% =66.95
100001～150000	0.061	150000	66.95 +（150000 − 10000）×0.061% =97.45
150001～200000	0.059	200000	97.45 +（200000 − 150000）×0.059% =126.95
200001～300000	0.057	300000	126.95 +（300000 − 200000）×0.057% =183.95
300001～400000	0.055	400000	183.95 +（400000 − 300000）×0.055% =238.95
400001～600000	0.053	600000	238.95 +（600000 − 400000）×0.053% =344.95
600001～800000	0.052	800000	344.95 +（800000 − 600000）×0.052% =448.95
800001～1000000	0.051	1000000	448.95 +（1000000 − 800000）×0.051% =550.95
1000000以上	0.050	1200000	448.95 +（1200000 − 1000000）×0.050% =650.95

5. 竣（交）工验收试验检测费

（1）费用内容。竣（交）工验收试验检测费指在公路建设项目竣（交）工验收前，由建设单位(业主)或工程质量监督机构委托有资质的公路工程质量检测单位按照有关规定对建设项目的工程质量进行检测并出具检测意见,以及进行桥梁动(静)载试验或其他特殊检测等所需的费用。

(2)计算方法。竣(交)工验收试验检测费按表4-21的规定计算。

竣(交)工验收试验检测费　　表4-21

<table>
<tr><th colspan="3">检测项目</th><th>竣(交)工验收试验检测费</th><th>备注</th></tr>
<tr><td colspan="2" rowspan="4">道路工程(元/km)</td><td>高速公路</td><td>23500</td><td rowspan="4">包括路基、路面、涵洞、通道、路段安全设施和机电、房建、绿化、环境保护及其他工程</td></tr>
<tr><td>一级公路</td><td>17000</td></tr>
<tr><td>二级公路</td><td>11500</td></tr>
<tr><td>三级及三级以下公路</td><td>5750</td></tr>
<tr><td rowspan="5">桥梁工程</td><td>一般桥梁(元/延米)</td><td>—</td><td>40</td><td rowspan="5">包括桥梁范围内的所有土建、安全设施和机电、声屏障等环境保护及必要的动(静)载试验</td></tr>
<tr><td rowspan="4">技术复杂桥梁(元/延米)</td><td>钢管拱</td><td>750</td></tr>
<tr><td>连续刚构</td><td>500</td></tr>
<tr><td>斜拉桥</td><td>600</td></tr>
<tr><td>悬索桥</td><td>560</td></tr>
<tr><td colspan="2">隧道工程(元/延米)</td><td>单洞</td><td>80</td><td>包括隧道范围内的所有土建、安全设施、机电、消防设施等</td></tr>
</table>

注:1. 道路工程。高速公路、一级公路按四车道计算,二级及二级以下公路按两车道计算,每增加一个车道,按表4-21的费用增加10%。
2. 桥梁和隧道。各级公路均按双向四车道计算,每增加1个车道,按表4-21的费用增加15%。二级及二级以下公路,按表4-21费用的40%计算。

二、研究试验费

研究试验费是按项目特点和有关规定,在建设过程中必须进行的研究和试验所需的费用,以及支付科技成果、专利、先进技术的一次性技术转让费。

该费用不包括:

(1)应由前期工作费(为建设项目提供或验证设计数据、资料等专题研究)开支的项目。

(2)应由科技三项费用(新产品试制费、中间试验费和重要科学研究补助费)开支的项目。

(3)应由施工辅助费开支的施工企业对建筑材料、构件和建筑物进行一般鉴定、检查所发生的费用及技术革新研究试验费。

计算方法:按照设计提出的研究试验内容和要求进行编制。

三、建设项目前期工作费

1. 费用内容

建设项目前期工作费是指委托勘察设计单位、咨询单位对建设项目进行可行性研究、工程勘察设计，以及设计、监理，施工招标文件及招标标底或造价控制值文件编制时，按规定应支付的费用。

该费用包括：

(1)编制项目建议书(或预可行性研究报告)、可行性研究报告、投资估算，以及相应的勘察、设计等所需的费用。

(2)初步设计和施工图设计的勘察费(包括测量、水文气象调查、工程地质勘探、室内试验等)、设计费、概(预)算及调整概算编制费等。

(3)设计、监理、施工招标及招标标底(或造价控制值或清单预算)文件编制费等。

2. 计算方法

建设项目前期工作费以定额建筑安装工程费总额为基数，按表4-22的费率，以累进办法计算。

建设项目前期工作费费率表　　表4-22

定额建安工程费总额(万元)	费率(%)	算例(万元)	
		定额建安工程费	建设项目前期工作费
500以下	3.00	500	500×3.00% =15
501~1000	2.70	1000	15+(1000－500)×2.70% =28.5
1001~5000	2.55	5000	28.5+(5000－1000)×2.55% =130.5
5001~10000	2.46	10000	130.5+(10000－5000)×2.46% =253.5
10001~30000	2.39	30000	253.5+(30000－10000)×2.39% =731.5
30001~50000	2.34	50000	731.5+(50000－30000)×2.34% =1199.5
50001~100000	2.27	100000	1199.5+(100000－50000)×2.27% =2334.5
100001~150000	2.19	150000	2334.5+(150000－100000)×2.19% =3429.5
150001~200000	2.08	200000	3429.5+(200000－150000)×2.08% =4469.5
200001~300000	1.99	300000	4469.5+(300000－200000)×1.99% =6459.5
300001~400000	1.94	400000	6459.5+(400000－300000)×1.94% =8399.5
400001~600000	1.86	600000	8399.5+(600000－400000)×1.86% =12119.5
600001~800000	1.80	800000	12119.5+(800000－600000)×1.80% =15719.5
800001~1000000	1.76	1000000	15719.5+(1000000－800000)×1.76% =19239.5
1000000以上	1.72	1200000	19239.5+(1200000－1000000)×1.72% =22679.5

四、专项评价(估)费

1. 费用内容

专项评价(估)费是指依据国家法律、法规规定须进行评价(估)、咨询，按规定应支付的费用。该费用包括环境影响评价费、水土保持评估费、地震安全性评价费、地质灾害危险性评价费、压覆重要矿床评估费、文物勘察费、通航论证费、行洪论证(评估)费、使用林地可行性研究报告编制费、用地预审报告编制费、项目风险评估费、节能评估费和社会风险评估费、放射性影响评估费、规划选址意见书编制费等费用。

2. 计算方法

依据委托合同,参照类似工程已发生的费用进行计列。

五、联合试运转费

1. 费用内容

联合试运转费指建设项目的机电工程,按照有关规定标准,需要进行整套设备带负荷联合试运转所需的全部费用,不包括应由设备安装工程费中开支的调试费。

费用内容包括联合试运转期间所需的材料、油燃料和动力的消耗,机械和检测设备使用费,工具用具和低值易耗品费,参加联合试运转人员工资及其他费用等。

2. 计算方法

联合试运转费以定额建筑安装工程费总额为基数,按0.04%费率计算。

六、生产准备费

生产准备费是指为保证新建、改(扩)建项目交付使用后满足正常的运行、管理发生的工器具购置、办公和生活用家具购置、生产人员培训、应急保通设备购置等费用。

1. 工器具购置费

(1)费用内容

工器具购置费指建设项目交付使用后为满足初期正常营运必须购置的第一套不构成固定资产的设备、仪器、仪表、工卡模具、器具、工作台(框、架、柜)等的费用。该费用不包括构成固定资产的设备、工器具和备品、备件,及已列入设备购置费中的专用工具和备品、备件。

(2)计算方法

由设计单位列出计划购置的清单(包括规格、型号、数量),计算方法同设备购置费。

2. 办公和生活用家具购置费

(1)费用内容

办公和生活用家具购置费指新建、改(扩)建项目,为保证初期正常生产、使用和管理所购置的办公和生活用家具、用具的费用。

范围包括:行政、生产部门的办公室、会议室、资料档案室、阅览室、宿舍及生活福利设施等的家具、用具。

(2)计算方法

办公和生活用家具购置费按表4-23的规定计算。

办公和生活用家具购置费标准表 表4-23

工程所在地	路线(元/千米)				单独管理或单独收费的桥梁、隧道(元/座)		
	高级公路	一级公路	二级公路	三、四级公路	一般大桥	技术复杂大桥	特长隧道
内蒙古、黑龙江、青海、新疆、西藏	21500	15600	7800	4000	2400	60000	7800
其他省、自治区、直辖市	17500	14600	5800	2900	19800	49000	63700

注:改(扩)建工程按表列费用的70%计。

3. 生产人员培训费

生产人员培训费指为保证生产的正常运行,在工程竣工验收交付使用前对运营部门生产人员和管理人员进行培训所必需的费用。

费用内容包括:培训人员的工资、工资性补贴、职工福利费、差旅交通费、劳动保护费、培训及教学实习费等。

计算方法:生产人员培训费按设计定员和3000元/人的标准计算。

4. 应急保通设备购置费

应急保通设备购置费指新建、改(扩)建工程项目,为满足初期正常营运,购置保障抢修保通、应急处置,且构成固定资产的设备所需的费用。该费用由设计单位列出计划购置清单,计算方法同设备购置费。

七、工程保通管理费

工程保通管理费是指新建或改(扩)建工程需边施工边维持通车或通航的建设项目,为保证公(铁)路运营安全、船舶航行安全及施工安全而进行交通(公路、航道、铁路)管制、交通(铁路)与船舶疏导所需的和媒体、公告等宣传费用及协管人员经费等。工程保通管理费应按设计需要进行列支。涉水项目施工期通航安全保障费用计算方法按《概算预算编制办法》(2018版)附录G执行。

工程保通管理费仅为保通管理方面的费用,其他保通措施需要根据保通工程方案另行计算,例如保通便道、保通安全设施则需要根据设计方案单独计算。

八、工程保险费

工程保险费指在合同执行期内,施工企业按合同条款要求办理保险的费用,包括建筑工程一切险和第三方责任险。

(1)建筑工程一切险。建筑工程一切险是为永久工程、临时工程和设备及已运至施工工地用于永久工程的材料和设备所投的保险。

(2)第三方责任险。第三方责任险是对因实施合同工程而造成的财产(本工程除外)损失或损害,或人员(业主和承包人雇员除外)的死亡或伤残所负责进行的保险。

工程保险费以建筑安装工程费(不含设备费)为基数,按0.4%的费率计算。

工程保险费指工地范围内发生的保险,材料和设备运输保险不在其中,施工企业的办公、生活、施工机械、员工的人身意外险在企业管理费中支出。设备的保险在设备单价中计列。

九、其他相关费用

其他相关费用指国务院行政主管部门及省级人民政府规定的其他与公路建设相关的费用,按其相关规定计算。

第五节 预备费

预备费由基本预备费和价差预备费两部分组成。

一、基本预备费

1. 费用内容

基本预备费系指在初步设计和概算、施工图设计和施工图预算中难以预料的工程费用。

基本预备费用内容包括:

(1)在进行技术设计、施工图设计和施工过程中,在批准的初步设计和概算范围内所增加的工程费用。

(2)在设备订货时,由于规格、型号改变的价差;材料货源变更、运输距离或方式的改变以及因规格不同而代换使用等原因发生的价差。

(3)项目主管部门组织竣(交)工验收时,验收委员会(或小组)为鉴定工程质量必须开挖和修复隐蔽工程的费用。

2. 计算方法

基本预备费以建筑安装工程费、土地使用及拆迁补偿费、工程建设其他费用之和为基数,按下列费率计算:

(1)设计概算按5%计列。

(2)修正概算按4%计列。

(3)施工图预算按3%计列。

二、价差预备费

1. 费用内容

价差预备费系指设计文件编制年至工程竣工年期间,建筑安装工程费中的人工费、材料费、设备费、施工机械使用费、措施费、企业管理费等由于政策、价格变化可能发生上浮而预留的费用及外资贷款汇率变动部分的费用。

2. 计算方法

价差预备费建筑安装工程费总额为基数，按设计文件编制年始至建设项目工程竣工年终的年数和年工程造价增长率计算。计算公式为

$$价差预备费 = P \times [(1+i)^{n-1} - 1] \tag{4-15}$$

式中：P——建筑安装工程费总额（元）；

i——年造价增长率（%）；

n——设计文件编制年至建设项目开工年 + 建设项目建设期限（年）。

3. 应注意的问题

（1）年工程造价增涨率按有关部门公布的工程投资价格指数计算。

（2）设计文件编制至工程完工在一年以内的工程，不列此项费用。

第六节 建设期贷款利息

一、费用内容

建设期贷款利息指工程项目使用的贷款部分在建设期内应计取的贷款利息，包括各种金融机构贷款、建设债券和外汇贷款等利息。

二、计算方法

根据不同的资金来源分年度投资计算所需支付的利息。计算公式为

建设期贷款利息 = Σ（上年末付息贷款本息累计 + 本年度付息贷款额 ÷ 2）× 年利率

即

$$S = \sum_{n=1}^{N} (F_{n-1} + b_n \div 2) \times i \tag{4-16}$$

式中：S——建设期贷款利息（元）；

N——项目建设期（年）；

n——施工年度；

F_{n-1}——建设期第（$n-1$）年末需付息贷款本息累计（元）；

b_n——建设期第 n 年度付息贷款额（元）；

i——中国人民银行公布的贷款基准年利率（%）。

案例 4-1

某工程贷款 4550 万元，建设期 3 年，第一、三年均贷款 1500 万元，第二年贷款 1550 万元，贷款利率为 6.21%，求贷款利息为多少？

解：第 1 年贷款利息 = (0 + 1500/2) × 6.21% = 46.575 万元

第 2 年贷款利息 =(1500 +46.575 +1550/2) ×6.21% =144.1698 万元

第 3 年贷款利息 =(1500 +46.575 +1550 +144.1698 +1500/2) ×6.21% =247.8253 万元

建设期贷款利息合计 =46.575 +144.1698 +247.8253

=438.570 万元

第七节 公路工程建设项目各项费用的计算程序及方式

公路工程建设项目各项费用的计算程序及方式见表 4-24。

公路工程建设项目各项费用的计算程序及计算方式 表 4-24

代号	项 目	说明及计算式
(一)	定额直接费	Σ人工消耗量 × 人工基价 + Σ材料消耗量 × 材料基价 + Σ机械台班消耗量 × 机械台班基价
(二)	定额设备购置费	Σ设备购置数量 × 设备基价
(三)	直接费	Σ人工消耗量 × 人工单价 + Σ材料消耗量 × 材料预算单价 + Σ机械台班消耗量 × 机械台班预算单价
(四)	设备购置费	Σ设备购置数量 × 设备预算单价
(五)	措施费	(一) × 施工辅助费费率 + 定额人工费和定额施工机械使用费之和 × 其余措施费综合费率
(六)	企业管理费	(一) × 企业管理费综合费率
(七)	规费	各类工程人工费(含施工机械人工费) × 规费综合费率
(八)	利润	[(一) + (五) + (六)] × 利润率(7.42%)
(九)	税金	[(三) + (四) + (五) + (六) + (七) + (八)] × 综合税率(10%)
(十)	专项费用	
	1. 施工场地建设费	[(一) + (二) ×40% + (五) + (六) + (七) + (八) + (九)] × 累进费率
	2. 安全生产费	建筑安装工程费(不含安全生产费本身) × (≥1.5%)
(十一)	定额建筑安装工程费	[(一) + (二) ×40% + (五) + (六) + (七) + (八) + (九) + (十)]
(十二)	建筑安装工程费	(三) + (四) + (五) + (六) + (七) + (八) + (九) + (十)
(十三)	土地使用及拆迁补偿费	按有关规定计算
(十四)	工程建设其他费	
	1. 建设项目管理费	
	建设单位(业主)管理费	(十一) × 累进费率
	建设项目信息化费	(十一) × 累进费率
	工程监理费	(十一) × 累进费率
	设计文件审查费	(十一) × 累进费率
	竣(交)工验收试验检测费	按规定计算
	2. 研究实验费	按规定计算

续上表

代号	项　　目	说明及计算式
	3. 建设项目前期工作费	(十一) × 累进费率
	4. 专项评价(估)费	按有关的规定计算
	5. 联合试运转费	(十一) × 累进费率
	6. 生产准备费	
	工器具购置费	按规定计算
	办公和生活用家具购置费	按规定计算
	生产人员培训费	按规定计算
	应急保通设备购置费	按规定计算
	7. 工程保通管理费	按规定计算
	8. 工程保险费	[(十二)—(四)] × 费率
	9. 其他相关费用	
(十五)	预备费	
	1. 价差预备费	(十二) × 费率
	2. 基本预备费	[(十二) + (十三) + (十四)] × 费率
(十六)	建设期贷款利息	
(十七)	公路基本造价	(十二) + (十三) + (十四) + (十五) + (十六)

思考题

1. 公路基本建设概算、预算费用由哪些费用组成?
2. 说明措施费的组成和计算方法。
3. 说明企业管理费的组成和计算方法。
4. 说明专项费用的组成和计算方法。
5. 说明建设项目管理由哪些费用所组成,如何计算?
6. 说明工程保通管理费和工程保险费的内容和计算方法。
7. 基本预备费用的用途是什么?

第五章
CHAPTER FIVE

公路工程概算、预算文件的编制

第一节 概述

一、概算、预算文件组成

概算、预算文件由封面、目录、编制说明及全部计算表格组成。

1. 封面及目录

概算、预算文件的封面和扉页应按《公路工程基本建设项目设计文件编制办法》(以下简称《基本建设项目设计文件编制办法》)(交公路发〔2007〕358 号)中的规定制作。扉页的次页应有建设项目名称,编制单位,编制复核人员姓名并加盖印章,编制日期及第几册、共几册等内容。目录应按概算、预算表的表号顺序编排。扉页的次页及目录样式如图 5-1、图 5-2 所示。

2. 编制说明

概算、预算编制完成后,应写出编制说明,文字力求简明扼要。应包括下列内容:

(1)建设项目设计文件的依据。

(2)编制范围、工程概况等。

(3)采用的定额、费用标准,人工、材料与设备、施工机械台班预算单价的依据或来源,新增工艺的单价分析等。

(4)有关的委托书、协议书、会议纪要的主要内容。

(5)概算、预算总金额,人工、钢材、水泥、沥青等的总量。

(6)各设计方案的经济比较。

××公路初步设计概算

(K××+××～K××+××)

第　　册　　　共　　册

编制：[签字并盖章]

复核：[签字并盖章]

编制单位:（盖章）

编制时间：　年　　月　　日

图 5-1　初步设计概算扉页

(7)项目综合经济技术指标统计,对比分析本阶段与上阶段工程数量、造价的变化情况。

(8)其他有关费用计算项及计价依据的说明。

(9)采用的公路工程造价软件名称及版本号。

(10)其他需要说明的问题。

3. 概算、预算表格

公路工程概算、预算的材料与设备、施工机械台班单价及各项费用的计算均通过规定的统一表格表述,表格样式应符合《概算预算编制办法》(2018 版)附录 A 的规定。

4. 概算、预算文件分类

概算、预算文件按不同的需要分为甲、乙组文件,甲组文件为各项费用计算表;乙组文件为建筑安装工程费用各项基础数据计算表。

概算、预算文件是设计文件的组成部分,应按《公路工程基本建设项目设计文件编制办法》中关于设计文件的报送份数要求,随设计文件一并报送,并同时提交可计算的造价电子数据文件和新工艺单价分析的详细资料。

乙组文件中的"分项工程概(预)算表"(21-2 表)可只提交电子版,或按需要提交纸质版。

概算、预算应按一个建设项目[如一条路线或一座独立大(中)桥、隧道]进行编制。当一个建设项目需要分段或分部编制时,应根据需要分别编制,但必须汇总编制"总概(预)算汇总表"。

甲、乙组文件包括的内容如图 5-2 所示。

目　　录

（甲组文件）

1．编制说明

2. 项目前后阶段费用对比表

3. 建设项目属性及技术经济信息表（00 表）

4．总概（预）算汇总表（01-1 表）

5．总概（预）算人工、主要材料、施工机械台班数量汇总表（02—1表）

6．总概（预）算表（01 表）

7．人工、主要材料、施工机械台班数量汇总表（02 表）

8．建筑安装工程费计算表（03 表）

9．综合费率计算表（04 表）

10．综合费计算表（04-1表）

11. 设备费计算表（05 表）

12.专项费用计算表（06 表）

13.土地使用及拆迁补偿费计算表（07 表）

14．工程建设其他费计算表（08 表）

15.人工、材料、施工机械台班单价汇总表（09 表）

(乙组文件)

1．分项工程概(预)算计算数据表(21-1 表)

2．分项工程概(预)算表(21-2 表)

3．材料预算单价计算表(22 表)

4．自采材料料场价格计算表(23-1 表)

5. 材料自办运输单位运费计算表（23-2 表）

6．施工机械台班单价计算表(24 表)

7．辅助生产人工、材料、施工机械台班单位数量表(25 表)

图 5-2　施工图预算目录

二、概算、预算的编制步骤

1.准备工作

(1)现场调查。在编制概(预)算之前必须进行现场调查,收集有关资料。现场调查是否深入细致,资料是否齐全、准确,直接影响到概(预)算的编制质量,做好现场调查是编好概(预)算的一个重要方面。编制概(预)算的现场调查应和建设项目的外业勘察工作同步进行,并与有关勘察工作进行很好地协调与分工。现场调查工作,应包括以下各项内容:人工工资、施工机械车船使用税;材料供应价格;材料运输情况;征用土地;拆迁房屋及建筑物;拆迁电力、电信线路;工地转移费和主副食运费补贴里程的调查;施工用电;沿线自然条件(气温、雨量等);临时工程;其他如沿线文物、管线交叉方案等。

临时工程包括电力、电信、汽车便道、便桥等,要根据工程项目所确定的施工方案和路线所经现场的实际情况,确定预制厂、沥青混合料、水泥混凝土集中拌和的拌和场,现场管理机构、施工点等的位置和范围,以此确定临时占地数量和各种临时工程数量。进行调查时,要按如下有关要求分别收集临时工程有关资料。

①临时占地数量。临时占地数量包括施工企业施工工地所需的生产、生活用房占地、预制场、沥青混合料拌和厂、水泥混凝土拌和场、路面稳定土拌和场、材料堆放场、仓库、临时便道及其他临时设施等所需临时占地数量,以及处理复耕土地所需的费用等资料。

数量可根据工程规模大小、工期长短、按施工方案的安排确定。如工程规模不大、占地数量应小;但考虑必需的房屋、设备、设施等,其数量需相应加大;再如由于特殊要求,安排工期较短,一些临时设施相应也会加大,占地数量也相应增多。如需恢复耕种的,要了解分析复耕所需的费用情况,并计入工程造价。

②临时电力、电信。在考虑临时电力、电信线路的接线位置和长度时,要与被接线单位协商确定,尽量就近考虑。

临时电力线路为从变压器到接线处的电力干线长度,从变压器到用电点的接线为电力支线,桥梁施工现场、拌和场等场内用的电力支线其费用已综合在规定的临时设施费用中,不再另列。

③临时汽车便道。临时汽车便道是指运输材料、构件、半成品到工地和砂、石材料从料场至公路以及预制场、拌和场内部汽车公路均为需修建的汽车便道,以及大型的施工机械进场的道路。

④临时汽车便桥。临时汽车便桥是为修建汽车便道而必须相应修建的便桥以及桥梁施工时,材料、机械设备过河需修建的汽车便桥、便桥的高度与长度按施工现场实际情况和工期安排确定。

⑤临时轨道铺设。临时轨道按需要分轻、重轨。重轨又分为路基上、桥上两种,轻轨铺在预制场,用于运输混凝土、预制构件横移。路基上重轨指从预制场至桥头在路基上铺设的长度,在桥上为在桥面上运梁铺设的长度。

(2)熟悉设计文件,核对主要工程量。设计文件由封面、扉页、目录、工程说明书、设计图纸、工程数量表及其他成果表、基础资料等组成。通常用图形表现的设计图纸和用文字叙述的工程说明书,确定了工程的数量和施工方法,而工程量是编制工程造价的基础资料。因此,在编制概(预)算之前,应深入熟悉设计文件,了解设计意图,掌握工程全貌,核对主要工程量。这是合理划分计算项目并正确套用定额,准确、完整、快速编制概(预)算的关键环节。

2. 分析现场调查资料及施工组织设计资料

(1)概(预)算调查资料的分析。概(预)算资料的调查工作是一项关系到概(预)算文件质量的基础工作,一般在公路工程外业勘察时同时进行。对这些调查资料应进行分析,若有不明确或不全的部分,应另行调查,以保证概(预)算的准确和合理。

(2)施工组织设计文件的分析。对与相应设计阶段配套的施工组织设计文件(尤其是施工方案)应认真分析其可行性、合理性、经济性。因为施工方案将直接影响概(预)算金额的高低和定额的查用,因此编制概(预)算时,重点应对施工方案进行认真分析。

①施工方法。同一工程内容,可以采用不同的施工方法来完成,如土方施工,有人工挖土方和机械挖土方两种方法;钢筋混凝土工程既可以采用现浇施工,也可以采用预制安装等。因此,应根据工程设计的意图和要求同工程实际相结合,选择最经济合理的施工方法。

②施工机械。施工机械的选择也将直接影响施工费用,因此,应根据选定的施工方法选配相应的施工机械,如挖填土方,既可以采用铲运机,又可以采用挖土机配自卸汽车;又如混凝土预制构件安装,也可采用多种机械施工等。

③其他方面。运距远近的选择(如土方中取土坑、弃土场的位置),材料堆放的位置及仓库的设置等。

3. 划分项目

公路工程概(预)算是以分项工程概(预)算表为基础计算和汇总而来的,所以工程分项是概(预)算工作中的一项重要基础工作。分项时必须满足如下三个方面的要求:

(1)按照概(预)算项目表的要求分项,这是基本要求。概(预)算项目表实质上是将一个复杂的建设项目分解成许多分项工程的一种科学划分方法。

(2)符合定额项目表的要求。定额项目表是定额的主体内容,分项后的各个分项工程所包含的工作内容、施工方法、工艺要求与定额中该分项工程的要求相同或符合定额说明中所规定的范围。

(3)符合费率的要求。措施费和企业管理费都是按不同工程类别确定的费率定额,因此,所分的项目应满足其要求。

4. 摘取计价工程量

工程数量作为编制概(预)算的基础资料,通常是设计人员在完成设计图纸的同时就已进行了计算,在编制概(预)算时又经过了熟悉设计文件和对工程量的复核工作。因此,在编制概(预)算时,基本上不需要根据设计图纸重新计算工程量,但是设计图纸所提供的工程数量与定额表中所规定的工程内容和工程量计算规则不完全一致,需要编制人员按照定额的要求从设计图表中摘取计价工程量。

摘取计价工程量通常考虑以下内容:

(1)设计工程量。根据定额规定的工程量计算规则,将设计图表中提供的工程量(永久工程数量)进行分类、统计、汇总后,得出符合定额要求的计价工程量。

(2)辅助工程量。辅助工程量不构成永久工程的实体,而是辅助其形成。如在路面工程组价中,需要考虑拌和设施的安拆和材料运输的工程量。辅助工程量通常没有统一的工程量计算标准,需依据项目实际情况逐项分析确定。

(3)临时工程量。临时工程参与永久工程的形成,公路建成后需拆除恢复,它与辅助工程量不同,不服务于单一对象,通常服务于整个工程项目。包括临时便道、临时便桥、临时码头、临时轨道铺设、临时电力线路。

为了正确摘取工程量,做到不重不漏,编制人员必须明确定额规定的工程内容、适用范围,清楚定额的各章、节说明及定额表附注。

5. 套用定额

根据摘取的工程量,结合施工组织设计要求,正确套用概(预)算定额,进行工、料、机实物量分析。根据施工图设计文件的各分项工程的具体情况,具体在套用定额时,可分为以下几种情况:

(1)直接套用。

(2)定额合并。

(3)在定额允许的范围调整。乘系数、加减消耗量(定额附注)、定额抽换(混凝土、砂浆标号调整)。

(4)补充定额。

6. 计算人工、材料、施工机械台班预算价格

按《概算预算编制办法》(2018版)所规定的方法和要求,完成人工费单价、自采材料料场单价、材料预算单价、施工机械台班单价的计算工作,即编制自采材料料场价格计算表(表23-1),材料自办运输单位运费计算表(表23-2),材料预算单价计算表(22表),施工机械台班单价计算表(24表),人工、材料、施工机械台班单价汇总表(09表),辅助生产人工、材料、施工机械台班单位数量表(25表)。

7. 取定措施费、企业管理费和规费的各项费率标准,进行措施费、企业管理费和规费综合费率计算,编制综合费率计算表(04表)和综合费计算表(04-1表)。

8. 计算分项工程的直接费、措施费、企业管理费、规费、利润、税金,编制分项工程预算计算数据表(21-1表)和分项工程预算表(21-2表)。

9. 计算设备购置费、专项费用,编制设备费计算表(05表)、专项费用计算表(06表)

10. 计算建筑安装工程费,编制建筑安装工程费计算表(03表)。

11. 人工、主要材料、施工机械台班消耗总数量计算,编制人工、主要材料、施工机械台班数量汇总表(02表)。

12. 计算土地征用及拆迁补偿费,编制土地使用及拆迁补偿费计算表(07表)。

13. 计算工程建设其他费、预备费、建设期贷款利息,编制工程建设其他费计算表(08表)、总预算表(01表)。

14. 撰写概(预)算编制说明。

15. 复核、审查、出版。

注:上述表号对应《概算预算编制办法》(2018版),可参照图5-2加深印象。

三、施工组织设计对施工图预算的影响

施工组织设计包括施工方案、施工进度计划、施工现场平面布置、各种资源需要量及其供应等四项基本内容,其中施工方案(主要是施工方法的选择)和施工现场平面布置对施工图预算的影响较大。

1. 施工方法的选择对预算的影响

在公路工程设计和施工组织设计中,施工方法的选择是至关重要的,必须依据工程条件和经济合理的原则进行多方面的比较。随着施工工艺、施工技术的不断发展和更新,要求设计人员根据工程的特点结合实际情况,选择经济适用的施工方法。

(1)路基施工方法的选择。路基工程中,土、石方施工的工程量是施工组织设计中控制预算造价的主要因素,施工方法的选择,对土、石方施工中的工日消耗、机械台班消耗有很大的影响。目前公路路基工程施工中,为了满足施工质量,高等级公路一般都采用机械化施工,而低等级公路一般采用人工、机械组合进行施工。如采用机械化施工,其施工方法的选择其实质就是施工机械的选择,应根据施工的作业种类及运输距离合理选择机械。如土、石方的运距小于100m时,选择推土机完成其运输作业就比较经济;土、石方的运距大于500m时,再选择推土机完成其运输作业就很不经济,这时应选择自卸汽车才经济;这是在编制施工组织设计和预算时应注意的。

(2)路面施工方法的选择。路面基层施工方法主要分路拌和厂拌,面层施工主要有热拌、冷拌、贯入、厂拌等方法。各种施工方法的工程成本消耗各不相同,当路面结构一定时,选择不同的施工方法,造价就不一样。因此,应结合公路等级对路面的质量要求、路面工程规模和工期要求进行综合分析,确定施工方法。

(3)桥梁工程施工方法的选择。与路基、路面工程相比,桥梁工程结构类型较多、施工工艺复杂、施工方法多和技术要求较高。如桥梁上部构造的施工方法一般可分为预制安装和现浇两大类。预制安装施工主要包括自行式吊车安装、跨墩门架安装、架桥机(单导梁、双导梁)安装、缆索吊装、悬臂拼装等;现浇施工主要有支架现浇、悬臂现浇等。不同的施工方法,桥梁上部构造混凝土每立方米造价是不一样的,有时有较大差异。因此,在确定桥梁施工方法时应根据桥梁规模和结构设计要求,对施工现场、环境、设备等因素综合分析,选择最佳的施工方法。

2. 施工标准化对预算的影响

施工标准化包括工地标准化、施工标准化和管理标准化。其中工地标准化包括驻地和施工现场的标准化,对工程造价影响较大。

施工现场平面布置是施工组织设计在空间上的综合描述,是施工组织设计的重要组成部分之一。它是在基础资料调查的基础上,结合建设工程的实际情况,按照一定的布置原则和方法,对建设工程在施工过程中的材料供应、运输路线、供水、供电、临时工程、工地仓库、生活设施、管理机构设施、预制厂、拌和厂、采料厂、材料和半成品堆放点以及大型机械设备工作面的布置和安排。平面布置的确定,决定了预算中相应的直接费,如临时工程的费用、租用土地费以及平整场地费用等。因此,在施工组织设计中规划平面布置时,应考虑技术上的可行性和经

济上的合理性，一般应遵循以下原则：

(1)凡是永久性占用土地或需临时性租用土地的，应结合地形、地貌，在满足施工的前提下，选择交通便利、运输条件好、材料供应方便，尽可能利用荒山、荒地、少占农田和场地平整工程量小的地点布置。

(2)合理确定外购材料工地仓库和自采材料堆放点，预制场、拌和站的位置，应尽量减少材料的二次搬运和场内的搬运距离。

(3)施工平面布置应与施工进度、施工方法等相适应，要重视保护生态环境。

(4)材料费在公路工程建设中占的比重很大，应给予足够的重视。合理选择材料、确定经济运距和运输方案是控制预算造价的重要手段，也是施工组织设计中的重点。

第二节 应用同望造价软件编制施工图预算

一、同望 WECOST 软件编制造价文件简介

1. 同望 WECOST 软件系统概述

公路工程造价编制计算工程量大，费时费力，是一项极为烦琐而复杂的工作。为了提高效率，近年来公路管理、设计、施工等部门已广泛推广应用计算机软件进行工程造价编制。目前，公路建筑市场所应用的造价软件版本较多，各类版本大同小异。限于篇幅，本书下面内容以同望 WECOST 公路工程造价管理系统为例，介绍公路工程造价软件的具体应用及操作。

同望 WECOST 公路工程造价管理系统推出于 2007 年，现已更新到 V9.7 版本。系统支持公路新旧编办和定额，采用全新的技术构架，功能更加强大，操作符合用户习惯，实现了多阶段、多种计价模式、网络化、编制审核一体化。

2. 同望 WECOST 软件编制造价流程

造价文件编制流程如图 5-3 所示。

利用软件编制施工图预算的主要工作包括：

(1)【项目管理】界面，新建建设项目及造价文件。

(2)【预算书】界面，编制预算书文件，添加项目，项目表建立完成之后，通过定额计算或数量单价的方式对第一部分费用建安费进行组价，通过基数计算和数量单价的方式对第二、三部分费用进行计算。

(3)【工、料、机汇总】界面，进行工、料、机的汇总分析，确定预算单价，直接输入或者计算运费、原价即可。

(4)【取费程序】界面，选择费率并确定项目属性的基本参数。

(5)【报表】界面，预览、打印、输出报表。

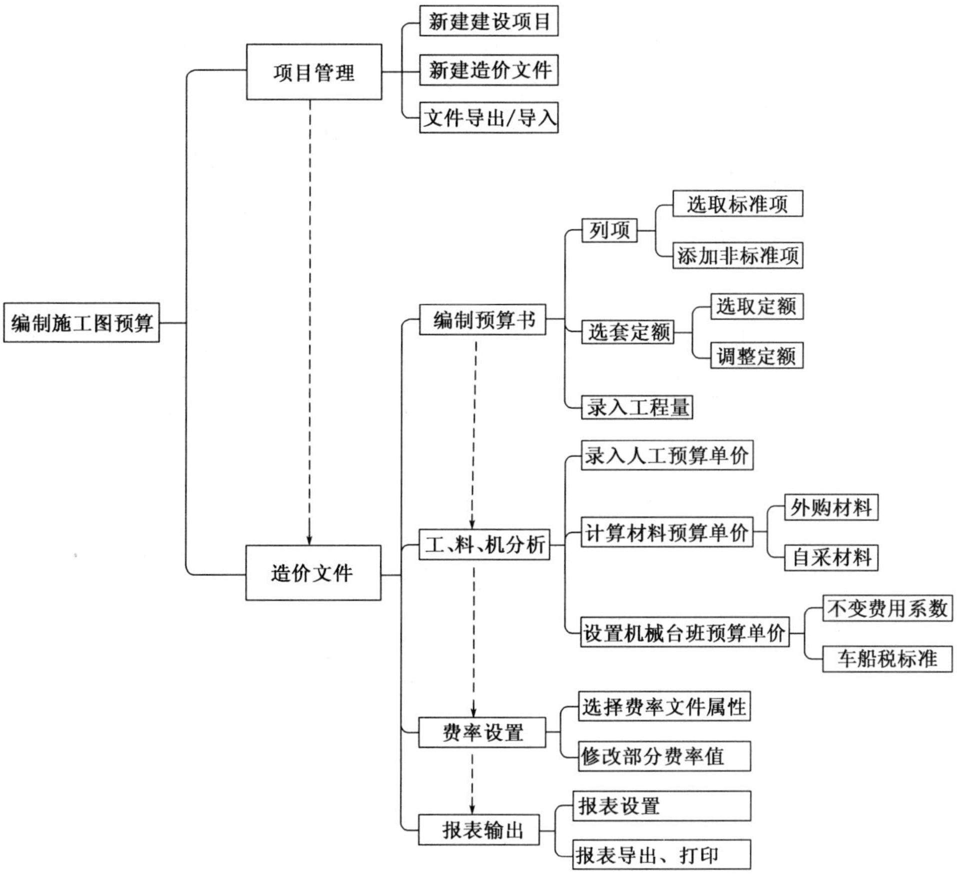

图 5-3　造价文件编制流程图

二、新建项目文件、造价文件

1. 软件登录

安装好同望软件后，插上加密锁，直接双击图标，打开软件登录界面(图 5-4)。

操作提示：

(1)如果有同望正式加密锁的话，插上加密锁后，直接采取【加密锁登录】方式，点击即可登录软件，进入【项目管理】界面。

(2)如果没有同望加密锁的话，可以通过注册同望天工造价账号，登录同望软件。此种登录方式为学习版模式，软件功能跟正式版一样，可以编辑、修改、预览等，但不能打印、输出报表，导出数据。

(3)如果升级软件后，有时插上加密锁，无法登录软件，或提示无权限，可直接单击【更新加密锁】，重新登录即可。

2. 新建项目文件

登录软件后，进入【项目管理】界面(图 5-5)。

图 5-4　同望软件登录界面

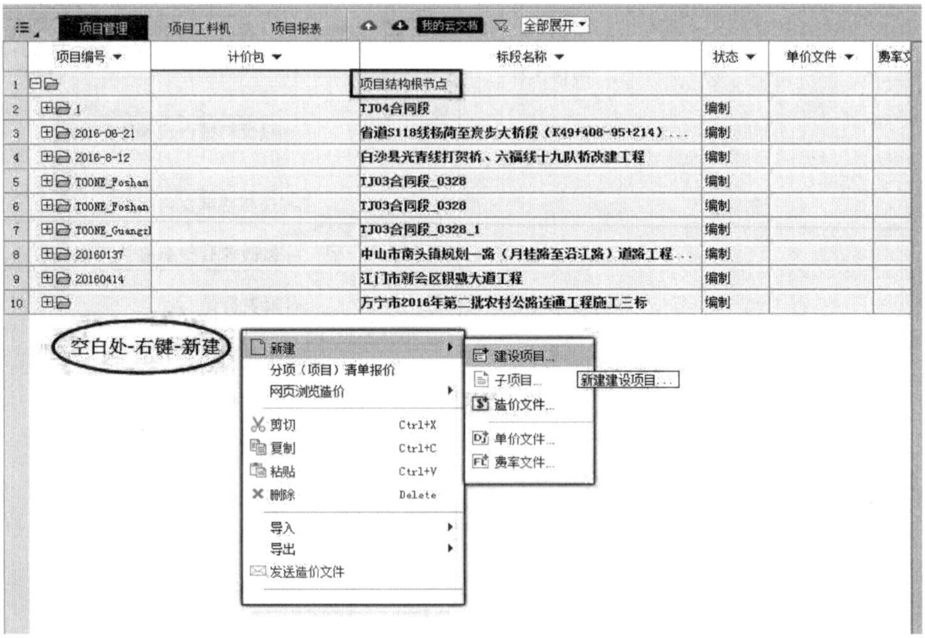

图 5-5　项目管理界面

【项目管理】界面，由项目管理窗口、基本信息栏、菜单功能栏三部分组成。

操作：在【项目管理】界面→【右键】→【新建】→【建设项目】。

在弹出的窗口（图 5-6）中，对应输入建设项目名称、选择工程所在地、建设性质、编制类型，单击【确定】按钮，即可完成建设项目的新建。

3. 新建造价文件

操作：定位新建的项目→【右键】→【新建】→【造价文件】。

在弹出的窗口（图 5-7）中，对应输入相关的项目参数，如起止桩号、工程所在地、建设性质、计价依据等，单击【确定】按钮即可。

图 5-6　新建项目文件

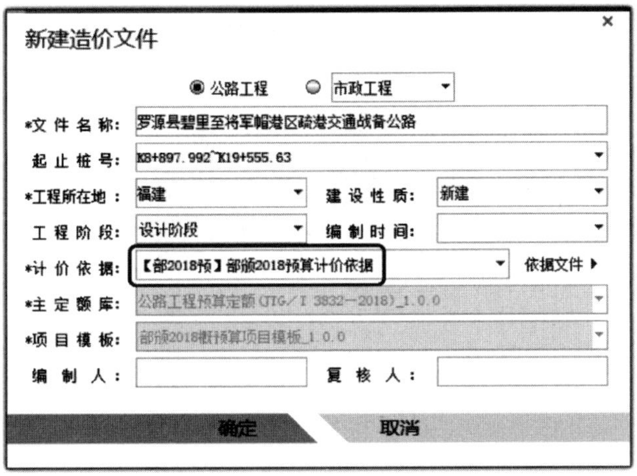

图 5-7　新建造价文件

4. 填写项目基本信息

新建完成项目和造价文件后，根据工程实际情况，填写项目基本信息和造价文件基本信息。

三、编制预算书文件

新建项目完成后→定位造价文件→双击【计价包】→直接打开项目，进入预算书界面，如图 5-8 所示。

1. 新建项目表

(1)选择标准项

在【预算书】界面，右击【选择】→【标准项】或者直接点击停靠在预算书右侧的【标准模板】按钮，系统弹出选择标准模板对话框，选择节点后，双击或右击选择【添加选中】即可添加单条记录，在复选框中勾选多条，点击【添加选中】，可以一次选择多条记录，如图 5-9所示。

图 5-8　预算书界面

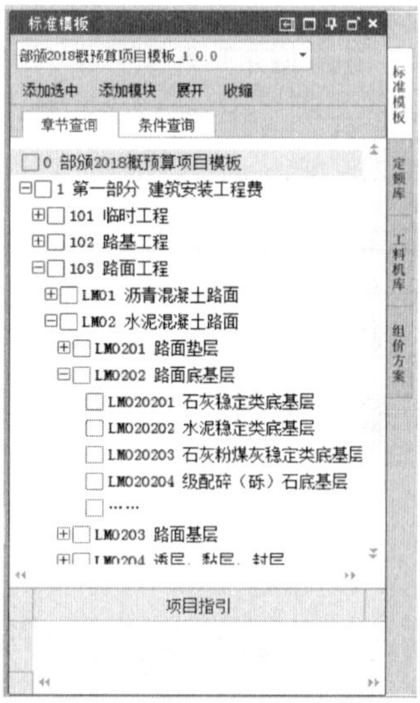

图 5-9　标准模板

(2)添加非标准项

增加项目的标准项后，对于某些分项，在标准模板里没有的，可以增加非标准项(图 5-10)，来进行项目的划分与添加。

图 5-10　新增非标准项图标

定位到要增加非标准项的位置，通过快捷图标增加前项、增加后项、增加子项，或直接【右键】→增加前项、增加后项、增加子项，即可完成增加，并对应输入编号、名称、单位、数量即可，如图 5-11 所示。

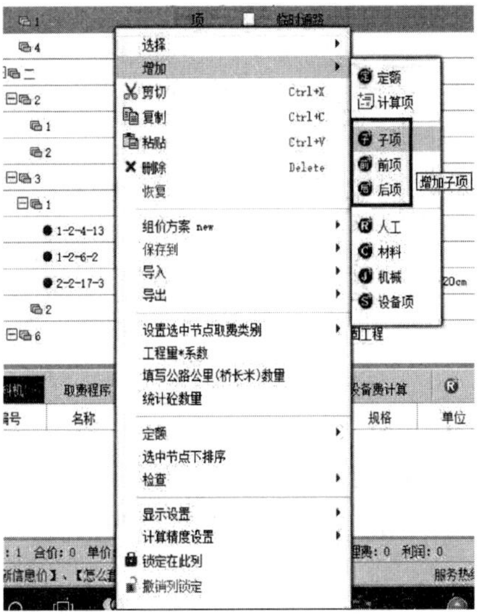

图 5-11　添加项目

完成项目表后，逐一对各分部分项进行工程数量的录入与核实。

2. 套定额组价、定额调整及换算

(1)选套定额

在【预算书】界面点击需要套取定额的位置，点击鼠标右键，在右键菜单【选择】→【定额】，或者直接点击停靠在预算书右或下侧的【定额库】按钮，则系统弹出定额库窗口(图 5-12)，从【定额】的下拉框中选择需要的定额库(注：系统默认的定额库是创建造价文件时的选择的主定额库)，然后再查找所需套用的定额子目，双击选入或者右击选择【添加选中行】来套取定额(图 5-12)。

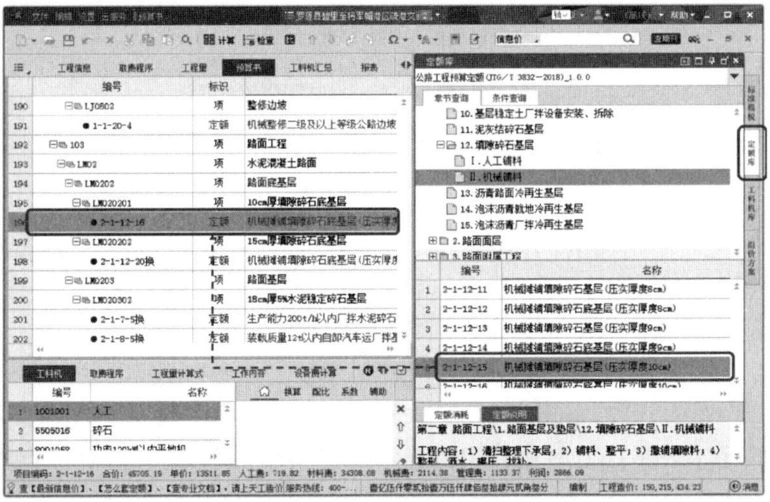

图 5-12　添加定额

(2)输入工程量

对分部分项的子项,根据施工工艺、施工流程以及项目的实际情况,进行定额的选套与组价,然后根据图纸,进行各定额的工程数量的计算、核实以及输入。

①工程量填写设置。

系统默认子节点自动继承父节点工程量。当修改上级节点工程量时,下级节点工程量如果跟父节点工程量相同的也跟着自动改变,不相同的不变。如不需要自动继承工程量功能,可在主菜单【工具】→【系统参数设置】,把【是否自动填写工程量】的值设置为【否】。系统默认以自然单位处理工程量,即输入定额子目的工程量会自动除以定额单位系数。

②工程量计算式。

在工程量计算式标签页下,可以增加分项及定额工程量的计算过程,并可点击计算式右侧的按钮查询相应的计算公式,可让用户更加方便地检查及复核工程量是否错算、漏算或重复计算。

(3)定额调整

在定额调整里,需要进行定额的标准换算,工、料、机替换等操作。

①定额调整(图5-13)。

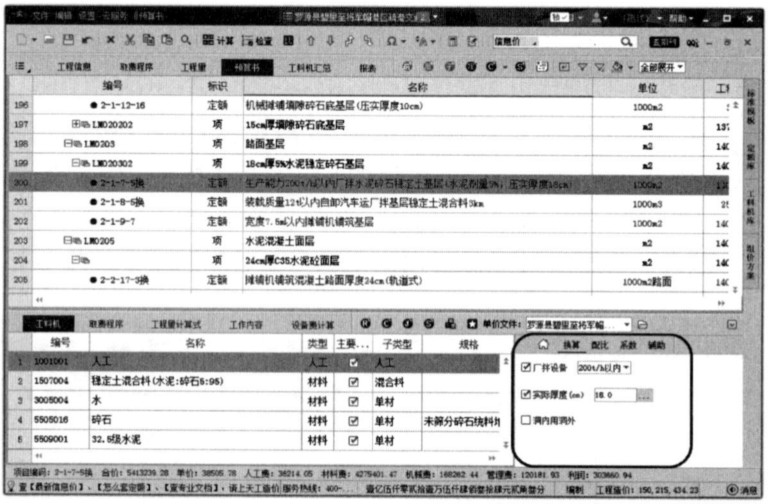

图5-13 定额调整

在【预算书】界面,单击需要调整的定额,系统在靠右下方窗口里设置【标准换算】【混合料配比】【子目系数】【辅助定额】等定额调整窗口,用户可根据工程实际情况对需要调整的定额进行调整,所有的定额调整信息会记录在【调整列表】里。

②工料机替换。

在【人材机】界面中,可以根据需增加/选择工料机,或单击鼠标右键,在右键菜单中用户可根据需要【删除】/【替换】工料机,同时还可以将新增的补充工料机保存至【我的工料机库】。

例 5-1

替换普通混凝土(图 5-14):C25 -32.5 -4 换成 C20 -32.5 -4。

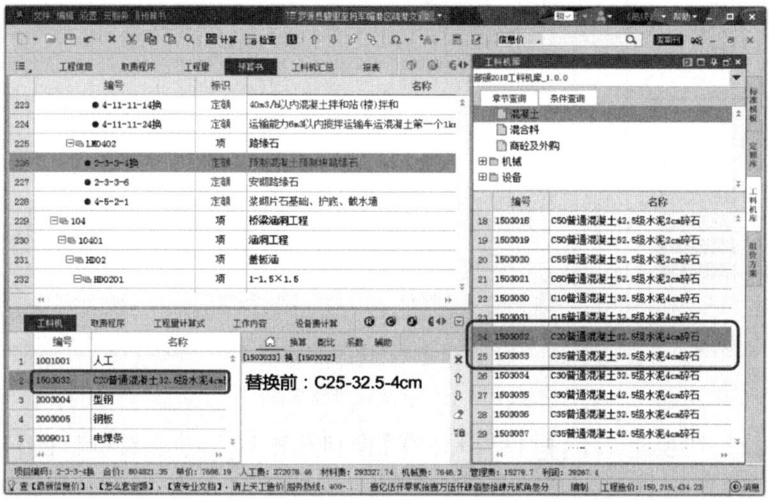

图 5-14 替换混凝土

输入定额:2-3-3-4,在【人材机】界面"鼠标→选中需替换材料(C25 普通混凝土 32.5 级水泥 4cm 碎石)→右键→工料机替换→对应选择要替换的材料(C20 普通混凝土 32.5 级水泥 4cm 碎石→双击替换→完成替换"。工料机中,水泥、碎石、中(粗)砂的消耗量根据内置公式乘系数自动调整。

四、编制工料机单价文件

工料机分析是对单位工程造价基础数据的分析,是计算各类费用的基础。

在完成【预算书】界面的操作后,切换进入【工料机汇总】界面,系统会自动汇总当前单位工程的工料机,包括工料机编号、名称、单位、消耗量及单价信息,并可按人工、材料、机械分类显示,如图 5-15 所示。

1. 录入人工预算单价

人工预算单机的录入比较简单,直接在人工、机械工的预算单价列输入即可。

提示:可以通过软件"帮助"→"定额说明",查看各省的补充编办,查看人工预算单价。

2. 录入材料预算单价

切换到【工料机汇总】界面→【材料】分栏,可以通过直接手工输入价格、导入价格信息、导入调用其他项目的单价文件等操作,直接确定材料的预算价。

(1)计算外购材料预算单价

材料预算单价包括原价、运杂费、场外运输损耗和采购及保管费。系统已集成了毛重系数、场外运输损耗率、采购及保管费率等数据。计算时需要录入原价、社会运输运杂费相关信息。

图 5-15　工料机计算界面

选择计算材料，切换进入【材料单价计算】窗口（图 5-16），输入材料的【起讫地点】【原价】【运距】【t · km 运价】【装卸费单价】等参数，并选择运输方式，通过分析即可计算出材料运杂费。

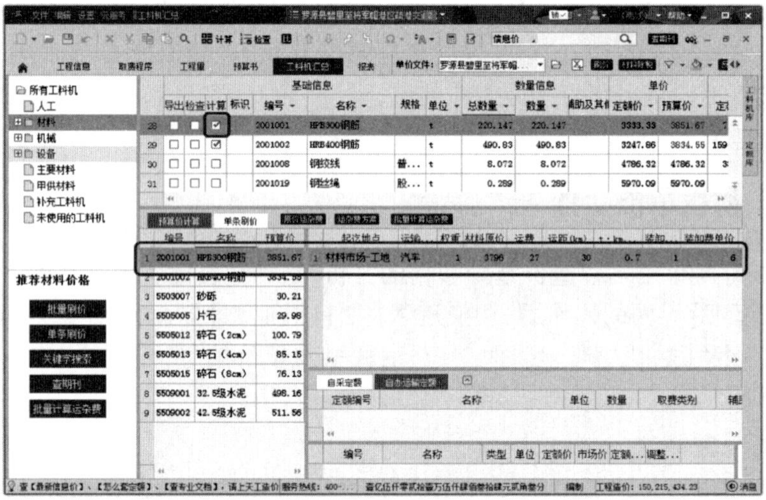

图 5-16　外购材料预算单价的计算

（2）计算自采材料预算单价

①计算自采材料原价（图 5-17）。

进入【原价运杂费】计算窗口，选择【自采定额】窗口，在空白处点击选择【增加】，进入选套运输定额的窗口，选择所需套用的定额。

②自办运输（图 5-18）。

选择运输方式为【自办运输】，选择【自办运输定额】窗口，在空白处点击选择【增加】，进入选套运输定额的窗口，选择所需套用的运输和装卸定额。

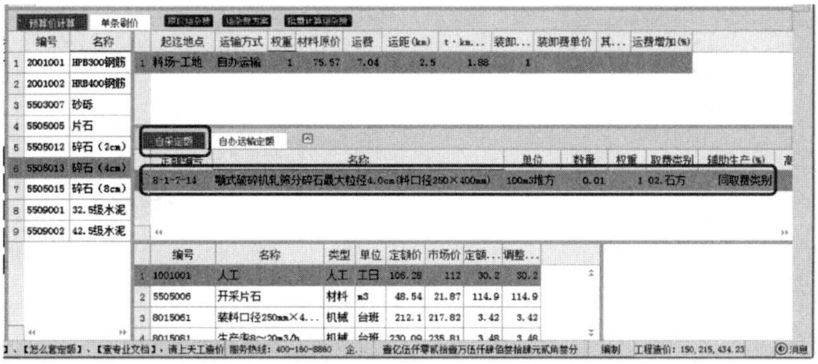

图 5-17 计算自采材料料场价格

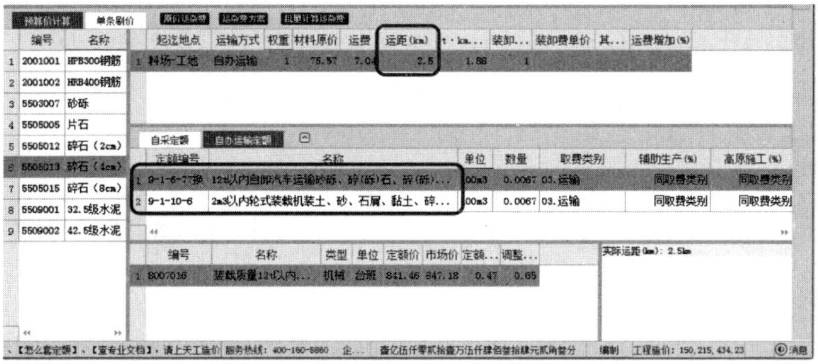

图 5-18 计算自采材料运杂费(自办运输)

3. 录入机械台班单价

机械台班费用包括不变费用和可变费用,系统已集成了不变费用和可变费用的数量。在机械费计算窗口,可根据需要调整车船税、不变费系数。

五、编制费率文件

进入【取费程序】界面，编制置费率文件。

1. 设置费率文件

在【取费程序】界面右侧窗口,可根据工程所在地选择相应的费率文件属性,设置费率文件,如图 5-19 所示。

把光标停放在【冬季施工】【雨季施工】等费率项目上时,系统会在线提示该费率属性的详细信息,用户可根据提示信息选择所需要的属性值。

当工程跨越不同的取费区域时,只需点击鼠标右键,选取【费率加权计算】，填写项目在不同取费区域内的里程,软件就能根据这些数据自动加权计算冬季、雨季、高原、风沙等费率项目的费率值,如图 5-20 所示。

	设置项目	设置值
1	工程所在地	福建
2	费率标准	部颁2018概预算…
3	冬季施工	不计
4	雨季施工	II区7个月
5	夜间施工	不计
6	高原施工	不计
7	风沙施工	不计
8	沿海地区	不计
9	行车干扰	101~500
10	工地转移(km)	60
11	施工辅助	计
12	基本费用	计
13	综合里程(km)	3
14	职工探亲	计
15	职工取暖	计
16	财务费用	计
17	辅助生产	计
18	利润	计
19	税金	计
20	养老保险%	16
21	失业保险%	0.5

图5-19 设置费率文件

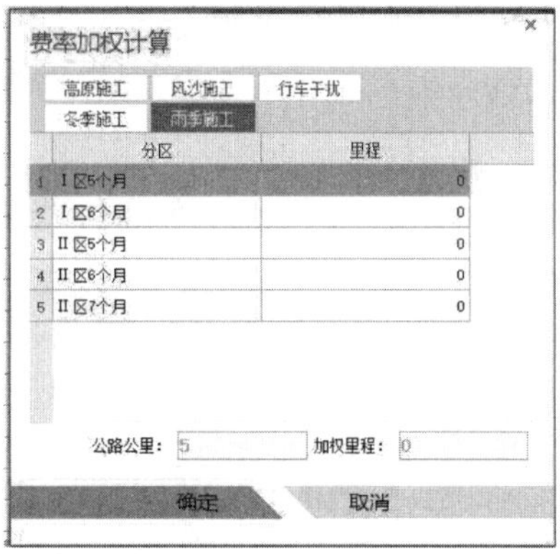

	分区	里程
1	I区5个月	0
2	I区6个月	0
3	II区5个月	0
4	II区6个月	0
5	II区7个月	0

图5-20 加权计算费率

2.查看、修改费率文件

(1)查看费率

设置好了费率属性后，可在【取费程序】靠左上方的窗口查看设置好的取费费率，如图5-21所示。系统中所有的费率项设置的费率值均可在此窗口查看，包括措施费、企业管理费、利润、税金等。

	费率项	01 土方	02 石方	03 运输	04 路面	05 隧道	06 构造物I	06-1 构造物I(绿化	07 构造物II	08 构造物III(一般	08-1 构造物III(室内	08-2 构造物III(桥梁	08-3 构造物III(设备	09 技术复杂大桥	10 钢材及钢结构(	10-1 钢材及钢结构(	10-2 钢材及钢结构(	11 设备	12 利润和税金	13 不计
1	措施费	4.3924	3.7282	3.8642	4.5268	1.4708	3.7508	3.7508	4.4682	6.8078	4.8118	6.8078	4.8118	3.3258	0.9394	0.9394	0.9394			
2	措施费I	3.8714	3.2582	3.7102	3.7088	0.2758	2.5498	2.5498	2.9312	4.0788	2.0828	4.0788	2.0828	1.6488	0.3754	0.3754	0.3754			
3	冬季施工增加费																			
4	雨季施工增加费	1.289	1.194	1.314	1.267		0.884	0.884	1.059	1.996		1.996		1.233						
5	夜间施工增加费																			
6	高原地区施工增加费																			
7	风沙地区施工增加费																			
8	沿海地区施工增加费																			
9	行车干扰施工增加费	2.343	1.881	2.23	2.098		1.386	1.386	1.516	1.417	1.417	1.417	1.417							
10	工地转移费	0.2394	0.1832	0.1662	0.3438	0.2758	0.2798	0.2798	0.3562	0.6658	0.6658	0.6658	0.6658	0.4158	0.3754	0.3754	0.3754			
11	措施费II	0.521	0.47	0.154	0.818	1.195	1.201	1.201	1.537	2.729	2.729	2.729	2.729	1.677	0.564	0.564	0.564			
12	施工辅助费	0.521	0.47	0.154	0.818	1.195	1.201	1.201	1.537	2.729	2.729	2.729	2.729	1.677	0.564	0.564	0.564			
13	企业管理费	3.332	3.363	1.888	3.056	4.444	4.441	4.441	5.745	7.846	7.846	7.846	7.846	5.089	3.163	3.163	3.163			
14	基本费用	2.747	2.792	1.374	2.427	3.569	3.587	3.587	4.726	5.976	5.976	5.976	5.976	4.143	2.242	2.242	2.242			
15	主副食运费补贴	0.122	0.108	0.118	0.066	0.096	0.114	0.114	0.126	0.225	0.225	0.225	0.225	0.101	0.104	0.104	0.104			
16	职工探亲路费	0.192	0.204	0.132	0.159	0.266	0.274	0.274	0.348	0.551	0.551	0.551	0.551	0.208	0.164	0.164	0.164			
17	职工取暖补贴																			

图5-21 费率显示窗口

(2)修改费率值

①直接修改。在【取费程序】界面，字体为蓝色的费率值可以直接输入修改，对于与费率属性不对应的费率值，可手动修改的费率值，系统会用红色字体标识，表示该费率值与系统内置标准值不同。

②费率乘系数。如需要进行费率乘系数的操作，则先要自定义取费模板，然后在靠【取费程序】左下方窗口，选择需要乘系数的【费率项】，点击鼠标右键，选择【费率乘系数】，在弹出的输入窗口里，输入系数单击【确定】按钮，该费率项的费率值会自动乘系数调整。

③恢复默认值。如需恢复系统默认设置值，则可以在右键菜单中选择【恢复默认费率值】即可。

六、计算、输出报表

1. 费用计算与检查

单击【计算】按钮，进行费用计算。计算完毕后系统会弹出【问题检查】信息。可根据需要进行修正。

2. 输出报表

切换至【报表】窗口(图 5-22)，选择生成需要的报表，可完成报表的打印、导出(图 5-23)。

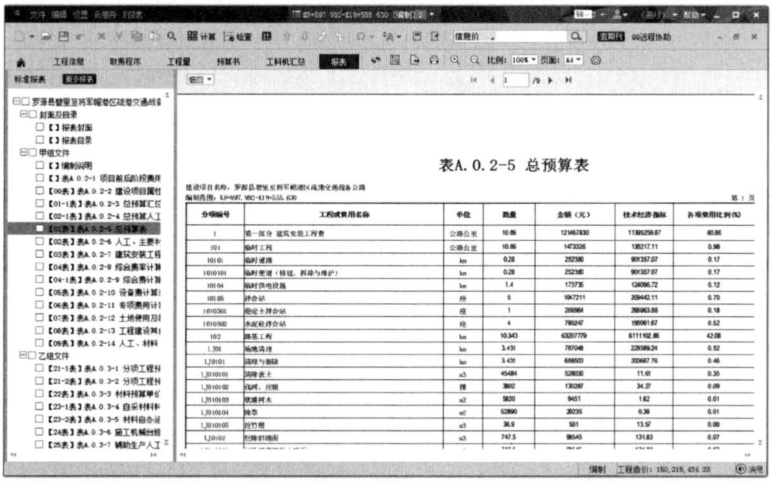

图 5-22 报表输出打印界面

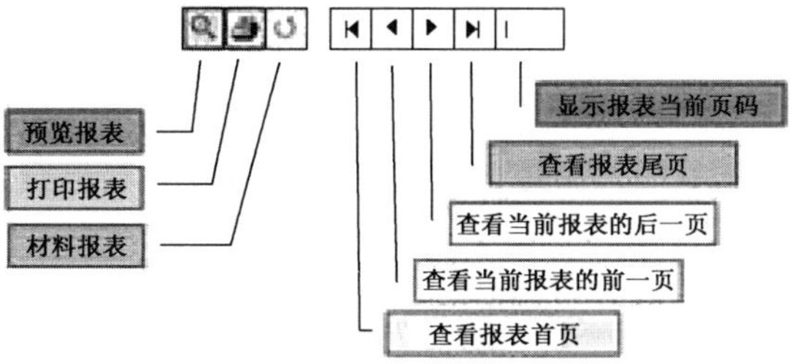

图 5-23 报表输出打印图标

3. 导出、导入模板文件

当编制完预算后，需要发给上级审核或他人时，需保存并关闭造价文件，然后在项目管理窗口选中需要导出的项目→【文件】或右键→【导出 WECOST 文件】→选择【保存路径】的功能，来进行数据的交互使用，如图5-24所示。

图5-24 导出保存造价文件

第三节 施工图预算编制实例

一、工程背景

工程项目名称：××至××港区疏港交通战备公路（以下简称“××港区疏港公路”）

项目概况：路线起于××村，顺接××公路（起点桩号为K8+897.992），终于××港区（终点桩号为K19+555.630），全长10.659505km（断链1.867m，长链），并在桩号K11+917~K12+180处修建长263m的龟屿隧道，按设计速度为60km/h的二级公路标准进行设计。

本项目主要工程量：

(1)路基土石方：土方213267m^3，石方544328m^3，平均每千米土石方71068.949m^3。

(2)防护砌体：40657.96m^3。

(3)喷锚挂网：38533m^2。

(4)排水砌体：11397.7m^3。

(5)路面：水泥混凝土路路面140582.5m^2，硬路肩35385.6m^2。

(6)桥梁：1处，长53.5m。

(7)涵洞:钢筋混凝土盖板涵1109.8m/36道。

(8)平面交叉:2处。

(9)隧道:1处,长263m。

项目施工图设计文件:见本书配套用书《公路工程施工招标文件示例》。

项目任务:根据交通运输部现行计价办法及本省补充规定编制该项目的施工图预算文件(具体见《项目任务书》)。

二、施工图预算部分成果示例

(1)建设项目属性及技术经济信息表,见表5-1。

建设项目属性及技术经济信息表 表5-1

建设项目:K8+897.992~K19+555.630 00表

序号	名　　称	单　　位	信息或数量	经济指标(万元)	备　　注
一	项目基本属性				
1	工程所在地		福建		
2	路线长度	公路千米	10.659		
3	公路等级		二级公路		
4	设计时速	km/h	60		
5	地形类别				
6	路面结构		水泥混凝土路面		
7	路基宽度	m	17		
8	路基长度	km	10.343		
9	桥梁长度	km	0.053		
10	隧道长度	km	0.263		
11	桥隧比	%	2.968		
二	工程造价				
1	第一部分 建筑安装工程费	公路千米	10.659505	120945991	
2	第二部分 土地征用及拆迁补偿费	公路千米	10.659505	14592729	
3	第三部分 工程建设其他费用	公路千米	10.659505	9929047	

续上表

序号	名　　称	单　　位	信息或数量	经济指标(万元)	备　　注
4	第四部分 预备费	公路千米	10.659505	4364033	
5	建设期贷款利息	公路千米	10.659505		

编制：　　　　　　　　　　　　　　　　　　复核：

(2)总预算表(01 表),见表 5-2。

(3)人工、主要材料、施工机械台班数量汇总表(02 表),见表 5-3。

(4)建筑安装工程费计算表(03 表),见表 5-4。

(5)综合费率计算表(04 表),见表 5-5。

(6)专项费用计算表(06 表),见表 5-6。

(7)土地使用及拆迁补偿费计算表(07 表),见表 5-7。

(8)工程建设其他费计算表(08 表),见表 5-8。

(9)人工、材料、施工机械台班单价汇总表(09 表),见表 5-9。

(10)分项工程预算计算数据表(21-1 表),见表 5-10。

(11)分项工程预算表(21-2 表),见表 5-11。

(12)材料预算单价计算表(22 表),见表 5-12。

(13)自采材料料场价格计算表(23-1 表),见表 5-13。

(14)材料自办运输单位运费计算表(23-2 表),见表 5-14。

(15)施工机械台班单价计算表(24 表),见表 5-15。

(16)辅助生产人工、材料、施工机械台班单位数量表(25 表),见表 5-16。

(17)原始数据表(附表 01),见表 5-17。

表 5-2

总 预 算 表

建设项目名称：××至××港区疏港交通战备公路

编制范围：K8 + 897.992 ~ K19 + 555.630　　第 1 页　共 9 页　01 表

分项编号	工程或费用名称	单　位	数　量	金额（元）	技术经济指标	各项费用比例（%）	备　注
1	第一部分　建筑安装工程费	公路千米	10.66	120945991	11346304.61	24.04	建设项目路线总长度（主线长度）
101	临时工程	公路千米	10.66	1456227	136612.97	0.29	
10101	临时道路	km	0.28	252007	900024.46	0.05	
1010101	临时便道（修建、拆除与维护）	km	0.28	252007	900024.46	0.05	
10104	临时供电设施	km	1.4	173620	124014.31	0.03	
10105	拌和站	座	5	1030600	206119.96	0.20	
1010501	稳定土拌和站	座	1	265934	265933.54	0.05	
1010502	水泥混凝土拌和站	座	4	764666	191166.57	0.15	
102	路基工程	km	10.343	62947682	6085956.05	12.51	
LJ01	场地清理	km	3.431	784173	228551.14	0.16	
LJ0101	清理与掘除	km	3.431	685732	199859.92	0.14	
LJ010101	清除表土	m^3	45484	526295	11.57	0.10	
LJ010102	伐树、挖根	棵	3802	129382	34.03	0.03	
LJ010103	砍灌树木	m^2	5820	9357	1.61	0.00	
LJ010104	除草	m^2	52890	20200	0.38	0.00	
LJ010105	挖竹根	m^3	36.9	498	13.50	0.00	
LJ0102	挖除旧路面	m^3	747.5	98441	131.69	0.02	
LJ010202	挖除沥青混凝土路面	m^3	747.5	98441	131.69	0.02	
LJ02	路基挖方	m^3	213267	26777287	125.56	5.32	
LJ0201	挖土方	m^3	213267	1777180	8.33	0.35	
LJ0202	挖石方	m^3	567437	23847075	42.03	4.74	
LJ0202	挖淤泥	m^3	49409.1	1153032	23.34	0.23	
LJ03	路基填方	m^3	536418	3530736	6.58	0.70	
LJ0301	利用土方填筑	m^3	169706	956753	5.64	0.19	

编制：　　　　复核：

表 5-2

总 预 算 表

建设项目名称：××至××港区疏港交通战备公路

编制范围：K8 +897.992 ~ K19 +555.630　　　　第 2 页　共 9 页　01 表

分项编号	工程或费用名称	单位	数量	金额（元）	技术经济指标	各项费用比例（%）	备注
LJ0303	利用石方填筑	m^3	366147.6	2573983	7.03	0.51	
LJ05	特殊路基处理	km	10.343	6168357	596373.85	1.23	
LJ0501	软土地区路基处理	km	10.343	6168357	596373.85	1.23	
LJ050101	抛石挤淤	m^3	564.4	33498	59.35	0.01	
LJ050102	换填石	m^3	43926.3	5184502	118.03	1.03	
LJ050103	换填透水性材料	m^3	5482.8	280370	51.14	0.06	
LJ050104	挤密砂桩	m^3	739.87	669987	905.55	0.13	
LJ06	排水工程	km	10.343	4810962	465137.15	0.96	
LJ0601	边沟	m^3/m	5164.9/7913.1	2368261	458.53/299.28	0.47	
LJ060103	浆砌片块石边沟	m^3/m	5181.9/7913.1	2368261	457.03/299.28	0.47	
LJ0602	排水沟	m^3/m	2741.2/4268.7	1032908	376.81/241.97	0.21	
LJ060203	浆砌片（块）石排水沟	m^3/m	2741.2/4268.7	1032908	376.81/241.97	0.21	
LJ0603	截水沟	m^3/m	1953/2570	802660	410.99/312.32	0.16	
LJ060302	浆砌片（块）石截水沟	m^3/m	1953/2570	802660	410.99/312.32	0.16	
LJ0604	急流槽	m^3/m	1535.7/1219.6	607133	395.35/497.81	0.12	
LJ060402	浆砌片（块）石急流槽	m^3/m	1535.7/1219.6	607133	395.35/497.81	0.12	
LJ07	路基防护与加固工程	km	10.343	20541220	1985981.98	4.08	
LJ0701	一般边坡防护与加固	km	10.343	20541220	1985981.98	4.08	
LJ070101	挂网锚喷混凝土防护边坡	m^2	38533	6141413	159.38	1.22	
LJ070102	浆砌骨架防护	m	21358.4	10816870	506.45	2.15	
LJ07010201	喷播草籽	m^2	22238.4	1071323	48.17	0.21	
LJ07010202	网格骨架防护	m^3	5467.3	1854195	339.14	0.37	
LJ07010203	拱型骨架防护	m^3	6648.3	3861152	580.77	0.77	
LJ07010204	其他防护	m^3	9465.7	4030199	425.77	0.80	
LJ070103	浆砌片石护面墙	m^3	3395.8	1502277	442.39	0.30	

编制：　　　　　　　　复核：

总 预 算 表

表 5-2

建设项目名称：××至××港区疏港交通战备公路

编制范围：K8 +897.992 ~ K19 +555.630

第 3 页 共 9 页 01 表

分项编号	工程或费用名称	单位	数量	金额（元）	技术经济指标	各项费用比例（%）	备注
LJ070104	干砌块石护坡	m^3	3968.51	1537094	387.32	0.31	
LJ070105	砌体挡土墙	m^3	1715.151	543566	316.92	0.11	
LJ07010501	浆砌片石护肩	m^3	374.54	113077	301.91	0.02	
LJ07010502	浆砌片石护脚	m^3	139.781	40845	292.21	0.01	
LJ07010503	浆砌片石挡土墙	m^3	1200.83	389645	324.48	0.08	
LJ08	路基其他工程	km	10.343	334947	32383.58	0.07	
LJ0801	整修路拱	m^2	176289	35025	0.20	0.01	
LJ0802	整修边坡	m	8.625	299922	34773.59	0.06	
103	路面工程	km	10.343	33468429	3235820.27	6.65	
LM02	水泥混凝土路面	m^2	140582.5	26387134	187.70	5.25	
LM0202	路面底基层	m^2	140582.5	2811212	20.00	0.56	
LM020201	10cm 厚填隙碎石底基层	m^2	3382.6	45687	13.51	0.01	
LM020202	15cm 厚填隙碎石底基层	m^2	137199.9	2765525	20.16	0.55	
LM0203	路面基层	m^2	140582.5	6028708	42.88	1.20	
LM020302	18cm 厚 5% 水泥稳定碎石基层	m^2	140582.5	6028708	42.88	1.20	
LM0205	水泥混凝土面层	m^2	140582.5	17547214	124.82	3.49	
LM020501	24cm 厚 C35 水泥混凝土面层	m^2	140582.5	17065984	121.39	3.39	
LM020502	钢筋	t	74.13	481230	6491.71	0.10	
LM04	路槽、路肩及中央分隔带	m^2	31152.1	7081295	227.31	1.41	
LM0401	硬路肩	m^2	31152.1	5738192	184.20	1.14	
LM040101	10cm 厚填隙碎石底基层	m^2	726.6	9814	13.51	0.00	
LM040102	15cm 厚填隙碎石底基层	m^2	30425.4	613282	20.16	0.12	
LM040103	18cm 厚 5% 水泥稳定碎石基层	m^2	31152.1	1335920	42.88	0.27	
LM040104	24cm 厚 C35 水泥混凝土面层	m^2	31152.1	3779177	121.31	0.75	
LM0402	路缘石	m^3	1047.1	1343103	1282.69	0.27	

编制： 复核：

总 预 算 表

表 5-2

建设项目名称：××至××港区疏港交通战备公路

编制范围：K8 +897.992 ~ K19 +555.630

第 4 页 共 9 页 01 表

分项编号	工程或费用名称	单位	数量	金额（元）	技术经济指标	各项费用比例（%）	备注
104	桥梁涵洞工程	km	0.053	10323198	193318315.17	2.05	
10401	涵洞工程	m/道	1109.8/36	8331865	7507.54/231440.71	1.66	
HD02	盖板涵	m/道	1109.8/36	8331865	7507.54/231440.71	1.66	
HD0201	1 −1.5 ×1.5	m/道	296.55/11	1003857	3385.12/91259.69	0.20	
HD0202	1 −2.0 ×2.0	m/座	128.25/5	542583	4230.67/108516.61	0.11	
HD0203	1 −2.5 ×2	m/座	206/7	1365646	6629.35/195092.23	0.27	
HD0204	1 −3 ×3	m/座	288/9	2290067	7951.62/254451.89	0.46	
HD0205	1 −3.5 ×3.5	m/座	28/1	1045569	37341.75/1045568.99	0.21	
HD0206	1 −4 ×4	m/座	163/3	2084144	12786.16/694714.72	0.41	
10403	中桥工程	m/座	53.4/1	1991333	37290.87/1991332.60	0.40	
1040303	内厝板中桥	m^2/m	445.89/53.4	1991333	4465.97/37290.87	0.40	
QL01	基础工程	m^3	306.42	813782	2655.77	0.16	
QL0102	桩基础	m^3/m	209.3	667624	3189.79	0.13	
QL010201	灌注桩基础	m^3	209.3	667624	3189.79	0.13	
QL01020101	ϕ1.2m	m	60.4	201619	3338.06	0.04	
QL01020102	ϕ1.3m	m	106.2	466005	4388.00	0.09	
QL0105	承台	m^3	90.36	87595	969.40	0.02	
QL0106	系梁	m^3	6.76	56101	8298.90	0.01	
QL0107	基坑开挖	m^3	61.3	2462	40.16	0.00	
QL02	下部构造	m^3	194.59	360524	1852.74	0.07	
QL0201	桥台	m^3	110.77	174918	1579.11	0.03	
QL020101	桥台盖梁	m^3	40.7	67516	1658.88	0.01	
QL020102	桥台防震挡块	m^3	0.44	1702	3867.89	0.00	
QL020103	桥台耳背墙	m^3	18.52	31625	1707.60	0.01	
QL020104	桥台支座垫石	m^3	1.71	5977	3495.35	0.00	

编制： 复核：

总 预 算 表

表 5-2

建设项目名称：××至××港区疏港交通战备公路

编制范围：K8 + 897.992 ~ K19 + 555.630　　　　第 5 页　共 9 页　01 表

分项编号	工程或费用名称	单位	数量	金额(元)	技术经济指标	各项费用比例(%)	备注
QL020106	桥台肋板	m^3	49.4	68098	1378.50	0.01	
QL0202	桥墩	m^3	86.16	185606	2154.20	0.04	
QL020201	桥墩盖梁	m^3	38.1	93365	2450.52	0.02	
QL020202	桥墩墩柱	m^3	38.2	59552	1558.95	0.01	
QL020203	桥墩系梁(中)	m^3	6.92	22742	3286.41	0.00	
QL020204	桥墩防震挡块	m^3	0.6	2103	3505.05	0.00	
QL020205	桥墩支座垫石	m^3	2.34	7844	3352.35	0.00	
QL03	上部构造	m^3	223.06	584139	2618.75	0.12	
QL0303	预应力混凝土空心板	m^3	223.06	584139	2618.75	0.12	
QL030301	预制预应力混凝土空心板	m^3	203.58	443294	2177.49	0.09	
QL030302	后张法预应力钢绞线	t	7.207	106179	14733.45	0.02	
QL030303	桥梁上部结构现浇整体化混凝土	m^3	19.48	34666	1779.58	0.01	
QL04	桥面铺装	m^3	56.71	79081	1394.48	0.02	
QL0402	水泥混凝土铺装	m^3	56.71	79081	1394.48	0.02	
QL05	桥梁附属结构	m	53.4	153806	2880.27	0.03	
QL0501	桥梁支座	个	84	15304	182.19	0.00	
QL050101	板式橡胶支座	个	84	15304	182.19	0.00	
QL05010101	GJZF4，ϕ200×44	dm^3	38.7	9752	252.00	0.00	
QL05010102	GJZ，ϕ200×42	dm^3	73.89	5552	75.13	0.00	
QL0502	伸缩缝	m	19.36	33324	1721.28	0.01	
QL050201	模数式伸缩缝	m	19.36	33324	1721.28	0.01	
QL0503	护栏与护网	m	106.8	60318	564.78	0.01	
QL050301	桥梁混凝土防撞护栏	m	106.8	60318	564.78	0.01	
QL0504	桥台搭板	m^3	28.18	44082	1564.31	0.01	
QL0505	泄水管	m	13.3	778	58.49	0.00	

编制：　　　　复核：

表 5-2

总 预 算 表

建设项目名称：××至××港区疏港交通战备公路

编制范围：K8 +897.992 ~ K19 +555.630

第 6 页　共 9 页　01 表

分项编号	工程或费用名称	单　位	数　量	金额(元)	技术经济指标	各项费用比例(%)	备　注
105	隧道工程	km/座	0.263/1	6359220	24179543.23/6359219.87	1.26	
10501	龟屿隧道	m	263	6359220	24179.54	1.26	
SD05	洞身开挖	m^3/m	18062.919/241	3848521	213.06/15968.97	0.76	
SD0501	开挖	m^3/m	18062.919/241	1805357	99.95/7491.11	0.36	
SD0504	锚杆	m	6064.2	477538	78.75	0.09	
SD050401	ϕ25 中空注浆锚杆	m	2425.8	231623	95.48	0.05	
SD050402	ϕ22 砂浆锚杆	m	6064.2	245915	40.55	0.05	
SD0505	钢拱架(支撑)	t	69.969	604039	8632.95	0.12	
SD050501	I20b 工字钢钢支撑(初期支护)	t	27.249	205209	7530.87	0.04	
SD050502	HRB335 格栅钢筋(初期支护)	t	36.842	344194	9342.43	0.07	
SD050503	HRB335 格栅钢筋(临时支护)	t	5.878	54636	9295.01	0.01	
SD0509	喷混凝土	m^3	835.9	880890	1053.82	0.18	
SD050901	C20 喷射混凝土	m^3	630.6	662118	1049.98	0.13	
SD050902	C25 喷射混凝土	m^3	205.3	218772	1065.62	0.04	
SD0510	钢筋网	t	10.636	80697	7587.15	0.02	
SD06	洞身衬砌	m^3	1841.6	1800488	977.68	0.36	
SD0602	C25 拱墙二衬防水混凝土	m^3	1841.6	1432125	777.65	0.28	
SD0603	钢筋	t	54.082	368363	6811.20	0.07	
SD07	仰拱	m^3	655.6	285285	435.15	0.06	
SD0701	C25 模筑普通混凝土仰拱	m^3	251.3	122484	487.40	0.02	
SD0702	C15 片石混凝土仰拱回填	m^3	404.3	162801	402.67	0.03	
SD10	洞内路面	m^2	2025.1	424926	209.83	0.08	
SD1001	水泥混凝土路面	m^2	2025.1	424926	209.83	0.08	
SD100101	24cm 厚,C35 水泥混凝土面层	m^3	486.024	248130	510.53	0.05	

编制：　　　　复核：

总 预 算 表

表 5-2

建设项目名称：××至××港区疏港交通战备公路

编制范围：K8 +897.992 ~ K19 +555.630

第 7 页 共 9 页 01 表

分项编号	工程或费用名称	单 位	数 量	金额(元)	技术经济指标	各项费用比例(%)	备 注
SD100102	钢筋	t	1.92	11195	5830.92	0.00	
SD100103	15cm 厚,C15 素混凝土调平层	m^2	1906.8	165601	86.85	0.03	
107	交通工程及沿线设施	公路千米	10.66	1753802	164529.41	0.35	
10701	交通安全设施	公路千米	10.66	1753802	164529.41	0.35	
JA01	护栏	m	3340.623	1579213	472.73	0.31	
JA0102	现浇钢筋混凝土防撞护栏	m^3/m	929.9/1722.008	1137015	1222.73/660.28	0.23	
JA0104	石砌墙式护栏	m^3/m	1011.65/1618.615	442199	437.11/273.20	0.09	
JA04	标线	m^2	3836.7	170765	44.51	0.03	
JA0401	路面标线	m^2	3836.7	170765	44.51	0.03	
JA040101	热熔标线	m^2/m	3836.7	170765	44.51	0.03	
JA05	里程牌、百米桩、界碑	个	11	1394	126.69	0.00	
JA0501	混凝土里程牌、百米桩、界碑	个	11	1394	126.69	0.00	
JA050101	混凝土里程牌	个	11	1394	126.69	0.00	
JA06	轮廓标	个	426	2430	5.70	0.00	
JA0603	栏式轮廓标	个	426	2430	5.70	0.00	
110	专项费用	元		4637433		0.92	
11001	施工场地建设费	元		2850054		0.57	
11002	安全生产费	元		1787379		0.36	
2	第二部分 土地征用及拆迁补偿费	公路千米	10.66	14592729	1368987.49	2.90	
201	土地使用费	亩	327.73	8609430	26269.89	1.71	
20101	永久征用土地	亩	326.98	8604180	26314.09	1.71	
2010101	征用土地费	亩	568.9	7596780	13353.45	1.51	
2010102	果树、青苗补偿费	元		1007400		0.20	
20102	临时用地	亩	3.75	5250	1400.00	0.00	
2010201	临时征地使用费	亩	3.75	5250	1400.00	0.00	

编制： 复核：

总 预 算 表

表 5-2

建设项目名称：××至××港区疏港交通战备公路

编制范围：K8 +897.992 ~ K19 +555.630

第 8 页　共 9 页　01 表

分项编号	工程或费用名称	单　位	数　量	金额（元）	技术经济指标	各项费用比例（%）	备　注
202	拆迁补偿费	公路千米	10.66	5983299	561311.15	1.19	
3	第三部分 工程建设其他费用	公路千米	10.66	352883836	33105086.57	70.15	
301	建设项目管理费	公路千米	10.66	236562588	22192642.91	47.02	
30101	建设单位（业主）管理费	公路千米	10.66	2838727	266309.47	0.56	${部颁 2018 建设单位（业主）管理费}
30102	建设项目信息化费	公路千米	10.66	115548003	10839903.29	22.97	${部颁 2018 建设项目信息化费}
30103	工程监理费	公路千米	10.66	2475850	232266.93	0.49	${部颁 2018 工程监理费}
30104	设计文件审查费	公路千米	10.66	115548003	10839903.29	22.97	${部颁 2018 设计文件审查费}
30105	竣（交）工验收试验检测费	公路千米	10.66	152004	14259.93	0.03	
3010501	道路工程	km	10.343	142733	13799.86	0.03	
3010502	一般桥梁	m	53.4	854	16.00	0.00	
3010503	隧道工程	m	263	8416	32.00	0.00	
302	研究试验费	公路千米	10.66				
303	建设项目前期工作费	公路千米	10.66	115548003	10839903.29	22.97	${部颁 2018 建设项目前期工作费}
305	联合试运转费	公路千米	10.66	46219	4335.96	0.01	
306	生产准备费	公路千米	10.66	61822	5799.73	0.01	
30601	工器具购置费	公路千米	10.66				
30602	办公和生活用家具购置费	公路千米	10.66	61822	5799.73	0.01	

编制：　　　　　　　　复核：

表 5-2

总 预 算 表

建设项目名称：××至××港区疏港交通战备公路

编制范围：K8 +897.992 ~ K19 +555.630 第 9 页 共 9 页 01 表

分项编号	工程或费用名称	单位	数量	金额（元）	技术经济指标	各项费用比例（%）	备注
307	工程保通费	公路千米	10.66				
30701	保通便道管理费	km	10.66				
308	工程保险费	公路千米	10.66	483784	45385.22	0.10	
309	其他相关费用	公路千米	10.66				
310	工伤保险费	公路千米	10.66	181419	17019.46	0.04	
4	第四部分 预备费	公路千米	10.66	14652677	1374611.36	2.91	
401	基本预备费	元	1	14652677	14652676.66	2.91	
402	价差预备费	元	1				
5	第一至四部分合计	公路千米	10.66	503075232	47194990.02	100.00	
6	建设期贷款利息	公路千米	10.66				
7	公路基本造价	公路千米	10.66	503075232	47194990.02	100.00	

编制： 复核：

表 5-3

人工、主要材料、施工机械台班数量汇总表

建设项目名称：× ×至× ×港区疏港交通战备公路

编制范围：K8 + 897.992 ~ K19 + 555.630　　　　第 1 页　共 2 页　02 表

代号	规格名称	单位	单价（元）	总数量	分项统计										场外运输损耗	
					临时工程	路基工程	路面工程	桥梁涵洞工程	隧道工程	交通工程及沿线设施	专项费用			辅助生产	%	数量
1001001	人工	工日	112.00	203585.435	3050.723	111202.432	18562.972	17041.317	11494.083	3431.149				38802.758		
1051001	机械工	工日	112.00	32472.160	213.693	19050.173	4883.287	3121.636	918.521	105.694				4179.156		
1517001	预制构件	m^3		996.632		793.052		203.580								
2001001	HPB300 钢筋	t	3851.67	220.149	0.356	121.017	16.424	57.009	14.295	11.048						
2001002	HRB400 钢筋	t	3834.55	490.827		36.337	68.451	209.075	124.842	52.122						
2001008	钢绞线（普通，无松弛）	t	4786.32	8.072				8.072								
2001019	钢丝绳（股丝 6 – 7 × 19，绳径 7.1 ~ 9mm；股丝 6 × 37，绳径 14.1 ~ 15.5mm）	t	5970.09	0.288				0.288								
2001020	钢纤维（扁丝切断型、钢丝切断型、高强铣销型、剪切波纹型、剪切压痕型）	t	5128.21	0.008				0.008								
2001021	8 ~ 12 号铁丝（镀锌铁丝）	kg	4.36	3780.928	60.560	2630.332		334.422	755.614							
2001022	20 ~ 22 号铁丝（镀锌铁丝）	kg	4.79	1880.936		457.125	51.891	871.200	187.019	313.702						
2003004	型钢（工字钢，角钢）	t	3504.27	39.172	0.583	0.880	2.371	5.244	30.094	0.001						
2003005	钢板（A3，$\delta = 5 \sim 40mm$）	t	3547.01	13.012	0.700		0.105	2.604	9.603							
2003008	钢管（无缝钢管）	t	4179.49	17.284		10.822		4.244	2.219							
2003012	镀锌钢板（$\delta = 1mm$，$\delta = 1.5mm$，$\delta = 3mm$）	t	4538.46	0.034						0.034						

编制：　　　　　　　　　　复核：

人工、主要材料、施工机械台班数量汇总表

表 5-3

建设项目名称：××至××港区疏港交通战备公路

编制范围：K8 +897.992 ~ K19 +555.630　　　　第 2 页　共 2 页　02 表

代号	规格名称	单位	单价（元）	总数量	分项统计										场外运输损耗	
					临时工程	路基工程	路面工程	桥梁涵洞工程	隧道工程	交通工程及沿线设施	专项费用			辅助生产	%	数量
2003021	钢管桩（直径 219 ~ 2440mm，壁厚 5 ~ 20mm）	t	4700.85	0.787				0.787								
2003022	钢护筒	t	4273.50	4.310				4.310								
2003025	钢模板（各类定型大块钢模板）	t	5384.62	29.199		0.166		19.641		9.392						
2003026	组合钢模板	t	4700.85	2.768	0.806	0.117		1.841		0.004						
2003028	安全爬梯	t	8076.92	0.141				0.141								
2003044	铁皮（26 号镀锌铁皮）	m^2	22.91	639.140		146.900		482.690		9.550						
8017048	排气量 $6m^3/min$ 以内机动空气压缩机（WY-6/7A）	台班	531.25	55.315		55.315										
8017049	排气量 $9m^3/min$ 以内机动空气压缩机（VY-9/7）	台班	719.10	6226.785		6223.589		3.196								
8019003	功率 147kW 以内内燃拖轮	台班	1637.03	0.287				0.287								
8019005	功率 221kW 以内内燃拖轮	台班	2236.33	1.039				1.039								
8019023	装载质量 200t 以内工程驳船	台班	218.63	5.929				5.929								
8099001	小型机具使用费	元	1.00	402321.879	460.728	356659.352	951.553	8703.482	34317.532	1229.232						

编制：　　　　复核：

表5-4

建筑安装工程费计算表

建设项目名称：××至××港区疏港交通战备公路

编制范围：K8+897.992～K19+555.630

第1页　共3页　03表

序号	分项编号	工程名称	单位	工程量	定额直接费（元）	定额设备购置费（元）	直接费（元）				设备购置费	措施费	企业管理费	规费	利润（元）	税金（元）	金额合计（元）	
							人工费	材料费	施工机械使用费	合计					费率7.42%	税率9.0%	合计	单价
1	2	3	4	5	6	7	8	9	10	11	12	13	14	15	16	17	18	19
1	1010101	临时便道（修建、拆除与维护）	km	0.280	194805		4897	163294	35406	203596		2980	5830	3684	15108	20808	252007	900024.45
2	10104	临时供电设施	km	1.400	137802		7056	131105		138161		1826	6120	2364	10814	14336	173620	124014.32
3	1010501	稳定土拌和站	座	1.000	188621		56582	76691	61030	194304		5182	8377	21111	15002	21958	265934	265933.54
4	1010502	水泥混凝土拌和站	座	4.000	496924		273146	205815	51757	530717		13882	22068	95322	39539	63138	764666	191166.56
5	LJ010101	清除表土	m^3	45484.000	398212		20377		381215	401592		16278	9975	23499	31495	43456	526295	11.57
6	LJ010102	伐树、挖根	棵	3802.000	83644		51099		35485	86584		3140	3715	18545	6715	10683	129382	34.03
7	LJ010103	砍灌树木	m^2	5820.000	5470		5765			5765		205	243	1931	439	773	9357	1.61
8	LJ010104	除草	m^2	52890.000	15232				15347	15347		571	676	714	1223	1668	20200	0.38
9	LJ010105	挖竹根	m^3	36.900	339		124		223	347		13	15	55	27	41	498	13.50
10	LJ010202	挖除沥青混凝土路面	m^3	747.500	66985		31814		36839	68652		2517	2835	10941	5367	8128	98441	131.69
11	LJ0201	挖土方	m^3	213267.000	1344460		59610		1297312	1356922		54239	31631	81517	106130	146740	1777180	8.33
12	LJ0202	挖石方	m^3	567437.000	17405714		4250925	2479532	10939120	17669577		573125	531186	1730719	1373444	1969025	23847075	42.03
13	LJ0202	挖淤泥	m^3	49409.100	840557		145212		707382	852594		35481	24071	78893	66788	95204	1153032	23.34
14	LJ0301	利用土方填筑	m^3	169706.000	692778		73956		628865	702822		30429	23083	66047	55375	78998	956753	5.64
15	LJ0303	利用石方填筑	m^3	366147.600	1855270		328068		1557130	1885198		69163	62393	197276	147422	212531	2573983	7.03
16	LJ050101	抛石挤淤	m^3	564.400	45328		955	20157	3720	24831		541	1385	468	3506	2766	33498	59.35
17	LJ050102	换填石	m^3	43926.300	4216617		85112	4015132	122115	4222359		41964	128860	37692	325548	428078	5184502	118.03
18	LJ050103	换填透水性材料	m^3	5482.800	327340		5588	204891	6054	216533		3096	10003	2327	25261	23150	280370	51.14
19	LJ050104	挤密砂桩	m^3	739.870	505387		84584	326635	99831	511050		10499	16451	37168	39499	55320	669987	905.55
20	LJ060103	浆砌片块石边沟	m^3/m	5181.900	1676570		852343	716501	64115	1632959		42237	74187	290293	133040	195544	2368261	457.03
21	LJ060203	浆砌片（块）石排水沟	m^3/m	2741.200	750337		347169	351067	20008	718243		17913	33322	118667	59477	85286	1032908	376.81

编制：　　　　　　　　　　　　复核：

建筑安装工程费计算表

表 5-4

建设项目名称：××至××港区疏港交通战备公路

编制范围：K8 +897.992 ~ K19 +555.630

第 2 页 共 3 页 03 表

序号	分项编号	工程名称	单位	工程量	定额直接费（元）	定额设备购置费（元）	直接费（元）				设备购置费	措施费	企业管理费	规费	利润（元）	税金（元）	金额合计（元）	
							人工费	材料费	施工机械使用费	合计					费率 7.42%	税率 9.0%	合计	单价
1	2	3	4	5	6	7	8	9	10	11	12	13	14	15	16	17	18	19
82	SD050503	HRB335 格栅钢筋（临时支护）	t	5.878	37918		7620	29176	5502	42298		261	1199	3444	2922	4511	54636	9295.01
83	SD050901	C20 喷射混凝土	m^3	630.600	421526		130660	280486	87627	498774		6128	18554	50883	33109	54670	662118	1049.98
84	SD050902	C25 喷射混凝土	m^3	205.300	138835		42538	94046	28528	165112		2014	6112	16566	10904	18064	218772	1065.62
85	SD0510	钢筋网	t	10.636	54424		15248	42420	3272	60940		699	2419	5707	4270	6663	80697	7587.15
86	SD0602	C25 拱墙二衬防水混凝土	m^3	1841.600	906230		259887	752856	86032	1098774		13198	39764	90968	71172	118249	1432125	777.65
87	SD0603	钢筋	t	54.082	246992		61783	214700	6353	282837		3130	10976	21631	19374	30415	368363	6811.20
88	SD0701	C25 模筑普通混凝土仰拱	m^3	251.300	78576		6473	82779	9757	99009		1159	3430	2602	6171	10113	122484	487.40
89	SD0702	C15 片石混凝土仰拱回填	m^3	404.300	111497		13132	100127	15697	128955		1693	4856	5096	8759	13442	162801	402.67
90	SD100101	24cm 厚，C35 水泥混凝土面层	m^3	486.024	169893		20948	151373	24972	197293		2991	5250	8891	13218	20488	248130	510.53
91	SD100102	钢筋	t	1.920	7803		1301	7615	24	8939		49	247	436	601	924	11195	5830.92
92	SD100103	15cm 厚，C15 素混凝土调平层	m^2	1906.800	103974		37053	80461	7363	124877		2423	3177	13319	8130	13673	165601	86.85
93	JA0102	现浇钢筋混凝土防撞护栏	m^3/m	929.900	746086		254863	587229	13153	855245		12615	29425	87368	58479	93882	1137015	1222.73

编制： 复核：

表 5-4

建筑安装工程费计算表

建设项目名称：××至××港区疏港交通战备公路

编制范围：K8 +897.992 ~ K19 +555.630　　　　第 3 页　共 3 页　03 表

序号	分项编号	工程名称	单位	工程量	定额直接费（元）	定额设备购置费(元)	直接费(元)				设备购置费	措施费	企业管理费	规费	利润（元）	税金（元）	金额合计（元）	
							人工费	材料费	施工机械使用费	合计					费率 7.42%	税率 9.0%	合计	单价
1	2	3	4	5	6	7	8	9	10	11	12	13	14	15	16	17	18	19
94	JA0104	石砌墙式护栏	m^3/m	1011.650	313974		115363	206354		321716		6562	13944	38646	24818	36512	442199	437.11
95	JA040101	热熔标线	m^2/m	3836.700	130678		13321	95987	22356	131664		2454	5803	6435	10309	14100	170765	44.51
96	JA050101	混凝土里程牌	个	11.000	896		408	542	55	1004		22	40	141	71	115	1394	126.69
97	JA0603	栏式轮廓标	个	426.000	1845		334	1526		1860		30	82	112	145	201	2430	5.70
98	11001	施工场地建设费	元							2850054							2850054	
99	11002	安全生产费	元							1787379							1787379	
100		合计	公路千米	10.659	82770521		18455661	47074623	22638224	92805941		1872423	2922604	7244200	6497364	9603459	120945991	11346842.17

编制：　　　　　　　　复核：

综合费率计算表

表 5-5

建设项目名称：××至××港区疏港交通战备公路

编制范围：K8 +897.992 ~ K19 +555.630

第 1 页 共 2 页 04 表

序号	工程类别	措施费(%)											企业管理费(%)						规费(%)					
		冬季施工增加费	雨季施工增加费	夜间施工增加费	高原地区施工增加费	风沙地区施工增加费	沿海地区施工增加费	行车干扰施工增加费	施工辅助费	工地转移费	综合费率		基本费用	主副食运费补贴	职工探亲路费	职工取暖补贴	财务费用	综合费率	养老保险费	失业保险费	医疗保险费	工伤保险费	住房公积金	综合费率
											Ⅰ	Ⅱ												
1	2	3	4	5	6	7	8	9	10	11	12	13	14	15	16	17	18	19	20	21	22	23	24	25
01	土方		1.29					2.34	0.52	0.24	3.87	0.52	2.75	0.12	0.19		0.27	3.33	16.00	0.50	8.50		8.50	33.50
02	石方		1.19					1.88	0.47	0.18	3.26	0.47	2.79	0.11	0.20		0.26	3.36	16.00	0.50	8.50		8.50	33.50
03	运输		1.31					2.23	0.15	0.17	3.71	0.15	1.37	0.12	0.13		0.26	1.89	16.00	0.50	8.50		8.50	33.50
04	路面		1.27					2.10	0.82	0.34	3.71	0.82	2.43	0.07	0.16		0.40	3.06	16.00	0.50	8.50		8.50	33.50
05	隧道								1.20	0.28	0.28	1.20	3.57	0.10	0.27		0.51	4.44	16.00	0.50	8.50		8.50	33.50
06	构造物Ⅰ		0.88					1.39	1.20	0.28	2.55	1.20	3.59	0.11	0.27		0.47	4.44	16.00	0.50	8.50		8.50	33.50
06-1	构造物Ⅰ(绿化)		0.88					1.39	1.20	0.28	2.55	1.20	3.59	0.11	0.27		0.47	4.44	16.00	0.50	8.50		8.50	33.50
07	构造物Ⅱ		1.06					1.52	1.54	0.36	2.93	1.54	4.73	0.13	0.35		0.55	5.75	16.00	0.50	8.50		8.50	33.50
08	构造物Ⅲ(一般)		2.00					1.42	2.73	0.67	4.08	2.73	5.98	0.23	0.55		1.09	7.85	16.00	0.50	8.50		8.50	33.50
08-1	构造物Ⅲ(室内)							1.42	2.73	0.67	2.08	2.73	5.98	0.23	0.55		1.09	7.85	16.00	0.50	8.50		8.50	33.50
08-2	构造物Ⅲ(桥梁)		2.00					1.42	2.73	0.67	4.08	2.73	5.98	0.23	0.55		1.09	7.85	16.00	0.50	8.50		8.50	33.50
08-3	构造物Ⅲ(设备安装)							1.42	2.73	0.67	2.08	2.73	5.98	0.23	0.55		1.09	7.85	16.00	0.50	8.50		8.50	33.50
09	技术复杂大桥		1.23						1.68	0.42	1.65	1.68	4.14	0.10	0.21		0.64	5.09	16.00	0.50	8.50		8.50	33.50
10	钢材及钢结构(一般)								0.56	0.38	0.38	0.56	2.24	0.10	0.16		0.65	3.16	16.00	0.50	8.50		8.50	33.50
10-1	钢材及钢结构(桥梁)								0.56	0.38	0.38	0.56	2.24	0.10	0.16		0.65	3.16	16.00	0.50	8.50		8.50	33.50
10-2	钢材及钢结构(金属标志牌等)								0.56	0.38	0.38	0.56	2.24	0.10	0.16		0.65	3.16	16.00	0.50	8.50		8.50	33.50

编制： 复核：

专项费用计算表

表 5-6

建设项目名称：××至××港区疏港交通战备公路

编制范围：K8 +897.992 ~ K19 +555.630

第 2 页　共 2 页　06 表

序号	工程或费用名称	说明及计算式	金额(元)	备　　注
11001	施工场地建设费	{部颁 2018 施工场地建设费}	2850054	2850053.68
11002	安全生产费	建安工程费 ×1.5%	1787379	120945990.68 ×1.5%

编制：　　　　　　　　　　复核：

土地使用及拆迁补偿费计算表

表 5-7

建设项目名称：××至××港区疏港交通战备公路

编制范围：K8 +897.992 ~ K19 +555.630

第 1 页　共 1 页　07 表

序号	费用名称	单位	数量	单价(元)	金额(元)	说明及计算式	备注
201	土地使用费	亩	327.730	26269.89	8609430.00		
20101	永久征用土地	亩	326.980	26314.09	8604180.00		
2010101	征用土地费	亩	568.900	13353.45	7596780.00		
1	征用滩涂	亩	20.300	6000.00	121800.00		
2	征用宅地、耕地	亩	51.540	25000.00	1288500.00		
3	征用园地	亩	130.000	25000.00	3250000.00		
4	征用非经济林地、经济林地、未利用地	亩	367.060	8000.00	2936480.00		
2010102	果树、青苗补偿费	元			1007400.00		
1	枇杷树赔偿	棵	26.000	300.00	7800.00		
2	龙眼树赔偿	棵	2856.000	350.00	999600.00		
20102	临时用地	亩	3.750	1400.00	5250.00		
2010201	临时征地使用费	亩	3.750	1400.00	5250.00		
1	园地	亩	0.750	3000.00	2250.00		
2	未利用地	亩	3.000	1000.00	3000.00		
202	拆迁补偿费	公路千米	10.660	561311.41	5983299.00		
1	砖混结构	m^2	4929.860	500.00	2464930.00		
2	木房、石木结构房屋、砖石平房	m^2	7442.110	400.00	2976844.00		
3	木棚	m^2	543.220	100.00	54322.00		
4	围墙	m	388.600	50.00	19430.00		
5	电力杆、电信杆	根	229.000	500.00	114500.00		
6	电信光缆	km	7.401	40000.00	296040.00		
7	军用光缆	km	1.331	43000.00	57233.00		

编制：　　　　　　　　复核：

工程建设其他费计算表

表 5-8

建设项目名称：××至××港区疏港交通战备公路

编制范围：K8+897.992～K19+555.630　　　　第1页　共1页　　08表

序号	费用名称及项目	说明及计算式	金额(元)	备　注
301	建设项目管理费		236562588	
30101	建设单位(业主)管理费	0.0245675133×[定额建筑安装工程费(不含专项费用)+专项费用]	2838727	$｛部颁2018 建设单位(业主)管理费｝
30102	建设项目信息化费	1.0000000001×[定额建筑安装工程费(不含专项费用)+专项费用]	115548003	$｛部颁2018 建设项目信息化费｝
30103	工程监理费	0.0214270295×[定额建筑安装工程费(不含专项费用)+专项费用]	2475850	$｛部颁2018 工程监理费｝
30104	设计文件审查费	1.0000000001×[定额建筑安装工程费(不含专项费用)+专项费用]	115548003	$｛部颁2018 设计文件审查费｝
30105	竣(交)工验收试验检测费		152004	
3010501	道路工程	道路｛部颁2018 竣(交)工验收试验检测费｝	142733	142733.4
3010502	一般桥梁	53.4×一般桥梁[部颁2018 竣(交)工验收试验检测费]	854	53.4×16
3010503	隧道工程	隧道[部颁2018 竣(交)工验收试验检测费]×40%	8416	21040×40%
303	建设项目前期工作费	1.0000000001×[定额建筑安装工程费(不含专项费用)+专项费用]	115548003	$｛部颁2018 建设项目前期工作费｝
305	联合试运转费	(建安工程费DEJAF+专项费用)×0.04%	46219	(110910570.49+4637432.86)×0.04%
306	生产准备费		61822	
30602	办公和生活用家具购置费	｛部颁2018 办公及生活用家具购置费｝	61822	61822.2
308	工程保险费	(建安工程费－设备费)×0.4%	483784	(120945990.68－0)×0.4%
310	工伤保险费	建安工程费×0.15%	181419	120945990.68×0.15%

编制：　　　　　　　　复核：

表 5-9

人工、材料、施工机械台班单价汇总表

建设项目名称：××至××港区疏港交通战备公路

编制范围：K8 +897.992 ~ K19 +555.630

第 1 页 共 2 页 09 表

序号	名称	单位	代号	预算单价（元）	备注	序号	名称	单位	代号	预算单价（元）	备注
1	人工	工日	1001001	112.00		19	安全爬梯	t	2003028	8076.92	
2	机械工	工日	1051001	112.00		20	铁皮 26 号镀锌铁皮	m^2	2003044	22.91	
3	预制构件	m^3	1517001			21	空心钢钎优质碳素工具钢	kg	2009003	6.84	
4	HPB300 钢筋	t	2001001	3851.67		22	Φ50mm 以内合金钻头 Φ43mm	个	2009004	31.88	
5	HRB400 钢筋	t	2001002	3834.55		23	中空注浆锚杆混合规格	m	2009008	23.08	
6	钢绞线普通，无松弛	t	2001008	4786.32		24	电焊条结 422（502、506、507）3.2/4.0/5.0	kg	2009011	5.73	
7	钢丝绳股丝 6－7×19，绳径 7.1～9mm；股丝 6×37，绳径 14.1～15.5mm	t	2001019	5970.09		25	钢筋连接套筒 ϕ16～ϕ40mm	个	2009012	5.98	
8	钢纤维扁丝切断型、钢丝切断型、高强铣销型、剪切波纹型、剪切压痕型	t	2001020	5128.21		26	螺栓混合规格	kg	2009013	7.35	
9	8～12 号铁丝镀锌铁丝	kg	2001021	4.36		27	铁件铁件	kg	2009028	4.53	
10	20～22 号铁丝镀锌铁丝	kg	2001022	4.79		28	镀锌铁件	kg	2009029	5.73	
11	型钢工字钢，角钢	t	2003004	3504.27		29	铁钉混合规格	kg	2009030	4.70	
12	钢板 A3，δ=5～40mm	t	2003005	3547.01		30	石油沥青	t	3001001	4529.91	
13	钢管无缝钢管	t	2003008	4179.49		31	重油	kg	3003001	3.59	
14	镀锌钢板 δ=1mm，δ=1.5mm，δ=3mm	t	2003012	4538.46		32	汽油 93 号	kg	3003002	8.29	
15	钢管桩直径 219～2440mm，壁厚 5～20mm	t	2003021	4700.85		33	柴油 0 号，－10 号，－20 号	kg	3003003	7.44	
16	钢护筒	t	2003022	4273.50		34	煤	t	3005001	561.95	
17	钢模板各类定型大块钢模板	t	2003025	5384.62		35	电	kW·h	3005002	0.85	
18	组合钢模板	t	2003026	4700.85		36	水	m^3	3005004	2.72	

编制： 复核：

表 5-9

人工、材料、施工机械台班单价汇总表

建设项目名称：××至××港区疏港交通战备公路

编制范围：K8+897.992～K19+555.630

第 2 页　共 2 页　09 表

序号	名　称	单位	代号	预算单价（元）	备注	序号	名　称	单位	代号	预算单价（元）	备注
145	提升质量 12t 以内汽车式起重机 QY12	台班	8009027	859.64		163	数控钢筋弯箍机	台班	8015006	746.09	
146	提升质量 16t 以内汽车式起重机 QY16	台班	8009028	1035.17		164	数控立式钢筋弯曲中心	台班	8015007	880.70	
147	提升质量 20t 以内汽车式起重机 QY20	台班	8009029	1220.17		165	锯片直径 500mm 以内木工圆锯机 MJ-106	台班	8015013	139.63	
148	提升质量 25t 以内汽车式起重机 QY25	台班	8009030	1367.62		166	容量 32kV·A 以内交流电弧焊机 BX1-330	台班	8015028	189.95	
149	提升质量 30t 以内汽车式起重机 QY30	台班	8009031	1465.35		167	容量 42kV·A 以内交流电弧焊机 BX2-500	台班	8015029	233.54	
150	提升质量 40t 以内汽车式起重机 QY40	台班	8009032	2236.65		168	装料口径 150mm×250mm 电动颚式破碎机 PE150×250	台班	8015060	140.56	
151	提升质量 75t 以内汽车式起重机 QY75	台班	8009034	3492.54		169	装料口径 250mm×400mm 电动颚式破碎机 PE250×4000	台班	8015061	217.82	
152	牵引力 30kN 以内单筒慢动电动卷扬机 JJM-3	台班	8009080	159.75		170	生产率 8～20m^3/h 滚筒式筛分机 YTSX1200×6000	台班	8015081	235.81	
153	牵引力 50kN 以内单筒慢动电动卷扬机 JJM－5	台班	8009081	178.02		171	排气量 20m^3/min 以内电动空气压缩机 4L-20/8	台班	8017045	695.04	
154	激振力 300kN 以内振动打拔桩锤 DZ30	台班	8011012	570.23		172	排气量 3m^3/min 以内机动空气压缩机 CV-3/8-1	台班	8017047	297.50	
155	激振力 500kN 以内振动打拔桩锤 DZ45	台班	8011013	671.91		173	排气量 6m^3/min 以内机动空气压缩机 WY-6/7A	台班	8017048	531.25	
156	激振力 600kN 以内振动打拔桩锤 DZ60	台班	8011014	790.87		174	排气量 9m^3/min 以内机动空气压缩机 VY-9/7	台班	8017049	719.10	
157	JK8 型冲击钻机 55kW	台班	8011029	593.30		175	功率 147kW 以内内燃拖轮	台班	8019003	1637.03	
158	泥浆分离器 ZX-200	台班	8011056	442.97		176	功率 221kW 以内内燃拖轮	台班	8019005	2236.33	
159	容量 100～150L 泥浆搅拌机	台班	8011057	130.22		177	装载质量 200t 以内工程驳船	台班	8019023	218.63	
160	出水口直径 150mm 以内电动单级离心清水泵 IS200-150	台班	8013003	144.43		178	小型机具使用费	元	8099001	1.00	
161	出水口直径 100mm 以内潜水泵	台班	8013019	30.74		179	定额基价	元	1999	1.00	
162	出水口直径 100mm 以内泥浆泵 4PN	台班	8013024	267.63							

编制：　　　　　　　　复核：

分项工程预算计算数据表 表 5-10

建设项目名称：××至××港区疏港交通战备公路

编制范围：K8 + 897.992 ~ K19 + 555.630　　标准定额库版本号：　　校验码：　　第 1 页　共 12 页　　21-1 表

分项编号/定额代号/工料机代号	项目、定额或工料机的名称	单位	数量	输入单价（元）	输入金额（元）	分项组价类型或定额子目取费类别	定额调整情况或分项算式
1010101	临时便道（修建、拆除与维护）	km	0.280	900024.45	252006.85		
1-1-11-7 换	装载质量 12t 以内自卸汽车运土第一个 1km	$1000m^3$ 天然密实方	1.586	7723.60	12249.62	03. 运输	定额 ×1.19
1-1-18-9	二级公路填方路基，自身质量 15t 以内振动压路机碾压土方	$1000m^3$ 压实方	1.586	5122.78	8124.74	01. 土方	
2-2-8-1	石油沥青贯入式路面面层（压实厚度 4cm）	$1000m^2$	1.960	40755.45	79880.68	04. 路面	
2-1-7-5 换	生产能力 200t/h 以内厂拌水泥碎石稳定土基层（水泥剂量 5%，压实厚度 18cm）	$1000m^2$	2.128	38498.17	81924.10	04. 路面	厂拌设备：生产能力 200t/h 以内；实际厚度(cm)：18cm
2-1-8-5 换	装载质量 12t 以内自卸汽车运厂拌基层稳定土混合料 3km	$1000m^3$	0.383	8451.08	3237.10	03. 运输	实际运距(km)：3km
2-1-9-7	宽度 7.5m 以内摊铺机铺筑基层	$1000m^2$	2.128	2864.41	6095.47	04. 路面	
2-1-12-20 换	机械摊铺填隙碎石底基层（压实厚度 12cm）	$1000m^2$	2.128	20156.90	42893.88	04. 路面	定额 ×1.25
7-1-1-7	汽车便道养护路基宽 7m	1 千米·月	6.720	2619.29	17601.60	04. 路面	
10104	临时供电设施	km	1.400	124014.32	173620.04		
7-1-5-1	架设输电线路	100m	14.000	12401.43	173620.04	06. 构造物 I	
1010501	稳定土拌和站	座	1.000	265933.54	265933.54		
2-1-10-3	生产能力 200t/h 以内稳定土厂拌设备安装、拆除	1 座	1.000	265933.54	265933.54	06. 构造物 I	
1010502	水泥混凝土拌和站	座	4.000	191166.56	764666.26		
4-11-11-9	$40m^3/h$ 以内混凝土搅拌站（楼）安拆	1 座	4.000	191166.56	764666.26	06. 构造物 I	
LJ010101	清除表土	m^3	45484.000	11.57	526295.36		
1-1-1-12	135kW 以内推土机清除表土	$100m^3$	454.840	326.10	148323.81	01. 土方	
1-1-10-2	斗容量 $2m^3$ 以内装载机装土方	$1000m^3$ 天然密实方	45.484	1819.25	82746.81	01. 土方	
1-1-11-7	装载质量 12t 以内自卸汽车运土第一个 1km	$1000m^3$ 天然密实方	45.484	6490.74	295224.78	03. 运输	
LJ010102	伐树、挖根	棵	3802.000	34.03	129381.64		
1-1-1-3	人工伐树（直径 10cm 以上），$2.0m^3$ 以内挖掘机挖树根	10 棵	380.200	340.30	129381.65	06. 构造物 I	

编制：　　复核：

表 5-10

分项工程预算计算数据表

建设项目名称：××至××港区疏港交通战备公路

编制范围：K8 + 897.992 ~ K19 + 555.630　　标准定额库版本号：　　校验码：　　第 2 页　共 12 页　　21-1 表

分项编号/定额代号/工料机代号	项目、定额或工料机的名称	单位	数量	输入单价（元）	输入金额（元）	分项组价类型或定额子目取费类别	定额调整情况或分项算式
1-4-13-1	人工陆上抛石防护	100m³ 设计抛石量	28.422	8459.73	240442.54	06. 构造物Ⅰ	
1-4-11-3	浆砌块石护坡(坡高 10m 以内)	10m³ 实体	1.888	3701.36	6988.16	06. 构造物Ⅰ	
LJ07010501	浆砌片石护肩	m³	374.540	301.91	113076.77		
1-4-16-7	浆砌片石挡土墙墙身	10m³ 实体	37.454	2966.76	111117.21	06. 构造物Ⅰ	
4-11-6-17	水泥砂浆抹面(厚 2cm)	100m²	1.430	1370.32	1959.56	06. 构造物Ⅰ	
LJ07010502	浆砌片石护脚	m³	139.781	292.21	40844.80		
1-4-17-2	浆砌护脚	10m³ 实体	13.978	2872.55	40152.79	06. 构造物Ⅰ	
4-11-6-17	水泥砂浆抹面(厚 2cm)	100m²	0.505	1370.32	692.01	06. 构造物Ⅰ	
LJ07010503	浆砌片石挡土墙	m³	1200.830	324.48	389644.81		
1-4-16-7	浆砌片石挡土墙墙身	10m³ 实体	102.777	2966.76	304915.19	06. 构造物Ⅰ	
1-4-16-5	浆砌片石挡土墙基础	10m³ 实体	12.212	2599.65	31746.87	06. 构造物Ⅰ	
4-11-6-17	水泥砂浆抹面(厚 2cm)	100m²	0.777	1370.32	1064.74	06. 构造物Ⅰ	
4-11-7-14	管径 ϕ100mmPVC 塑料排水管	10m	12.906	576.52	7440.56	06. 构造物Ⅰ	
4-1-1-1	人工挖基坑土方(深 3m 以内干处)	1000m³	0.400	48829.26	19554.65	01. 土方	
4-11-2-1	锥坡填土	10m³ 实体	11.498	781.60	8986.78	06. 构造物Ⅰ	
4-5-2-7	浆砌片石锥坡、沟、槽、池	10m³	2.628	3269.12	8591.24	06. 构造物Ⅰ	
1-2-12-2	砂砾地基垫层	1000m³	0.011	51136.20	550.74	04. 路面	
4-5-2-1	浆砌片石基础、护底、截水墙	10m³	2.466	2753.87	6791.04	06. 构造物Ⅰ	
LJ0801	整修路拱	m²	176289.000	0.20	35025.10		
1-1-20-1	机械整修路拱	1000m²	176.289	198.68	35024.56	01. 土方	
LJ0802	整修边坡	m	8.625	34773.59	299922.19		
1-1-20-4	机械整修二级及以上等级公路边坡	1km	8.625	34773.59	299922.19	01. 土方	
LM020201	10cm 厚填隙碎石底基层	m²	3382.600	13.51	45687.29		
2-1-12-16	机械摊铺填隙碎石底基层(压实厚度 10cm)	1000m²	3.383	13506.56	45687.29	04. 路面	

编制：　　复核：

分项工程预算计算数据表

表 5-10

建设项目名称：××至××港区疏港交通战备公路

编制范围：K8+897.992～K19+555.630　　标准定额库版本号：　　校验码：　　第3页　共12页　　21-1表

分项编号/定额代号/工料机代号	项目、定额或工料机的名称	单位	数量	输入单价（元）	输入金额（元）	分项组价类型或定额子目取费类别	定额调整情况或分项算式
LM020202	15cm厚填隙碎石底基层	m^2	137199.900	20.16	2765524.66		
2-1-12-20 换	机械摊铺填隙碎石底基层（压实厚度12cm）	$1000m^2$	137.200	20156.90	2765524.52	04.路面	定额×15/12
LM020302	18cm厚5%水泥稳定碎石基层	m^2	140582.500	42.88	6028709.00		
2-1-7-5 换	生产能力200t/h以内厂拌水泥碎石稳定土基层（水泥剂量5%，压实厚度18cm）	$1000m^2$	140.583	38498.17	5,412,168.35	04.路面	厂拌设备：生产能力200t/h以内；实际厚度（cm）：18cm
2-1-8-5 换	装载质量12t以内自卸汽车运厂拌基层稳定土混合料3km	$1000m^3$	25.305	8451.07	213,853.10	03.运输	实际运距（km）：3km
2-1-9-7	宽度7.5m以内摊铺机铺筑基层	$1000m^2$	140.583	2864.41	402686.46	04.路面	
LM020501	24cm厚C35水泥混凝土面层	m^2	140582.500	121.39	17065983.07		
2-2-17-3 换	摊铺机铺筑混凝土路面厚度24cm（轨道式）	$1000m^2$ 路面	140.583	113131.08	15.904.250.51	04.路面	实际厚度（cm）：24cm；[1503034]换[1503036]；
4-11-11-14 换	$40m^3/h$以内混凝土拌和站（楼）拌和	$100m^3$	337.398	1532.84	517,177.91	07.构造物Ⅱ	定额×1.02
4-11-11-24 换	运输能力$6m^3$以内搅拌运输车运混凝土第一个1km	$100m^3$	337.398	1910.37	644555.26	03.运输	定额×1.02
LM020502	钢筋	t	74.130	6491.71	481230.21		

编制：　　　　复核：

表 5-10

分项工程预算计算数据表

建设项目名称：××至××港区疏港交通战备公路

编制范围：K8+897.992～K19+555.630　　标准定额库版本号：　　校验码：　　第 4 页　共 12 页　　21-1 表

分项编号/定额代号/工料机代号	项目、定额或工料机的名称	单位	数量	输入单价（元）	输入金额（元）	分项组价类型或定额子目取费类别	定额调整情况或分项算式
2-2-17-13 换	人工及轨道式摊铺机铺筑路面拉杆及传力杆	1t	13.980	6518.84	91133.37	10. 钢材及钢结构（一般）	钢筋抽换：[2001002]换[2001001]
2-2-17-13 换	人工及轨道式摊铺机铺筑路面拉杆及传力杆	1t	60.150	6485.40	390096.84	10. 钢材及钢结构（一般）	钢筋抽换：[2001001]换[2001002]
LM040101	10cm 厚填隙碎石底基层	m^2	726.600	13.51	9813.87		
2-1-12-16	机械摊铺填隙碎石底基层（压实厚度 10cm）	$1000m^2$	0.727	13506.56	9813.86	04. 路面	
LM040102	15cm 厚填隙碎石底基层	m^2	30425.400	20.16	613281.75		
2-1-12-20 换	机械摊铺填隙碎石底基层（压实厚度 12cm）	$1000m^2$	30.425	20156.90	613281.71	04. 路面	定额×15/12
LM040103	18cm 厚 5% 水泥稳定碎石基层	m^2	31152.100	42.88	1335919.80		
2-1-7-5 换	生产能力 200t/h 以内厂拌水泥碎石稳定土基层（水泥剂量 5%，压实厚度 18cm）	$1000m^2$	31.152	38498.17	1199298.70	04. 路面	厂拌设备：生产能力 200t/h 以内；实际厚度（cm）：18cm
2-1-8-5 换	装载质量 12t 以内自卸汽车运厂拌基层稳定土混合料 3km	$1000m^3$	5.607	8451.07	47,388.35	03. 运输	实际运距（km）：3km
2-1-9-7	宽度 7.5m 以内摊铺机铺筑基层	$1000m^2$	31.152	2864.41	89232.51	04. 路面	

编制：　　　　复核：

分项工程预算计算数据表

表 5-10

建设项目名称：××至××港区疏港交通战备公路

编制范围:K8 +897.992 ~ K19 +555.630　　标准定额库版本号：　　校验码：　　第 5 页　共 12 页　　21-1 表

分项编号/定额代号/工料机代号	项目、定额或工料机的名称	单位		数量		输入单价（元）	输入金额（元）	分项组价类型或定额子目取费类别	定额调整情况或分项算式
LM040104	24cm 厚 C35 水泥混凝土面层	m^2		31152.100		121.31	3779176.83		
2-2-17-3 换	摊铺机铺筑混凝土路面厚度 24cm(轨道式)	$1000m^2$ 路面		31.152		113131.08	3524270.82	04. 路面	实际厚度(cm)：24cm；[1503034] 换 [1503036]
4-11-11-14 换	$40m^3$/h 以内混凝土拌和站(楼)拌和	$100m^3$		74.765		1499.06	112077.14	04. 路面	定额 ×1.02
4-11-11-24 换	运输能力 $6m^3$ 以内搅拌运输车运混凝土第一个 1km	$100m^3$		74.765		1910.37	142828.94	03. 运输	定额 ×1.02
LM0402	路缘石	m^3		1047.100		1282.69	1343102.64		
2-3-3-4 换	预制混凝土预制块路缘石	$10m^3$		104.710		7643.00	800298.08	04. 路面	[1503033] 换 [1503032]
2-3-3-6	安砌路缘石	$10m^3$		104.710		1742.80	182488.23	04. 路面	
4-5-2-1	浆砌片石基础、护底、截水墙	$10m^3$		130.840		2753.87	360316.33	06. 构造物 I	
HD0201	1-1.5 ×1.5	m	道	296.550	11.000	3385.12	1003856.64		
4-1-3-3	斗容量 $1.0m^3$ 以内挖掘机挖基坑 $\leq 1500m^3$ 土方	$1000m^3$		1.358		23826.96	32351.05	06. 构造物 I	
4-1-3-5	机械挖基坑 $\leq 1500m^3$ 石方	$1000m^3$		0.429		59192.78	25405.54	06. 构造物 I	
4-5-1-1	干砌片石基础、护底、截水墙	$10m^3$		6.650		1459.98	9708.84	06. 构造物 I	

编制：　　　　复核：

分项工程预算计算数据表

表 5-10

建设项目名称：××至××港区疏港交通战备公路

编制范围：K8+897.992～K19+555.630　　标准定额库版本号：　　校验码：　　第6页　共12页　　21-1表

分项编号/定额代号/工料机代号	项目、定额或工料机的名称	单位	数量	输入单价（元）	输入金额（元）	分项组价类型或定额子目取费类别	定额调整情况或分项算式
4-7-9-1	预制矩形板混凝土（跨径4m以内）	10m³ 实体	11.809	6742.77	79625.41	06.构造物Ⅰ	
4-7-9-4 换	集中加工预制矩形板钢筋	1t	4.206	5596.86	23540.39	10-1.钢材及钢结构（桥梁）	钢筋抽换：[2001002]换[2001001]
4-7-9-4 换	集中加工预制矩形板钢筋	1t	12.164	5566.99	67716.88	10-1.钢材及钢结构（桥梁）	钢筋抽换：[2001001]换[2001002]
4-8-3-8	装载质量6t以内载重汽车第一个1km（汽车式起重机装卸）	100m³ 实体	1.181	5154.23	6086.63	03.运输	
4-7-10-1	起重机安装矩形板	10m³ 构件	11.809	1742.55	20577.72	06.构造物Ⅰ	
4-6-8-1	现浇混凝土矩形板上部构造	10m³ 实体	0.089	7206.07	641.34	06.构造物Ⅰ	
4-6-8-4 换	现场加工现浇矩形板上部构造钢筋	1t	0.021	5522.81	115.98	10-1.钢材及钢结构（桥梁）	钢筋抽换：[2001002]换[2001001]
4-6-8-4 换	现场加工现浇矩形板上部构造钢筋	1t	0.111	5492.75	609.70	10-1.钢材及钢结构（桥梁）	钢筋抽换：[2001001]换[2001002]
4-5-3-4	浆砌块石实体式台、墙	10m³	52.359	3520.82	184346.81	06.构造物Ⅰ	

编制：　　　　复核：

分项工程预算计算数据表

表 5-10

建设项目名称：××至××港区疏港交通战备公路

编制范围：K8 + 897.992 ~ K19 + 555.630　　标准定额库版本号：　　校验码：　　第 7 页　共 12 页　　21-1 表

分项编号/定额代号/工料机代号	项目、定额或工料机的名称	单位	数量	输入单价（元）	输入金额（元）	分项组价类型或定额子目取费类别	定额调整情况或分项算式
4-5-2-4	浆砌片石实体式台、墙	$10m^3$	0.926	3079.63	2851.74	06. 构造物Ⅰ	
4-5-2-1	浆砌片石基础、护底、截水墙	$10m^3$	29.392	2753.87	80941.74	06. 构造物Ⅰ	
4-6-1-1	轻型墩台混凝土基础（跨径 4m 以内）	$10m^3$ 实体	19.568	5453.54	106714.94	06. 构造物Ⅰ	
4-6-3-1 换	混凝土墩、台帽非泵送	$10m^3$ 实体	19.143	7443.36	142488.30	06. 构造物Ⅰ	[1503034] 换 [1503033]
4-6-3-5 换	现场加工桥（涵）台帽钢筋	1t	0.576	6089.77	3507.71	10-1. 钢材及钢结构（桥梁）	钢筋抽换：[2001002]换[2001001]
4-6-3-5 换	现场加工桥（涵）台帽钢筋	1t	0.676	6059.81	4096.43	10-1. 钢材及钢结构（桥梁）	钢筋抽换：[2001001]换[2001002]
4-6-1-5 换	支撑梁混凝土	$10m^3$ 实体	0.511	6569.70	3357.12	06. 构造物Ⅰ	[1503032] 换 [1503033]
4-6-1-12 换	现场加工轻型墩台基础及支撑梁钢筋	1t	0.141	5728.08	807.66	10-1. 钢材及钢结构（桥梁）	钢筋抽换：[2001002]换[2001001]

编制：　　　　复核：

表 5-10

分项工程预算计算数据表

建设项目名称：××至××港区疏港交通战备公路

编制范围：K8 +897.992 ~ K19 +555.630　　标准定额库版本号：　　校验码：　　第 8 页　共 12 页　　21-1 表

分项编号/定额代号/工料机代号	项目、定额或工料机的名称	单位	数量	输入单价（元）	输入金额（元）	分项组价类型或定额子目取费类别	定额调整情况或分项算式
4-6-1-12 换	现场加工轻型墩台基础及支撑梁钢筋	1t	0.304	5698.00	1732.19	10-1. 钢材及钢结构（桥梁）	钢筋抽换：[2001001]换[2001002]
4-5-3-1	浆砌块石基础、护底、截水墙（支撑梁）	$10m^3$	1.731	3215.83	5566.60	06. 构造物 I	
4-5-4-5 换	浆砌粗料石帽石、缘石	$10m^3$	0.331	5028.74	1664.51	06. 构造物 I	删：[1501002]；[1501003]量 2.13
4-5-2-4	浆砌片石实体式台、墙（翼墙、端墙）	$10m^3$	7.211	3079.63	22207.22	06. 构造物 I	
4-5-2-1	浆砌片石基础、护底、截水墙（翼墙、端墙基础）	$10m^3$	5.696	2753.87	15686.04	06. 构造物 I	
4-5-2-7	浆砌片石锥坡、沟、槽、池（排水沟、跌井）	$10m^3$	11.504	3269.12	37607.95	06. 构造物 I	
4-5-2-1	浆砌片石基础、护底、截水墙（洞口、洞底铺砌）	$10m^3$	19.003	2753.87	52331.79	06. 构造物 I	
1-3-3-3	浆砌片石急流槽	$10m^3$ 实体	2.078	2629.87	5464.87	06. 构造物 I	
4-5-2-1	浆砌片石基础、护底、截水墙（隔水墙）	$10m^3$	1.364	2753.87	3756.28	06. 构造物 I	
1-2-12-2	砂砾地基垫层	$1000m^3$	0.083	51136.30	4229.48	04. 路面	
4-11-6-17	水泥砂浆抹面（厚 2cm）	$100m^2$	0.220	1370.32	301.47	06. 构造物 I	
4-11-7-11	梁桥用镀锌铁皮沥青麻絮伸缩缝	1m	219.620	154.49	33929.56	10-1. 钢材及钢结构（桥梁）	
4-11-4-4	沥青油毡（防水层）	$10m^2$	29.650	526.35	15606.25	06. 构造物 I	

编制：　　复核：

分项工程预算计算数据表

表 5-10

建设项目名称：××至××港区疏港交通战备公路

编制范围：K8+897.992～K19+555.630　　标准定额库版本号：　　校验码：　　第 9 页　共 12 页　　21-1 表

分项编号/定额代号/工料机代号	项目、定额或工料机的名称	单位		数量		输入单价（元）	输入金额（元）	分项组价类型或定额子目取费类别	定额调整情况或分项算式
4-2-2-1	编织袋围堰高 1.0m	10m 围堰						06. 构造物Ⅰ	
4-9-3-1	满堂式木支架墩台高 6m 以内	$10m^2$		0.280		2147.17	601.21	06. 构造物Ⅰ	
1-4-16-7	浆砌片石挡土墙墙身	$10m^3$ 实体						06. 构造物Ⅰ	
4-11-11-14	$40m^3$/h 以内混凝土拌和站（楼）拌和	$100m^3$		5.202		1475.97	7678.66	06. 构造物Ⅰ	
HD0202	1－2.0×2.0	m	座	128.250	5.000	4230.67	542583.03		
4-1-3-3	斗容量 $1.0m^3$ 以内挖掘机挖基坑≤$1500m^3$ 土方	$1000m^3$		1.739		23826.96	41423.40	06. 构造物Ⅰ	
4-1-3-5	机械挖基坑≤$1500m^3$ 石方	$1000m^3$						06. 构造物Ⅰ	
4-5-1-1	干砌片石基础、护底、截水墙	$10m^3$		0.900		1459.98	1313.98	06. 构造物Ⅰ	
4-7-9-1	预制矩形板混凝土（跨径 4m 以内）	$10m^3$ 实体		7.067		6742.77	47651.18	06. 构造物Ⅰ	
4-7-9-4 换	集中加工预制矩形板钢筋	1t		2.335		5596.86	13068.66	10-1. 钢材及钢结构（桥梁）	钢筋抽换：[2001002]换[2001001]
4-7-9-4 换	集中加工预制矩形板钢筋	1t		7.158		5566.99	39848.52	10-1. 钢材及钢结构（桥梁）	钢筋抽换：[2001001]换[2001002]
4-8-3-8	装载质量 6t 以内载重汽车第一个 1km（汽车式起重机装卸）	$100m^3$ 实体		0.707		5154.23	3642.49	03. 运输	

编制：　　　　复核：

分项工程预算计算数据表

表 5-10

建设项目名称：××至××港区疏港交通战备公路

编制范围：K8 + 897.992 ~ K19 + 555.630　　标准定额库版本号：　　校验码：　　第 10 页　共 12 页　　21-1 表

分项编号/定额代号/工料机代号	项目、定额或工料机的名称	单　位	数　量	输入单价（元）	输入金额（元）	分项组价类型或定额子目取费类别	定额调整情况或分项算式
4-7-10-1	起重机安装矩形板	$10m^3$ 构件	7.067	1742.55	12314.57	06. 构造物 I	
4-6-8-1	现浇混凝土矩形板上部构造	$10m^3$ 实体	0.252	7206.06	1815.93	06. 构造物 I	
4-6-8-4 换	现场加工现浇矩形板上部构造钢筋	1t	0.013	5522.85	71.80	10-1. 钢材及钢结构（桥梁）	钢筋抽换：[2001002]换[2001001]
4-6-8-4 换	现场加工现浇矩形板上部构造钢筋	1t	0.061	5492.72	335.06	10-1. 钢材及钢结构（桥梁）	钢筋抽换：[2001001]换[2001002]
4-5-3-4	浆砌块石实体式台、墙	$10m^3$	29.568	3520.82	104103.72	06. 构造物 I	
4-5-2-4	浆砌片石实体式台、墙	$10m^3$	0.649	3079.63	1998.68	06. 构造物 I	
4-5-2-1	浆砌片石基础、护底、截水墙	$10m^3$	15.706	2753.87	43252.28	06. 构造物 I	
4-6-1-1	轻型墩台混凝土基础（跨径 4m 以内）	$10m^3$ 实体	10.608	5453.54	57851.19	06. 构造物 I	
4-6-3-1 换	混凝土墩、台帽非泵送	$10m^3$ 实体	8.525	7443.36	63454.67	06. 构造物 I	[1503034] 换 [1503033]
4-6-3-5 换	现场加工桥（涵）台帽钢筋	1t				10-1. 钢材及钢结构（桥梁）	钢筋抽换：[2001002]换[2001001]

编制：　　　　复核：

表 5-10

分项工程预算计算数据表

建设项目名称：××至××港区疏港交通战备公路

编制范围：K8+897.992～K19+555.630　　标准定额库版本号：　　校验码：　　第 11 页　共 12 页　　21-1 表

分项编号/定额代号/工料机代号	项目、定额或工料机的名称	单位	数量	输入单价（元）	输入金额（元）	分项组价类型或定额子目取费类别	定额调整情况或分项算式
3-1-9-3	现浇混凝土仰拱	$10m^3$	25.130	4523.01	113663.36	05.隧道	
4-11-11-14	$40m^3/h$ 以内混凝土拌和站（楼）拌和	$100m^3$	2.614	1501.42	3923.98	07.构造物Ⅱ	
4-11-11-24	运输能力 $6m^3$ 以内搅拌运输车运混凝土第一个 1km	$100m^3$	2.614	1873.66	4896.85	03.运输	
SD0702	C15 片石混凝土仰拱回填	m^3	404.300	402.67	162801.30		
3-1-9-4 换	现浇混凝土仰拱回填	$10m^3$	40.430	3675.74	148610.11	05.隧道	[1503031] 换 [1503002]
4-11-11-14	$40m^3/h$ 以内混凝土拌和站（楼）拌和	$100m^3$	4.205	1501.42	6313.04	07.构造物Ⅱ	
4-11-11-24	运输能力 $6m^3$ 以内搅拌运输车运混凝土第一个 1km	$100m^3$	4.205	1873.66	7878.22	03.运输	
SD100101	24cm 厚，C35 水泥混凝土面层	m^3	486.024	510.53	248129.77		
2-2-17-3 换	摊铺机铺筑混凝土路面厚度 24cm（轨道式）	$1000m^2$ 路面	2.025	114265.06	231398.17	04.路面	实际厚度（cm）：24cm；[1503034] 换 [1503037]；洞内用洞外：人×1.260 机×1.260
4-11-11-14	$40m^3/h$ 以内混凝土拌和站（楼）拌和	$100m^3$	4.957	1501.42	7443.19	07.构造物Ⅱ	

编制：　　　　　　　　复核：

表 5-10

分项工程预算计算数据表

建设项目名称：××至××港区疏港交通战备公路

编制范围：K8 + 897.992 ~ K19 + 555.630　　标准定额库版本号：　　校验码：　　第 12 页　共 12 页　　21-1 表

分项编号/定额代号/工料机代号	项目、定额或工料机的名称	单位		数量		输入单价（元）	输入金额（元）	分项组价类型或定额子目取费类别	定额调整情况或分项算式
4-11-11-24	运输能力 $6m^3$ 以内搅拌运输车运混凝土第一个 1km	$100m^3$		4.957		1873.66	9288.57	03. 运输	
SD100102	钢筋	t		1.920		5830.92	11195.36		
2-2-17-15 换	水泥混凝土路面钢筋	1t		1.213		5841.95	7086.28	10. 钢材及钢结构（一般）	删：[2001002]；[2001001]量 1.025；洞内用洞外：人 × 1.260 机 × 1.260
2-2-17-15 换	水泥混凝土路面钢筋	1t		0.707		5811.99	4109.08	10. 钢材及钢结构（一般）	删：[2001001]；[2001002]量 1.025；洞内用洞外：人 × 1.260 机 × 1.260
SD100103	15cm 厚，C15 素混凝土调平层	m^2		1906.800		86.85	165600.53		
2-2-17-1 换	人工铺筑混凝土路面厚度 15cm	$1000m^2$ 路面		1.907		86847.35	165600.52	04. 路面	实际厚度（cm）：15cm；[1503034]换[1503006]；洞内用洞外：人 × 1.260 机 × 1.260
JA0102	现浇钢筋混凝土防撞护栏	m^3	m	929.900	1722.008	1222.73	1137014.55		
5-1-1-5	现浇钢筋混凝土防撞护栏墙体混凝土	$10m^3$ 实体		92.990		7506.80	698056.95	06. 构造物 I	
5-1-1-6	现浇钢筋混凝土防撞护栏墙体钢筋	1t		10.659		6326.18	67431.99	10. 钢材及钢结构（一般）	

编制：　　　　复核：

分项工程预算表

表 5-11

编制范围：K8 +897.992 ~ K19 +555.630

分项编号：LM020201　工程名称：10cm 厚填隙碎石底基层　单位：m^2　数量：3382.6　单价：13.51 元　第 1 页　共 7 页　21-2 表

代号	工程项目			机械铺料									合计	
	工程细目			机械摊铺填隙碎石底基层（压实厚度 10cm）										
	定额单位			$1000m^2$										
	工程数量			3.383										
	定额表号			2-1-12-16										
	工、料、机名称	单位	单价(元)	定额	数量	金额(元)	定额	数量	金额(元)	定额	数量	金额(元)	数量	金额(元)
1001001	人工	工日	112.00	1.900	6.428	719.82							6.428	719.82
5505016	碎石未筛分碎石统料堆方	m^3	75.73	133.930	453.085	34308.08							453.052	34308.08
8001058	功率 120kW 以内平地机 F155	台班	1200.18	0.180	0.609	730.75							0.609	730.75
8001081	机械自身质量 12 ~ 15t 光轮压路机 3Y-12/15	台班	592.81	0.170	0.575	340.89							0.575	340.89
8001083	机械自身质量 18 ~ 21t 光轮压路机 3Y-18/21	台班	758.65	0.100	0.338	256.62							0.338	256.62
8001089	机械自身质量 15t 以内振动压路机 CA25PD	台班	1089.71	0.120	0.406	442.33							0.406	442.33
8003030	撒布宽度 1 ~ 3m 石屑撒布机 SA3	台班	715.14	0.080	0.271	193.52							0.271	193.52
8007043	容量 10000L 以内洒水汽车 YGJ5170GSSJN	台班	1110.59	0.040	0.135	150.27							0.135	150.27
9999001	定额基价	元	1.00	10963.863	37086.36	37086.36							37086.36	37086.36
	直接费	元				37142.28								37142.28
	措施费 I	元		2778.279	3.709%	103.05								103.04
	措施费 II	元		37086.364	0.818%	303.37								303.37
	企业管理费	元		37086.826	3.056%	1133.37								1133.37
	规费	元		1094.881	33.5%	366.79								366.79
	利润	元		38626.604	7.42%	2866.09								2866.09
	税金	元		41914.944	9.0%	3772.35								3772.35
	金额合计	元				45687.29								45687.29

编制：　　　　复核：

分项工程预算表

表 5-11

编制范围：K8 + 897.992 ~ K19 + 555.630

分项编号：LM020202　工程名称：15cm 厚填隙碎石底基层　单位：m^2　数量：137199.9　单价：20.16 元　第 2 页　共 7 页　21-2 表

代号	工程项目			机械铺料									合计	
	工程细目			机械摊铺填隙碎石底基层（压实厚度 12cm）										
	定额单位			$1000m^2$										
	工程数量			137.200										
	定额表号			2-1-12-20，定额 ×15/12										
	工、料、机名称	单位	单价(元)	定额	数量	金额(元)	定额	数量	金额(元)	定额	数量	金额(元)	数量	金额(元)
1001001	人工	工日	112.00	2.500	343.000	38415.97							343.000	38415.97
5505016	碎石未筛分碎石统料堆方	m^3	75.73	200.925	27566.910	2087640.57							27566.910	2087640.57
8001058	功率 120kW 以内平地机 F155	台班	1200.18	0.288	39.514	47423.40							39.514	47423.40
8001081	机械自身质量 12 ~ 15t 光轮压路机 3Y-12/15	台班	592.81	0.238	32.654	19357.37							32.654	19357.37
8001083	机械自身质量 18 ~ 21t 光轮压路机 3Y-18/21	台班	758.65	0.138	18.934	14363.97							18.934	14363.97
8001089	机械自身质量 15t 以内振动压路机 CA25PD	台班	1089.71	0.163	22.364	24369.82							22.364	24369.82
8003030	撒布宽度 1 ~ 3m 石屑撒布机 SA3	台班	715.14	0.113	15.504	11087.24							15.504	11087.24
8007043	容量 10000L 以内洒水汽车 YGJ5170GSSJN	台班	1110.59	0.050	6.860	7618.64							6.860	7618.64
9999001	定额基价	元	1.00	16378.905	2247184.14	2247184.14							2247184.14	2247184.14
	直接费	元				2250276.97								2250276.97
	措施费 Ⅰ	元		159543.569	3.709%	5917.47								5917.15
	措施费 Ⅱ	元		2247184.142	0.818%	18382.07								18382.07
	企业管理费	元		2247197.162	3.056%	68674.35								68674.35
	规费	元		60558.937	33.5%	20287.24								20287.24
	利润	元		2340170.728	7.42%	173640.67								173640.67
	税金	元		2537178.456	9.0%	228346.06								228346.06
	金额合计	元				2765524.52								2765524.52

编制：　　　　复核：

分项工程预算表

表 5-11

编制范围：K8 +897.992 ~ K19 +555.630

分项编号：LM020302　工程名称：18cm 厚 5% 水泥稳定碎石基层　单位：m^2　数量：140582.5　单价：42.88 元　第 3 页　共 7 页　21-2 表

代号	工程项目			水泥稳定类			厂拌基层稳定土混合料运输			机械铺筑厂拌基层稳定土混合料			合计	
	工程细目			生产能力200t/h 以内厂拌水泥碎石稳定土基层（水泥剂量5%）			装载质量 12t 以内自卸汽车运厂拌基层稳定土混合料 3km			宽度 7.5m 以内摊铺机铺筑基层				
	定额单位			$1000m^2$			$1000m^3$			$1000m^2$				
	工程数量			140.583			25.305			140.583				
	定额表号			2-1-7-5 改			2-1-8-5 改			2-1-9-7				
	工、料、机名称	单位	单价(元)	定额	数量	金额(元)	定额	数量	金额(元)	定额	数量	金额(元)	数量	金额(元)
1001001	人工	工日	112.00	2.300	323.341	36214.05				2.800	393.632	44086.67	716.971	80300.72
3005004	水	m^3	2.72	26.000	3655.58	9941.99							3655.145	9941.99
5505016	碎石未筛分碎石统料堆方	m^3	75.73	267.050	37542.690	2843097.81							37542.557	2843097.81
5509001	32.5 级水泥	t	498.16	20.310	2855.241	1422361.66							2855.231	1422361.66
7801001	其他材料费	元	1.00							301.000	42315.483	42315.33	42315.333	42315.33
8001047	斗容量 $2.0m^3$ 轮胎式装载机 ZL40	台班	991.26	0.810	113.872	112876.59							113.872	112876.59
8001081	机械自身质量 12 ~ 15t 光轮压路机 3Y-12/15	台班	592.81							0.080	11.247	6667.10	11.247	6667.10
8001090	机械自身质量 20t 以内振动压路机 YZ18A，YZJ19A	台班	1477.92							0.410	57.639	85185.57	57.639	85185.57
8003010	生产能力 200t/h 以内稳定土厂拌设备 WBC-200	台班	1125.64	0.350	323.341	55385.85							49.204	55385.85
8003015	最大摊铺宽度 7.5m 稳定土摊铺机WTU75	台班	1599.90							0.310	43.581	69724.56	43.581	69724.56
8003067	机械自身质量 16 ~ 20t 轮胎式压路机 YL20	台班	771.24							0.250	35.146	27105.71	35.146	27105.71
8007016	装载质量 12t 以内自卸汽车 T138，SX360	台班	847.18				7.760	196.367	166357.04				196.366	166357.04
8007043	容量 10000L 以内洒水汽车 YGJ5170GSSJN	台班	1110.59							0.160	22493	24980.72	22.493	24980.72
9999001	定额基价	元	1.00	27974.300	3932697.00	3932697.00	6529.730	165233.83	165233.83	2107.390	140.583	296262.13	36611.000	4394192.96

编制：　　　　复核：

分项工程预算表

表 5-11

编制范围:K8 + 897.992 ~ K19 + 555.630

分项编号:LM020302　工程名称:18cm 厚 5% 水泥稳定碎石基层　单位:m^2　数量:140582.5　单价:42.88 元　第 4 页　共 7 页　21-2 表

代号	工程项目			水泥稳定类			厂拌基层稳定土混合料运输			机械铺筑厂拌基层稳定土混合料			合计	
	工程细目			生产能力 200t/h 以内厂拌水泥碎石稳定土基层(水泥剂量 5%)			装载质量 12t 以内自卸汽车运厂拌基层稳定土混合料 3km			宽度 7.5m 以内摊铺机铺筑基层				
	定额单位			$1000m^2$			$1000m^3$			$1000m^2$				
	工程数量			140.583			25.305			140.583				
	定额表号			2-1-7-5 改			2-1-8-5 改			2-1-9-7				
	工、料、机名称	单位	单价(元)	定额	数量	金额(元)	定额	数量	金额(元)	定额	数量	金额(元)	数量	金额(元)
	直接费	元				4479877.96			166357.37			300065.67		4946301.00
	措施费 I	元		201131.298	3.709%	7459.96	165233.828	3.71%	6130.18	253946.794	3.709%	9418.89		23008.46
	措施费 II	元		3932697.002	0.818%	32169.12	165233.828	0.154%	254.47	296262.127	0.818%	2422.98		34846.56
	企业管理费	元		3932654.855	3.056%	120181.93	165240.997	1.888%	3119.75	296207.328	3.056%	9052.10		132353.78
	规费	元		65500.197	33.5%	21942.57	21992.994	33.5%	7367.65	74474.985	33.5%	24949.12		54259.34
	利润	元		4092465.458	7.42%	303660.94	174745.741	7.42%	12966.13	317100.782	7.42%	23528.88		340155.95
	税金	元		4965292.067	9.0%	446876.29	196195.889	9.0%	17657.63	369437.122	9.0%	33249.34		497783.26
	金额合计	元				5412168.35			213853.52			402686.46		6028708.34

编制:　　　　复核:

分项工程预算表

表 5-11

编制范围:K8 + 897.992 ~ K19 + 555.630

分项编号:LM020501　工程名称:24cm 厚 C35 水泥混凝土面层　单位:m^2　数量:140582.5　单价:121.39 元　第 5 页　共 7 页　21-2 表

代号	工程项目			普通混凝土			混凝土拌和及运输			混凝土拌和及运输			合计	
	工程细目			摊铺机铺筑混凝土路面厚度 24cm(轨道式)			$40m^3/h$ 以内混凝土拌和站(楼)拌和			运输能力 $6m^3$ 以内搅拌运输车运混凝土第一个 1km				
	定额单位			$1000m^2$ 路面			$100m^3$			$100m^3$				
	工程数量			140.583			337.398			337.398				
	定额表号			2-2-17-3 改			4-11-11-14,定额 ×1.02			4-11-11-24,定额 ×1.02				
	工、料、机名称	单位	单价(元)	定额	数量	金额(元)	定额	数量	金额(元)	定额	数量	金额(元)	数量	金额(元)
1001001	人工	工日	112.00	73.300	10304.697	1154126.09							10304.697	1154126.09
2001001	HPB300 钢筋	t	3851.67	0.003	0.422	1624.43							0.422	1624.43
2003004	型钢工字钢,角钢	t	3504.27	0.001	0.141	492.64							0.141	492.64
3001001	石油沥青	t	4529.91	0.115	16.167	73235.00							16.167	73235.00
3005001	煤	t	561.95	0.024	3.374	1896.01							3.374	1896.01
3005004	水	m^3	2.72	38.000	5342.154	14530.61							5342.135	14530.61
4003002	锯材中板 $\delta = 19 \sim 35mm$,中方混合规格	m^3	1504.42	0.060	8.435	12689.71							8.435	12689.71
5503005	中(粗)砂混凝土、砂浆用堆方	m^3	87.38	110.152	15485.499	1353118.06							15485.444	1353118.06
5505013	碎石(4cm)最大粒径 4cm 堆方	m^3	85.15	200.736	2822.009	2402930.34							28219.969	2402930.34
5509001	32.5 级水泥	t	498.16	102.324	14385.015	7166013.53							14384.964	7166013.53
7801001	其他材料费	元	1.00	280.500	39433.532	39433.39							39433.391	39433.39
8001002	功率 75kW 以内履带式推土机 TY100	台班	895.65				0.388	130.910	117249.92				130.910	117249.92
8001045	斗容量 $1.0m^3$ 轮胎式装载机 ZL20	台班	590.94				0.388	130.910	77360.21				130.910	77360.21
8003077	2.5 ~ 4.5m 轨道式水泥混凝土摊铺机 HTG4500 含模轨 400m	台班	1358.19	0.490	68.886	93559.50							68.885	93559.50
8003083	混凝土电动刻纹机 RQF180	台班	270.52	7.220	1015.009	274579.33							1015.006	274579.33
8003085	电动混凝土切缝机(含锯片摊销费用)SLF	台班	216.00	2.501	351.598	75944.92							351.597	75944.92
8005031	容量 $6m^3$ 以内混凝土搅拌运输车 MR45	台班	1318.67							1.142	385.309	508094.78	385.309	508094.78
8005058	生产能力 $40m^3/h$ 以内混凝土搅拌站 HZS40 含水泥输送器水泥仓各 2 套	台班	1217.85				0.439	148.118	180385.17				148.118	180385.17

编制:　　　　　　　　复核:

分项工程预算表

表 5-11

编制范围：K8 +897.992 ~ K19 +555.630

分项编号：LM020501　工程名称：24cm 厚 C35 水泥混凝土面层　单位：m^2　数量：140582.5　单价：121.39 元　第 6 页　共 7 页　21-2 表

代号	工程项目			普通混凝土			混凝土拌和及运输			混凝土拌和及运输			合计	
	工程细目			摊铺机铺筑混凝土路面厚度 24cm(轨道式)			$40m^3/h$ 以内混凝土拌和站(楼)拌和			运输能力 $6m^3$ 以内搅拌运输车运混凝土第一个 1km				
	定额单位			$1000m^2$ 路面			$100m^3$			$100m^3$				
	工程数量			140.583			337.398			337.398				
	定额表号			2-2-17-3 改			4-11-11-14，定额 ×1.02			4-11-11-24，定额 ×1.02				
	工、料、机名称	单位	单价(元)	定额	数量	金额(元)	定额	数量	金额(元)	定额	数量	金额(元)	数量	金额(元)
8007043	容量 10000L 以内洒水汽车 YGJ5170GSSJN	台班	1110.59	1.480	208.063	231071.69							208.062	231071.69
9999001	定额基价	元	1.00	71997.210	10121583.773	10121547.71	1097.242	370207.17	370207.17	1499.389	505890.82	505890.82	10997645.70	10997645.70
	直接费	元				12895245.23			374995.30			508094.78		13778335.30
	措施费 I	元		1760149.496	3.709%	65283.94	370207.172	2.931%	10850.77	505890.816	3.71%	18768.55		94901.50
	措施费 Ⅱ	元		10121547.714	0.818%	82794.02	370207.172	1.537%	5688.83	505890.816	0.154%	778.87		89261.72
	企业管理费	元		10121518.253	3.056%	309313.60	370125.606	5.745%	21263.72	505759.602	1.888%	9548.74		340126.06
	规费	元		1353634.027	33.5%	453467.40	93753.457	33.5%	31407.41	43154.555	33.5%	14456.78		499331.58
	利润	元		10578906.294	7.42%	784954.85	407929.663	7.42%	30268.38	534856.779	7.42%	39686.37		854909.60
	税金	元		14591055.511	9.0%	1313195.00	474475.144	9.0%	42702.76	591335.100	9.0%	53220.16		1409117.92
	金额合计	元				15904250.51			517177.91			644555.26		17065983.68

编制：　　　　　　　　　　复核：

分项工程预算表

表 5-11

编制范围:K8 + 897.992 ~ K19 + 555.630

分项编号:LM020502　　工程名称:钢筋　　单位:t　　数量:74.13　　单价:6491.71 元　　第 7 页　共 7 页　　21-2 表

代号	工程项目			拉杆、传力杆及钢筋			拉杆、传力杆及钢筋						合计	
	工程细目			人工及轨道式摊铺机铺筑路面拉杆及传力杆			人工及轨道式摊铺机铺筑路面拉杆及传力杆							
	定额单位			1t			1t							
	工程数量			13.980			60.150							
	定额表号			2-2-17-13 改			2-2-17-13 改							
	工、料、机名称	单位	单价(元)	定额	数量	金额(元)	定额	数量	金额(元)	定额	数量	金额(元)	数量	金额(元)
1001001	人工	工日	112.00	6.600	92.268	10334.02	6.600	396.990	44462.88				489.258	54796.90
2001001	HPB300 钢筋	t	3851.67	1.138	15.909	61277.14							15.909	61277.14
2001002	HRB400 钢筋	t	3834.55				1.138	68.451	262477.63				68.451	262477.63
2001022	20 ~ 22 号铁丝镀锌铁丝	kg	4.79	0.700	9.786	46.87	0.700	42.105	201.68				51.891	248.56
2009011	电焊条结 422(502、506、507)3.2/4.0/5.0	kg	5.73	0.600	8.388	48.06	0.600	36.090	206.80				44.478	254.86
3001001	石油沥青	t	4529.91	0.007	0.098	443.30	0.007	0.421	1907.32				0.519	2350.62
7801001	其他材料费	元	1.00	14.900	208.302	208.30	14.900	896.235	896.24				1104.537	1104.54
8015028	容量 32kV · A 以内交流电弧焊机 BX1-330	台班	189.95	0.090	1.258	239.00	0.090	5.414	1028.29				6.672	1267.29
8099001	小型机具使用费	元	1.00	11.000	153.780	153.78	11.000	661.650	661.65				815.430	815.43
9999001	定额基价	元	1.00	4575.759	63969.111	63969.11	4478.494	269381.414	269381.40				333350.50	333350.50
	直接费	元				72750.47			311842.49					384592.96
	措施费　202.88	元		10191.821	0.375%	38.22	43851.076	0.375%	164.44					
	措施费　1879.95	元		63969.105	0.564%	360.80	269381.399	0.564%	1519.14					
10543.04	企业管理费	元		63972.480	3.163%	2023.45	269351.700	3.163%	8519.59					
18607.28	规费	元		10474.934	33.5%	3509.10	45069.191	33.5%	15098.18					
25669.49	利润	元		66395.000	7.42%	4926.51	279555.054	7.42%	20742.99					
39734.61	税金	元		83608.600	9.0%	7524.77	357887.011	9.0%	32209.83					
	金额合计	元				91133.37			390096.84					481230.21

编制:　　　　复核:

材料预算单价计算表

表 5-12

建设项目名称：××至××港区疏港交通战备公路

编制范围：K8+897.992～K19+555.630

第1页　共1页　22表

代号	规格名称	单位	原价（元）	运杂费					原价运费合计（元）	场外运输损耗		采购及保管费		预算单价（元）
				供应地点	运输方式、比例及运距（km）	毛质量系数或单位毛质量	运杂费构成说明或计算式	单位运费（元）		费率（%）	金额（元）	费率（%）	金额（元）	
2001001	HPB300 钢筋	t	3796.000	材料市场—工地	汽车、1.0、30.0	1.000000	(0.7×30.0+6.0×1.0)×1×1	27.000	3823.00			0.750	28.673	3851.670
2001002	HRB400 钢筋	t	3779.000	材料市场—工地	汽车、1.0、30.0	1.000000	(0.7×30.0+6.0×1.0)×1×1	27.000	3806.00			0.750	28.545	3834.550
5503007	砂砾	m^3	18.890	采砂场—工地	自办运输、1.0、5.0	1.700000	(1.05×847.18×0.0059+0.15×991.26×0.0059)×1×1.7	10.420	29.31	1.000	0.293	2.060	0.610	30.210
5505005	片石	m^3	21.430	料场—工地	自办运输、1.0、2.5	1.600000	(0.72×847.18×0.0063+0.18×991.26×0.0063)×1×1.6	7.940	29.37			2.060	0.605	29.980
5505006	开采片石	m^3	21.430		汽车、1.0、0.0	1.600000			21.43			2.060	0.441	21.870
5505012	碎石(2cm)	m^3	90.740	料场—工地	自办运输、1.0、2.5	1.500000	(0.65×847.18×0.0067+0.15×991.26×0.0067)×1×1.5	7.040	97.78	1.000	0.978	2.060	2.034	100.790
5505013	碎石(4cm)	m^3	75.570	料场—工地	自办运输、1.0、2.5	1.500000	(0.65×847.18×0.0067+0.15×991.26×0.0067)×1×1.5	7.040	82.61	1.000	0.826	2.060	1.719	85.150
5505015	碎石(8cm)	m^3	66.810	料场—工地	自办运输、1.0、2.5	1.500000	(0.65×847.18×0.0067+0.15×991.26×0.0067)×1×1.5	7.040	73.85	1.000	0.739	2.060	1.537	76.130
5509001	32.5 级水泥	t	456.000	材料市场—工地	汽车、1.0、30.0	1.010000	(0.7×30.0+6.0×1.0)×1×1.01	27.270	483.27	1.000	4.833	2.060	10.055	498.160
5509002	42.5 级水泥	t	469.000	材料市场—工地	汽车、1.0、30.0	1.010000	(0.7×30.0+6.0×1.0)×1×1.01	27.270	496.27	1.000	4.963	2.060	10.325	511.560

编制：　　　　　　　　　　复核：

自采材料料场价格计算表

表 5-13

编制范围:K8 +897.992 ~ K19 +555.630

自采材料名称:片石　　单位:m³　　数量:69519.95100000002　　料场价格:21.43 元　　第 1 页　共 3 页　　23-1 表

代号	工程项目			片石、块石开采									合计	
	工程细目			捡清片石										
	定额单位			100m³ 码方										
	工程数量			0.010										
	定额表号			8-1-5-3										
	工、料、机名称	单位	单价(元)	定额	数量	金额(元)	定额	数量	金额(元)	定额	数量	金额(元)	数量	金额(元)
1001001	人工	工日	112.00	18.600	0.010	20.83							0.186	20.83
9999001	定额基价	元	1.00	1976.808	0.010	19.77							0.010	19.77
	直接费	元				20.83								20.83
	辅助生产间接费	元		19.768	3.000%	0.59								0.59
	高原取费	元		19.768										
	金额合计	元				21.43								21.43

编制:　　　　复核:

自采材料料场价格计算表

表 5-13

编制范围:K8 + 897.992 ~ K19 + 555.630

自采材料名称:开采片石　　单位:m³　　数量:0.0　　料场价格:21.43 元　　第 2 页　共 3 页　　23-1 表

代号	工程项目			片石、块石开采									合　计	
	工程细目			捡清片石										
	定额单位			100m³ 码方										
	工程数量			0.010										
	定额表号			8-1-5-3										
	工、料、机名称	单位	单价(元)	定额	数量	金额(元)	定额	数量	金额(元)	定额	数量	金额(元)	数量	金额(元)
1001001	人工	工日	112.00	18.600	0.010	20.83							0.186	20.83
9999001	定额基价	元	1.00	1976.808	0.010	19.77							0.010	19.77
	直接费	元				20.83								20.83
	辅助生产间接费	元		19.768	3.000%	0.59								0.59
	高原取费	元		19.768										
	金额合计	元				21.43								21.43

编制:　　　　　　复核:

表 5-13

自采材料料场价格计算表

编制范围:K8 + 897.992 ~ K19 + 555.630

自采材料名称:碎石(4cm)　　单位:m³　　数量:41774.315　　料场价格: 75.57 元　　第 3 页　共 3 页　　23-1 表

代号	工程项目			机械轧碎石									合计	
	工程细目			颚式破碎机轧筛分碎石 最大粒径 4.0cm (料口径 250 × 400mm)										
	定额单位			$100m^3$ 堆方										
	工程数量			0.010										
	定额表号			8-1-7-14										
	工、料、机名称	单位	单价(元)	定额	数量	金额(元)	定额	数量	金额(元)	定额	数量	金额(元)	数量	金额(元)
1001001	人工	工日	112.00	30.200	0.010	33.82							0.302	33.82
5505006	开采片石	m^3	21.87	114.900	0.010	25.13							1.149	25.13
8015061	装料口径 250mm × 400mm 电动颚式破碎机 PE250 × 4000	台班	217.82	3.420	0.010	7.45							0.034	7.45
8015081	生产率 8 ~ $20m^3/h$ 滚筒式筛分机 YTSX1200 × 6000	台班	235.81	3.480	0.010	8.21							0.035	8.21
9999001	定额基价	元	1.00	10312.997	0.010	103.13							0.010	103.13
	直接费	元				74.61								74.61
	辅助生产间接费	元		32.097	3.000%	0.96								0.96
	高原取费	元		47.358										
	金额合计	元				75.57								75.57

编制:　　　　复核:

表 5-14

材料自办运输单位运费计算表

编制范围：K8 + 897.992 ~ K19 + 555.630

自办运输材料名称：沙砾　单位：m^3　数量：8330.72599999　单位运费：10.41 元　第 1 页　共 2 页　23-2 表

代号	工程项目			12t 以内自卸汽车			$2m^3$ 以内轮式装载机						合计	
	工程细目			12t 以内自卸汽车运输块石 5km			$2m^3$ 以内轮式装载机装土、砂、石屑、黏土、碎（砾）石、碎（砾）石土、煤							
	定额单位			$100m^3$			$100m^3$							
	工程数量			0.006			0.006							
	定额表号			9-1-6-81 改			9-1-10-6							
	工、料、机名称	单位	单价(元)	定额	数量	金额(元)	定额	数量	金额(元)	定额	数量	金额(元)	数量	金额(元)
8001047	斗容量 $2.0m^3$ 轮胎式装载机 ZL40	台班	991.26				0.150	0.010	1.49				0.002	1.49
8007016	装载质量 12t 以内自卸汽车 T138，SX360	台班	847.18	1.050	0.010	8.92							0.011	8.92
9999001	定额基价	元	1.00	479.632	0.010	4.81	147.831	0.010	1.48				0.020	6.29
	直接费	元				8.92			1.49					10.41
	辅助生产间接费	元			3.000%			3.000%						
	高原取费	元		8.862			1.483							
	金额合计	元				8.92			1.49					10.41

编制：　　　　复核：

材料自办运输单位运费计算表

表 5-14

编制范围：K8 + 897.992 ~ K19 + 555.630

自办运输材料名称：片石　　单位：m^3　　数量：69519.9510000　　单位运费：7.95 元　　第 2 页　共 2 页　　23-2 表

代号	工程项目			12t 以内自卸汽车			$2m^3$ 以内轮式装载机						合计	
	工程细目			12t 以内自卸汽车运输片石、大卵石 2.5km			$2m^3$ 以内轮式装载机装片石、大卵石							
	定额单位			$100m^3$			$100m^3$							
	工程数量			0.006			0.006							
	定额表号			9-1-6-79 改			9-1-10-7							
	工、料、机名称	单位	单价(元)	定额	数量	金额(元)	定额	数量	金额(元)	定额	数量	金额(元)	数量	金额(元)
8001047	斗容量 $2.0m^3$ 轮胎式装载机 ZL40	台班	991.26				0.180	0.010	1.80				0.002	1.80
8007016	装载质量 12t 以内自卸汽车 T138，SX360	台班	847.18	0.720	0.010	6.15							0.007	6.15
9999001	定额基价	元	1.00	420.730	0.010	4.24	177.397	0.010	1.79				0.020	6.03
	直接费	元				6.15			1.80					7.95
	辅助生产间接费	元			3.000%			3.000%						
	高原取费	元		6.107			1.788							
	金额合计	元				6.15			1.80					7.95

编制：　　　　　　　　复核：

施工机械台班单价计算表

表 5-15

建设项目名称：××至××港区疏港交通战备公路

编制范围：K8＋897.992～K19＋555.630

第 1 页　共 2 页　　24 表

序号	代号	机械名称	台班单价（元）	不变费用（元）		可变费用（元）																车船税	合计
				调整系数:1.0		机械工		重油		汽油		柴油		煤		电		水		木柴			
						112.0 元/工日		3.59 元/千克		8.29 元/千克		7.44 元/千克		元/吨		0.85 元/千瓦·时		2.72 元/立方米		元/千克			
				定额	调整值	定额	费用	定额	费用	定额	费用	定额	费用	定额	费用	定额	费用	定额	费用	定额	费用		
1	8001002	功率 75kW 以内履带式推土机	895.65	262.670	262.67	2.000	224.00					54.970	408.98										632.98
2	8001003	功率 90kW 以内履带式推土机	1058.24	347.890	347.89	2.000	224.00					65.370	486.35										710.35
3	8001004	功率 105kW 以内履带式推土机	1191.35	398.040	398.04	2.000	224.00					76.520	569.31										793.31
4	8001006	功率 135kW 以内履带式推土机	1612.03	658.460	658.46	2.000	224.00					98.060	729.57										953.57
5	8001007	功率 165kW 以内履带式推土机	1906.40	787.000	787.00	2.000	224.00					120.350	895.40										1119.40
6	8001017	斗容量 $10m^3$ 以内自行式铲运机	1446.11	537.630	537.63	2.000	224.00					92.000	684.48										908.48
7	8001023	斗容量 $10m^3$ 以内拖式铲运机(含头)	1343.10	553.660	553.66	2.000	224.00					76.000	565.44										789.44
8	8001025	斗容量 $0.6m^3$ 履带式单斗挖掘机	843.89	341.260	341.26	2.000	224.00					37.450	278.63										502.63
9	8001027	斗容量 $1.0m^3$ 履带式单斗挖掘机	1206.45	425.120	425.12	2.000	224.00					74.910	557.33										781.33
10	8001030	斗容量 $2.0m^3$ 履带式单斗挖掘机	1512.67	604.710	604.71	2.000	224.00					91.930	683.96										907.96
11	8001035	斗容量 $1.0m^3$ 履带式单斗挖掘机	1063.63	358.340	358.34	2.000	224.00					64.690	481.29										705.29
12	8001045	斗容量 $1.0m^3$ 轮胎式装载机	590.94	114.160	114.16	1.000	112.00					49.030	364.78										476.78
13	8001047	斗容量 $2.0m^3$ 轮胎式装载机	991.26	188.380	188.38	1.000	112.00					92.860	690.88										802.88
14	8001053	斗容量 $3.0m^3$ 轮胎式装载机	1344.48	315.200	315.20	1.000	112.00					123.290	917.28										1029.28
15	8001058	功率 120kW 以内平地机	1200.18	365.130	365.13	2.000	224.00					82.130	611.05										835.05
16	8001078	机械自身质量 6～8t 光轮压路机	366.74	111.890	111.89	1.000	112.00					19.200	142.85										254.85

编制：　　　　　　　　　　　　复核：

施工机械台班单价计算表

表 5-15

建设项目名称：××至××港区疏港交通战备公路

编制范围：K8 +897.992 ~ K19 +555.630

第 2 页 共 2 页 24 表

序号	代号	机械名称	台班单价（元）	不变费用（元）		可变费用（元）																车船税	合计
				调整系数:1.0		机械工		重油		汽油		柴油		煤		电		水		木柴			
						112.0 元/工日		3.59 元/千克		8.29 元/千克		7.44 元/千克		元/吨		0.85 元/千瓦·时		2.72 元/立方米		元/千克			
				定额	调整值	定额	费用	定额	费用	定额	费用	定额	费用	定额	费用	定额	费用	定额	费用	定额	费用		
81	8015028	容量 32kV·A 以内交流电弧焊机	189.95	5.170	5.17	1.000	112.00									85.620	72.78						184.78
82	8015029	容量 42kV·A 以内交流电弧焊机	233.54	5.420	5.42	1.000	112.00									136.610	116.12						228.12
83	8015060	装料口径 150mm×250mm 电动颚式破碎机	140.56	28.560	28.56	1.000	112.00																112.00
84	8015061	装料口径 250mm×400mm 电动颚式破碎机	217.82	75.470	75.47	1.000	112.00									35.700	30.35						142.35
85	8015081	生产率 8~20m³/h 滚筒式筛分机	235.81	112.780	112.78	1.000	112.00									12.980	11.03						123.03
86	8017045	排气量 20m³/min 以内电动空气压缩机	695.04	183.990	183.99											601.240	511.05						511.05
87	8017047	排气量 3m³/min 以内机动空气压缩机	297.50	118.940	118.94							24.000	178.56										178.56
88	8017048	排气量 6m³/min 以内机动空气压缩机	531.25	204.710	204.71							43.890	326.54										326.54
89	8017049	排气量 9m³/min 以内机动空气压缩机	719.10	270.170	270.17							60.340	448.93										448.93
90	8019003	功率 147kW 以内内燃拖轮	1637.03	437.370	437.37	4.000	448.00					101.030	751.66										1199.66
91	8019005	功率 221kW 以内内燃拖轮	2236.33	657.530	657.53	4.000	448.00					151.550	1127.53					1.200	3.26				1578.80
92	8019023	装载质量 200t 以内工程驳船	218.63	218.630	218.63																		

编制： 复核：

表 5-16

辅助生产人工、材料、施工机械台班单价数量表

建设项目名称：× ×至× ×港区疏港交通战备公路

编制范围：K8 +897.992 ~ K19 +555.630　　　　第 1 页　共 1 页　　25 表

序号	规格名称	单位	人工（工日）	开采片石（m^3）	斗容量 $2.0m^3$ 轮胎式装载机（台班）	装载质量 12t 以内自卸汽车（台班）	装料口径 150mm × 250mm 电动颚式破碎机（台班）	装料口径 250mm × 400mm 电动颚式破碎机（台班）	生产率 $8 \sim 20m^3/h$ 滚筒式筛分机（台班）	
1	砂砾	m^3	0.164		0.001	0.006				
2	片石	m^3	0.186		0.001	0.005				
3	开采片石	m^3	0.186							
4	碎石(2cm)	m^3	0.333	1.176	0.001	0.004	0.070		0.071	
5	碎石(4cm)	m^3	0.302	1.149	0.001	0.004		0.034	0.035	
6	碎石(8cm)	m^3	0.274	1.099	0.001	0.004		0.025	0.025	

编制：　　　　　　　　　　复核：

原始数据表(预)

表 5-17

建设项目:××至××港区疏港交通战备公路

编制范围:K8+897.992~K19+555.630

第1页 共9页 附表01

项	目	节	细目	名称	单位	工程量	费率号	备注
			4-5-2-7	浆砌片石锥坡、沟、槽、池	$10m^3$	2.628	06	
			1-2-12-2	砂砾地基垫层	$1000m^3$	0.011	04	
			4-5-2-1	浆砌片石基础、护底、截水墙	$10m^3$	2.466	06	
	LJ08			路基其他工程	km	10.343		
		LJ0801		整修路拱	m^2	176289.0		
			1-1-20-1	机械整修路拱	$1000m^2$	176.289	01	
		LJ0802		整修边坡	m	8.625		
			1-1-20-4	机械整修二级及以上等级公路边坡	1km	8.625	01	
103				路面工程	km	10.343		
	LM02			水泥混凝土路面	m^2	140582.5		
		LM0202		路面底基层	m^2	140582.5		
			LM020201	10cm 厚填隙碎石底基层	m^2	3382.6		
			2-1-12-16	机械摊铺填隙碎石底基层(压实厚度 10cm)	$1000m^2$	3.383	04	
			LM020202	15cm 厚填隙碎石底基层	m^2	137199.9		
			2-1-12-20 换	机械摊铺填隙碎石底基层(压实厚度 12cm)	$1000m^2$	137.2	04	定额×15/12
		LM0203		路面基层	m^2	140582.5		
			LM020302	18cm 厚 5% 水泥稳定碎石基层	m^2	140582.5		
			2-1-7-5 换	生产能力 200t/h 以内厂拌水泥碎石稳定土基层(水泥剂量 5%,压实厚度 18cm)	$1000m^2$	140.583	04	厂拌设备:生产能力 200t/h 以内实际厚度(cm):18cm

编制:　　　　复核:

表 5-17

原始数据表(预)

建设项目:××至××港区疏港交通战备公路

编制范围:K8+897.992 ~ K19+555.630

第 2 页 共 9 页 附表 01

项	目	节	细目	名称	单位	工程量	费率号	备注
			2-1-8-5 换	装载质量 12t 以内自卸汽车运厂拌基层稳定土混合料 3km	$1000m^3$	25.305	03	实际运距(km):3km
			2-1-9-7	宽度 7.5m 以内摊铺机铺筑基层	$1000m^2$	140.583	04	
		LM0205		水泥混凝土面层	m^2	140582.5		
			LM020501	24cm 厚 C35 水泥混凝土面层	m^2	140582.5		
			2-2-17-3 换	摊铺机铺筑混凝土路面厚度 24cm(轨道式)	$1000m^2$ 路面	140.583	04	实际厚度(cm):24cm[1503034] 换[1503036]
			4-11-11-14 换	$40m^3/h$ 以内混凝土拌和站(楼)拌和	$100m^3$	337.398	07	定额×1.02
			4-11-11-24 换	运输能力 $6m^3$ 以内搅拌运输车运混凝土第一个 1km	$100m^3$	337.398	03	定额×1.02
			LM020502	钢筋	t	74.13		
			2-2-17-13 换	人工及轨道式摊铺机铺筑路面拉杆及传力杆	1t	13.98	10	钢筋抽换:[2001002] 换[2001001]
			2-2-17-13 换	人工及轨道式摊铺机铺筑路面拉杆及传力杆	1t	60.15	10	钢筋抽换:[2001001] 换[2001002]
	LM04			路槽、路肩及中央分隔带	m^2	31152.1		
		LM0401		硬路肩	m^2	31152.1		
			LM040101	10cm 厚填隙碎石底基层	m^2	726.6		
			2-1-12-16	机械摊铺填隙碎石底基层(压实厚度 10cm)	$1000m^2$	0.727	04	
			LM040102	15cm 厚填隙碎石底基层	m^2	30425.4		
			2-1-12-20 换	机械摊铺填隙碎石底基层(压实厚度 12cm)	$1000m^2$	30.425	04	定额×15/12
			LM040103	18cm 厚 5% 水泥稳定碎石基层	m^2	31152.1		

编制: 复核:

原始数据表(预)

表 5-17

建设项目：××至××港区疏港交通战备公路

编制范围：K8 + 897.992 ~ K19 + 555.630

第 3 页 共 9 页 附表 01

项	目	节	细目	名称	单位	工程量	费率号	备注
			2-1-7-5 换	生产能力 200t/h 以内厂拌水泥碎石稳定土基层(水泥剂量 5%，压实厚度 18cm)	$1000m^2$	31.152	04	厂拌设备：生产能力 200t/h 以内实际厚度(cm)：18cm
			2-1-8-5 换	装载质量 12t 以内自卸汽车运厂拌基层稳定土混合料 3km	$1000m^3$	5.607	03	实际运距(km)：3km
			2-1-9-7	宽度 7.5m 以内摊铺机铺筑基层	$1000m^2$	31.152	04	
			LM040104	24cm 厚 C35 水泥混凝土面层	m^2	31152.1		
			2-2-17-3 换	摊铺机铺筑混凝土路面厚度 24cm(轨道式)	$1000m^2$ 路面	31.152	04	实际厚度(cm)：24cm[1503034] 换 [1503036]
			4-11-11-14 换	$40m^3/h$ 以内混凝土拌和站(楼)拌和	$100m^3$	74.765	04	定额×1.02
			4-11-11-24 换	运输能力 $6m^3$ 以内搅拌运输车运混凝土第一个 1km	$100m^3$	74.765	03	定额×1.02
		LM0402		路缘石	m^3	1047.1		
			2-3-3-4 换	预制混凝土预制块路缘石	$10m^3$	104.71	04	[1503033] 换 [1503032]
			2-3-3-6	安砌路缘石	$10m^3$	104.71	04	
			4-5-2-1	浆砌片石基础、护底、截水墙	$10m^3$	130.84	06	
104				桥梁涵洞工程	km	0.053		
	10401			涵洞工程	m/道	1109.8 / 36.0		
		HD02		盖板涵	m/道	1109.8 / 36.0		
			HD0201	1-1.5×1.5	m/道	296.55 / 11.0		
			4-1-3-3	斗容量 $1.0m^3$ 以内挖掘机挖基坑 ≤ $1500m^3$ 土方	$1000m^3$	1.358	06	
			4-1-3-5	机械挖基坑 ≤ $1500m^3$ 石方	$1000m^3$	0.429	06	

编制： 复核：

原始数据表（预）

表 5-17

建设项目：××至××港区疏港交通战备公路

编制范围：K8 +897.992 ~ K19 +555.630

第 4 页　共 9 页　　附表 01

项	目	节	细目	名称	单位	工程量	费率号	备注
			4-5-1-1	干砌片石基础、护底、截水墙	$10m^3$	6.65	06	
			4-7-9-1	预制矩形板混凝土（跨径 4m 以内）	$10m^3$ 实体	11.809	06	
			4-7-9-4 换	集中加工预制矩形板钢筋	1t	4.206	10-1	钢筋抽换：[2001002] 换 [2001001]
			4-7-9-4 换	集中加工预制矩形板钢筋	1t	12.164	10-1	钢筋抽换：[2001001] 换 [2001002]
			4-8-3-8	装载质量 6t 以内载重汽车第一个 1km（汽车式起重机装卸）	$100m^3$ 实体	1.181	03	
			4-7-10-1	起重机安装矩形板	$10m^3$ 构件	11.809	06	
			4-6-8-1	现浇混凝土矩形板上部构造	$10m^3$ 实体	0.089	06	
			4-6-8-4 换	现场加工现浇矩形板上部构造钢筋	1t	0.021	10-1	钢筋抽换：[2001002] 换 [2001001]
			4-6-8-4 换	现场加工现浇矩形板上部构造钢筋	1t	0.111	10-1	钢筋抽换：[2001001] 换 [2001002]
			4-5-3-4	浆砌块石实体式台、墙	$10m^3$	52.359	06	
			4-5-2-4	浆砌片石实体式台、墙	$10m^3$	0.926	06	
			4-5-2-1	浆砌片石基础、护底、截水墙	$10m^3$	29.392	06	
			4-6-1-1	轻型墩台混凝土基础（跨径 4m 以内）	$10m^3$ 实体	19.568	06	
			4-6-3-1 换	混凝土墩、台帽非泵送	$10m^3$ 实体	19.143	06	[1503034] 换 [1503033]
			4-6-3-5 换	现场加工桥（涵）台帽钢筋	1t	0.576	10-1	钢筋抽换：[2001002] 换 [2001001]

编制：　　　　　　　　复核：

原始数据表（预）

表 5-17

建设项目：××至××港区疏港交通战备公路

编制范围：K8+897.992~K19+555.630

 附表 01

项	目	节	细目	名称	单位	工程量	费率号	备注
			4-6-3-5 换	现场加工桥（涵）台帽钢筋	1t	0.676	10-1	钢筋抽换：[2001001]换[2001002]
			4-6-1-5 换	支撑梁混凝土	$10m^3$ 实体	0.511	06	[1503032]换[1503033]
			4-6-1-12 换	现场加工轻型墩台基础及支撑梁钢筋	1t	0.141	10-1	钢筋抽换：[2001002]换[2001001]
			4-6-1-12 换	现场加工轻型墩台基础及支撑梁钢筋	1t	0.304	10-1	钢筋抽换：[2001001]换[2001002]
			4-5-3-1	浆砌块石基础、护底、截水墙（支撑梁）	$10m^3$	1.731	06	
			4-5-4-5 换	浆砌粗料石帽石、缘石	$10m^3$	0.331	06	删：[1501002][1501003]量 2.13
			4-5-2-4	浆砌片石实体式台、墙（翼墙、端墙）	$10m^3$	7.211	06	
			4-5-2-1	浆砌片石基础、护底、截水墙（翼墙、端墙基础）	$10m^3$	5.696	06	
			4-5-2-7	浆砌片石锥坡、沟、槽、池（排水沟、跌井）	$10m^3$	11.504	06	
			4-5-2-1	浆砌片石基础、护底、截水墙（洞口、洞底铺砌）	$10m^3$	19.003	06	
			1-3-3-3	浆砌片石急流槽	$10m^3$ 实体	2.078	06	
			4-5-2-1	浆砌片石基础、护底、截水墙（隔水墙）	$10m^3$	1.364	06	
			1-2-12-2	砂砾地基垫层	$1000m^3$	0.083	04	
			4-11-6-17	水泥砂浆抹面（厚 2cm）	$100m^2$	0.22	06	
			4-11-7-11	梁桥用镀锌铁皮沥青麻絮伸缩缝	1m	219.62	10-1	

编制： 复核：

原始数据表（预）

表 5-17

建设项目：××至××港区疏港交通战备公路

编制范围：K8 + 897.992 ~ K19 + 555.630

第 6 页　共 9 页　　附表 01

项	目	节	细目	名称	单位	工程量	费率号	备注
			4-11-4-4	沥青油毡(防水层)	$10m^2$	29.65	06	
			4-2-2-1	编织袋围堰高 1.0m	10m 围堰	0.0	06	
			4-9-3-1	满堂式木支架墩台高 6m 以内	$10m^2$	0.28	06	
			1-4-16-7	浆砌片石挡土墙墙身	$10m^3$ 实体	0.0	06	
			4-11-11-14	$40m^3$/h 以内混凝土拌和站(楼)拌和	$100m^3$	5.202	06	
			HD0202	1-2.0×2.0	米/座	128.25/5.0		
			4-1-3-3	斗容量 $1.0m^3$ 以内挖掘机挖基坑≤$1500m^3$ 土方	$1000m^3$	1.739	06	
			4-1-3-5	机械挖基坑≤$1500m^3$ 石方	$1000m^3$	0.0	06	
			4-5-1-1	干砌片石基础、护底、截水墙	$10m^3$	0.9	06	
			4-7-9-1	预制矩形板混凝土(跨径 4m 以内)	$10m^3$ 实体	7.067	06	
			4-7-9-4 换	集中加工预制矩形板钢筋	1t	2.335	10-1	钢筋抽换：[2001002]换[2001001]
			4-7-9-4 换	集中加工预制矩形板钢筋	1t	7.158	10-1	钢筋抽换：[2001001]换[2001002]
			4-8-3-8	装载质量 6t 以内载重汽车第一个 1km(汽车式起重机装卸)	$100m^3$ 实体	0.707	03	
			4-7-10-1	起重机安装矩形板	$10m^3$ 构件	7.067	06	
			4-6-8-1	现浇混凝土矩形板上部构造	$10m^3$ 实体	0.252	06	
			4-6-8-4 换	现场加工现浇矩形板上部构造钢筋	1t	0.013	10-1	钢筋抽换：[2001002]换[2001001]
			4-6-8-4 换	现场加工现浇矩形板上部构造钢筋	1t	0.061	10-1	钢筋抽换：[2001001]换[2001002]

编制：　　　　　　　　复核：

原始数据表(预)

表 5-17

建设项目:××至××港区疏港交通战备公路

编制范围:K8 +897.992 ~ K19 +555.630　　第 7 页　共 9 页　　附表 01

项	目	节	细目	名　称	单位	工程量	费率号	备　注
			JA050101	混凝土里程牌	个	11.0		
			5-1-6-1	预制混凝土里程碑	100 块	0.11	06	
		JA06		轮廓标	个	426.0		
			JA0603	栏式轮廓标	个	426.0		
			5-1-7-3	栏式轮廓标	100 块	4.26	06	
110				专项费用	元	0.0		
	11001			施工场地建设费	元	0.0		{部颁 2018 施工场地建设费}
	11002			安全生产费	元	0.0		{建安费}×1.5%
2				第二部分　土地征用及拆迁补偿费	公路千米	10.66		
201				土地使用费	亩	327.73		
	20101			永久征用土地	亩	326.98		
		2010101		征用土地费	亩	568.9		
			1	征用滩涂	亩	20.3		20.3×6000 元
			2	征用宅地、耕地	亩	51.54		51.540000000000006×25000 元
			3	征用园地	亩	130.0		130.0×25000 元
			4	征用非经济林地、经济林地、未利用地	亩	367.06		367.06×8000 元
		2010102		果树、青苗补偿费	元	0.0		
			1	枇杷树赔偿	棵	26.0		26.0×300 元
			2	龙眼树赔偿	棵	2856.0		2856.0×350 元
	20102			临时用地	亩	3.75		
		2010201		临时征地使用费	亩	3.75		

编制:　　　　复核:

原始数据表(预)

表 5-17

建设项目:××至××港区疏港交通战备公路

编制范围:K8 +897.992 ~ K19 +555.630　　第 8 页　共 9 页　　附表 01

项	目	节	细目	名　　称	单位	工程量	费率号	备　　注
			1	园地	亩	0.75		0.75 ×3000 元
			2	未利用地	亩	3.0		3.0 ×1000 元
202				拆迁补偿费	公路千米	10.66		
			1	砖混结构	m^2	4929.86		4929.86 ×500 元
			2	木房、石木结构房屋、砖石平房	m^2	7442.11		7442.11 ×400 元
			3	木棚	m^2	543.22		543.22 ×100 元
			4	围墙	m	388.6		388.6 ×50 元
			5	电力杆、电信杆	根	229.0		229.0 ×500 元
			6	电信光缆	km	7.401		7.401 ×40000 元
			7	军用光缆	km	1.331		1.331 ×43000 元
3				第三部分　工程建设其他费用	公路千米	10.66		
301				建设项目管理费	公路千米	10.66		
	30101			建设单位(业主)管理费	公路千米	10.66		0.0245675133 ×({建安费} DEJAF +{A10}) 乘号右边是同望软件中的代码,下同
	30102			建设项目信息化费	公路千米	10.66		1.0000000001 ×({建安费} DEJAF +{A10})
	30103			工程监理费	公路千米	10.66		0.0214270295 ×({建安费} DEJAF +{A10})
	30104			设计文件审查费	公路千米	10.66		1.0000000001 ×({建安费} DEJAF +{A10})
	30105			竣(交)工验收试验检测费	公路千米	10.66		
		3010501		道路工程	km	10.343		道路{部颁 2018 竣(交)工验收试验检测费}

编制:　　　　　　复核:

原始数据表(预)

表 5-17

建设项目:××至××港区疏港交通战备公路

编制范围:K8+897.992~K19+555.630

第9页 共9页 附表01

项	目	节	细目	名称	单位	工程量	费率号	备注
		3010502		一般桥梁	m	53.4		53.4×一般桥梁{部颁2018竣(交)工验收试验检测费}
		3010503		隧道工程	m	263.0		隧道{部颁2018竣(交)工验收试验检测费}×40%
302				研究试验费	公路千米	10.66		
303				建设项目前期工作费	公路千米	10.66		1.0000000001×({建安费}DEJAF+{A10})
305				联合试运转费	公路千米	10.66		({建安费}DEJAF+{A10})×0.04%
306				生产准备费	公路千米	10.66		
	30601			工器具购置费	公路千米	10.66		
	30602			办公和生活用家具购置费	公路千米	10.66		{部颁2018办公及生活用家具购置费}
307				工程保通费	公路千米	10.66		
	30701			保通便道管理费	km	10.66		
308				工程保险费	公路千米	10.66		({建安费}-{建安费}SBF)×0.4%
309				其他相关费用	公路千米	10.66		
310				工伤保险费	公路千米	10.66		{建安费}×0.15%
4				第四部分　预备费	公路千米	10.66		
401				基本预备费	元	1.0		({建安费}+{G}+{H})×3%
402				价差预备费	元	1.0		{部颁预留上涨费}
5				第一至四部分合计	公路千米	10.66		
6				建设期贷款利息	公路千米	10.66		
7				公路基本造价	公路千米	10.66		

编制:　　　　　　　　复核:

思考题

1. 试述现场调查的内容。
2. 试述施工组织设计对预算的影响主要有哪几个方面。

第六章
CHAPTER SIX

公路工程施工投标报价的编制

第一节 概述

一、工程项目招投标的概念

1. 工程项目招标

工程项目招标是指业主(建设单位)为发包方,根据拟建工程的内容、工期、质量和投资额等技术经济要求,邀请有资格和能力的企业或单位参加投标,从中择优选取承担可行性研究方案论证、科学试验或勘察、设计、施工和监理等任务的承包单位。

2. 工程项目投标

工程项目投标是指经审查获得投标资格的投标人,以同意发包方招标文件所提出的条件为前提,经过广泛的市场调查,掌握一定的信息并结合自身情况(能力、经营目标等),以投标报价的竞争形式获取工程任务的过程。

3. 建设项目招标的范围与分类

(1)招标的范围

根据《中华人民共和国招标投标法》(以下简称《招标投标法》)和《必须招标的工程项目规定》(中华人民共和国国家发展和改革委员命令 2018 年第 16 号)的规定,在我国进行下列工程建设项目包括项目的勘察、设计、施工、监理以及与工程建设有关的重要材料、设备等的采购,必须进行招标。

①全部或部分使用国有资金投资或国家融资的项目。包括:a. 使用预算资金 200 万元人民币以上,并且该资金占投资额 10% 以上的项目;b. 使用国有企业事业单位资金,并且该资金占控股或者主导地位的项目。

②使用国际组织或者外国政府贷款、援助资金的项目。包括：a. 使用世界银行、亚洲开发银行等国际组织贷款、援助资金的项目；b. 使用外国政府及其机构贷款、援助资金的项目。

③大型基础设施、公用事业等关系社会公共利益、公众安全的项目。

必须招标的具体范围由国务院发展改革部门会同国务院有关部门按照确有必要、严格限定的原则制定，报国务院批准。

(2)强制招标的标准

属于招标范围内的项目，其勘察、设计、施工、监理以及与工程建设有关的重要设备、材料等的采购达到下列标准之一的，必须招标：

①施工单项合同估算价在400万元人民币以上。

②重要设备、材料等货物的采购，单项合同估算价在200万元人民币以上。

③勘察、设计、监理等服务的采购，单项合同估算价在100万元人民币以上。

④同一项目中可以合并进行的勘察、设计、施工、监理以及与工程建设有关的重要设备、材料等的采购，合同估算价合计达到①、②、③条规定标准的，必须招标。

上述标准是工程建设项目强制招标的最低标准，任何单位和个人不得将依法必须进行招标的项目化整为零或者以其他任何方式规避招标。

4. 公路建设项目可以不进行招标的规定

根据《公路工程建设项目招标投标管理办法》(中华人民共和国交通运输部令2015年第24号)第九条的规定，有下列情形之一的公路工程建设项目，可以不进行招标：

(1)涉及国家安全、国家秘密、抢险救灾或者属于利用扶贫资金实行以工代赈、需要使用农民工等特殊情况；

(2)需要采用不可替代的专利或者专有技术；

(3)采购人自身具有工程施工或者提供服务的资格和能力，且符合法定要求；

(4)已通过招标方式选定的特许经营项目投资人依法能够自行施工或者提供服务；

(5)需要向原中标人采购工程或者服务，否则将影响施工或者功能配套要求；

(6)国家规定的其他特殊情形。

二、公路建设招标分类

1. 按工程标的分类

根据标的不同，公路工程招标可分为勘察设计招标、施工监理招标、材料设备采购招标和施工招标。工程施工招标在各类招标中，数量大、范围广、价值高，招标工作的代表性强，本书主要介绍工程施工招标。

2. 按照竞争程度分类

按照竞争程度，公路工程招标可分为公开招标和邀请招标。这也是我国《招标投标法》中规定的法定招标方式。

(1)公开招标。公开招标也称无限竞争性招标，是一种由招标人按照法定程序，在公共媒体发布其招标项目、拟采购的具体设备或工程内容等信息，公开发布招标公告。所有符合条件的供应商或承包人都可以平等参加投标竞争，从中择优选择中标者的招标方式。

(2)邀请招标。邀请招标也称有限竞争性招标或选择性招标,即由招标人以投标邀请书的方式邀请特定的法人或者其他组织参加投标竞争,从中选定中标者的招标方式。招标人采用邀请招标方式的,应当向三个以上具备承担招标项目的能力、资信良好的特定的法人或者其他组织发出投标邀请书。

三、公路工程标准施工招标文件的组成

为加强公路工程施工招标管理,规范资格预审文件和招标文件编制工作,交通运输部组织专家对《公路工程标准施工招标资格预审文件》(2009 版)和《公路工程标准施工招标文件》(2009 版)进行修订并经审定形成了《公路工程标准施工招标资格预审文件》(2018 版)(以下简称《标准施工招标资格预审文件》)和《公路工程标准施工招标文件》(2018 版),自 2018 年 3 月 1 日起施行。

交通运输部规定:自招标文件施行之日起,依法必须进行招标的公路工程应当使用《公路工程标准施工招标资格预审文件》(2018 版)和《公路工程标准施工招标文件》(2018 版),其他公路项目可参照执行。

《公路工程标准施工招标文件》(2018 版)分为四卷,第一卷有招标公告(或投标邀请书)、投标人须知、评标办法、合同条款及格式、工程量清单;第二卷是图纸(另册);第三卷是技术规范(另册)、工程量清单计量规则(另册);第四卷是投标文件格式。

1. 招标公告(投标邀请书)

采用资格预审或邀请招标方式招标的以投标邀请书格式发布,采用资格后审方式招标时以招标公告格式发布。

招标公告(未进行资格预审)通常对以下内容进行公告:项目概况与招标范围、投标人资格要求、招标文件的获取、投标文件的递交及相关事宜、发布公告的媒介、联系方式等。

投标邀请书是招标人向经过资格预审合格的投标人正式发出参加本项目投标的邀请。因此,投标邀请书也是投标人具有参加投标资格的证明,没有得到投标邀请书的投标人,无权参加本项目的投标。投标邀请书的主要内容有:项目概况与招标范围、投标人资格要求、招标文件的获取、投标文件的递交及相关事宜、发布公告的媒介、联系方式等。

招标人按照《公路工程标准施工招标文件》(2018 版)第一章的格式发布招标公告或发出投标邀请书后,将实际发布的招标公告或实际发出的投标邀请书编入出售的招标文件中,作为招标文件的组成部分。

2. 投标人须知

投标人须知是招标单位为了说明招标性质、范围,向投标单位提供的必要的信息资料以及对投标人的合格条件、编制投标书的规定、投标书的送交、开标与评标直至签订合同的有关要求。投标须知包括投标人须知前附表、附录和正文三部分。

投标人须知前附表是用于进一步明确正文中的未尽事宜,由招标人根据招标项目具体特点和实际需要编制和填写,且应与招标文件中其他章节相衔接,并不得与正文内容相抵触。

附录是投标人资格审查条件表,规定了本项目投标人资质、财务、业绩、信誉、项目经理与项目总工、其他管理人员和技术人员、主要机械设备和实验检测设备的最低要求。

正文的主要内容有：

(1)总则。说明项目概况、资金来源和落实情况、招标范围、计划工期、质量要求和安全目标、投标人资格要求、费用承担、保密、语言文字、计量单位、踏勘现场、投标预备会、分包、响应和偏差。

(2)招标文件。说明招标文件的组成、澄清、修改和异议。

(3)投标文件。说明投标文件的组成、报价、投标有效期、保证金、资格审查资料、备选投标方案和投标文件的编制。

(4)投标。说明投标文件的密封和标识、投标文件的递交，以及投标文件的修改与撤回。

(5)开标。说明开标时间和地点、开标程序、开标异议。

(6)评标。说明评标委员会、评标原则、评标。

(7)合同授予。说明中标候选人公示、评标结果异议、中标候选人履约能力审查、定标、中标通知、中标结果公告、履约保证金、签订合同。

(8)纪律和监督。说明对招标人、投标人、评标委员会成员、与评标活动有关的工作人员的纪律要求；投诉。

(9)是否采用电子招标评标。

(10)需要补充的其他内容。说明需要补充的其他内容。

3. 评标办法

《公路工程标准施工招标文件》(2018 版)给出了四种评标办法：合理低价法、技术评分最低标价法、综合评分法和经评审的最低投标价法。公路工程施工招标评标，一般采用合理低价法或技术评分最低标价法。技术特别复杂的特大桥梁和特长隧道项目主体工程，可以采用综合评分法。工程规模较小、技术含量较低的工程，可以采用经评审的最低投标价法。

(1)合理低价法。评标委员会对满足招标文件实质性要求的投标文件，按照第三章评标办法(合理低价法)第 2.2 款规定的评分标准进行打分，并按得分由高到低顺序推荐中标候选人，或根据招标人授权直接确定中标人，但投标报价低于其成本的除外。综合评分相等时，评标委员会应按照评标办法前附表规定的优先次序推荐中标候选人或确定中标人。

合理低价法是综合评估法的评分因素中评标价得分为 100 分、其他评分因素分值为 0 分的特例。合理低价法中，第一个信封(商务及技术文件)的评审应采用合格制。

(2)技术评分最低标价法。评标委员会对满足招标文件实质性要求的投标文件的施工组织设计、主要人员、技术能力等因素进行评分，按照得分由高到低排序，对排名在招标文件规定数量以内的投标人的报价文件进行评审，按照评标价由低到高的顺序推荐中标候选人，或根据招标人授权直接确定中标人，但投标报价低于其成本的除外。评标价相等时，评标委员会应按照评标办法前附表规定的优先次序推荐中标候选人或确定中标人。

通过第一个信封(商务及技术文件)评审的投标人数量应不少于 3 名，最高不宜超过 10 名。此外，招标人可规定技术文件采用暗标形式编制。

(3)综合评分法。评标委员会对满足招标文件实质性要求的投标文件，按照第三章评标办法(综合评分法)第 2.2 款规定的评分标准进行打分，并按得分由高到低的顺序推荐中标候选人，或根据招标人授权直接确定中标人，但投标报价低于其成本的除外。综合评分相等时，评标委员会应按照评标办法前附表规定的优先次序推荐中标候选人或确定中标人。

综合评估法仅适用于技术特别复杂的特大桥梁和特长隧道项目主体工程。采用综合评分法时,评标委员会对投标人的评标价、施工组织设计、主要人员、技术能力、财务能力、业绩、履约信誉等综合进行评估打分。其中评标价所占权重不应低于50%。

(4)经评审的最低投标价法。评标委员会对满足招标文件实质性要求的投标文件,根据第三章评标办法(经评审的最低投标价法)第2.2款规定的量化因素及量化标准进行价格折算,按照经评审的投标价由低到高的顺序推荐中标候选人,或根据招标人授权直接确定中标人,但投标报价低于其成本的除外。经评审的投标价相等时,评标委员会应按照评标办法前附表规定的优先次序推荐中标候选人或确定中标人。

四种评标方法的评审因素、标准和程序在《公路工程标准施工招标文件》(2018版)中做出了明确规定,招标项目具体采用哪一种评标方法应在招标文件中明确说明。

4. 合同条款及格式

合同条款主要规定了合同履行中当事人的基本权利和义务以及合同履行中的工作程序、监理工程师的职责与权力等。《公路工程标准施工招标文件》(2018版)的合同条款由通用合同条款、专用合同条款两部分构成,且附有合同协议书、廉政合同、履约保证金和工程资金监管协议等合同附件格式文件。

通用合同条款参考FIDIC有关内容,对发包人、承包人的责任进行恰当的划分,在材料和设备、工程质量、计量、变更、违约责任等方面,对双方当事人权利、义务、责任作了相对具体、集中和具有操作性的规定,为明确责任、减少合同纠纷提供了条件。具体条款共分24个方面的问题:一般约定,发包人义务,监理人,承包人,材料和工程设备,施工设备和临时设施,交通运输,测量放线,施工安全、治安保卫和环境保护,进度计划,开工和竣工,暂停施工,工程质量,试验和检验,变更,价格调整,计量与支付,竣工验收,缺陷责任与保修责任,保险,不可抗力,违约,索赔,争议的解决。招标人在编制招标文件时,可根据各行业和具体工程的不同特点和要求,进行修改和补充。

《公路工程标准施工招标文件》(2018版)将"专用条款"分为A、B两部分,A为公路工程专用合同条款,B为项目专用合同条款。

公路工程专用合同条款是在考虑了公路工程的特点,对通用合同条款所做的约定、补充和细化,适用于公路工程施工项目。

项目专用合同条款是根据招标项目的具体特点和实际需要,对"通用合同条款""公路工程专用合同条款"所做的补充、细化,是专用于本施工项目的。项目专用合同条款包括项目专用合同条款数据表和项目专用合同条款两部分。

招标人在编制项目招标文件中的"项目专用合同条款"时,除"通用合同条款"明确"专用合同条款"可作出不同约定以及"公路工程专用合同条款"明确"项目专用合同条款"可作出不同约定外,补充和细化的内容不得与"通用合同条款"及"公路行业标准工程专用合同条款"强制性规定相抵触。同时,补充、细化或约定的不同内容,不得违反法律、行政法规的强制性规定与平等、自愿、公平和诚实信用原则。

合同附件格式包括合同协议书、廉政合同、安全生产合同、其他管理和技术人员最低要求、主要机械设备和试验检测设备最低要求、项目经理委托书、履约保证金格式、工程资金监管协议格式。

合同协议书是投标人中标而成为本合同的承包人后，和业主共同填写并签署合同的格式。

5. 工程量清单

工程量清单是一份与技术规范相对应的文件。技术规范规定了各工程子目的范围、质量要求及计量支付办法，而工程量清单则详细说明了每一工程子目可能要发生的工程数量。工程量清单由说明、工程量清单表、计日工明细表、暂估价表、工程量清单汇总表和工程量清单单价分析表几部分组成。

因工程量清单是根据招标文件中包括的、有合同约束力的图纸以及有关工程量清单的国家标准、行业标准、合同条款中约定的工程量计算规则编制，阅读和理解时，应结合投标人须知、通用合同条款、专用合同条款、技术规范及图纸等内容。

6. 图纸

图纸是招标文件和合同的重要组成部分，是投标人拟订施工方案、确定施工方法及提出替代方案，计算投标报价必不可少的资料。

7. 技术规范

技术规范是招标文件和合同文件中的一个非常重要的组成部分，适用于各级公路项目的新建、扩建或改建的施工与管理。技术规范对工程在施工中使用的原材料、半成品或成品，隐蔽工程以及施工原始资料和记录，均进行一系列的控制与检查，使工程质量符合规定的质量标准。在每一章节的施工要求中，均对质量标准、质量等级、检验内容和方法等提出了要求。如有未写明之处，应按照国家和交通运输部现行有关规范规定且经监理人批准后执行。

《公路工程标准施工招标文件》(2018 版)的技术规范分为七章，分别为总则，路基，路面，桥梁、涵洞，隧道，安全设施及预埋管线，绿化及环境保护。

8. 工程量清单计量规则

工程量清单计量规则包括说明和计量规则两部分。计量规则由子目号、子目名称、单位、工程量计量、工程内容组成。每个子目号与工程量清单的子目号一一对应，是承包人报价、发包人支付的依据。

计量规则各章节是按第七章“技术规范”的相应章节编号的，因此，各章节工程子目的工程量计量规则应与“技术规范”相应章节的施工规范结合起来理解、解释和应用。

计量规则的计量与支付，应与合同条款、工程量清单以及图纸同时阅读，工程量清单中的支付项目号和本规则的章节编号是一致的。

9. 投标文件格式

投标文件分为商务及技术文件、报价文件。商务及技术文件格式有投标函及投标函附录、授权委托书或法定代表人身份证明、联合体协议书、投标保证金、施工组织设计、项目管理机构、拟分包项目情况表、资格审查资料、其他资料等格式。报价文件格式有调价函格式(如有)、投标函、已标价工程量清单、合同用款估算表等格式。

投标函是为投标人填写投标总报价而由招标人准备的一份空白文件。投标函中主要应反映下列内容：投标人、投标项目(名称)、投标总报价(签字盖章)、工程质量、投标有效期、投标保证金承诺、资料真实性承诺等。招标文件中提供投标函格式的目的有两个：一是为了使各投标单位递送的投标书具有统一的格式;二是提醒各投标单位投标以后需要注意和遵守有关规定。

投标函附录是用于说明合同条款中的重要参数如缺陷责任期、逾期交工违约金、提前交工奖金、开工预付款金额、材料和设备预付款、进度付款证书最低限额、逾期付款违约金的利率、质量保证金百分比、质量保证金限额等。该文件在投标单位投标时签字确认后即成为投标文件及合同的重要组成部分。在编制招标文件时,投标函附录的编制是一项重要的工作内容,其参数的具体标准对造价及质量等方面有重要的影响。

四、投标文件的组成

公路工程投标中,投标人编写的投标文件分为双信封和单信封两种形式。

1. 双信封

双信封形式的投标文件,应包括下列各项内容:

第一个信封(商务及技术文件):

(1)投标函及投标函附录;

(2)授权委托书或法定代表人身份证明;

(3)联合体协议书;

(4)投标保证金;

(5)施工组织设计;

(6)项目管理机构;

(7)拟分包项目情况表;

(8)资格审查资料;

(9)投标人须知前附表规定的其他材料。

第二个信封(报价文件):

(1)调价函及调价后的工程量清单(如有);

(2)投标函;

(3)已标价工程量清单;

(4)合同用款估算表。

2. 单信封

单信封形式的投标文件,应包括下列各项内容:

(1)投标函及投标函附录;

(2)授权委托书或法定代表人身份证明;

(3)联合体协议书;

(4)投标保证金;

(5)已标价工程量清单;

(6)施工组织设计;

(7)项目管理机构;

(8)拟分包项目情况表;

(9)资格审查资料；

(10)调价函及调价后的工程量清单(如有)；

(11)投标人须知前附表规定的其他材料。

投标人在评标过程中做出的符合法律法规和招标文件规定的澄清确认,构成投标文件的组成部分。

第二节 公路工程工程量清单计价

一、工程量清单计价相关概念

1. 工程量清单

工程量清单是招标单位按照招标文件中有关要求及技术规范的有关规定,将工程进行合理分解,据此明确工程内容和范围,并将有关工程内容数量化的一套工程数量表。

工程量清单是合同文件的重要组成部分,是一份与技术规范相对应的文件,它是单价合同的产物,其作用如下:

(1)提供合同中关于工程量的足够信息,为所有投标人提供投标报价的共同基础,以使投标单位能统一、有效而准确地编写投标文件。

(2)工程量清单是评标的基础。工程量清单由招标人提供,无论是标底(控制价)的编制还是企业投标报价,都必须在清单的基础上进行,同样也为评标奠定了基础。

(3)在投标单位报价及签订合同后,标有单价的工程量清单是办理中期支付和结算以及处理工程变更计价的依据。

因此,工程量清单的编制质量直接关系到工程项目的报价以及招投标阶段和施工阶段的造价控制。在《公路工程标准施工招标文件》(2018 版)第五章专门介绍工程量清单,并给出了按章、节、目排列的工程子目表,以供招标单位制作工程量清单时参考。

2. 清单工程量

清单工程量是指工程量清单中所列的工程数量,它是由业主或其委托的造价工程师根据招标图纸设计工程量和工程量计算规则所确定的工程数量。由于招标图纸设计深度不够或清单编制人工作疏漏等原因,清单工程量与实际工程数量常会有所偏差。在单价合同中,清单工程量仅作为投标报价的共同基础和评标的依据,不能作为最终结算与支付的依据。实际支付应按实际完成的工程量,由承包人按技术规范规定的计量方法,以监理人认可的尺寸、断面计量,按本工程量清单的单价和总额价计算支付金额。尽管如此,在制作工程量清单时,应认真细致地计算工程量,力求准确,从而使清单所列工程量与实际工程量的差距尽可能小。

计算清单工程量时,一定要注意与技术规范和设计图纸的统一,也就是说,工程量清单的工程量,其计算规则应与技术规范的计算规则完全一致。

3. 工程量清单计价

工程量清单计价是指招标标底(招标控制价)与投标报价的编制、合同价款确定与调整、工程结算以招标文件中的工程量清单为依据进行的工程造价的确定与控制的总称。工程量清单计价以清单中的计价工程子目作为基本单元。

在投标报价和合同实施过程中,应综合考虑招标文件各部分内容。招标文件各部分内容对于工程量清单计价的作用如下。

(1)投标须知。明确合同计价方式。

(2)合同条件。明确合同双方的风险责任和调价及变更的程序等。

(3)技术规范。明确清单项目计量计价的规则,以确定清单项目所含的工程内容和费用内容(内涵)。

(4)工程量清单。确定清单项目的数量范围(外延)。

(5)图纸。确定合同工程数量的依据(外延)。

4. 单价合同中"单价"的含义

施工承包合同按计价方式不同有总价合同、单价合同、成本加酬金合同等形式。

单价合同是承包人在投标时,按招标文件就分部分项工程所列出的工程量表确定各分部分项工程费用的合同类型,是总价招标、单价结算的计量型合同。单价合同分固定单价和可调单价两种情况。固定单价合同,由承包人承担合同实施期间物资设备的价格风险;可调单价合同,则是由发包人承担合同实施期间物资设备的价格风险。对于工期两年以上的公路工程,多采用"估算工程量可调单价合同"。

每个计价工程子目的单价,应是"综合单价",有以下3层意思:

(1)包括完成该计价工程子目中所有工程内容的费用。该计价工程子目所包含的工程内容要根据招标文件中的技术标准和要求中所对应的该计价工程子目的"工程量清单计量规则"进行确定,不能根据经验随意列算。

(2)包括完成该计价工程子目中每项工程内容的所有费用,包括施工成本、利润、税金和一般风险费用。

(3)综合单价不一定是固定单价,当工期两年以上,工程复杂,存在工、料、机价格上涨的风险时,一般还要按照合同专用条件规定的价格调整公式,调整价差;或者单项工程量增加或减少超过一定幅度时,要根据监理工程师指示对超出该幅度的变更工程重新估价。

二、工程量清单构成

在《公路工程标准施工招标文件》(2018 版)中工程量清单由工程量清单说明、投标报价说明、计日工说明、其他说明、工程量清单表、计日工表、暂估价表、暂列金额、投标报价汇总表、工程量清单单价分析表等表格组成。

1. 工程量清单说明

(1)本工程量清单是根据招标文件中包括的有合同约束力的工程量清单计量规则、图纸以及有关工程量清单的国家标准、行业标准、合同条款中约定的其他规则编制。约定计量规则中没有的子目，其工程量按照有合同约束力的图纸所标示尺寸的理论净量计算。计量采用中华人民共和国法定计量单位。

（2）本工程量清单应与招标文件中的投标人须知、通用合同条款、专用合同条款、工程量清单计量规则、技术规范及图纸等一起阅读和理解。

（3）本工程量清单中所列工程数量是估算的或设计的预计数量，仅作为投标报价的共同基础，不能作为最终结算与支付的依据。实际支付应按实际完成的工程量，由承包人按工程量清单计量规则规定的计量方法，以监理人认可的尺寸、断面计量，按本工程量清单的单价和总额价计算支付金额；或根据具体情况，依据合同条款第15.4款的规定，按监理人确定的单价或总额价计算支付额。

（4）工程量清单各章是按《公路工程标准施工招标文件》（2018版）第八章“工程量清单计量规则”、第七章“技术规范”的相应章次编号的，因此，工程量清单中各章的工程子目的范围与计量等应与“工程量清单计量规则”“技术规范”相应章节的范围、计量与支付条款结合起来理解或解释。

（5）对作业和材料的一般说明或规定，未重复写入工程量清单内，在给工程量清单各子目标价前，应参阅第七章“技术规范”的有关内容。

（6）工程量清单中所列工程量的变动，丝毫不会降低或影响合同条款的效力，也不免除承包人按规定的标准进行施工和修复缺陷的责任。

（7）图纸中所列的工程数量表及数量汇总表仅提供资料，不是工程量清单的外延。当图纸与工程量清单所列数量不一致时，以工程量清单所列数量作为报价的依据。

2. 投标报价说明

（1）工程量清单中的每一子目须填入单价或价格，且只允许有一个报价。

（2）除非合同另有规定，工程量清单中有标价的单价和总额价均已包括了为实施和完成合同工程所需的劳务、材料、机械、质检（自检）、安装、缺陷修复、管理、保险、税费、利润等费用，以及合同明示或暗示的所有责任、义务和一般风险。

（3）工程量清单中投标人没有填入单价或价格的子目，其费用视为已分摊在工程量清单中其他相关子目的单价或价格之中。承包人必须按监理人指令完成工程量清单中未填入单价或价格的子目，但不能得到结算与支付。

（4）符合合同条款规定的全部费用应认为已被计入有标价的工程量清单所列各子目之中，未列子目不予计量的工作，其费用应视为已分摊在本合同工程的有关子目的单价或总额价之中。

（5）承包人用于本合同工程的各类装备的提供、运输、维护、拆卸、拼装等支付的费用，已包括在工程量清单的单价与总额价之中。

3. 计日工说明

（1）未经监理人书面指令，任何工程不得按计日工施工；接到监理人按计日工施工的书面指令，承包人也不得拒绝。

（2）投标人应在计日工单价表中填列计日工子目的基本单价或租价，该基本单价或租价适用于监理人指令的任何数量的计日工的结算与支付。计日工的劳务、材料和施工机械由招标人(或发包人)列出正常的估计数量,投标人报出单价,计算出计日工总额后列入工程量清单汇总表中并进入评标价。

(3)计日工劳务费用的支付,按承包人填报的"计日工劳务单价表"所列单价计算,该单价应包括基本单价及承包人的管理费、税费、利润等所有附加费。

工时应从工人到达施工现场,并开始从事指定的工作算起,到返回原出发地点为止,扣去用餐和休息的时间。只有直接从事指定的工作,且能胜任该工作的工人才能计工,随同工人一起做工的班长应计算在内,但不包括领工(工长)和其他质检管理人员。

(4)计日工材料费用的支付,按承包人"计日工材料单价表"中所填报的单价计算,该单价应包括基本单价及承包人的管理费、税费、利润等所有附加费。

(5)计日工作业的施工机械费用的支付,按承包人填报的"计日工施工机械单价表"中的租价计算。该租价应包括施工机械的折旧、利息、维修、保养、零配件、油燃料、保险和其他消耗品的费用以及全部有关使用这些机械的管理费、税费、利润和司机与助手的劳务费等费用。

施工机械费用计算时,应按实际工作小时支付。除非经监理人的同意,计算的工作小时才能将施工机械从现场某处运到监理人指令的计日工作业的另一现场往返运送时间包括在内。

4. 工程量清单表

工程量清单表,是在招标工程中按章的顺序排列的各个项目表,根据工程的不同部位和施工内容进行分类。表中有子目号、子目名称、单位、数量、单价及合价栏目。其中单价或合价栏的数字一般由承包商投标时填写,而其他部分一般由业主或者招标单位在编制工程量清单时确定。

《公路工程标准施工招标文件》(2018 版)工程量清单共分为 7 章:100 章　总则;200 章　路基;300 章　路面;400 章　桥梁、涵洞;500 章　隧道;600 章　安全设施及预埋管线;700 章　绿化及环境保护设施。

工程量清单分为两类:一类是开办项目的工程量清单,即工程施工开工前就要发生或一开工就要发生或大部分发生的项目,如工程保险、承包商的临时设施费等。在工程量清单及技术规范中,这些项目单独列项,通常放在清单第 100 章　总则中,特点是有关款项包干支付按总额结算;另一类是久性工程项目的工程量清单,包括路基,路面,桥梁、涵洞,隧道,安全设施及预埋管线、绿化及环境保护设施共 6 个项目,其工程量应根据图纸中的工程量并按技术规范的"计量与支付"条款规定处理后确定。该工程量是暂估数量,实际工程量要通过计量的方式来确定。

表 6-1、表 6-2 分别为第 100 章和第 200 章的工程量清单。

第 100 章　总则　　表 6-1

子目号	子 目 名 称	单位	数量	单价	合价
101	通则				
101-1	保险费				
-a	按合同条款规定,提供建筑工程一切险	总额			
-b	按合同条款规定,提供第三方责任险	总额			

续上表

子目号	子 目 名 称	单位	数量	单价	合价
102	工程管理				
102-1	竣工文件	总额			
102-2	施工环保费	总额			
102-3	安全生产费	总额			
102-4	信息化系统(暂估价)	总额			
103	临时工程与设施				
103-1	临时道路修建、养护与拆除(包括原道路的养护费)	总额			
103-2	临时占地	总额			
103-3	临时供电设施架设、维护与拆除	总额			
103-4	电信设施的提供、维修与拆除	总额			
103-5	临时供水与排污设施	总额			
104	承包人驻地建设				
104-1	承包人驻地建设	总额			
105	施工标准化				
105-1	施工驻地	总额			
105-2	工地试验室	总额			
105-3	拌和站	总额			
105-4	钢筋加工场	总额			
105-5	预制场	总额			
105-6	仓储存放地	总额			
105-7	各场(厂)区、作业区连接道路及施工主便道	总额			
…	……				
清单 第100章合计 人民币________元					

第200章 路基(节选)

表6-2

子目号	子 目 名 称	单位	数量	单价	合价
202	场地清理				
202-1	清除与掘除				
-a	清理现场	m^2			
-b	砍伐树木	棵			
-c	挖除树根	棵			
202-2	挖除旧路面				
-a	水泥混凝土路面	m^2			
-b	沥青混凝土路面	m^2			
-c	碎石路面	m^2			

续上表

子目号	子 目 名 称	单位	数量	单价	合价
202-3	拆除结构物				
-a	钢筋混凝土结构	m^3			
-b	混凝土结构	m^3			
-c	砖、石及其他砌体结构	m^3			
-d	金属结构	kg			
203-1	路基挖方				
-a	挖土方	m^3			
-b	挖石方	m^3			
-c	挖除非适用材料(不含淤泥)	m^3			
-d	挖淤泥	m^3			
…	……				
清单 第200章合计 人民币________元					

5. 计日工表

计日工也称散工或点工,指在工程施工过程中,发包人可能有一些临时性的或新增加的项目,而且这种临时新增项目的工程量在招投标阶段很难估计,希望通过招投标阶段事先定价,避免开工后可能有发生时出现的争端,故需要以计日工明细表的方法在工程量清单中予以明确。

计日工表由计日工劳务、计日工材料、计日工施工机械等方面的内容组成。在招标文件中一般列有劳务、材料、施工机械和计日工汇总表。劳务表和计日工汇总表,其格式见表6-3和表6-4。

劳 务 表6-3

编 号	子 目 名 称	单 位	暂 定 数 量	单 价	合 价
101	班长	h			
102	普通工	h			
103	焊工	h			
104	电工	h			
105	混凝土工	h			
106	木工	h			
107	钢筋工	h			
…	……	…			

劳务小计金额:
(计入“计日工汇总表”)

计 日 工 汇 总 表　　表 6-4

名　　称	金　　额	备　　注
劳务		
材料		
施工机械		

计日工总计：
（计入"投标报价汇总表"）

6. 暂估价表

暂估价是指发包人在工程量清单中给定的用于支付必然发生但暂时不能确定价格的材料、工程设备或专业工程金额。在工程实施阶段，根据不同类型的材料与专业工程再重新定价。暂估价表由材料暂估价表、工程设备暂估价表、专业工程暂估价表组成，其格式见表 6-5。

材 料 暂 估 价 表　　表 6-5

序号	名称	单位	数量	单价	合价	备注

小计：

7. 暂列金额

暂列金额指招标人在工程量清单中暂定并包括在合同价款中的一笔款项，用于施工合同签订时尚未确定或不可预见的所需材料、设备、服务的采购，施工中可能发生的工程变更、合同约定调整因素出现时的工程价款调整以及发生的索赔等费用。

8. 投标报价汇总表

投标报价汇总表是将各章的工程量表及计日工表进行汇总，再加上一定比例或数量（按项目招标文件规定，一般不宜超过第 100 章 ~ 第 700 章合计金额的 3%）的暂列金额而得出该项目的总报价，该报价与投标书中填写的投标总价是一致的，其格式见表 6-6。

投标报价汇总表　　表 6-6

________（项目名称）________标段

序　号	章　次	科 目 名 称	金额（元）
1	100	总则	
2	200	路基	
3	300	路面	
4	400	桥梁、涵洞	
5	500	隧道	
6	600	安全设施及预埋管线	
7	700	绿化及环境保护设施	

续上表

<table>
<tr><th>序　号</th><th>章　次</th><th>科 目 名 称</th><th>金额(元)</th></tr>
<tr><td>8</td><td colspan="2">第 100 章 ~ 第 700 章清单合计</td><td></td></tr>
<tr><td>9</td><td colspan="2">已包含在清单合计中的材料、工程设备、专业工程暂估价合计</td><td></td></tr>
<tr><td>10</td><td colspan="2">清单合计减去材料、工程设备、专业工程暂估价合计(即 8 - 9 = 10)</td><td></td></tr>
<tr><td>11</td><td colspan="2">计日工合计</td><td></td></tr>
<tr><td>12</td><td colspan="2">暂定金额(不含计日工总额)</td><td>总额</td></tr>
<tr><td>13</td><td colspan="2">投标报价(8 + 11 + 12) = 13</td><td></td></tr>
</table>

注:材料、工程设备、专业工程暂估价合计已包括在清单合计中,不应重复计入投标报价。

9. 工程量清单单价分析表

工程量清单单价分析表用来分析和体现清单各子目综合单价所包含的人工费、材料费、机械使用费、其他直接费、管理费、税费、利润等各项费用构成,其格式见表 6-7。

工程量清单单价分析表　　表 6-7

<table>
<tr><th rowspan="3">序号</th><th rowspan="3">编码</th><th rowspan="3">子目名称</th><th colspan="3">人工费</th><th colspan="6">材料费</th><th rowspan="3">机械使用费</th><th rowspan="3">其他</th><th rowspan="3">管理费</th><th rowspan="3">税费</th><th rowspan="3">利润</th><th rowspan="3">综合单价</th></tr>
<tr><th rowspan="2">工日</th><th rowspan="2">单价</th><th rowspan="2">金额</th><th colspan="4">主材</th><th rowspan="2">辅材费</th><th rowspan="2">金额</th></tr>
<tr><th>主材耗量</th><th>单位</th><th>单价</th><th>主材费</th></tr>
<tr><td></td><td></td><td></td><td></td><td></td><td></td><td></td><td></td><td></td><td></td><td></td><td></td><td></td><td></td><td></td><td></td><td></td><td></td></tr>
</table>

三、工程量清单编制

工程量清单编制包括清单说明、清单子目划分、工程数量整理三项工作。

1. 清单说明

工程量清单说明,在某些合同文件中又被称为清单前言,它对工程量清单的性质、承包人填报工程量清单的单价和合同价格的要求等做了明确规定。因此,该说明在招投标期间对如何进行工程报价有实质影响,在工程实施期间对工程是否进行计量与支付以及如何进行计量与支付有实质影响。在进行工程变更及费用索赔时,它的参考作用更明显,直接影响到监理工程师对单价的确定。

工程量清单说明主要强调工程量清单与招标文件的关系、工程量清单中工程量的性质与作用、工程量计算规则、承包人填报工程量清单价格时的要求等方面的内容。

2. 清单子目划分

清单子目分列于分项清单表或工程量清单中,通常根据招标工程的不同性质分章按顺序排列。

清单子目分章排列有利于将不同性质、不同位置、不同的施工阶段或其他特性不同的工程区别开来,同时,也有利于将那些需要采用不同施工方法或不同施工阶段或成本不一样的工程区别开来。工程子目反映了施工项目中各分部分项工程及其数量,它是工程量清单的主体部分,其格式见表 6-2。

工程子目是由招标人根据招标文件、招标项目具体特点和实际需要编制,并与“投标人须知”“通用合同条款”“专用合同条款”“技术规范”“图纸”相衔接。

(1)工程子目的内容划分

按内容不同可分为以下两部分：

①工程量清单的“总则”部分。该部分说明合同需要发生的各种开办项目，其计价特点主要是采用总额包干，因此，其计量单位大部分为“总额”，其格式见表6-1。

②根据图纸需要发生的工程子目部分。该部分说明了施工项目中各工程子目将要发生的工程量，计价特点是单价不变，实际工程量由计量确定。

(2)工程子目的划分原则

①技术规范保持一致性。工程量清单各工程子目在名称、单位等方面都应和技术规范相一致，以便承包人清楚各工程子目的内涵和准确地填写各子目的单价。因此，在编制招标文件时，其工程子目划分应尽量与技术规范相一致，如果根据实际需要对某些工程子目重新予以划分，则应注意修改技术规范的相应内容(包括相应的计量与支付方法)。

②便于计量支付、合同管理以及处理工程变更。工程子目的大小要科学。工程子目可大可小，工程子目小有利于处理工程变更的计价，但计量工作量和计量难度会因此增加；工程子目大可减少计量工作量，但太大难以发挥单价合同的优势，不便于变更工程的处理(计价)；另外，工程子目大也会使支付周期延长，承包人的资金周转发生困难，最终影响合同的正常履行和合同的严肃性。

③保持合同的公平性。为保持合同的公平性应将开办项目作为独立的工程子目单列出来。开办项目往往是一些一开工就要全部或大部分发生甚至开工前就要发生的项目，如工程保险、承包人的驻地建设、临时工程等。如将这些项目包含在其他项目的单价中，则承包人开工时上述各种款项不能得到及时支付，这不仅影响合同的公平性和承包人的资金周转，而且会影响招标中预付款的数量(预付款的数量要增加)，并且会加剧承包人的不平衡报价(承包人会将开工早的工程子目报价提高，以尽早收回成本)，并因此影响变更工程的计价。

④保持清单的灵活性。为了使清单在实施中具有一定的灵活性，工程量清单中应备有计日工清单。设立计日工清单的目的是用来处理一些小型变更工程(小到可以用日工的形式来计价)计价，使工程量清单在造价管理上的可操作性更强。为加强承包人的计日工报价的合理性，在编制工程量清单时应事先假定各计日工的数量。

3. 工程数量整理

工程量清单的工程量是反映承包人的义务量大小及影响造价管理的重要数据。整理工程量的依据是设计图纸和技术规范，整理工程量的工作是一项技术工作，绝不是简单地罗列设计文件中的工程量。在整理工程量时，应根据设计图纸及调查所得的数据，在技术规范的计量与支付方法的基础上进行综合计算。同一工程子目，其计量方法不同，所整理出来的工程量也会不一样。设计文件中工程量所对应的计量方法与技术规范中的计量方法不一定一致，这就需要在整理工程量的过程中进行技术处理。在工程量的整理计算中，应认真、细致，保证其准确性，做到不重不漏，不发生计算错误。否则，会带来下列问题：

(1)工程量的错误一旦被承包人发现，承包人会利用不平衡报价给业主带来损失。

(2)工程量的错误会引起合同总价的调整和索赔(或反索赔)。

(3)工程量的错误还会增加变更工程和费用索赔的处理难度。

(4)工程量的错误会造成投资控制和预算控制的困难。

四、工程量清单预算文件

公路工程工程量清单预算是在施工招投标活动中,对采用工程量清单计价的工程,参照编制施工图预算的造价依据和方法,按规定程序,对招标工程建设所需的全部费用及其构成进行测算所确定的造价预计值。

招标阶段宜编制工程量清单预算。工程量清单预算是招标人确定招标控制价或最高投标限价和评判投标报价合理性的重要依据。

1. 说明

工程量清单预算文件的编制说明应包括下列内容:

(1)设计文件的批复情况、招标的主要工作内容及工程建设规模等。

(2)采用的造价依据,人工、材料、设备、机械台班的单价依据或来源,其他费用标准或费用信息等。

(3)工程招标的核备情况,与工程量清单预算编制有关的委托书、协议书、会议纪要等。

(4)造价总金额,人工、钢材、水泥、木料、沥青等主要资源的总消耗量,以及其他需要说明的问题。

(5)与批复设计概算(修正概算或施工图预算)对应部分的费用对比情况。

(6)其他与造价有关但不能在表格中反映的事项。

2. 基本表格

单个合同段的工程量清单预算文件的基本表格包括主要技术经济指标表(招预总1表),项目清单预算表(招预1表),工程量清单预算表(招预2表、2-1表),人工、材料、设备、机械数量单价表(招预4表)。表格样式见表6-8~表6-12。

主要技术经济指标表 表6-8

建设项目名称: 编制范围: 第 页 共 页 招预(总)1表

指标编码	指标名称	单位	信息或工程量	费用(万元)	技术经济指标表(单价)	各项费用比例(%)	备注

编制: 复核:

项目清单预算表 表6-9

建设项目名称: 合同段: 编制范围: 第 页 共 页 招预1表

要素费用编码	清单子目编码	工程或费用名称	单位	数量1	数量1	单价1(元)	单价2(元)	合价(元)	各项费用比例(%)	备注

编制: 复核:

工程量清单预算表

表6-10

建设项目名称：　　合同段：　　编制范围：　　第　页　共　页　　招预2表

序　号	清单子目编码	清单子目名称	金额(元)
1	100	第100章　总则	
2	200	第200章　路基工程	
3	300	第300章　路面工程	
4	400	第400章　桥梁、涵洞工程	
5	500	第500章　隧道工程	
6	600	第600章　安全设施及预埋管线	
7	700	第700章　绿化及环境保护设施	
8	800	第800章　管理、养护设施	
9	900	第900章　管理、养护及服务房屋	
10	1000	第1000章　其他工程	
	…	……	
001		各章合计	
002		计日工合计	
003		暂列金额	
004		总价004＝(001＋002＋003)	

编制：　　　　复核：

工程量清单预算表(节选)

表6-11

建设项目名称：　　合同段：　　编制范围：　　第　页　共　页　　招预2-1表

第200章　路基工程

清单子目编码	清单子目名称	单位	数量	单价(元)	合价(元)
	…	…			
第200章　小计					

编制：　　　　复核：

人工、材料、设备、机械的数量单价表

表6-12

建设项目名称：　　合同段：　　编制范围：　　第　页　共　页　　招预4表

序号	编码	名称	单位	单价	总数量	分项统计							场外运输损耗		备注(规格)
						专项管理及临时工程	路基工程	路面工程	桥梁涵洞工程	隧道工程	交叉工程	…	%	数量	

续上表

序号	编码	名称	单位	单价	总数量	分项统计							场外运输损耗		备注（规格）
						专项管理及临时工程	路基工程	路面工程	桥梁涵洞工程	隧道工程	交叉工程	…	%	数量	

编制：　　　　　　　　　　　　　　　　　复核：

第三节　公路工程工程量清单计量规则

公路工程工程量清单计量规则是招投标阶段编制工程量清单、计算清单子目工程数量的依据，也是招标控制价（标底）或报价编制中分析清单计价子目综合单价和施工阶段对已完工程数量计量支付的依据。

公路工程项目的工程量清单计量规则一般包括两个部分：一是现行《公路工程标准施工招标文件》（2018 版）中第八章“工程量清单计量规则”；二是根据具体公路建设项目的实际情况，以现行《标准施工招标文件》（2018 版）中的技术规范和计量规则为基础补充修改的“项目专用技术规范”和“项目专用工程量清单计量规则”。在实际工作中应将两者结合起来理解与使用。

以下是对《公路工程标准施工招标文件》（2018 版）中第八章“工程量清单计量规则”的“说明”“100 章总则”“200 章路基”“300 章路面”“400 章桥梁、涵洞”的要点摘录。

一、说明

1. 一般要求

（1）本计量规则各章节是按第七章“技术规范”的相应章节编号的，因此，各章节工程子目的工程量计量规则应与“技术规范”相应章节的施工规范结合起来理解、解释和应用。

（2）本规则所有工程项目，除个别注明者外，均采用我国法定的计量单位，即国际单位及国际单位制导出的辅助单位进行计量。

（3）本规则的计量与支付，应与合同条款、工程量清单以及图纸同时阅读，工程量清单中的支付项目号和本规则的章节编号是一致的。

（4）任何工程项目的计量，均应按本规则规定或监理人书面指示进行。

（5）按合同提供的材料数量和完成的工程数量所采用的测量与计算方法，应符合本规则规定。所有这些方法，应经监理人批准或指示。承包人应提供一切计量设备和条件，并保证其设备精度符合要求。

（6）除非监理人另有准许，一切计量工作都应在监理人在场情况下，由承包人测量、记录。有承包人签名的计量记录原本，应提交给监理人审查和保存。

(7)工程量应由承包人计算，由监理人审核。工程量计算的副本应提交给监理人并由监理人保存。

(8)除合同特殊约定单独计量之外，全部必需的模板、脚手架、装备、机具、螺栓、垫圈和钢制件等其他材料，应包括在工程量清单中所列的有关支付项目中，均不单独计量。

(9)除监理人另有批准外，凡超过图纸所示的面积或体积，都不予计量与支付。

(10)承包人应严格标准计量基础工作和材料采购检验工作。沥青混凝土、沥青碎石、水泥混凝土、高强度等级水泥砂浆的施工现场必须使用电子计量设备称重。因不符合计量规定引发质量问题，所发生的费用由承包人承担。

(11)第 104 节“承包人驻地建设”与第 105 节“施工标准化”属选择性工程子目，由发包人根据工程项目管理实际情况选择使用或同时使用。

2. 质量

(1)凡以质量计量或以质量作为配合比设计的材料，都应在精确与批准的磅秤上，由称职合格的人员在监理人指定或批准的地点进行称重。

(2)称重计量时应满足以下条件：监理人在场；称重记录；载明包装材料、支撑装置、垫块、捆束物等质量的说明书在称重前提交给监理人作为依据。

(3)钢筋、钢板或型钢计量时，应按图纸或其他资料标示的尺寸和净长计算。搭接，接头套筒，焊接材料、下脚料和固定、定位架立钢筋等，则不予另行计量。钢筋、钢板或型钢应以千克计量，四舍五入，不计小数。钢筋、钢板或型钢由于理论单位质量与实际单位质量的差异而引起材料质量与数量不相匹配的情况，计量时不予考虑。

(4)金属材料的质量不得包括施工需要加放或使用的灰浆、楔块、填缝料、垫衬物、油料、接缝料、焊条、涂敷料等质量。

(5)承运按质量计量的材料的货车，应每天在监理人指定的时间和地点称出空车质量，每辆货车还应标示清晰易辨的标记。

(6)对有规定标准的项目，例如钢筋、金属线、钢板、型钢、管材等，均有规定的规格、质量、截面尺寸等指标，这类指标应视为通常的质量或尺寸；除非引用规范中的允许偏差值加以控制，否则可用制造商的允许偏差。

3. 面积

除非另有规定，计算面积时，其长、宽应按图纸所示尺寸线或按监理人指示计量。对于面积在 $1m^2$ 以下的固定物(如检查井等)不予扣除。

4. 结构物

(1)结构物应按图纸所示净尺寸线，或根据监理人指示修改的尺寸线计量。

(2)水泥混凝土的计量应按监理人认可的并已完工工程的净尺寸计算，钢筋的体积不扣除，倒角不超过 $0.15m \times 0.15m$ 时不扣除，体积不超过 $0.03m^3$ 的开孔及开口不扣除，面积不超过 $0.15m \times 0.15m$ 的填角部分也不增加。

(3)所有以米计量的结构物(如管涵等)，除非图纸另有表示，应按平行于该结构物位置的基面或基础的中心方向计量。

5. 土方

(1)土方体积可采用平均断面积法计算,但与似棱体公式计算结果比较,如果误差超过 ±5% 时,监理人可指示采用似棱体公式。

(2)各种不同类别的挖方与填方计量,应以图纸所示界线为限,而且应在批准的横断面图上标明。

(3)用于填方的土方量,应按压实后的纵断面高程和路床面为准来计量。承包人报价时,应考虑在挖方或运输过程中引起的体积差。

(4)在现场钉桩后 56d 内,承包人应将设计和进场复测的土方横断面图连同土方的面积与体积计算表一并提交监理人批准。所有横断面图都应标有图题框,其大小由监理人指定。一旦横断面图得到最后批准,承包人应交给监理人原版图及三份复制图。

6. 运输车辆体积

(1)用体积计量的材料,应以经监理人批准的车辆装运,并在运到地点进行计量。

(2)用于体积运输的车辆,其车厢的形状和尺寸应使其容量能够容易而准确地测定并应保证精确度。每辆车都应有明显标记。每车所运材料的体积应于事前由监理人与承包人相互达成书面协议。

(3)所有车辆都应装载成水平容积高度,车辆到达送货点时,监理人可以要求将其装载物重新整平,对超过定量运送的材料将不支付。运量达不到定量的车辆,应被拒绝或按监理人确定减少的体积接收。根据监理人的指示,承包人应在货物交付点,随机将一车材料刮平,在刮平后如发现货车运送的材料少于定量时,从前一车起所有运到的材料的计量都按同样比率减为目前的车载量。

7. 质量与体积换算

(1)如承包人提出要求并得到监理人的书面批准,已规定要用立方米计量的材料可以称重,并将此质量换算为立方米计量。

(2)将质量计量换算为体积计量的换算系数应由监理人确定,并应在此种计量方法使用之前征得承包人的同意。

8. 沥青和水泥

(1)沥青和水泥应以千克为单位计量。

(2)如用货车或其他运输工具装运沥青材料,可以按经过检定的质量或体积计算沥青材料的数量,但要对漏失量或泡沫进行校正。

(3)水泥可以以袋作为计量的依据,但一袋的标准应为 50kg。散装水泥应称重计量。

9. 成套的结构单元

如规定的计量单位是一成套的结构物或结构单元(实际上就是按“总额”或称“一次支付”计的工程子目),该单元应包括所有必需的设备、配件和附属物及相关作业。

10. 标准制品项目

(1)如规定采用标准制品(如护栏、钢丝、钢板、轧制型材、管子等),而这类项目又是以标准规格(单位重、截面尺寸等)标识的,则这种标识可以作为计量的标准。

(2)除非所采用标准制品的允许误差比规范的允许误差要求更严格,否则,生产厂确立的制造允许误差不予认可。

二、总则计量规则

“第100章总则”属于开办项目,在清单中按照项目报价,大部分是按总额价项目计算,即费用包干项目。“二、三、四、五”中表格引自《公路工程施工招标文件范本》(2018版·第三册)“第八章　工程量清单计量规则”,其表名中的表号为规范中对应的表号。

1.第101节　通则

本节工程量清单项目分项计量规则应按“表101　通则”(表6-13)的规定执行。

表101　通则　　表6-13

子目号	子目名称	单位	工程量计量	工程内容
101	通则			
101-1	保险费			
-a	按合同条款规定,提供建筑工程一切险	总额	1.承包人按照合同条款约定的保险费率及保费计算方法办理建筑工程一切险,根据保险公司的保单金额以总额为单位计量; 2.保险期为合同约定的施工期及缺陷责任期; 3.承包人施工机械设备保险和雇用人员工伤事故保险费、人身意外伤害保险费由承包人承担	根据合同条款办理建筑工程一切险
-b	按合同条款规定,提供第三者责任险	总额	1.承包人按照合同条款约定的保险费率及保费计算方法办理第三者责任险,根据保险公司的保单金额以总额为单位计量; 2.保险期为合同约定的施工期及缺陷责任期	根据合同条款办理第三者责任险

2.第102节　工程管理

本节工程量清单项目分项计量规则应按“表102　工程管理”(表6-14)的规定执行。

表102　工程管理　　表6-14

子目号	子目名称	单位	工程量计量	工程内容
102	工程管理			
102-1	竣工文件	总额	以总额为单位计量	按《公路工程竣(交)工验收办法》《公路工程竣(交)工验收办法实施细则》及合同条款规定进行编制
102-2	施工环保费	总额	以总额为单位计量	按《公路工程施工招标文件范本》(2018版　第二册　技术规范)(以下简称《招标文件·技术规范》)第102.11小节及合同条款规定落实环境保护

续上表

子目号	子 目 名 称	单 位	工程量计量	工 程 内 容
102-3	安全生产费	总额	按投标价的1.5%（若招标人公布了最高投标限价时，按最高投标限价的1.5%）以总额为单位计量	按《招标文件·技术规范》第102.13小节及合同条款规定落实安全生产
102-4	信息化系统（暂估价）	总额	以暂估价的形式按总额计量	1.工程信息化系统的配置、维护、备份管理及网络构筑； 2.系统操作人员培训、劳务

3.第103节　临时工程与设施

本节工程量清单项目分项计量规则应按“表103　临时工程与设施”（表6-15）的规定执行。

表103　临时工程与设施　　表6-15

子目号	子 目 名 称	单 位	工程量计量	工 程 内 容
103	临时工程与设施			
103-1	临时道路修建、养护与拆除（包括原道路的养护）	总额	以总额为单位计量	按《招标文件·技术规范》第103.03小节及合同条款规定完成临时道路的修建、养护与拆除
103-2	临时占地	总额	1.以总额为单位计量； 2.取、弃土（渣）场的绿化、结构防护及排水在相应章节计量	1.按《招标文件·技术规范》第103.04小节及合同条款规定办理及使用临时占地，并进行复垦； 2.临时占地范围包括承包人驻地的办公室、食堂、宿舍、道路和机械设备停放场、材料堆放场地、弃土（渣）场、预制场、拌和场、仓库、进场临时道路、临时便道、便桥等
103-3	临时供电设施架设、维护与拆除	总额	以总额为单位计量	按《招标文件·技术规范》第103.02小节及合同条款规定完成临时供电设施架设、维护与拆除
103-4	电信设施的提供、维修与拆除	总额	以总额为单位计量	按《招标文件·技术规范》第103.02小节及合同条款规定完成电信设施的提供、维修与拆除
103-5	临时供水与排污设施	总额	以总额为单位计量	按《招标文件·技术规范》第103.02小节及合同条款规定完成临时供水与排污设施的修建、维修与拆除

4. 第 104 节　承包人驻地建设

本节工程量清单项目分项计量规则应按“表 104　承包人驻地建设”（表 6-16）的规定执行。

表 104　承包人驻地建设　　表 6-16

子目号	子 目 名 称	单　位	工程量计量	工 程 内 容
104	承包人驻地建设			
104-1	承包人驻地建设	总额	以总额为单位计量	1. 承包人驻地建设包括：施工与管理所需的办公室、住房、工地试验室、车间、工作场地、预制场地、仓库与储料场、拌和场、医疗卫生与消防设施等； 2. 驻地的建设、管理与维护； 3. 工程交工时，按照合同或协议要求将驻地移走、清除、恢复原貌

5. 第 105 节　施工标准化

本节工程量清单项目分项计量规则应按“表 105　施工标准化”（表 6-17）的规定执行。

表 105　施工标准化　　表 6-17

子目号	子 目 名 称	单　位	工程量计量	工 程 内 容
105	施工标准化			
105-1	施工驻地	总额	以总额为单位计量	按《招标文件·技术规范》第 105 节施工标准化的内容和要求执行
105-2	工地试验室	总额		
105-3	拌和站	总额		
105-4	钢筋加工场	总额		
105-5	预制场	总额		
105-6	仓储存放地	总额		
105-7	各场（厂）区、作业区连接道路及施工主便道	总额		

三、路基工程的计量规则

在《公路工程标准施工招标文件》（2018 版·第三册）中，路基工程包括“第 201 节　通则”“第 202 节　场地清理”“第 203 节　挖方路基”“第 204 节　填方路基”“第 205 节　特殊地区路基处理”“第 206 节　路基整修”“第 207 节　坡面排水”“第 208 节　护坡、护面墙”“第 209 节　挡土墙”“第 210 节　锚杆、锚定板挡土墙”“第 211 节　加筋土挡土墙”“第 212 节　喷射混凝土和喷浆边坡防护”“第 213 节　预应力锚索边坡加固”“第 214 节　抗滑桩”“第 215 节　河道防护”共 15 节的内容。

1. 第 201 节　通则

本节包括材料标准、路基施工的一般要求。本节工作内容均不作计量，其所涉及的作业应包含在与其相关工程子目之中。

2. 第 202 节　场地清理

本节工程量清单项目分项计量规则应按“表 202　场地清理”（表 6-18）的规定执行。

表 202　场地清理　　表 6-18

子目号	子目名称	单位	工程量计量	工程内容
202	场地清理			
202-1	清理与掘除			
-a	清理现场	m^2	依据图纸所示位置及范围（路基范围以外临时工程用地清场等除外），按路基开挖线或填筑边线之间的水平投影面积以平方米为单位计量	1. 灌木、竹林、胸径小于 10cm 树木的砍伐及挖根； 2. 清除场地表面 0 ~ 30cm 范围内的垃圾、废料、表土（腐殖土）、石头、草皮； 3. 与清理现场有关的一切挖方、坑穴的回填、整平、压实； 4. 适用材料的装卸、移运、堆放及非适用材料的移运处理； 5. 现场清理
-b	砍伐树木	棵	依据图纸所示路基范围内胸径 10cm 以上（含 10cm）的树木，按实际砍伐数量以棵为单位计量	1. 砍伐； 2. 截锯； 3. 装卸、移运至指定地点堆放； 4. 现场清理
-c	挖除树根	棵	依据图纸所示路基范围内胸径 10cm 以上（含 10cm）树木的树根，按实际挖除数量以棵为单位计量	1. 挖除树根； 2. 装卸、移运至指定地点堆放； 3. 现场清理
202-2	挖除旧路面	m^3	依据图纸所示位置，挖除路基范围内原有的旧路面，按不同的路面结构类型以立方米为单位计量	1. 挖除； 2. 装卸、移运处理； 3. 场地清理、平整
…	……	…	……	……

3. 第 203 节　挖方路基

本节工程量清单项目分项计量规则应按“表 203　挖方路基”（表 6-19）的规定执行。

表 203　挖方路基　　表 6-19

子目号	子目名称	单位	工程量计量	工程内容
203	挖方路基			
203-1	路基挖方			

续上表

子目号	子目名称	单位	工程量计量	工程内容
-a	挖土方	m^3	1. 依据图纸所示地面线、路基设计横断面图、路基土石比例，采用平均断面面积法计算，包括边沟、排水沟、截水沟的土方，按照天然密实体积以立方米为单位计量； 2. 路床顶面以下挖松深300mm再压实作为挖土方的附属工作，不另行计量； 3. 取弃土场的绿化、防护工程、排水设施在相应章节内计量	1. 挖、装、运输、卸车； 2. 填料分理、弃土整形、压实； 3. 施工排水处理； 4. 边坡整修、路床顶面以下挖松深300mm再压实、路床清理
-b	挖石方	m^3	1. 依据图纸所示地面线、路基设计横断面图、路基土石比例，按平均断面积法计算，包括边沟、排水沟、截水沟的石方，按照天然体积以立方米为单位计量； 2. 弃土场绿化、防护工程、排水设施在相应章节内计量	1. 石方爆破； 2. 挖、装、运输、卸车； 3. 填料分理、弃土整形、压实； 4. 施工排水处理； 5. 边坡整修、路床顶面凿平或填平压实、路床清理
-c	挖除非适用材料（不含淤泥、岩盐、冻土）	m^3	1. 依据图纸所示位置，挖除路基范围内非适用材料（不含淤泥、岩盐、冻土）以立方米为单位计量； 2. 弃土场绿化、防护工程、排水设施在相应章节内计量	1. 施工排水处理； 2. 挖除、装载、运输、卸车、堆放； 3. 现场清理
-d	挖淤泥	m^3	1. 依据图纸所示位置，挖除路基范围内淤泥以立方米为单位计量； 2. 弃土场绿化、防护工程、排水设施在相应章节内计量	1. 施工排水处理； 2. 挖除、装载、运输、卸车、堆放； 3. 现场清理
…	……	…	……	……

4. 第204节　填方路基

本节工程量清单项目分项计量规则应按“表204　填方路基”（表6-20）的规定执行。

表204　填方路基　　表6-20

子目号	子目名称	单位	工程量计量	工程内容
204	填方路基			
204-1	路基填筑（包括填前压实）			

续上表

子目号	子目名称	单位	工程量计量	工程内容
-a	利用土方	m^3	1. 依据图纸所示地面线、路基设计横断面图，按平均断面面积法计算压实的体积，以立方米为单位计量； 2. 当填料中石料含量小于30%时，适用于本条； 3. 为满足施工需要，预留路基宽度宽填的填方量作为路基填筑的附属工作，不另行计量； 4. 填前压实、地面下沉增加的填方量按填料来源参照本条计量	1. 基底翻松、压实、挖台阶； 2. 临时排水、翻晒； 3. 分层摊铺； 4. 洒水、压实、刷坡； 5. 整形
-b	利用石方	m^3	1. 依据图纸所示地面线、路基设计横断面图，按平均断面面积法计算压实的体积，以立方米为单位计量； 2. 当填料中石料含量大于70%时，适用于本条； 3. 地面下沉增加的填方量按填料来源参照本条计量	1. 基底翻松、压实、挖台阶； 2. 临时排水、翻晒； 3. 边坡码砌； 4. 分层摊铺； 5. 小石块（或石屑）填缝、找补； 6. 洒水、压实； 7. 整形
-c	利用土石混填	m^3	1. 依据图纸所示地面线、路基设计横断面图，按平均断面面积法计算压实的体积，以立方米为单位计量； 2. 当填料中石料含量大于30%，小于70%时，适用于本条； 3. 为满足施工需要，预留路基宽度宽填的填方量作为路基填筑的附属工作，不另行计量； 4. 地面下沉增加的填方量按填料来源参照本条计量	1. 基底翻松、压实、挖台阶； 2. 临时排水、翻晒； 3. 边坡码砌； 4. 分层摊铺； 5. 洒水、压实、刷坡； 6. 整形
－d	借土填方	m^3	1. 依据图纸所示地面线、路基设计横断面图，按平均断面面积法计算压实的体积，以立方米为单位计量； 2. 借土场绿化、防护工程、排水设施、临时用地在相应章节内计量； 3. 为满足施工需要，预留路基宽度宽填的填方量作为路基填筑的附属工作，不另行计量； 4. 地面下沉增加的填方量按填料来源参照本条计量	1. 借土场场地清理、清除不适用材料； 2. 简易便道、基底翻松、压实、挖台阶； 3. 挖、装、运输、卸车； 4. 分层摊铺； 5. 洒水、压实、刷坡； 6. 施工排水处理； 7. 整形
…	……	…	……	……

5. 第205节 特殊地区路基处理

本节工程量清单项目分项计量规则应按“表205 特殊地区路基处理”(表6-21)的规定执行。

表205 特殊地区路基处理 表6-21

子目号	子目名称	单位	工程量计量	工程内容
205	特殊地区路基处理			
205-1	软土路基处理			
-a	抛石挤淤	m^3	依据图纸所示位置和范围，按照抛石体积的片石数量，以立方米为单位计量	1. 临时排水； 2. 抛填片石； 3. 小石块、石屑填塞垫平； 4. 重型压路机压实
-b	爆炸挤淤	m^3	依据图纸所示位置和范围，按照设计的爆炸挤淤的淤泥体积，以立方米为单位计量	1. 超高填石； 2. 爆炸设计； 3. 布置炸药； 4. 爆破； 5. 填石； 6. 钻探(或物探)检查
-c	垫层			
-c-1	砂垫层	m^3	1. 依据图纸所示位置和断面尺寸，按图示砂垫层密实体积以立方米为单位计量； 2. 因换填而挖除的非适用材料列入203-1相关子目计量	1. 基底清理； 2. 临时排水； 3. 分层铺筑； 4. 分层碾压
-c-2	砂砾垫层	m^3	1. 依据图纸所示位置和断面尺寸，按图示砂砾垫层密实体积以立方米为单位计量； 2. 因换填而挖除的非适用材料列入203-1相关子目计量	1. 基底清理； 2. 临时排水； 3. 分层铺筑； 4. 分层碾压
-c-3	碎石垫层	m^3	1. 依据图纸所示位置和断面尺寸，按图示碎石垫层密实体积以立方米为单位计量； 2. 因换填而挖除的非适用材料列入203-1相关子目计量	1. 基底清理； 2. 临时排水； 3. 分层铺筑； 4. 路基边部片石砌护； 5. 分层碾压
…	……	…	……	……
-d	土工合成材料			
-d-1	反滤土工布	m^2	1. 依据图纸所示位置和规格，按土层中分层铺设反滤土工布的累计净面积以平方米为单位计量； 2. 接缝的重叠面积和边缘的包裹面积不予计量	1. 清理下承层； 2. 铺设及固定； 3. 接缝处理(搭接、缝接、黏接)； 4. 边缘处理

续上表

子目号	子目名称	单位	工程量计量	工程内容
…	……	…	……	……
-e	预压与超载预压			
-e-1	真空预压	m^2	1. 依据图纸所示的沿密封沟内缘线密封膜覆盖的路基面积以平方米为单位计量； 2. 真空联合堆载预压的堆载土方在205-1-e-2子目计量； 3. 砂垫层作为真空预压的附属工作不另行计量	1. 场地清理及埋设沉降观测设施； 2. 铺设砂垫层及密封薄膜； 3. 施工密封沟； 4. 安装真空设备； 5. 抽真空、沉降观测； 6. 拆除、清理场地； 7. 围堰与临时排水
-e-2	超载预压	m^3	依据图纸所示预压范围（宽度、高度、长度）预压后体积以立方米为单位计量	1. 场地清理及埋设沉降观测设施； 2. 指标试验； 3. 围堰及临时排水； 4. 挖运、堆载、整形及碾压； 5. 沉降观测； 6. 卸载
-f	袋装砂井	m	依据图纸所示位置和断面尺寸，按不同直径袋装砂井的长度以米为单位计量	1. 场地清理； 2.（轨道铺、拆）装砂袋； 3. 桩机定位； 4. 打钢管； 5. 下砂袋； 6. 拔钢管； 7. 起重机（门架）、桩机移位
-g	塑料排水板	m	1. 依据图纸所示位置和断面尺寸，按图示不同类型的塑料排水板长度以米为单位计量； 2. 不计伸入垫层内的塑料排水板长度	1. 场地清理； 2.（轨道铺、拆）桩机定位； 3. 穿塑料排水板； 4. 安桩靴； 5. 打拔钢管； 6. 剪断排水板； 7. 起重机（门架）、桩机移位
-h	粒料桩			
-h-1	砂桩	m	依据图纸所示位置和断面尺寸，按图示不同桩径的砂桩长度以米为单位计量	1. 场地清理； 2. 成桩设备安装与就位； 3. 成孔； 4. 灌砂； 5. 桩机移位
…	……	…	……	……

6. 第 206 节　路基整修

本节包括路堤整修和路堑边坡的修整,达到符合图纸所示的线形、纵坡、边坡、边沟和路基断面的作业。本节工作内容均不作计量。

7. 第 207 节　坡面排水

本节工程量清单项目分项计量规则应按"表 207　坡面排水"(表 6-22)的规定执行。"207-2 排水沟""207-3 截水沟"所包含的具体子目及其子目名称、单位、工程量计量、工程内容与"207-1 边沟"相同。

表 207　坡面排水　　表 6-22

子目号	子目名称	单位	工程量计量	工程内容
207	坡面排水			
207-1	边沟			
-a	浆砌片石	m^3	依据图纸所示位置及断面尺寸,按浆砌片石的体积以立方米为单位计量	1. 场地清理; 2. 地基平整夯实,断面补挖; 3. 铺设垫层; 4. 砂浆拌制; 5. 浆砌片石、勾缝、抹面、养护; 6. 回填
-b	浆砌块石	m^3	依据图纸所示位置及断面尺寸,按照不同强度等级浆砌块石的体积以立方米为单位计量	1. 场地清理; 2. 地基平整夯实,断面补挖; 3. 铺设垫层; 4. 砂浆拌制; 5. 浆砌块石、勾缝、抹面、养护; 6. 回填
-c	现浇混凝土	m^3	依据图纸所示位置及断面尺寸,按照不同强度等级混凝土浇筑的边沟的体积以立方米为单位计量	1. 场地清理; 2. 地基平整夯实,断面补挖; 3. 铺设垫层; 4. 模板制作、安装、拆除; 5. 钢筋制作与安装; 6. 混凝土拌和、运输、浇筑、养护; 7. 回填
-d	预制安装混凝土	m^3	依据图纸所示位置及断面尺寸,按照不同强度等级混凝土预制的边沟体积以立方米为单位计量	1. 场地清理; 2. 地基平整夯实,断面补挖; 3. 铺设垫层; 4. 模板制作、安装、拆除; 5. 预制件预制、运输、装卸; 6. 预制件安装; 7. 回填

续上表

子目号	子目名称	单位	工程量计量	工程内容
-e	预制安装混凝土盖板	m^3	依据图纸所示位置及断面尺寸，按照不同强度等级混凝土预制的盖板体积以立方米为单位计量	1. 场地清理； 2. 模板制作、安装、拆除； 3. 钢筋制作与安装； 4. 预制件预制、运输、装卸； 5. 预制件安装
-f	干砌片石	m^3	依据图纸所示位置及断面尺寸，按干砌片石的体积以立方米为单位计量	1. 场地清理； 2. 地基平整夯实，断面补挖； 3. 铺设垫层； 4. 铺砌片石； 5. 回填
…	……	…	……	……
207-4	跌水与急流槽			
…	……	…	……	……

8. 第 208 节　护坡、护面墙

本节工程量清单项目分项计量规则应按“表 208　护坡、护面墙”（表 6-23）的规定执行。

表 208　护坡、护面墙　　表 6-23

子目号	子目名称	单位	工程量计量	工程内容
208	护坡、护面墙			
…	……	…	……	……
208-3	浆砌片石护坡			
-a	满铺浆砌片石护坡	m^3	1. 依据图纸所示位置和铺砌厚度、水泥砂浆强度，按照铺砌体积以立方米为单位计量； 2. 含碎落台、护坡平台满铺浆砌片石数量； 3. 扣除急流槽所占体积	1. 清理边坡，坡面夯实，基础开挖； 2. 浆砌片石； 3. 勾缝、抹面、养护； 4. 回填； 5. 清理现场
-b	浆砌骨架护坡	m^3	1. 依据图纸所示位置和铺砌厚度、骨架形式、水泥砂浆强度，按照护坡体体积以立方米为单位计量； 2. 含碎落台、护坡平台浆砌骨架数量； 3. 扣除急流槽所占体积	1. 清理边坡，坡面夯实，基础开挖； 2. 浆砌片石； 3. 勾缝、抹面、养护； 4. 回填； 5. 清理现场
-c	现浇混凝土	m^3	依据图纸所示位置及断面尺寸，按照不同强度等级混凝土浇筑的现浇混凝土体积以立方米为单位计量	1. 清理边坡，坡面夯实，基坑开挖； 2. 模板制作、安装、拆除； 3. 混凝土拌和、运输、浇筑、养护； 4. 回填； 5. 清理现场

续上表

子目号	子 目 名 称	单 位	工程量计量	工 程 内 容
208-4	混凝土护坡	m^3		
-a	现浇混凝土满铺护坡	m^3	1. 依据图纸所示位置及断面尺寸，按照不同强度等级混凝土浇筑的实体体积以立方米为单位计量； 2. 含碎落台、护坡平台满铺混凝土数量； 3. 扣除急流槽所占体积	1. 清理边坡，坡面夯实，基坑开挖； 2. 模板制作、安装、拆除； 3. 混凝土拌和、运输、浇筑、养护； 4. 回填； 5. 清理现场
-b	混凝土预制件满铺护坡	m^3	1. 依据图纸所示位置和构造尺寸，按照不同强度等级混凝土预制件铺砌坡面的实体体积以立方米为单位计量； 2. 含碎落台、护坡平台满铺混凝土数量； 3. 扣除急流槽所占体积	1. 清理边坡，坡面夯实，基坑开挖； 2. 预制场建设； 3. 预制件预制、运输、装卸； 4. 预制件安装； 5. 回填； 6. 清理现场
-c	现浇混凝土骨架护坡	m^3	依据图纸所示位置及断面尺寸，按照不同强度等级混凝土浇筑的骨架护坡体积以立方米为单位计量	1. 清理边坡，坡面夯实，基坑开挖； 2. 模板制作、安装、拆除； 3. 混凝土拌和、运输、浇筑、养护； 4. 回填； 5. 清理现场
-d	混凝土预制件骨架护坡	m^3	依据图纸所示位置和构造尺寸，按照不同强度等级混凝土预制件骨架护坡的体积以立方米为单位计量	1. 清理边坡，坡面夯实，基坑开挖； 2. 预制场建设； 3. 预制件预制、运输、装卸； 4. 预制件安装； 5. 回填； 6. 清理现场
-e	浆砌片石	m^3	依据图纸所示位置和铺砌厚度，按照不同强度等级水泥砂浆砌筑的浆砌片石护坡体积以立方米为单位计量	1. 清理边坡，坡面夯实，基础开挖； 2. 浆砌片石； 3. 勾缝、抹面、养护； 4. 回填； 5. 清理现场
208-5	护面墙			
-a	浆砌片(块)石护面墙	m^3	1. 依据图纸所示位置和断面尺寸，按图示不同强度等级水泥砂浆砌片(块)石的体积以立方米为单位计量； 2. 不扣除沉降缝、泄水孔、预埋件所占体积	1. 基坑开挖、地基平整夯实、废方弃运； 2. 边坡清理夯实； 3. 浆砌片石，设泄水孔及其滤水层； 4. 接缝处理； 5. 勾缝、抹面、墙背排水设施设置、填料分层填筑； 6. 清理现场

续上表

子目号	子 目 名 称	单　　位	工程量计量	工 程 内 容
-b	现浇混凝土护面墙	m^3	1. 依据图纸所示位置和断面尺寸,按图示不同强度等级混凝土体积以立方米为单位计量； 2. 不扣除沉降缝、泄水孔、预埋件所占体积	1. 场地清理； 2. 基坑开挖,地基平整夯实,废方弃运； 3. 边坡清理夯实； 4. 模板制作、安装、拆除； 5. 混凝土拌和、运输、浇筑、养护； 6. 泄水孔及其滤水层、沉降缝设置； 7. 墙背排水设施设置、填料分层填筑； 8. 清理现场
…	……	…	……	……

9. 第 209 节　挡土墙

本节工程量清单项目分项计量规则应按“表 209　挡土墙”(表 6-24)的规定执行。

表 209　挡土墙　　表 6-24

子目号	子 目 名 称	单　　位	工程量计量	工 程 内 容
209	挡土墙			
209-1	垫层	m^3	依据图纸所示位置及垫层密实厚度,按照不同材料的垫层体积以立方米为单位计量	1. 基底清理； 2. 临时排水； 3. 铺筑垫层； 4. 夯实
209-2	基础			
-a	浆砌片(块)石基础	m^3	依据图纸所示位置和断面尺寸,按图示不同强度等级水泥砂浆砌石体积以立方米为单位计量	1. 基坑开挖、清理、平整、夯实,废方弃运； 2. 拌、运砂浆； 3. 砌筑、养护； 4. 回填
-b	混凝土基础	m^3	依据图纸所示位置和断面尺寸,按图示不同强度等级混凝土体积以立方米为单位计量	1. 基坑开挖、清理、平整、夯实； 2. 混凝土制作、运输； 3. 浇筑、振捣； 4. 养护； 5. 回填； 6. 清理现场
209-3	砌体挡土墙			

续上表

子目号	子目名称	单位	工程量计量	工程内容
-a	浆砌片(块)石	m^3	1.依据图纸所示位置和断面尺寸,按图示不同强度等级水泥砂浆砌石体积以立方米为单位计量; 2.不扣除沉降缝、泄水孔、预埋件所占体积	1.基坑开挖、清理、平整、夯实; 2.浆砌片(块)石,设泄水孔及其滤水层; 3.接缝处理; 4.勾缝、抹面、墙背排水设施设置、墙背填料分层填筑; 5.清理、废方弃运
…	……	…	……	……
209-5	混凝土挡土墙	m^3		
-a	混凝土	m^3	1.依据图纸所示位置和断面尺寸,按图示不同强度等级混凝土体积以立方米为单位计量; 2.不扣除沉降缝、泄水孔、预埋件所占体积	1.基坑开挖、清理、平整、夯实; 2.模板制作、安装、拆除; 3.混凝土拌和、运输、浇筑、养护; 4.泄水孔及其滤水层、沉降缝设置; 5.墙背填料分层填筑; 6.清理、弃方处理
-b	钢筋	kg	1.依据图纸所示及钢筋表所列钢筋质量以千克为单位计量; 2.固定钢筋的材料、定位架立钢筋、钢筋接头、吊装钢筋、钢板、铁丝作为钢筋作业的附属工作,不另行计量	1.钢筋的保护、储存及除锈; 2.钢筋整直、接头; 3.钢筋截断、弯曲; 4.钢筋安设、支承及固定

10.第210节~第215节(略)

四、路面工程的计量规则

在《公路工程标准施工招标文件》(2018版·第三册)中,路面工程包括“第301节　通则”“第302节　垫层”“第303节　石灰稳定土底基层、基层”“第304节　水泥稳定土底基层、基层”“第305节　石灰粉煤灰稳定土底基层、基层”“第306节　级配碎(砾)石底基层、基层”“第307节　沥青稳定碎石基层(ATB)”“第308节　透层和黏层”“第309节　热拌沥青混合料面层”“第310节　沥青表面处置与封层”“第311节　改性沥青及改性沥青混合料”“第312节　水泥混凝土面板”“第313节　路肩培土、中央分隔带回填土、土路肩加固及路缘石”“第314节　路面及中央分隔带排水”,共14节。

1.第301节　通则

本节包括材料标准、路面施工的一般要求、材料取样与试验、试验路段、料场作业、拌和场场地硬化及遮雨棚、雨季施工。本节工作内容均不作计量，其所涉及的作业应包含在与其相关工程子目之中。

2. 第 302 节　垫层

本节工程量清单项目分项计量规则应按“表 302　垫层”（表 6-25）的规定执行。

表 302　垫层　　表 6-25

子目号	子 目 名 称	单　　位	工程量计量	工 程 内 容
302	垫层			
…	……	…	……	……
302-3	水泥稳定土垫层	m^2	依据图纸所示压实厚度，按照铺筑的顶面面积以平方米为单位计量	1. 检查、清除路基上的浮土、杂物，并洒水湿润； 2. 拌和、运输、摊铺； 3. 整平、整形； 4. 洒水、碾压、整修、初期养护
302-4	石灰稳定土垫层	m^2		

3. 第 303 节　石灰稳定土底基层、基层（略）

4. 第 304 节　水泥稳定土底基层、基层

本节工程量清单项目分项计量规则应按“表 304　水泥稳定土底基层、基层”（表 6-26）的规定执行。

表 304　水泥稳定土底基层、基层　　表 6-26

子目号	子 目 名 称	单　　位	工程量计量	工 程 内 容
304	水泥稳定土底基层、基层			
304-1	水泥稳定土底基层	m^2	依据图纸所示压实厚度，按照铺筑的顶面面积以平方米为单位计量	1. 检查、清理下承层、洒水； 2. 拌和、运输、摊铺； 3. 整平、整形； 4. 洒水、碾压、初期养护
304-3	水泥稳定土基层	m^2		
304-2	搭板、埋板下水泥稳定土底基层	m^3	依据图纸所示尺寸、范围，按照铺筑体积以立方米为单位计量	1. 检查、清理下承层、洒水； 2. 拌和、运输、摊铺； 3. 整平、整形； 4. 洒水、碾压、初期养护

5. 第 305 节　石灰粉煤灰稳定土底基层、基层　（略）

6. 第 306 节　级配碎（砾）石底基层、基层

本节工程量清单项目分项计量规则应按“表 306　级配碎（砾）石底基层、基层”（表 6-27）的规定执行。

表306　级配碎(砾)石底基层、基层　　表6-27

子目号	子目名称	单位	工程量计量	工程内容
306	级配碎(砾)石底基层、基层			
306-1	级配碎石底基层	m^2	依据图纸所示压实厚度，按照铺筑的顶面面积以平方米为单位计量	1. 检查、清理下承层、洒水； 2. 铺筑材料拌和、运输、摊铺； 3. 整平、整形； 4. 洒水、碾压
306-3	级配碎石基层	m^2		
…	……	…	……	……

7. 第307节　沥青稳定碎石基层(ATB)

本节工程量清单项目分项计量规则应按“表307　沥青稳定碎石基层(ATB)”(表6-28)的规定执行。

表307　沥青稳定碎石基层(ATB)　　表6-28

子目号	子目名称	单位	工程量计量	工程内容
307	沥青稳定碎石基层(ATB)			
307-1	沥青稳定碎石基层(ATB)	m^2	依据图纸所示级配类型、铺筑压实厚度，按照铺筑的顶面面积以平方米为单位计量	1. 检查和清理下承层； 2. 拌和设备安装、调试、拆除； 3. 沥青铺筑材料加热、保温、输送，配运料，矿料加热烘干，拌和、出料； 4. 运输、摊铺、压实、成型； 5. 接缝； 6. 初期养护

8. 第308节　透层和黏层(略)

9. 第309节　热拌沥青混合料面层

本节工程量清单项目分项计量规则应按“表309　热拌沥青混合料面层”(表6-29)的规定执行。

表309　热拌沥青混合料面层　　表6-29

子目号	子目名称	单位	工程量计量	工程内容
309	垫层热拌沥青混合料面层			
309-1	细粒式沥青混凝土	m^2	依据图纸所示级配类型及铺筑压实厚度，按照铺筑的顶面面积以平方米为单位计量	1. 检查和清理下承层； 2. 拌和设备安装、调试、拆除； 3. 沥青加热、保温、输送，配运料，矿料加热烘干，拌和、出料； 4. 运输、摊铺、碾压、成型； 5. 接缝； 6. 初期养护
309-2	中粒式沥青混凝土	m^2		
309-3	粗粒式沥青混凝土	m^2		

10. 第 310 节　沥青表面处置与封层(略)

11. 第 311 节　改性沥青及改性沥青混合料

本节工程量清单项目分项计量规则应按“表 311　改性沥青及改性沥青混合料”(表 6-30)的规定执行。

表 311　改性沥青及改性沥青混合料　表 6-30

子目号	子目名称	单位	工程量计量	工程内容
311	改性沥青及改性沥青混合料			
311-1	细粒式改性沥青混合料路面	m^2	依据图纸所示级配类型及铺筑压实厚度，按照铺筑的顶面面积以平方米为单位计量	1. 检查和清理下承层； 2. 拌和设备安装、调试、拆除； 3. 沥青加热、保温、输送，配运料，矿料加热烘干，拌和、出料； 4. 运输、摊铺、碾压、成形； 5. 接缝； 6. 初期养护
311-2	中粒式改性沥青混合料路面	m^2		
311-3	SMA 路面	m^2		

12. 第 312 节　水泥混凝土面板

本节工程量清单项目分项计量规则应按“表 312　水泥混凝土面板”(表 6-31)的规定执行。

表 312　水泥混凝土面板　表 6-31

子目号	子目名称	单位	工程量计量	工程内容
312	水泥混凝土面板			
312-1	水泥混凝土面板	m^3	依据图纸所示厚度和混凝土强度等级，按照铺筑体积以立方米为单位计量	1. 检查和清理下承层、洒水湿润； 2. 模板制作、架设、安装、修理、拆除； 3. 混凝土拌和物配合比设计、配料、拌和、运输、浇筑、振捣、真空吸水、抹平、压(刻)纹，养护； 4. 切缝、灌缝； 5. 初期养护
312-2	钢筋	kg	1. 依据图纸所示水泥混凝土路面钢筋，按图示质量以千克为单位计量； 2. 因搭接而增加的钢筋作为附属工作，不另行计量	1. 钢筋的保护、储存及除锈； 2. 钢筋整直、连接； 3. 钢筋截断、弯曲； 4. 钢筋安设、支承及固定

13. 第 313 节 ~ 第 314 节(略)

五、桥梁、涵洞的计量规则

在《公路工程标准施工招标文件》(2018 版 · 第三册)中，第 400 章桥梁、涵洞的计量规则共包括21节的内容，以下是其工程量清单计量规则的要点摘录。

1. 第401节　通则（略）

2. 第402节　模板、拱架和支架

本节包括模板、拱架和支架的设计制作、安装、拆卸施工等有关作业。本节工作作为有关工程的附属工作，均不作计量。

3. 第403节　钢筋

本节工程量清单项目分项计量规则应按"表403　钢筋"（表6-32）的规定执行。

表403　钢筋　　表6-32

子目号	子目名称	单位	工程量计量	工程内容
403	钢筋			
403-1	基础钢筋（含灌注桩、承台、桩系梁、沉桩、沉井等）	kg	1. 依据图纸所示及钢筋表所列钢筋质量以千克为单位计量； 2. 固定钢筋的材料、定位架立钢筋、钢筋接头、吊装钢筋、钢板、铁丝作为钢筋作业的附属工作，不另行计量	1. 钢筋的保护、储存及除锈； 2. 钢筋整直、接头； 3. 钢筋截断、弯曲； 4. 钢筋安设、支承及固定
403-2	下部结构钢筋	kg		
403-3	上部结构钢筋	kg		
403-4	附属结构钢筋	kg	1. 依据图纸所示及钢筋表所列钢筋质量以千克为单位计量； 2. 缘石、人行道、防撞墙、栏杆、桥头搭板、枕梁、抗震挡块、支座垫块等构造物，其所用钢筋以及伸缩缝预埋的钢筋，均列入本子目计量； 3. 固定钢筋的材料、定位架立钢筋、钢筋接头、吊装钢筋、钢板、铁丝作为钢筋作业的附属工作，不另行计量	1. 钢筋的保护、储存及除锈； 2. 钢筋整直、接头； 3. 钢筋截断、弯曲； 4. 钢筋安设、支承及固定

4. 第404节　基坑开挖及回填

本节工程量清单项目分项计量规则应按"表404　基坑开挖及回填"（表6-33）的规定执行。

表404　基坑开挖及回填　　表6-33

子目号	子目名称	单位	工程量计量	工程内容
404	基坑开挖及回填			
404-1	干处挖土方	m^3	1. 根据图示，取用底、顶面间平均高度的棱柱体体积，分别按干处、水下及土、石，以立方米为单位计量； 2. 在地下水位以上开挖的为干处挖方；在地下水位以下开挖的为水下挖方； 3. 基坑底面、顶面及侧面的确定应符合下列规定：	1. 场地清理； 2. 围堰、排水； 3. 基坑开挖； 4. 基坑支护； 5. 基坑检查、修整； 6. 基坑回填、压实； 7. 弃方清运
404-2	水下挖土方	m^3		

续上表

子目号	子 目 名 称	单 位	工程量计量	工 程 内 容
404-3	干处挖石方	m^3	1. 基坑开挖底面:按图纸所示的基底高程线计算; 2. 基坑开挖顶面:按设计图纸横断面上所标示的原地面线计算; 3. 基坑开挖侧面:按顶面到底面,以超出基底周边 0.5m 的竖直面为界	1. 场地清理; 2. 围堰、排水; 3. 钻爆; 4. 出渣; 5. 基坑支护; 6. 基坑检查、修整; 7. 基坑回填、压实; 8. 弃方清运
403-4	水下挖石方	m^3		

5. 第 405 节　钻孔灌注桩

本节工程量清单项目分项计量规则应按"表 405　钻孔灌注桩"(表 6-34)的规定执行。

表 405　钻孔灌注桩　　表 6-34

子目号	子 目 名 称	单 位	工程量计量	工 程 内 容
405	钻孔灌注桩			
405-1	钻孔灌注桩			
-a	陆上钻孔灌注桩	m	1. 依据图纸所示桩长及混凝土强度等级,按照不同桩径的桩长以米为单位计量; 2. 施工图设计水深小于 2m(含 2m)的为陆上钻孔灌注桩; 3. 桩长为桩底高程至承台底面或系梁底面。对于与桩连为一体的柱式墩台,如无承台或系梁时,则以桩位处原始地面线为分界线,地面线以下部分为灌注桩桩长。若图纸有标示的,按图纸标示为准	1. 安设护筒及设置钻孔平台; 2. 钻机安拆,就位; 3. 钻孔、成孔、成孔检查; 4. 安装声测管; 5. 混凝土制拌、运输、浇筑; 6. 破桩头; 7. 按《招标文件技术规范》第 405.11 小节的规定进行桩基检测
-b	水中钻孔灌注桩	m	1. 依据图纸所示桩长及混凝土强度等级,按照不同桩径的桩长以米为单位计量; 2. 施工图设计水深大于 2m 的为水中钻孔灌注桩; 3. 桩长为桩底高程至承台底面或系梁底面。对于与桩连为一体的柱式墩台,如无承台或系梁时,则以桩位处原始地面线为分界线,地面线以下部分为灌注桩桩长。若图纸有标示的,按图纸标示为准	1. 搭设水中钻孔平台、筑岛或围堰、横向便道; 2. 钻机安拆,就位; 3. 钻孔、成孔、成孔检查; 4. 安装声测管; 5. 混凝土制拌、运输、浇筑; 6. 破桩头; 7. 按《招标文件技术规范》第 405.11 小节的规定进行桩基检测
405-2	钻取混凝土芯样检测(暂定工程量)	m	1. 按实际钻取的混凝土芯样长度,分不同钻径以米为单位计量; 2. 如混凝土质量合格,钻取的芯样给予计量,否则,不予计量	1. 场地清理; 2. 钻机安拆、钻芯; 3. 取样、试验

续上表

子目号	子 目 名 称	单　　位	工程量计量	工 程 内 容
405-3	破坏荷载试验用桩（暂定工程量）	m	依据图纸所示桩长及混凝土强度等级，按照不同桩径的桩长以米为单位计量	1. 钻孔平台搭设、筑岛或围堰； 2. 钻机安拆，就位； 3. 钻孔、成孔、成孔检查； 4. 安装声测管； 5. 混凝土制拌、运输、浇筑； 6. 破桩头

6. 第406节～第409节（略）

7. 第410节　结构混凝土工程

本节工程量清单项目分项计量规则应按“表410　结构混凝土工程”（表6-35）的规定执行。

表410　结构混凝土工程　　表6-35

子目号	子 目 名 称	单　　位	工程量计量	工 程 内 容
410	结构混凝土工程			
410-1	混凝土基础（包括支撑梁、桩基承台、桩系梁，但不包括桩基）	m^3	依据图纸所示体积分不同强度等级以立方米为单位计量	1. 场地清理； 2. 搭拆作业平台； 3. 安拆套箱或模板；安设预埋件； 4. 混凝土配运料、拌和、运输、浇筑、振捣、养护； 5. 施工缝、沉降缝设置处理； 6. 混凝土的冷却管制作安装，通水、降温； 7. 防水、防冻、防腐措施
410-2	混凝土下部结构			
-a	桥台混凝土	m^3	1. 依据图纸所示体积分不同强度等级以立方米为单位计量； 2. 直径小于200mm的管子、钢筋、锚固件、管道、泄水孔或桩所占混凝土体积不予扣除	1. 场地清理； 2. 搭拆作业平台、支架； 3. 安拆模板；安设预埋件（包括支座预埋件、防震锚栓及套筒等）； 4. 混凝土配运料、拌和、运输、浇筑、振捣、养护； 5. 施工缝、沉降缝设置处理； 6. 防水、防冻、防腐措施
-b	桥墩混凝土	m^3	1. 依据图纸所示体积分不同强度等级以立方米为单位计量； 2. 直径小于200mm的管子、钢筋、锚固件、管道、泄水孔或桩所占混凝土体积不予扣除	1. 场地清理； 2. 搭拆作业平台、支架； 3. 安拆模板；安设预埋件（包括支座预埋件、防震锚栓及套筒等）； 4. 混凝土配运料、拌和、运输、浇筑、振捣、养护； 5. 防水、防冻、防腐措施

续上表

子目号	子目名称	单位	工程量计量	工程内容
-c	盖梁混凝土	m^3	1. 依据图纸所示体积分不同强度等级以立方米为单位计量； 2. 直径小于200mm的管子、钢筋、锚固件、管道、泄水孔或桩所占混凝土体积不予扣除； 3. 墩梁固结混凝土计入本子目。桥墩上的支座垫石、防震挡块混凝土计入附属结构混凝土	1. 场地清理； 2. 搭拆作业平台、支架； 3. 安拆模板；安设预埋件（包括支座预埋件、防震锚栓及套筒等）； 4. 混凝土配运料、拌和、运输、浇筑、振捣、养护
-d	台帽混凝土	m^3	1. 依据图纸所示体积分不同强度等级以立方米为单位计量； 2. 直径小于200mm的管子、钢筋、锚固件、管道、泄水孔或桩所占混凝土体积不予扣除； 3. 耳背墙混凝土计入本子目。桥台上的支座垫石、防震挡块混凝土计入附属结构混凝土	1. 场地清理； 2. 搭拆作业平台、支架； 3. 安拆模板；安设预埋件（包括支座预埋件、防震锚栓及套筒等）； 4. 混凝土配运料、拌和、运输、浇筑、振捣、养护
410-3	现浇混凝土上部结构	m^3	1. 依据图纸所示体积分不同强度等级以立方米为单位计量； 2. 直径小于200mm的管子、钢筋、锚固件、管道、泄水孔或桩所占混凝土体积不予扣除	1. 平整场地； 2. 搭拆工作平台； 3. 支架搭设、预压与拆除； 4. 安拆模板；安设预埋件； 5. 混凝土配运料、拌和、运输、浇筑、养护； 6. 施工缝、伸缩缝设置处理
410-4	预制混凝土上部结构	m^3	1. 依据图纸所示体积分不同强度等级以立方米为单位计量； 2. 直径小于200mm的管子、钢筋、锚固件、管道、泄水孔或桩所占混凝土体积不予扣除	1. 搭拆工作平台； 2. 安拆模板；安设预埋件（吊环、预埋连接件）； 3. 混凝土配运料、拌和、运输、浇筑、养护； 4. 构件预制、运输、安装
410-5	桥梁上部结构现浇整体化混凝土	m^3	1. 依据图纸所示体积分不同强度等级以立方米为单位计量； 2. 直径小于200mm的管子、钢筋、锚固件、管道、泄水孔或桩所占混凝土体积不予扣除； 3. 绞缝、湿接缝、先简支后连续现浇接头混凝土计入本子目	1. 工作面清理； 2. 搭拆作业平台； 3. 安拆支架、模板； 4. 混凝土配运料、拌和、运输、浇筑、养护

续上表

子目号	子目名称	单位	工程量计量	工程内容
410-6	现浇混凝土附属结构	m^3	1. 依据图纸所示体积分不同强度等级以立方米为单位计量； 2. 直径小于 200mm 的管子、钢筋、锚固件、管道、泄水孔或桩所占混凝土体积不予扣除； 3. 现浇缘石、人行道、防撞墙、栏杆、护栏、桥头搭板、枕梁、抗震挡块、支座垫石等列入本子目	1. 工作面清理； 2. 搭拆作业平台； 3. 安拆支架、模板； 4. 混凝土配运料、拌和、运输、浇筑、养护
410-7	预制混凝土附属结构	m^3	1. 依据图纸所示体积分不同强度等级以立方米为单位计量； 2. 直径小于 200mm 的管子、钢筋、锚固件、管道、泄水孔或桩所占混凝土体积不予扣除； 3. 预制安装缘石、人行道、防撞墙、栏杆、护栏、桥头搭板、枕梁、抗震挡块、支座垫石等列入本子目	1. 预制场地建设、拆除； 2. 搭拆工作平台； 3. 安拆模板； 4. 混凝土配运料、拌和、运输、浇筑、养护； 5. 构件预制、运输、安装

8. 第 411 节　预应力混凝土工程

本节工程量清单项目分项计量规则应按“表 411　预应力混凝土工程”（表 6-36）的规定执行。

表 411　预应力混凝土工程　　表 6-36

子目号	子目名称	单位	工程量计量	工程内容
411	预应力混凝土工程			
411-1	先张法预应力钢丝	kg	1. 依据图纸所示构件长度计算的预应力钢材质量，分不同材质以千克为单位计量； 2. 除上述计算长度以外的锚固长度及工作长度的预应力钢材含入相应预应力钢材报价之中，不另行计量	1. 制作安装预应力钢材； 2. 制作安装管道； 3. 安装锚具、锚板； 4. 张拉； 5. 放张； 6. 封锚头
411-2	先张法预应力钢绞线	kg		
411-3	先张法预应力钢筋	kg		
411-4	后张法预应力钢丝	kg	1. 按图示两端锚具间的理论长度计算的预应力钢材质量，分不同材质以千克为单位计量； 2. 除上述计算长度以外的锚固长度及工作长度的预应力钢材含入相应预应力钢材报价之中，不另行计量	1. 制作安装预应力钢材； 2. 制作安装管道； 3. 安装锚具、锚板； 4. 张拉； 5. 压浆； 6. 封锚头
411-5	后张法预应力钢绞线	kg		
411-6	后张法预应力钢筋	kg		

续上表

子目号	子目名称	单位	工程量计量	工程内容
411-7	现浇预应力混凝土上部结构	m^3	1. 依据图纸所示体积分不同强度等级以立方米为单位计量； 2. 钢筋、钢材所占体积及单个面积在 $0.03m^2$ 以内的孔洞不予扣除	1. 平整场地； 2. 搭拆工作平台；支架搭设、预压与拆除； 3. 安拆模板； 4. 混凝土配运料、拌和、运输、浇筑、养护； 5. 施工缝、伸缩缝设置处理
411-8	预制预应力混凝土上部结构	m^3	1. 依据图纸所示体积分不同强度等级以立方米为单位计量； 2. 钢筋、钢材所占体积及单个面积在 $0.03m^2$ 以内的孔洞不予扣除； 3. 后张法预应力混凝土梁封端混凝土工程量列入本子目	1. 搭拆工作平台； 2. 安拆模板； 3. 混凝土配运料、拌和、运输、浇筑、养护； 4. 构件预制、运输、安装

9. 第 412 节　预制构件的安装

本节包括预制构件的起吊、运输、装卸、储存和安装，其工作量在第 410 节及第 411 节计量，本节不另行计量。

10. 第 413 节　砌石工程

本节工程量清单项目分项计量规则应按“表 413　砌石工程”(表 6-37)的规定执行。

表 413　砌石工程　　表 6-37

子目号	子目名称	单位	工程量计量	工程内容
413	砌石工程			
413-1	浆砌片石	m^3	依据图纸所示位置及尺寸砌筑体积分不同砂浆强度等级以立方米为单位计量	1. 基础清理； 2. 基底检查； 3. 选修石料； 4. 铺筑基础垫层； 5. 搭、拆脚手架； 6. 配、拌、运砂浆； 7. 砌筑、勾缝、抹面、养护； 8. 沉降缝设置
413-2	浆砌块石	m^3		
413-3	浆砌料石	m^3		
413-4	浆砌预制混凝土块	m^3		

11. 第 414 节　小型钢构件

本节包括桥梁及其他公路构造物，除钢筋及预应力钢筋以外的小型钢构件的供应、制造、保护和安装。除另有说明外，本节工作内容均不作计量。

12. 第 415 节　桥面铺装

本节工程量清单项目分项计量规则应按“表 415　桥面铺装”(表 6-38)的规定执行。

表415　桥面铺装　　表6-38

子目号	子目名称	单　位	工程量计量	工程内容
415	桥面铺装			
415-1	沥青混凝土 桥面铺装	m^3	依据图纸所示位置、尺寸，按照铺筑体积以立方米为单位计量	1.清理下承层； 2.拌和设备安装、调试、拆除； 3.沥青混合料拌和、运输、摊铺、压实、成型； 4.接缝； 5.初期养护
415-2	水泥混凝土 桥面铺装	m^3	依据图纸所示位置、尺寸，分不同强度等级，按铺筑体积以立方米为单位计量	1.场地清理； 2.混凝土配运料、拌和、运输、浇筑、振捣、养护； 3.施工缝、沉降缝设置处理
415-3	防水层			
-a	桥面混凝土 表面处理	m^2	按图示处理的桥面混凝土表面净面积以平方米为单位计量	1.场地清理； 2.混凝土面板铣刨（喷砂）拉毛； 3.铣刨（喷砂）拉毛后清理、平整
-b	铺设防水层	m^2	依据图纸所示位置及尺寸，在桥面铺装前铺设防水材料，按图示铺装净面积分不同材质以平方米为单位计量	1.场地清理； 2.桥面清洁； 3.铺装防水材料； 4.安拆作业平台； 5.安设排水设施
415-4	桥面排水			
-a	竖、横向集中 排水管	kg或m	1.依据图纸所示位置及尺寸，在桥面安设泄水孔，按图示数量分不同材质、管径计量；铸铁管、钢管以千克为单位计量；PVC管以米为单位计量； 2.接头、固定泄水管的金属构件不予计量。铸铁泄水孔作为附属工作，不另行计量	1.场地清理； 2.安拆作业平台； 3.钻孔安设排水管锚固件； 4.安设排水设施
-b	桥面边部 碎石盲沟	m^3	依据图纸所示位置、尺寸，按照盲沟体积以立方米为单位计量	1.边部切割； 2.清理； 3.盲沟设置

13.第416节　桥梁支座

本节工程量清单项目分项计量规则应按“表416　桥梁支座”（表6-39）的规定执行。

表 416　桥梁支座　　表 6-39

子目号	子目名称	单位	工程量计量	工程内容
416	桥梁支座			
416-1	板式橡胶支座	m^3	依据图纸所示位置及尺寸，安装图纸所示类型及规格板式橡胶支座就位，按图示体积，分不同的材质及形状以立方分米为单位计量	1. 清洁整平混凝土表面； 2. 砂浆配运料、拌和，接触面抹平； 3. 钢板制作与安装； 4. 支座定位安装
416-2	盆式支座	个	依据图纸所示位置及尺寸，安装图纸所示类型及规格盆式支座就位，按图示数量分不同型号、支座反力以个为单位计量	1. 清洁整平混凝土表面； 2. 砂浆配运料、拌和，接触面抹平； 3. 钢板制作与安装； 4. 吊装设备安拆； 5. 支座定位安装； 6. 支座焊接固定
…	……	…	……	……

14. 第 417 节　桥梁接缝和伸缩装置

本节工程量清单项目分项计量规则应按"表 417　桥梁接缝和伸缩装置"（表 6-40）的规定执行。

表 417　桥梁接缝和伸缩装置　　表 6-40

子目号	子目名称	单位	工程量计量	工程内容
417	桥梁接缝和伸缩装置			
417-1	橡胶伸缩装置	m	依据图纸所示位置及尺寸，按图示的橡胶条伸缩装置长度（包括人行道、缘石、护栏底座与行车道等全部长度）以米为单位计量	1. 切割清理伸缩装置范围内混凝土；设置预埋件； 2. 伸缩装置定位、安装
417-2	模数式伸缩装置	m	依据图纸所示位置及尺寸，安装图示类型和规格的模数式伸缩装置，按图示长度（包括人行道、缘石、护栏底座与行车道等全部长度），分不同伸缩量以米为单位计量	1. 切割清理伸缩装置范围内混凝土；设置预埋件； 2. 伸缩装置定位、安装； 3. 混凝土拌和、运输、浇筑、压纹、养护
…	……	…	……	……

15. 第 418 节　防水处理

本节包括混凝土和砌体表面的沥青或油毛毡防水层。本节工作内容均不作计量。

16. 第 419 节　圆管涵及倒虹吸管涵

本节工程量清单项目分项计量规则应按"表 419　圆管涵及倒虹吸管涵"（表 6-41）的规定执行。

表 419　圆管涵及倒虹吸管涵　　表 6-41

子目号	子目名称	单位	工程量计量	工程内容
419	圆管涵及倒虹吸管涵			
419-1	单孔钢筋混凝土圆管涵	m	1. 依据图纸所示，按不同孔径的涵身长度（进出口端墙外侧间距离）计算，以米为单位计量； 2. 基底软基处理参照第 205 节的相关规定计量，并列入第 205 节相应子目	1. 基坑排水； 2. 挖基、基底清理； 3. 基座砌筑或浇筑； 4. 垫层材料铺筑； 5. 钢筋制作安装； 6. 预制或现浇钢筋混凝土管； 7. 铺涂防水层； 8. 安装、接缝； 9. 砌筑进出口（端墙、翼墙、八字墙井口）； 10. 防水、防冻、防腐措施； 11. 回填
419-2	双孔钢筋混凝土圆管涵	m		
419-3	钢筋混凝土圆管倒虹吸管涵	m		

17. 第 420 节　盖板涵、箱涵

本节工程量清单项目分项计量规则应按"表 420　盖板涵、箱涵"（表 6-42）的规定执行。

表 420　盖板涵、箱涵　　表 6-42

子目号	子目名称	单位	工程量计量	工程内容
420	盖板涵、箱涵			
420-1	钢筋混凝土盖板涵	m	1. 依据图纸所示，按不同跨径的盖板涵长度以米为单位计量； 2. 基底软基处理参照第 205 节的相关规定计量，并列入第 205 节相应子目	1. 场地清理； 2. 围堰、排水，基坑开挖，基坑支护； 3. 基础及涵台施工； 4. 施工缝设置、处理； 5. 盖板预制，运输，安装； 6. 砂浆制作、填缝； 7. 防水、防冻、防腐措施； 8. 回填
…	……	…	……	……

18. 第 421 节　拱涵

本节工程量清单项目分项计量规则应按"表 421　拱涵"（表 6-43）的规定执行。

表 421　拱涵　　表 6-43

子目号	子目名称	单位	工程量计量	工程内容
421	拱涵			
421-1	拱涵			

续上表

子目号	子 目 名 称	单　　位	工程量计量	工 程 内 容
-a	石拱涵	m	1. 依据图纸所示，按不同跨径的石拱涵长度以米为单位计量； 2. 基底软基处理参照第205节的相关规定计量，并列入第205节相应子目	1. 场地清理； 2. 围堰、排水，基坑开挖，基坑支护； 3. 基础及涵台施工； 4. 搭拆作业平台； 5. 安拆支架、拱盔； 6. 选修石料，配砂浆； 7. 砌筑； 8. 勾缝、抹面、养护； 9. 防水、防冻、防腐措施
…	……	…	……	……

第四节　公路工程投标报价编制

一、投标报价的概念与依据

1. 投标报价的概念

投标报价是在工程采用招标发包的过程中，由投标人按照招标文件的要求，根据工程特点，并结合自身的施工技术、装备和管理水平，依据有关计价规定自主确定的工程造价。报价是投标文件最重要的组成部分和主要内容，是投标工作的关键和核心，也是决定能否中标的主要依据。

投标人的投标报价高于招标控制价的应予以废标，投标报价不得低于工程成本。因此，可以得出：工程成本≤投标报价≤招标控制价（最高投标限价）。

2. 投标报价编制的依据

报价编制的主要依据有：

（1）招标文件。

（2）工程所在地的地质、地貌、水文和气候条件及其他条件。

（3）施工组织设计资料。

（4）交通运输部颁发的现行《公路工程预算定额》（2018版）和《公路工程建设项目概算预算编制办法》（2018版）。

（5）人工、材料、机械台班价格。

（6）措施费、企业管理费等各项综合取费标准。综合取费标准指措施费、企业管理费、规费、利润、税金、专项费用的取费标准，除规费、税金、专项费用采用规定费率以外的各项费用都可以根据工程特点、企业经营管理水平和市场竞争状况综合取定。

（7）工程量计算规则。

（8）其他资料。

二、工程清单报价费用的组成

报价费用是根据发招标文件合同条件、技术规范、工程量清单计量规则、设计图纸及工程造价计算资料为基础,按招标文件中的工程量清单形式所列的完成该标段全部工程所需的各项费用。

一个项目的投标报价由以下3部分组成:

(1)施工成本。施工成本包括直接成本(即工、料、机等直接费)、间接成本(包括措施费、规费、企业管理费、专项费用)等各项费用。

(2)利润和税金。税金是由国家统一征收的费用,利润是根据本项目的具体情况和公司的利润目标制定的。

(3)风险费用。风险费用即在各种风险发生后需由承包人承担的风险损失。

在投标报价中,应科学地计算确定以上3项费用,使总报价既有竞争力,又有利润。

《公路工程标准施工招标文件》(2018版)"工程量清单投标报价说明"第2条规定:"除非合同另有规定,工程量清单中有标价的单价和总额价均已包括了为实施和完成合同工程所需的劳务、材料、机械、质检(自检)、安装、缺陷修复、管理、保险、税费、利润等费用,以及合同明示或暗示的所有责任、义务和一般风险。"第4条规定:"符合合同条款规定的全部费用应认为已被计入有标价的工程量清单所列各子目之中,未列子目不予计量的工作,其费用应视为已分摊在本合同工程的有关子目的单价或总额价之中。"因此,报价计算时计价子目单价同总报价的费用大体相当,也应包括施工成本、利润和税金、风险费用3部分,包含建筑安装工程全部费用。

三、报价工作程序

报价工作内容繁多,工作量大,时间往往十分紧迫,因而必须周密考虑,统筹安排,遵照一定的工作程序,使报价工作有条不紊、紧张而有序地进行。其主要工作程序如图6-1所示。

1. 估价(基础标价的计算)

估价是指估价人员在施工总进度计划、主要施工方法、分包商和资源安排确定后,根据本公司的工料消耗(企业定额)和水平以及询价结果,对本公司完成招标工程所需要支出的费用的分析计算。其原则是根据本公司的实际情况合理确定施工成本和待摊费用,不考虑其他因素,不涉及投标决策问题、利润的高低及施工风险,即成本价由直接费、措施费、企业管理费、规费、税金、专项费用等组成,估价的主要内容是直接费、措施费、企业管理费的计算,并按规定计取规费、税金、专项费用后形成基础标价。

2. 报价

报价包括选择报价策略、调整标价、确定投标报价3个方面的内容。

四、投标报价策略

投标人为了使自己的报价有竞争力,就要使自己的施工成本尽可能低,同时为了合同实施过程中获得一定的效益，还必须确定适当的利润率和充分考虑风险，最后进行报价平衡。投标报价的策略应包括降低预算成本的策略、确定利润率的策略、风险附加策略和报价平衡策略四个方面的内容。

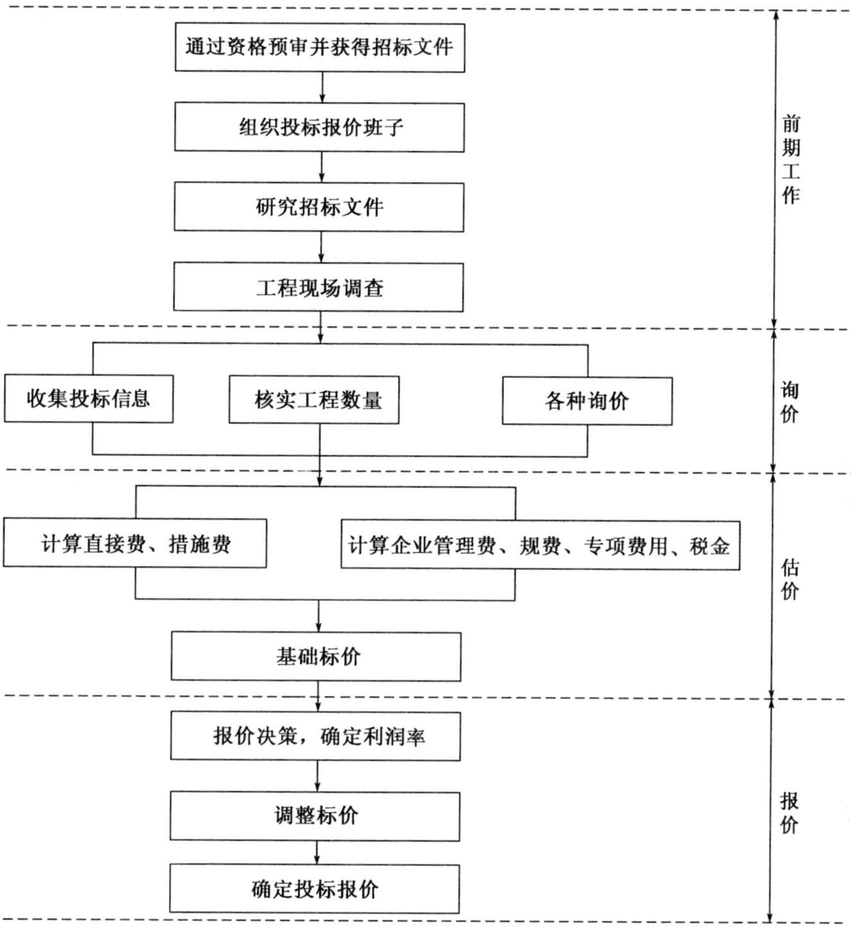

图 6-1 工程报价工作程序

1. 降低预算成本的策略

要确定一个低而适度的报价，首先要编制先进合理的施工方案，在此基础上计算出能确保合同要求工期和质量标准的最低预算成本。降低工程预算成本要从降低直接费和间接费入手，如发挥本企业的优势、运用多方案报价法等其他方法等。应注意当运用多方案报价法等其他方法时，一定要符合招标文件的要求，以免导致废标。

2. 确定利润率和风险附加策略

(1) 根据实际情况确定利润率。利润是投标人预计在所投标工程中获得的利润，用利润率表示，计算基数为直接费、措施费与企业管理费，即

$$\text{利润} = (\text{直接费} + \text{措施费} + \text{企业管理费}) \times \text{利润率} \tag{6-1}$$

利润率取多少为宜，其原则是既要使标价有竞争力，又要使投标单位中标后得到理想的经济效益。但在投标时投标人可根据实际情况进行适当浮动，利润率浮动规律可参见表6-44。

确定利润参考因素表 表6-44

影响利润的因素		宜采用的利润率	
		高	低
工程方面	施工条件	场地狭窄、地处闹市	交通方便、工程简便、工程量大
	专业要求	专业要求高、本单位这方面有专长、信誉也高	专业要求不高，一般的施工单位都可施工
	工程总价	工程总价低或中小型工程	工程总价高或大型工程
	工期要求	业主对工期要求很急	工期比较充裕
	技术程度	技术密集型	劳动密集型
业主方面	投资情况	外资或中外合资	国内投资
投标人方面	施工任务	在手工程较多、对工程兴趣不大时	施工任务不足迫切希望中标时
	将完成工程情况		工程所在地附近有将竣工的工程而施工机械无法转移时
	战略目标		为提高信誉、扩大市场以利今后发展时
竞争对手	投标竞争家数	投标家数少时	投标家数多时
	竞争对手实力	投标人中无实力雄厚的竞争对手	投标人中有实力雄厚的竞争对手

（2）根据客观规律确定利润率。在投标竞争中，利润率和获胜概率是有一定规律的。一般来讲，利润率越低，中标可能性就越大；反之，利润率越高，中标的可能性就越小。因此，承包商应尊重这一事实并结合有关因素确定一个恰当的利润率。

（3）根据公路基本建设市场情况确定利润率。目前，工程承包市场竞争激烈，施工企业数量增加，素质又不断提高，承包道路工程施工面临越来越激烈的竞争。因此，道路工程采取保本微利，低价中标，依靠加强管理不断提高经济效益，这已经受到道路施工企业的普遍重视。

（4）低报价不是得标的唯一因素。招标文件中一般明确申明"本标不一定授给最低报价者或其他任何投标者"。低报价是得标的重要因素，但不是唯一因素。

（5）确定风险费附加策略。关于潜在风险，可能出现的意外风险主要有：施工条件恶劣，有的标书上的工程地质、水文、气象等条件交代不清楚，又不符合索赔条件，可能会给投标人造成一定的损失。为了使投标人中标后避免不必要的损失，投标单位必须对投标项目潜在的风险因素做出估计，通常对风险的考虑是一定百分比将这笔款项归入利润附加费中。

根据确定利润率的有关因素分析和对保险外风险的充分考虑即可确定较为合理的利润率。

3. 报价平衡策略

在基础报价计算的基础上，考虑了适度的利润率和风险后，得出了初步的报价。但初步的报价是否低而适度(即具有竞争力,又能在中标后取得一定的经济效益),仍然是投标单位需要研究的重要问题。因此,在初步报价的基础上进行报价平衡是非常重要的。报价平衡的策略,主要有以下两个基本环节:

(1)报价分析。报价分析主要是分析报价的合理性和竞争性。

①分析报价的合理性。首先,由报价编制人员对报价计算过程进行详细的复核。然后,根据招标项目的大小和重要程度,由投标单位领导人主持召开一个有关业务部门和少数骨干参加的报价分析会,对计算依据、计算范围、费率等报价计算的合理性进行内部"模拟"评价,挖掘降低报价的潜力。

②报价的竞争性。根据主要竞争对手的实力、优势和以往类似工程投标中的报价水平,以及对招标单位标底的推测,分析本企业的报价的竞争力,商定一个降价系数,提出必要的措施和对策。

(2)降价系数。降价系数是在基础报价计算和考虑了利润率和风险费用后所确定的初步报价的基础上,通过报价分析后,所确定的一个小于1的系数。初步报价乘以降价系数即为投标项目的总报价。

是否需要降价系数,以及系数取多少(即降价幅度),要在投标时随机应变。随着投标日期的临近,投标人要密切注意招标投标各方的动态,收集研究各种重要信息(如主要竞争对手的投标积极性、可能的报价水平),分析评标办法。如果本身的报价水平具有竞争力,就不必轻易动用降价系数,否则在递交标书之前要适当调整总报价。

降价系数的确定,也是投标报价的决策。投标报价决策是指投标人召集算标人和决策人、高级咨询顾问人员共同研究,根据基础标价计算结果(估价结果)和标价的静态、动态风险分析进行讨论,做出调整计算总报价的最后决定。在确定降价系数(报价决策)时应注意以下两点:

①确定降阶系数的依据。确定降阶系数的主要资料依据应当是自己的算标人员的计算书和分析指标。至于其他途径获得的所谓"标底价格"或竞争对手的"标价情报"等,只能作为参考。参加投标的承包商当然希望自己中标。但是,更为重要的是中标价格应当基本合理,不应导致亏损。以自己的报价计算为依据进行科学分析,而后做出恰当的报价决策,至少不会盲目地落入竞争的陷阱。

②在可接受的最小预期利润和可接受的最大风险内做出决策。由于投标情况纷繁复杂,投标中碰到的情况并不相同,很难界定需要决策的问题和范围。一般来说,降价系数并不仅限于具体计算,而是应当由决策人与算标人员一起,对各种影响报价的因素进行恰当的分析,并做出果断的决策。除了对算标时提出的各种方案、基价、费用摊入系数等予以审定和进行必要的修正外,更重要的是决策人应全面考虑期望的利润和承担风险的能力。承包商应当尽可能避免较大的风险,采取措施转移、防范风险并获得一定利润。决策者应当在风险和利润之间进行权衡并做出选择。

五、标价的调整

当投标人的总报价基本确定后,还要采用"不平衡报价法"来调整单价,以期在工程结算时取得最好的经济效益。

不平衡报价法是指一个工程项目总报价基本确定后，通过调整内部各个项目的报价，以期既不提高总报价、不影响中标，又能在结算时得到更理想的经济效益。一般可以考虑在以下几方面采用不平衡报价：

(1)先期开工的项目(如开工费、土方、基础等)的单价报价高，后期开工的项目如高速公路的路面、交通设施、绿化等附属设施的单价报价低。

(2)估计到以后会增加工程量的项目的单价报价高，工程量会减少的项目的单价报价低。

(3)图纸不明确或有错误的，估计今后会修改的项目的单价报价高，估计今后会取消的项目的单价报价低。

(4)对于允许价格调整的工程，当利率低于物价上涨时，则后期施工的工程细目的单价报价高，反之，报价低。

采用不平衡报价一定要建立在对工程量表中工程量仔细核对分析的基础上，特别是对报低单价的项目，如工程量执行时增多，将造成承包商的重大损失；不平衡报价过多和过于明显，可能会引起业主反对，甚至导致废标。

六、公路工程投标报价的编制步骤

当前，公路工程投标标价的计算一般是以交通运输部颁布的《概算预算编制办法》(2018版)和《预算定额》(2018 版)为基础进行成本预测，并依据招标文件提供的工程量清单和有关规定，结合工程项目所在地的人工、材料、机械设备等市场行情来进行计算的，即采用“施工图预算的编制方法和工程量清单的格式”。

工程量清单分解主要是分析确定工程量清单所列计价子目所包含的定额细目，确定定额表号(含定额调整)和预算工程量。

(1)分解的原因。

由于工程量清单计价子目(含子目名称、单位和数量)是招标人参考现行招标文件中工程子目划分原则，依据“成品、实体、净数量”的原则，将招标图纸实体设计数量根据招标文件技术规范中的“计量与支付”条款汇总编制的。因此，清单中的每个计价子目的综合度比较大。作为投标报价人员首先要将清单计价子目“还原”，找到计价子目与图纸中的设计工程量之间的对应关系(“一”对“多”的关系)。另外，还要将工程量调整成能套用工程定额的程度。一般情况下，清单计价子目、预算定额细目(相当于定额表中“栏”)和图纸中的设计工程量之间的口径关系是由粗到细的，即

$$清单计价子目 \geqslant 预算定额细目 \geqslant 设计工程量$$

工程量清单拆分的目的是列出每个计价工程子目进行单价分析时的预算工程量，包括在图纸设计工程量基础上综合得到的工程实体工程量，又包含计价范围内必要的施工措施工程量，列出的这两种工程量都必须与定额细目口径一致，以达到能够套用工、料、机消耗量标准(即定额)和取定综合费率的程度。但要明确，并不是每个计价子目都要进行分解，只有对综合项目分解才是必要的。所谓综合项目，就是清单中一个编号子目中，含有两个及两个以上的定额细目。

（2）分解的方法。

工程量清单分解时，以工程量清单的每一个计价子目作为一个项目，根据计量与支付条款、招标图纸、拟定的施工方案、预算定额，考虑其由几个定额细目组成，确定和计算相应的定额表号及工程量。其流程如图6-2所示。

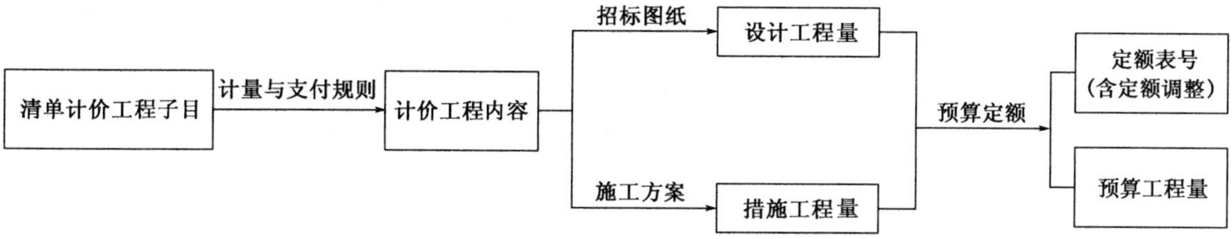

图6-2　工程量清单分解流程

实际工作中，可通过编制“工程量清单分解表”或“报价原始数据表”来完成此工程量清单分解。

（3）分析确定工、料、机单价。

（4）确定取费费率、利润率和税金。根据工程类别和工程所在地区，取定措施费、企业管理各项费率，按规定取定规费费率、税率、专项费用费率，初步确定利润率。

（5）计算基础标价。计算各计价子目的建筑安装工程费，形成各子目的基础标价。

（6）确定最终报价。在基础标价的基础上根据项目工程合同条件分析、市场竞争及经营策略，选择报价策略，确定最终报价，并按照项目招标文件的要求形成报价文件。

案例6-1

背景材料：某高速公路第×合同长15km，路基宽度26m，其中挖方路段长4.5km，填方路段长10.5km。招标文件图纸提供的路基土石方见表6-45。

路基土石方表　　表6-45

挖方（m^3）				本桩利用（m^3）			远运利用（m^3）			借方（m^3）
普通土	硬土	软石	次坚石	普通土	硬土	石方	普通土	硬土	石方	普通土
265000	220000	404000	340000	50000	35000	105000	200000	185000	450000	600000

注：表中挖方、利用方均指天然密实方，借方指压实方。

已知：远运利用土石方的平均运距为400m，借方、弃方的平均运距为3km。

根据招标文件技术规范规定：路基挖方包括土石方的开挖和运输，路基填筑包括土石方的压实，借土填方包括土方的开挖、运输和压实费用。

问题：

（1）请根据上述资料和《公路工程标准施工招标文件》（2018版）编制工程量清单。

（2）请计算各子目应分摊的整修路拱和整修边坡的工程数量。

（3）根据上述资料分解工程量清单及套用定额。

答案：

(1)工程量清单及计量工程数量。

考虑到实际计量支付以断面进行计量。故挖方数量为天然密实方，填方数量为压实方，并据此计算清单计量工程数量。

203-1-a 挖土方：$265000 + 220000 = 485000m^3$

203-1-b 挖石方：$404000 + 340000 = 744000m^3$

弃石方：$744000 - 105000 - 450000 = 189000m^3$

204-1-b 利用土方：$(50000 + 200000) \div 1.16 + (35000 + 185000) \div 1.09 = 417352m^3$

204-1-c 利用石方：$(105000 + 450000) \div 0.92 = 603261m^3$

204-1-e 借土填方：$600000m^3$

完成的工程量清单见表 6-46。

第 200 章　路基　　表 6-46

子 目 号	子 目 名 称	单　位	数　量	单　价	合　价
203-1-a	挖土方	m^3	485000		
203-1-b	挖石方	m^3	744000		
204-1-a	利用土方	m^3	417352		
204-1-b	利用石方	m^3	603261		
204-1-d	借土填方	m^3	600000		
清单　第 200 章合计　人民币________元					

(2)①各支付子目应分摊的整修路拱的工程数量计算。

挖方总量：$485000 + 744000 = 1229000m^3$

填方总量：$417352 + 603261 + 600000 = 1620613m^3$

203-1-a 挖土方：$4500 \times 26 \times (485000 \div 1229000) = 46172m^2$

203-1-b 挖石方：$4500 \times 26 \times (744000 \div 1229000) = 70828m^2$

204-1-a 利用土方：$10500 \times 26 \times (417352 \div 1620613) = 70305m^2$

204-1-b 利用石方：$10500 \times 26 \times (603261 \div 1620613) = 101622m^2$

204-1-d 借土填方：$10500 \times 26 \times (600000 \div 1620613) = 101073m^2$

②各支付子目应分摊的整修边坡的工程数量计算。

203-1-a 挖土方：$4.5 \times (485000 \div 1229000) = 1.776km$

203-1-b 挖石方：$4.5 \times (744000 \div 1229000) = 2.724km$

204-1-a 利用土方：$10.5 \times (417352 \div 1620613) = 2.704km$

204-1-b 利用石方：$10.5 \times (603261 \div 1620613) = 3.909km$

204-1-d 借土填方：$10.5 \times (600000 \div 1620613) = 3.887km$

(3)分解工程量清单及套用定额。

由于工程量清单的每一个子目包含定额中的若干细目，因此在套用定额前，应根据清单项目划分和实际工作内容进行工程量清单分解。本项目的工程量清单分解表(或报价原始数据表)见表 6-47。

工程量清单分解表(报价原始数据表) 表 6-47

原工程量清单				分解子目(选定额用)				
子目号	子目名称	单位	清单数量	定额表号	分解定额子目名称	定额单位	工程数量	定额调整
203-1-a	挖土方	m^3	485000	1-1-12-18	165kW 以内推土机推普通土第一个 20m	$1000m^3$	50	
				1-1-12-19	165kW 以内推土机推硬土第一个 20m	$1000m^3$	35	
				1-1-13-6	$10m^3$ 以内铲运机铲运普通土第一个 100m	$1000m^3$	200	
				1-1-13-7	$10m^3$ 以内铲运机铲运硬土第一个 100m	$1000m^3$	185	
				1-1-13-8	$10m^3$ 以内铲运机铲运土方每增运 50m	$1000m^3$	385	×6
				1-1-9-8	$2m^3$ 以内挖掘机挖装普通土	$1000m^3$	15	
				1-1-11-5	10t 以内自卸汽车运土方第一个 1km	$1000m^3$	15	
				1-1-11-6	10t 以内自卸汽车运土方每增运 0.5km	$1000m^3$	15	×4
				1-1-20-1	整修路拱	$1000m^2$	46.172	
				1-1-20-3	整修边坡	1km	1.776	
203-1-b	挖石方	m^3	744000	1-1-14-4	开炸软石(机械打眼)	$1000m^3$	404	
				1-1-14-5	开炸次坚石(机械打眼)	$1000m^3$	340	
				1-1-12-37	165kW 以内推土机推软石第一个 20m	$1000m^3$	56.7	
				1-1-12-38	165kW 以内推土机推次坚石第一个 20m	$1000m^3$	48.3	
				1-1-9-13	$2m^3$ 以内挖掘机装软石	$1000m^3$	345	
				1-1-9-14	$2m^3$ 以内挖掘机装次坚石	$1000m^3$	294	
				1-1-11-5	10t 自卸汽车运石方第一个 1km	$1000m^3$	639	
				1-1-11-6	10t 自卸汽车运石方增运 0.5km	$1000m^3$	189	×4
				1-1-20-1	整修路拱	$1000m^3$	70.828	
				1-1-20-3	整修边坡	1km	2.724	
204-1-a	利用土方	m^3	417352	1-1-18-5	20t 以内压路机碾压土方	$1000m^3$	417.352	
				1-1-20-1	整修路拱	$1000m^3$	70.305	
				1-1-20-3	整修边坡	1km	2.704	
204-1-b	利用石方	m^3	603261	1-1-18-13	20t 以内压路机碾压石方	$1000m^3$	603.261	
				1-1-20-1	整修路拱	$1000m^3$	101.622	
				1-1-20-3	整修边坡	1km	3.909	

续上表

原工程量清单				分解子目(选定额用)				
子目号	子目名称	单位	清单数量	定额表号	分解定额子目名称	定额单位	工程数量	定额调整
204-1-d	借土填方	m^3	600000	1-1-9-8	$2m^3$以内挖掘机挖装普通土	$1000m^3$	600	×1.19
				1-1-11-5	10t以内自卸汽车运土方第一个1km	$1000m^3$	600	×1.19
				1-1-11-6	10t以内自卸汽车运土方每增运0.5km	$1000m^3$	600	×4×1.19
				1-1-18-5	20t以内压路机碾压土方	$1000m^3$	600	
				1-1-20-1	整修路拱	$1000m^3$	101.073	
				1-1-20-3	整修边坡	1km	3.887	

注：利用石方中按404000/744000≈54%的比例计算软石数量。

案例6-2

背景材料：某高速公路项目主线为双向四车道，路基宽度26m，采用沥青混凝土路面结构形式，具体工程数量见表6-48、表6-49。

路面工程部分数量表1 表6-48

起止桩号	面层(m^2)			基层(m^2)			底基层(m^2)
	4cm厚SMA-13的上面层	8cm厚粗粒式沥青混凝土下面层	SBS改性乳化沥青黏层	20cm厚沥青稳定碎石	透层	乳化沥青下封层	25cm厚3%水泥稳定碎石
第1合同段合计	98900	98900	98900	106902	106902	106902	110352

中央分隔带纵向排水管工程数量 表6-49

起止桩号	长度(m)	现浇C25沟身(m^3)	预制C30盖板(m^3)	沥青麻絮沉降缝(m^2)	盖板钢筋(kg)	砂砾垫层(m^3)
第1合同段合计	4612	553.43	221.37	84.55	51192.2	507.31

施工组织拟采用集中拌和，摊铺机铺筑，混合料综合平均运距为5km。招标文件提供的工程量清单见表6-50。

工 程 量 清 单 表6-50

子 目 号	子 目 名 称	单 位	数 量
304-1	水泥稳定土底基层		
-a	3%水稳碎石基层(厚250mm)	m^2	110352
307-1	沥青稳定碎石基层(ATB-25)		
-a	厚200mm	m^2	106902

续上表

子 目 号	子 目 名 称	单 位	数 量
308-1	透层	m^2	106902
308-2	黏层		
-a	SBS 改性乳化沥青	m^2	98900
309-1	细粒式沥青混凝土下面层(SMA-13)		
-a	厚 40mm	m^2	98900
309-3	粗粒式沥青混凝土下面层		
-a	厚 80mm	m^2	98900
310-2	封层		
-b	乳化沥青稀浆封层	m^2	106902
314-2	纵向排水沟(管)		
-a	纵向排水沟	m	4612

问题:试对其工程量清单进行分解及列出各清单子目工程造价所涉及的定额名称、定额表号、单位、工程量,需要时应列式计算或文字说明。

答案:本项目的工程量清单分解表(或报价原始数据表)见表 6-51。

工程量清单分解表(报价原始数据表) 表 6-51

原工程量清单				分解子目(选定额用)				
子目号	子目名称	单位	清单数量	定额表号	分解定额子目名称	定额单位	工程数量	定额调整
304-1	水泥稳定土/底基层							
-a	3% 水稳碎石基层(厚 250mm)	m^2	110352	2-1-7-5	厂拌水泥碎石稳定土(5%)压实厚度 20cm	$1000m^2$	110.352	实际厚 25cm,水泥剂量 3%
				2-1-8-7	15t 以自卸汽车运稳定土,运 5km	$1000m^3$	27.588	实际运距 5km:+[2-1-8-8]×8
				2-1-9-12	12.5m 以内摊铺机铺筑底基层混合料	$1000m^2$	110.352	
307-1	沥青稳定碎石基层(ATB-25)							
-a	厚 200mm	m^2	106902	2-2-10-11	粗粒式沥青碎石拌和(240t/h 以内)	$1000m^3$	21.380	
				2-2-13-7	15t 以自卸汽车运沥青混合料,运 5km	$1000m^3$	21.380	实际运距 5km:+[2-2-13-8]×8
				2-2-14-23	机械摊铺粗粒式沥青碎石混合料(240t/h 以内)	$1000m^3$	21.380	

续上表

原工程量清单				分解子目(选定额用)				
子目号	子目名称	单位	清单数量	定额表号	分解定额子目名称	定额单位	工程数量	定额调整
308-1	透层	m^2	106902	2-2-16-4	半刚性基层乳化沥青	$1000m^2$	106.902	
308-2	黏层							
-a	SBS 改性乳化沥青	m^2	98900	2-2-16-6	乳化沥青黏层	$1000m^2$	98.9	乳化沥青改为 SBS 改性乳化沥青
309-1	细粒式沥青混凝土上面层(SMA-13)							
-a	厚 40mm	m^2	98900	2-2-12-3	沥青玛蹄脂碎石混合料拌和(240t/h 以内)	$1000m^3$	3.956	
				2-2-13-7	15t 以自卸汽车运沥青混合料，运 5km	$1000m^3$	3.956	实际运距 5km：+[2-2-13-8]×8
				2-2-14-60	机械摊铺沥青玛蹄脂碎石混合料(240t/h 以内)	$1000m^3$	3.956	
309-3	粗粒式沥青混凝土上面层							
-a	厚 80mm	m^2	98900	2-2-11-5	沥青混合料拌和(240t/h 以内)	$1000m^3$	7.912	
				2-2-13-7	15t 以自卸汽车运沥青混合料，运 5km	$1000m^3$	7.912	实际运距 5km：+[2-2-13-8]×8
				2-2-14-46	机械摊铺粗料式沥青混合料(240t/h 以内)	$1000m^3$	7.912	
310-2	封层							
-b	乳化沥青稀浆封层	m^2	106902	2-2-16-16	乳化沥青稀浆封层(ES-2 型)	$1000m^2$	106.902	
314-2	纵向排水沟(管)							
-a	纵向排水沟	m	4612	1-3-4-5	现浇 C25 沟身混凝土	$10m^3$	55.353	C20 调整为 C25
				1-3-4-10	C30 盖板预制	$10m^3$	22.137	C20 调整为 C30，定额×1.01
				1-3-4-12	盖板安装	$10m^3$	22.137	
				1-3-4-11	盖板钢筋	1t	51.192	
				4-11-1-1	沥青麻絮沉降缝	m^2	84.55	
				4-11-5-1	砂砾垫层	$10m^3$	50.731	

注：本案例未列入稳定土拌和设备、沥青混合料拌和设备安装拆除及拌和站场地建设。

案例 6-3

背景材料：某桥梁全长1216m，两岸接线路基各500m，路基工程已完工（可作为桥梁上部结构预制场使用，路基宽26m）。桥梁跨径为12×30m+6×40m+20×30m先简支后连续预应力混凝土T形梁结构，每跨布置预制T形梁14片。其中30m预应力T形梁梁高180cm、底宽40cm、顶宽160cm，40m预应力T形梁梁高240cm、底宽50cm、顶宽160cm。T形梁预制、安装工期均按8个月计算，每片梁预制周期按10d计算。上部结构的主要工程量见表6-52。

上部结构主要工程数量 表6-52

工程内容	子目名称	单位	数量	备注
40m预制T形梁	C50混凝土	m^3	2520	
	HPB300钢筋	t	50.4	
	HRB400钢筋	t	403.2	
	钢绞线	t	92.4	OVM锚15-7:672套
30m预制T形梁	C50混凝土	m^3	8960	
	HPB300钢筋	t	179.2	
	HRB400钢筋	t	1433.6	
	钢绞线	t	289.9	OVM锚15-7:3136套

招标文件提供的工程量单见表6-53。

工程量清单（节选） 表6-53

子目号	子目名称	单位	数量	单价	合价
403-3	上部结构钢筋				
-a	光圆钢筋（HPB300钢筋）	kg	229600		
-b	带肋钢筋（HRB400钢筋）	kg	1836800		
411-5	后张法预应力钢绞线				
-a	T形梁预应力钢绞线	kg	382300		
411-8	预制预应力混凝土				
-a	预制C50预应力混凝土T梁	m^3	11480		
清单 第400章合计 人民币_______元					

问题：试对其工程量清单进行分解及列出各清单子目工程造价所涉及的定额名称、定额表号、单位、工程量，需要时应列式计算或文字说明。

答案：

（1）预制底座计算。

预制30m预应力T形梁数量：(12+20)×14=448片

预制40m预应力T形梁数量：6×14=84片

T形梁的预制工期为8个月，每片梁预制需用10d时间，所以需要底座的数量为

30m T形梁底座：448×10÷8÷30=18.7，取19个；

40m T 形梁底座：$84\times10\div8\div30=3.5$，取 4 个。

底面面积：$19\times(30+2)\times(1.6+1)+4\times(40+2)\times(1.6+1)=2017.6m^2$

(2) 吊装设备。

桥梁两端地势较为平坦，可做预制场，因此考虑就近建设预制场。考虑运梁及安装，底座方向按顺桥向布置，每排 4 个，净间距 2.5m，排列宽度为 $4\times2.6+3\times2.5=17.9$m。

预制场龙门架：龙门架应配备 2 套（即预制、存梁各 1 套），质量按每套 29.7t 参考计算，即 $29.7\times2=59.4$t。

双导梁架桥机：按 40m 梁考虑，全桥配备 1 套，质量按每 165t 参考计算。

(3) 临时轨道及其他。

存梁区长度考虑 80m，因此预制场的长度为 $32\times5+42+7\times2.5+80+200=499.5$m，取 500m。

考虑到运输的方便，预制场与桥头直接相连，同时考虑架桥机拼装长度，按两孔跨径计 80m，则路基上轨道长度为 $500+80\times2=660$m，按 700m 计算。

在桥上运梁的临时轨道长度为桥梁总长 1216m，架桥机的行走临时轨道长度一般为两孔桥梁的长度，即 $40\times2=80$m，因此，在桥梁上的临时轨道长度应为 $1216+80=1296$m，按 1300m 计算。

由于接线路基工程已完工，不需要考虑预制场场地平整。

(4) 预制构件的平均运输距离。

假定预制场设置在桥跨 20×30m 一岸。

30mT 形梁：

单片质量：$8960\div448\times2.5=50$t

平均运距：$[(20\times30\div2)\times(20\times14)+(20\times30+6\times40+12\times30\div2)\times(12\times14)]\div(32\times14)=570$m

40m T 形梁：

单片质量：$2520\div84\times2.5=75$t

平均运距：$20\times30+6\times40\div2=720$m

(5) 预应力钢绞线每吨束数。

40m 以内：$(672+3136)\div2\div(92.4+289.9)=4.98$ 束/吨

(6) 分解工程量清单及套用定额。

本工程的工程量清单分解表（或报价原始数据表）见表 6-54。

工程量清单分解表（报价原始数据表） 表 6-54

原工程量清单				分解子目（选定额用）				
子目号	子目名称	单位	清单数量	定额表号	分解定额子目名称	定额单位	工程数量	定额调整
403-3	上部结构钢筋							
-a	光圆钢筋（HPB300 钢筋）	kg	229600	4-7-14-4	预制预应力 T 形梁光圆钢筋（集中加工）	1t	229.6	HPB300：量 1.02，HRB400：量 0

续上表

原工程量清单				分解子目(选定额用)				
子目号	子目名称	单位	清单数量	定额表号	分解定额子目名称	定额单位	工程数量	定额调整
-b	带肋钢筋(HRB400 钢筋)	kg	1836800	4-7-14-4	预制预应力 T 形梁带肋钢筋(集中加工)	1t	1836.8	
411-5	后张法预应力钢绞线							
-a	T 形梁预应力钢绞线	kg	382300	4-7-19-17	预制预应力钢绞线每 t3.82 束,束长 40m 以内	1t	382.3	实际束数(4.98 束):+[4-7-19-18]×1.16
411-8	预制预应力混凝土							
-a	预制 C50 预应力混凝土 T 梁	m^3	11480	4-7-14-2	预制 T 形梁混凝土(泵送)	$10m^3$	1148	
				4-8-2-5	30mT 梁出坑堆放(龙门架装车)	$10m^3$	896	
				4-8-2-6	40mT 梁出坑堆放(龙门架装车)	$10m^3$	252	
				4-8-2-5	30mT 梁运输 570m	$10m^3$	896	实际运距 570m:+[4-8-2-16]×10
				4-8-2-6	40mT 梁运输 720m	$10m^3$	252	实际运距 720m:+[4-8-2-17]×13
				4-7-14-9	安装双导梁、安装 T 形梁	$10m^3$	1148	
				4-11-9-1	大型预制构件底座(平面底座)	$10m^2$	201.76	
				4-11-11-14	$40m^3$ 以内混凝土搅拌机拌和混凝土	$100m^3$	114.8	定额×1.02
				4-11-11-24	$6m^3$ 以内混凝土搅拌运输车运输混凝土 1km	$100m^3$	114.8	定额×1.02
				4-7-28-2	双导梁架桥机金属结构吊装设备	10t	16.5	
				4-7-28-3	预制场龙门架金属结构吊装设备	10t	5.94	
				7-1-4-3	临时轨道(在路基上)	100m	5.0	
				7-1-4-4	临时轨道(在桥面上)	100m	13.0	
				4-11-11-9	$40m^3$ 以内混凝土搅拌站安拆	1 座	0.3	

说明:混凝土搅拌站安拆的具体工程数量(座数)根据该清单子目混凝土数量占全桥混凝土数量的比例分摊。

第五节 用同望造价软件编制报价文件

同望 WECOST 公路工程造价管理系统编制清单报价文件与编制预算的软件操作流程基本相同，主要不同在于清单编制比预算编制多了分摊与调价的功能。因此在本章里只概要介绍编制清单报价中的特殊功能。

一、用同望 WECOST 系统计算基础标价

清单报价文件的编制过程如图 6-3 所示。

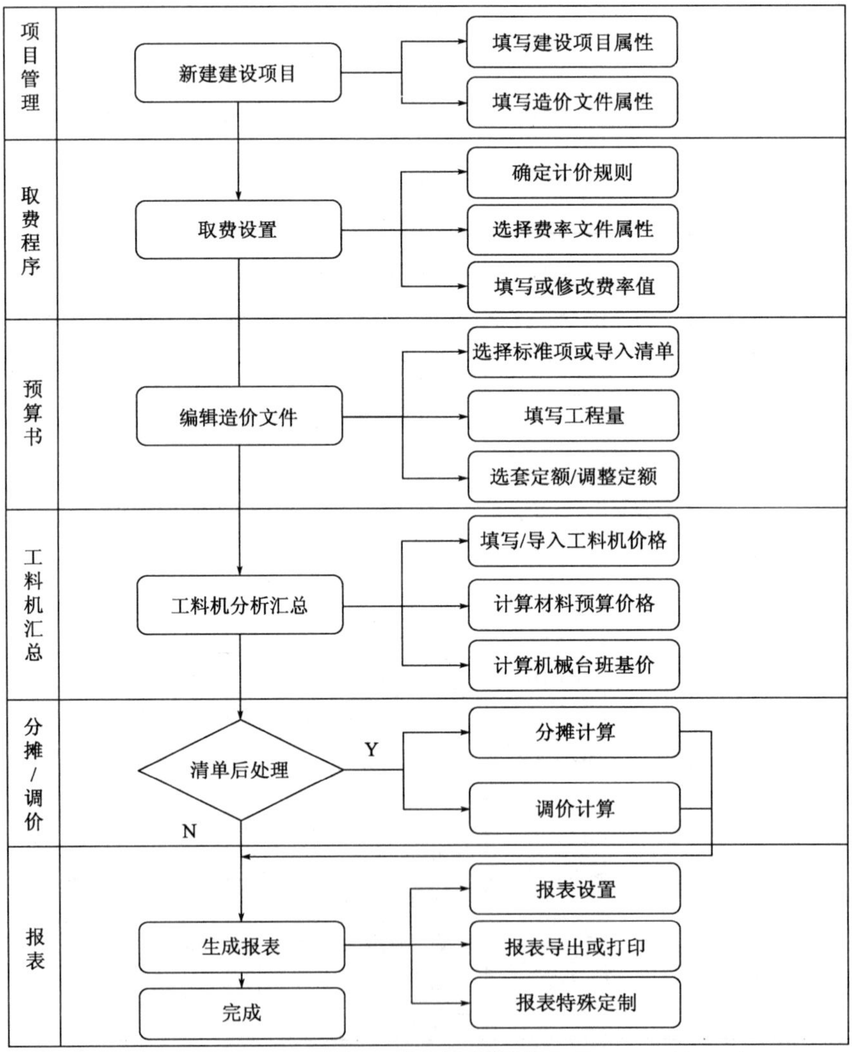

图 6-3 清单报价流程

1. 基础标价计算

(1)新建清单造价文件。

在【预算书】界面→【右键】→【新建】→【造价文件】→【选择计价依据】。

(2)导入工程量清单。

在【预算书】界面,软件提供导入 EXCEL 工程量清单功能。软件根据清单编号自动排序,用户可使用工具栏上的调整。

(3)选套定额与定额调整。

(4)确定人材机价格。

(5)确定取费费率。

(6)基础标价的计算。

详细的软件操作需打开软件的帮助菜单查阅需要解决的问题。

2. 第 100 章　总则相关费用的计算

第 100 章　总则所列子目,通常是开工前就要发生的开办项目费用,如保险费、安全生产、临时工程与设施、承包人驻地建设等,编制报价文件应按招标文件要求具体计算确定。根据不同的招标文件清单说明,系统提供三种费用计算的方式,分别为数量单价、基数计算和套定额组价。这里,以基数计算为例说明费用的计算方式。

系统设定:

{A}:第 100 章至第 700 章合计;

{A}-{A1}:第 200 章至第 700 章合计。

若是调用了计算基数进行计算的清单项,其本身的金额不计入此基数中。代号必须用{}括起来,通过英文输入法才是引用代号的基数。

如“建筑工程一切险按清单 100 章至 700 章合计金额的 0.3% 计算”。列式{A} ×0.3%,此时计算式中的{A}是不包含建筑工程一切险自身金额的。

【示例】

(1)建筑工程一切险的投保金额为工程量清单 100 章至 700 章的合计金额(不含工程一切险、第三者责任险、安全生产费、暂估价总额),保险费率按 0.25% 计取。

(2)第三者责任险的最低投保金额为 2000 万元,但事故次数不限(不计免赔额),保险费率按 0.25% 计算。费用包含在相关单价或总额价中。

(3)安全生产费按 100 章至 700 章清单合计(不含安全生产费、工程一切险、第三者责任险、暂估价总额)的 1.5% 计算。

(4)信息化管理系统(暂估价):计算机管理软件费用总金额 50000 元。

先定义:第三者责任险,代号为{DSZ};计算机管理软件费用,代号为{JSJGL}。

(1)第三者责任险:20000000 ×0.25% =50000 元

(2)建筑工程一切险:({A}-{DSZ}-{JSJGL}) ×0.25%

(3)安全生产费:({A}-{DSZ}-{JSJGL}) ×1.5%

二、用同望 WECOST 系统进行费用分摊、调价和报表输出

1. 分摊

WECOST 系统提供三种分摊方式：按清单金额比重“JE”、按集中拌水泥混凝土用量“SN”和按沥青混合料用量分摊“LQ”。分摊的步骤及系统界面如图 6-4 所示。

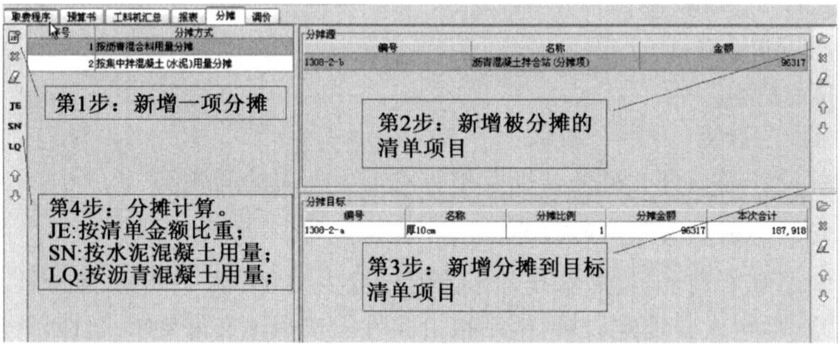

图 6-4　分摊的步骤及系统界面

2. 调价——正向调价

正向调价可调整工料机消耗量、工料机单价和综合费率。操作界面如图 6-5 所示。

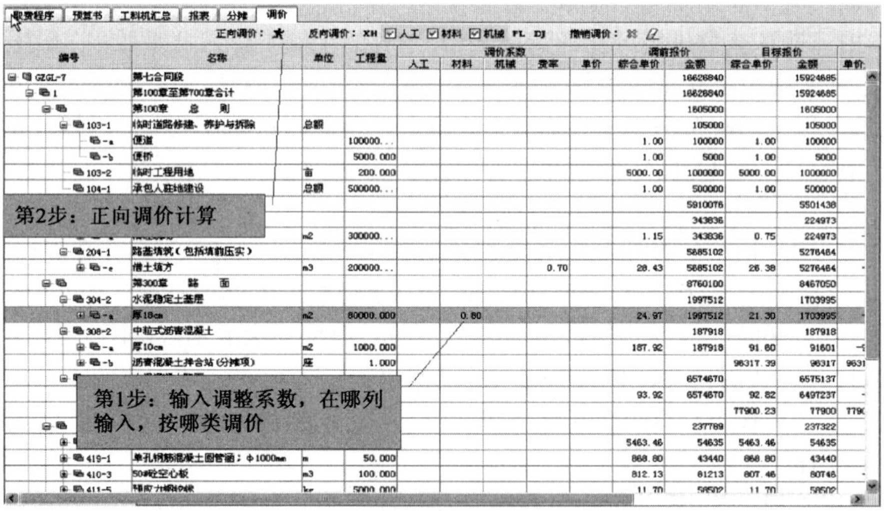

图 6-5　正向调价操作界面

3. 调价——反向调价

在目标报价处，输入一个目标控制价，系统即根据选择条件反算报价。反向调价方式有 3 种方式：反调工料机消耗计算、反调综合费率计算和反调综合单价计算。操作界面如图 6-6 所示。

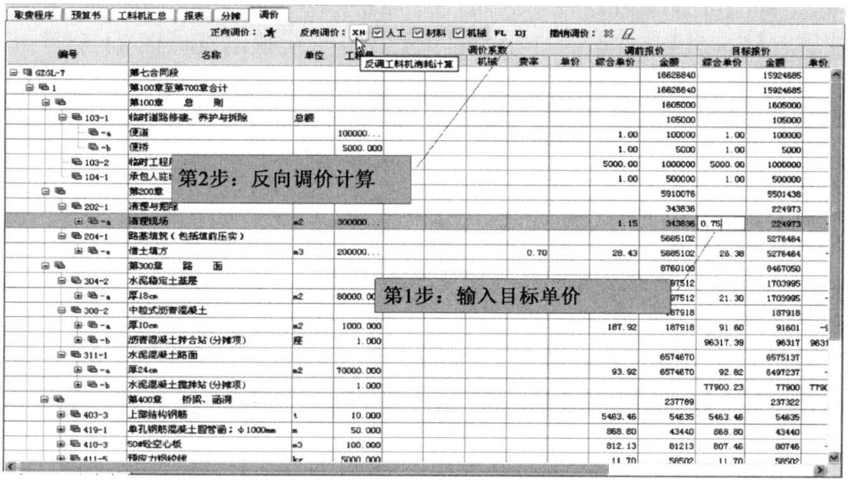

图 6-6　反向调价操作界面

有些项目是不能调价的，调价会导致结果出错或者违反招投标规定，因此，系统将所有【预算书】→【计算公式】列有值的项及其子节点或已勾选为专项暂定的项，默认为勾选不调价，并以灰色标识。

在【调价】界面，如有对某些特殊分部分项清单，不需参与调价的，直接在【不调价】复选框中勾选即可。

在进行调价的过程中，如需撤销调价，可直接点击调价工具栏的【撤销】图标，可以撤销选中节点及其下级节点的调价计算机。

点击【清空】图标，清空所有调价计算。

4. 输出报表

(1)在【调价】界面，勾选需要输出单价分析表的清单项目，在【报表】界面，浏览单价分析表。单价分析表是招标人分析工程量清单报价构成的专用表格，不同的招标人所要求的报表项目和报表格式不尽相同。

(2)根据招标人的要求打印输出标表、暂估价表、单价分析表及其他招标文件所要求的报表，并导出相应的电子文档。

详细的软件操作需打开软件的帮助菜单查阅需要解决的问题。

第六节　某高速公路路面工程清单报价实例

一、工程背景

福建省某高速公路路面工程 B 合同段，招标范围为 K138 + 172.207 ~ K161 + 557.196(右线桩号），全长23.39km。主要工程内容见投标人须知前附表“1.3.1条款招标范围”（见表6-55）。

路面土建工程施工计划工期为12个月（不含备料期），缺陷责任期24个月。

二、招标文件（摘录）

1. 投标人须知、评标办法、合同条款

（1）投标人须知

投标人须知正文摘自交通运输部《公路工程标准施工招标文件》（2018版），并按电子招标的要求对招标文件的获取、澄清修改、异议，投标文件的编制、密封和标识、递交、修改与撤回，资格审查资料，开标、评标、中标候选人公示及异议、中标通知等条款进行了修改，其余部分不加修改的引用，若有实质性的不一致之处，则以《公路工程标准施工招标文件》（2018版）相关内容为准。

投标人须知前附表的主要内容见表6-55。

投标人须知前附表（节选） 表6-55

条款号	条款名称	编列内容
1.1.5	建设地点	福建省××市××县
1.3.1	招标范围	（1）路面工程（包括互通立交匝道、加减速车道、互通连接线、隧道沥青混凝土路面）；桥面沥青混凝土（含匝道桥）；中央分隔带、路缘带、伸缩缝；中央分隔带和超高段的排水工程等。 （2）交通安全设施工程：水泥混凝土防撞护栏、波形防撞护栏、隔离设施、视线诱导设施、标志标线、标牌、突起路标、百米桩、千米牌、防眩板、声屏障工程；互通区、收费岛安全设施；通信管线预埋等。 （3）绿化工程：中央分隔带绿化碎落台绿化、上下边坡种植乔灌木、隧道进出口、互通区等景观绿化等
3.1.1	投标文件组成	本次招标采用双信封形式，投标人编制的投标文件应包括下列内容： （1）第一个信封（商务及技术文件）。投标函及投标函附录；法定代表人身份证明及授权委托书；联合体协议书（如有）；投标保证金银行回执及投标人基本账户开户证明；项目管理机构；拟分包项目情况表（如有）；资格审查资料；其他材料。 （2）第二个信封（投标报价）。投标函；已标价工程量清单
3.2.1	工程量清单的填写方式及增值税税金的计算方法	（1）工程量清单的填写方式。本项目招标采用工程量固化清单，工程量固化清单作为招标文件的组成部分，发布在电子交易平台上（网址详见招标公告）供投标人自行下载，投标人填写工程量清单中的单价或总额价，即可完成投标工程量清单的编制，确定投标报价，并编入投标文件（按电子交易平台规定的格式上传）。投标人未在工程量清单中填入单价或总额价的工程子目，将被认为其已包含在工程量清单其他子目的单价和总额价中，招标人将不予支付。投标人不得对工程量固化清单电子文件中的数据、格式和运算定义进行修改，否则，其投标文件将被否决。 （2）增值税税金的计算方法。增值税税金按一般计税方法计算

续上表

条款号	条款名称	编列内容
3.2.3	报价方式	以投标总价方式报价
3.2.4	是否接受调价函	否
3.2.8	最高投标限价	有,最高投标限价(不含暂列金额),在投标截止时间15d以前发布在电子招标投标交易平台上(网址详见招标公告),供投标人自行查阅和下载,招标人不再以其他方式通知投标人。投标人的投标价(不含暂列金额)不得高于最高限价(不含暂列金额),否则均按无效投标处理
3.4.1	投标保证金	投标保证金为每个标段组80万元(人民币),采用银行转账(电汇或现金转账)或银行保函
7.7.1	履约担保	履约担保额为合同价(不含不可预见费)的10%,采用银行保函或银行转账(电汇或现金转账),由中标人在收到中标通知书后21d内,并在签订合同之前提交
10.3	保险费	工程一切险和第三方责任险由承包人根据实际情况自行决定办理,费用包含在相关单价或总额价,不单独计量与支付
10.4	安全生产费用	按照《公路水运工程安全生产监督管理办法》(交通运输部2007年1号令)、《福建省公路水运建设工程安全生产费用暂行规定》(闽交建〔2010〕151号)及《企业安全生产费用提取和使用管理办法》(财企〔2012〕16号)的要求,投标人应充分考虑用于施工安全防护用具及设施的采购和更新、安全施工措施的落实、安全生产条件的改善的费用。投标人在投标时按不低于最高限价(100章至700章清单合计)的1.5%计算安全生产费用,以总金额列入工程量清单100章"安全生产费"子目
10.5	劳动竞赛活动基金	招标人提供的劳动竞赛活动基金(暂估价)按招标人发布的最高限价(不含暂估价)的0.5%在100章中计列,具体以招标人发布的为准
10.6	不平衡报价	招标人在签订施工合同时,将对中标人报价清单中的各子目中标单价,依据招标文件工程量清单中列明的工程数量和同标段所有被宣读的投标价(去掉超出招标人最高限价和低于最高限价的85%的投标价)中各子目单价的平均值,按中标价与投标人平均报价的比例调整,但中标总价保持不变[发包人暂估价、保险费、包干项目风险金、安全生产费用、劳动竞赛活动基金、房建工程(若有)不可竞争费不调整]

续上表

条 款 号	条 款 名 称	编 列 内 容
10.7	临时用地报价	临时占地由投标人根据施工组织设计详细计算,所需的一切费用由投标人自行调查确定,列入工程量清单103节中报价,实行总额包干。工程实施期间,由于数量计算不足所造成的损失,均由承包人承担。承包人负责办理租用手续,由于承包人办理租用手续不及时造成的一切损失均由承包人负责。临时用地如有地面附着物,其拆迁补偿费用也由承包人自行调查并予以赔偿,赔偿费用包含在报价中。临时用地的防护、环保、复耕等所有费用均包含在102节和103节相关细目报价中,发包人不另行支付,但施工图设计文件中有明确的数量并在700章中已单列的清单细目除外。承包人的防护、环保、复耕等应满足相关要求,因此引发的纠纷和经济责任由承包人自行承担
10.8	税费	除专用合同条款第16.1款已约定因价差调整所引起的增值税由发包人按国家规定的税率支付外,承包人因承包本合同工程需缴纳的一切税费均由承包人承担,并包含在所报的单价或总额价内,因决(结)算审计金额调整造成承包人应缴纳的增值税等一切税费变化,承包人已缴纳而无法退回的损失由承包人承担
10.10	沥青碎石增运费用、沥青混合料增运费用调整	投标人应参照图纸中列明的沥青混合料集料料场及拌和站位置,对工程量清单中列明的“沥青碎石增运费用”和“沥青混合料增运费用”进行报价。合同实施过程中,若沥青混合料集料料场及拌和站位置发生变化,按合同专用条款的规定据实对集料、混合料运费进行调整。水泥稳定层、级配碎石层混合料所需集料料场及拌和站位置由投标人自行调查确定并报价,合同实施过程中,集料料场及拌和站位置变化引起的集料、混合料运费变化不予调整
10.11	料场使用费	招标人提供的《参考资料》中各料源点仅供参考,招标人不对《参考资料》中信息的准确性及最终适用性承担任何责任
10.14	施工现场标准化建设费用	承包人应按照《福建省高速公路施工标准化管理指南》要求,做好混凝土拌和站、预制场、钢筋加工场、试验室以及其他施工临时设施等工程的建设。投标人应充分考虑施工现场标准化建设及管理投入可能发生的费用,列入工程量清单100章相关子目

(2)评标办法

项目招标实行资格后审,并采用“合理低价 + 信用分”的方法评标,评标委员会对满足招标文件实质性要求的投标文件,按照《公路工程标准施工招标文件》(2018版)规定的评分标准进行打分(总分100分:评标价90分,信用10分),并按得分由高到低的顺序推荐中标候选人,但投标报价低于其成本的除外。当两个或两个以上投标人的综合得分相同时,以信用得分高者优先;当综合得分、信用得分均相同时,以投标报价低者优先;当综合得分、信用得分和投标报价均相同时,则通过抽签的方式来确定排名顺序。

(3)合同条款

①通用合同条款。通用合同条款摘录自国家《标准施工招标文件》(2007年版)中的"通用条款"和交通运输部《公路工程标准施工招标文件》(2018版)中的"公路工程专用合同条款",如与上述两者的内容有不一致之处,以国家《标准施工招标文件》和交通运输部《标准施工招标文件》(2018版)相关内容为准。(正文略)

②专用合同条款。专用合同条款数据表的主要内容见表6-56。

专用条款数据表(节选) 表6-56

序号	条款号	信息或数据
1	1.1.4.5	缺陷责任期:自实际交工日期起计算24个月
2	5.2.1	发包人是否提供材料或工程设备:否
3	6.2	发包人是否提供施工设备和临时设施:否
4	15.5.2	发包人提出的合理化建议降低了合同价格或者提高了工程经济效益的,发包人按所节约成本的%或增加收益的%给予奖励
5	16.1	因物价波动引起的价格调整按照第16.1.1项约定的原则处理。若按第16.1.1项的约定采用价格调整公式进行调价,每月按价格调整公式进行一次调整
6	17.2.1	开工预付款金额:5%签约合同价
7	17.2.1	材料、设备预付款比例:仅钢筋、沥青、水泥、碎石、波形钢护栏材料按单据所列费用的70%算
8	17.3.3	进度付款证书最低限额:200万元
9	17.3.3	逾期付款违约金的利率:同中国人民银行短期贷款利率加手续费
10	17.4.1	质量保证金限额:3%合同价格
11	19.7	保修期:自实际交工日期起计算5年
12	20.1	工程一切险由承包人根据实际情况自行决定办理,费用包含在相关单价或总额价,不单独计量与支付。
13	20.4.2	第三者责任险由承包人根据实际情况自行决定办理,费用包含在相关单价或总额价,不单独计量与支付。保险费率:‰

说明:本数据表是项目专用合同条款中适用于本项目的信息和数据的归纳与提示,是项目专用合同条款的组成部分。第九章"招标文件格式"的投标函附录中的数据(供投标人确认)与本表所列有重复。编写招标文件的单位应仔细校核,不使数据出现差错或不一致。

2.图纸

(1)沥青混凝土路面

沥青路面工程数量包括主线、中仙服务区、中仙互通、华口互通,具体见表6-57。

沥青路面工程数量表 表6-57

起讫桩号	分项工程数量								
	中粒式改性沥青混凝土抗滑上面层（AC－16C）（m²）		中粒式改性沥青混凝土下面层（AC－20C）（m²）	密级配沥青稳定碎石上基层（ATB－25）（m²）		级配碎石下基层（m²）		3%水泥稳定碎石底基层（m²）	
	厚度4.5cm	厚度6.7cm	厚度5.5cm	厚度10cm	厚度16cm	厚度16cm	厚度17cm	厚度30cm	厚度32cm
合计	763444	6317	773139	31444	384604	34380	387557	34380	395063

起讫桩号	分项工程数量						
	透层（高渗透性乳化沥青）（m²）	黏层（改性乳化沥青）（m²）	黏层（乳化沥青）（m²）	热沥青表处下封层（m²）	桥面改性乳化沥青黏层（m²）	桥面碎石盲沟（m）	水泥混凝土表面抛丸凿毛处理（m²）
合计	851380	1189188	836970	429443	373300	13281	373300

路面结构图如图6-7～图6-12所示。

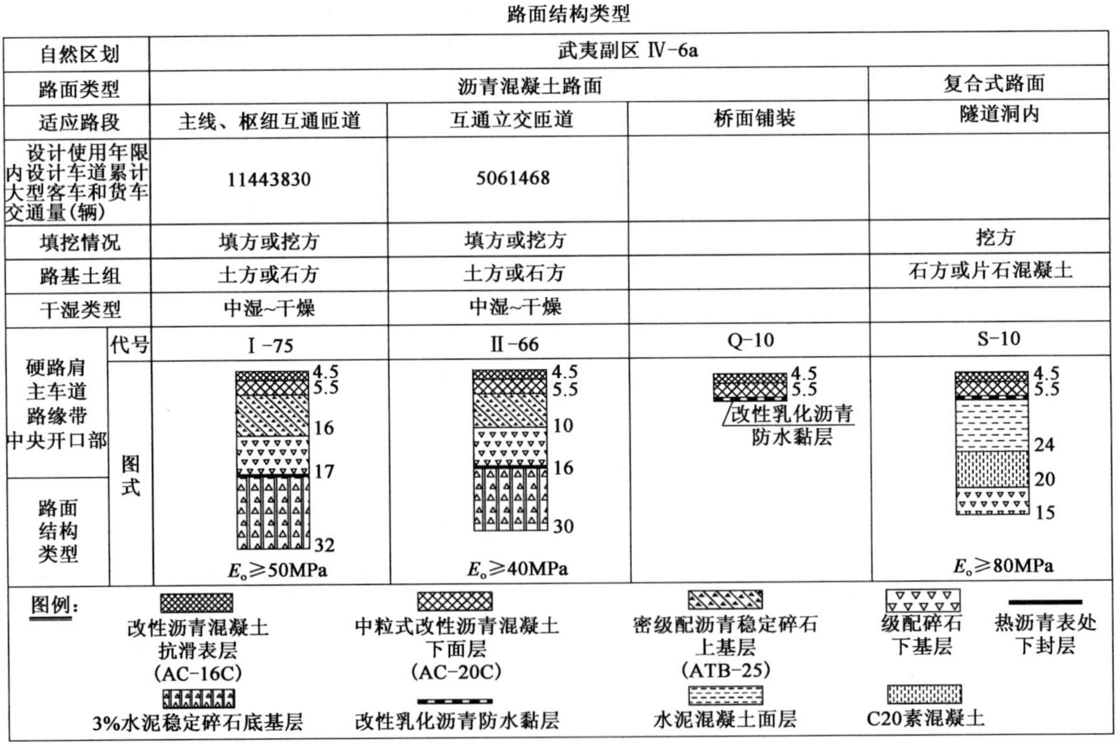

图6-7 路面结构图类型

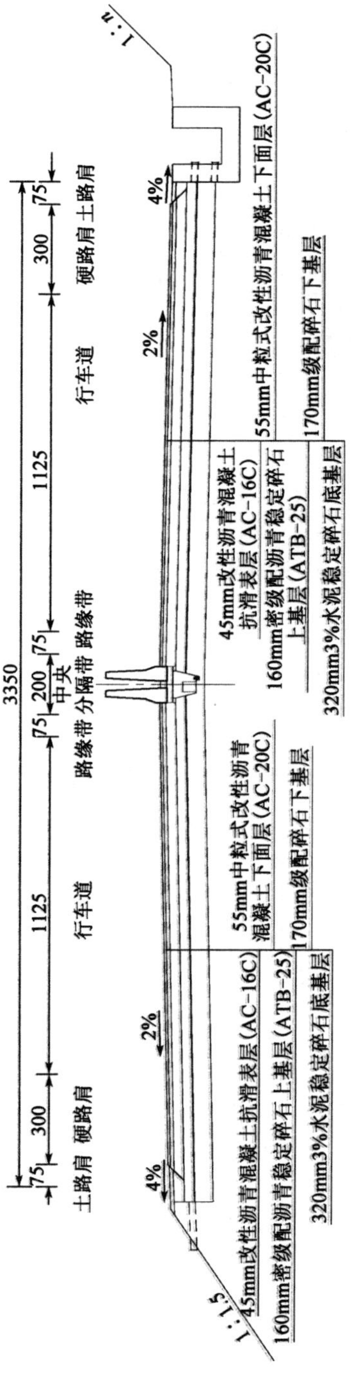

图 6-8 整体式路面典型横断面图(1 : 200, 尺寸单位:cm)

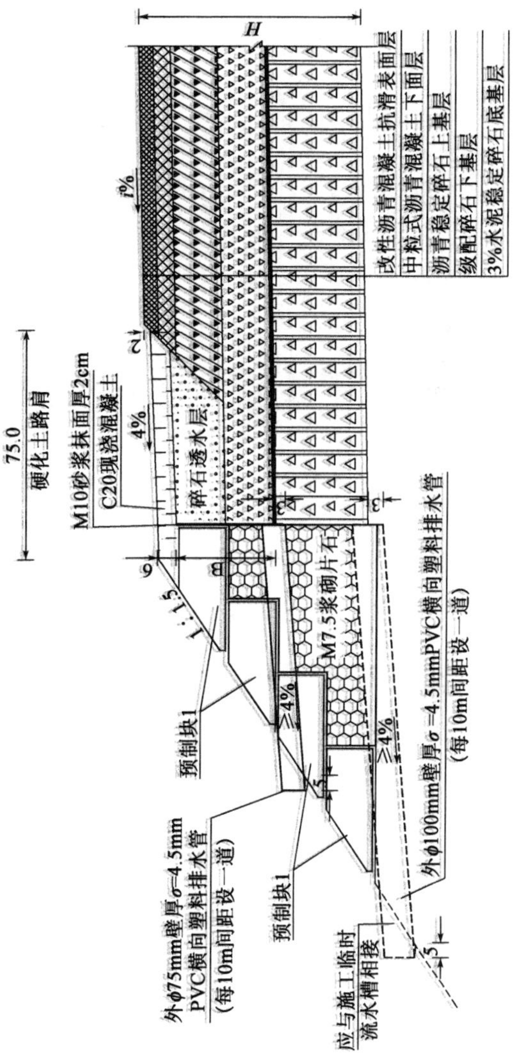

图 6-9 路堤段路面结构边部设计图(1 : 20, 尺寸单位:cm)

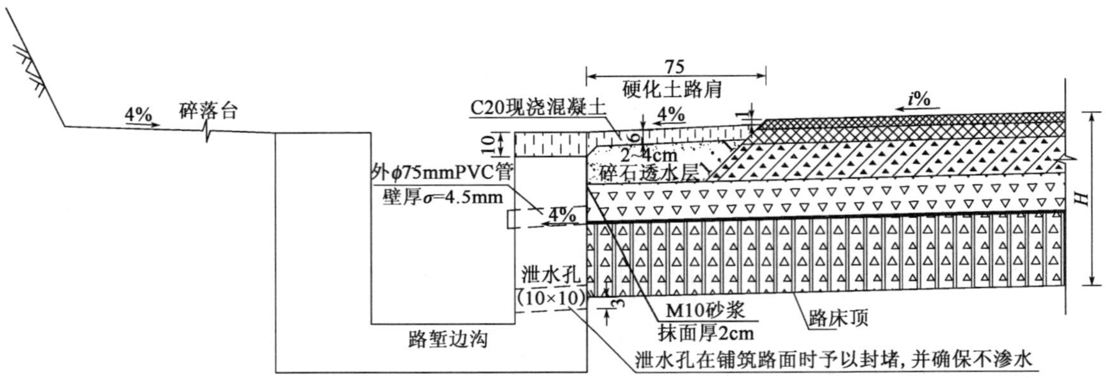

图 6-10　路堑段路面结构边部设计图（1∶20，尺寸单位：cm）

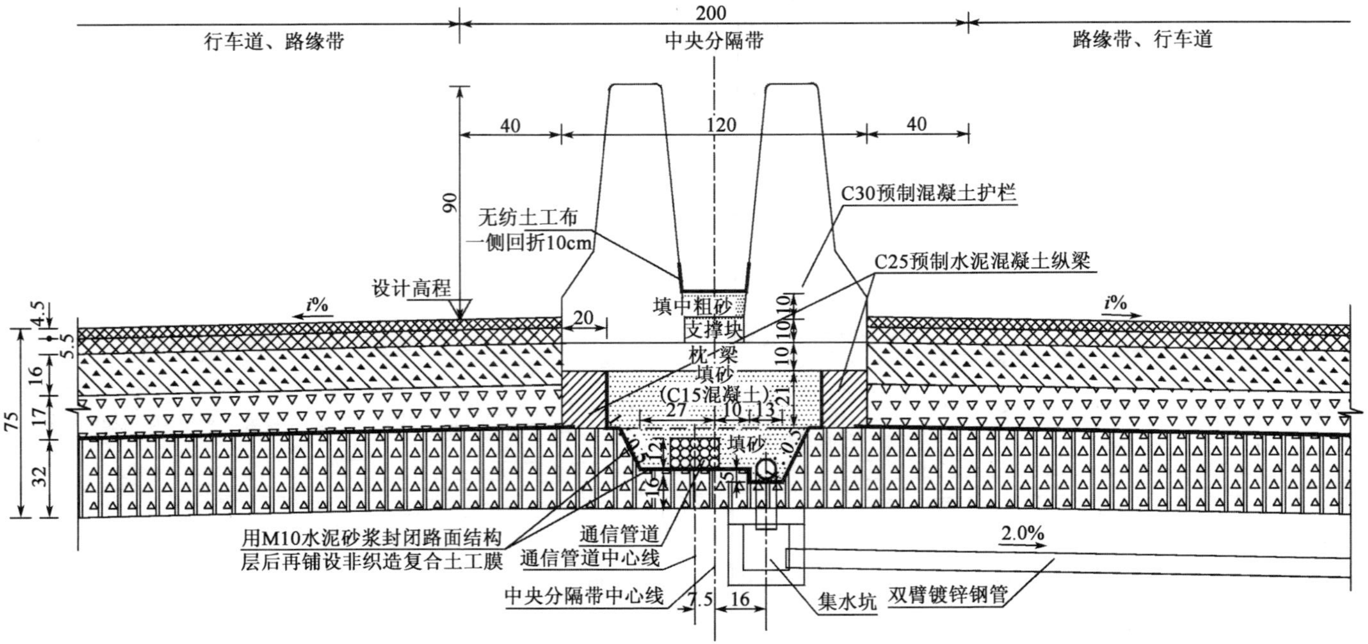

图 6-11　中央分隔带一般路段设计图（1∶20，尺寸单位：cm）

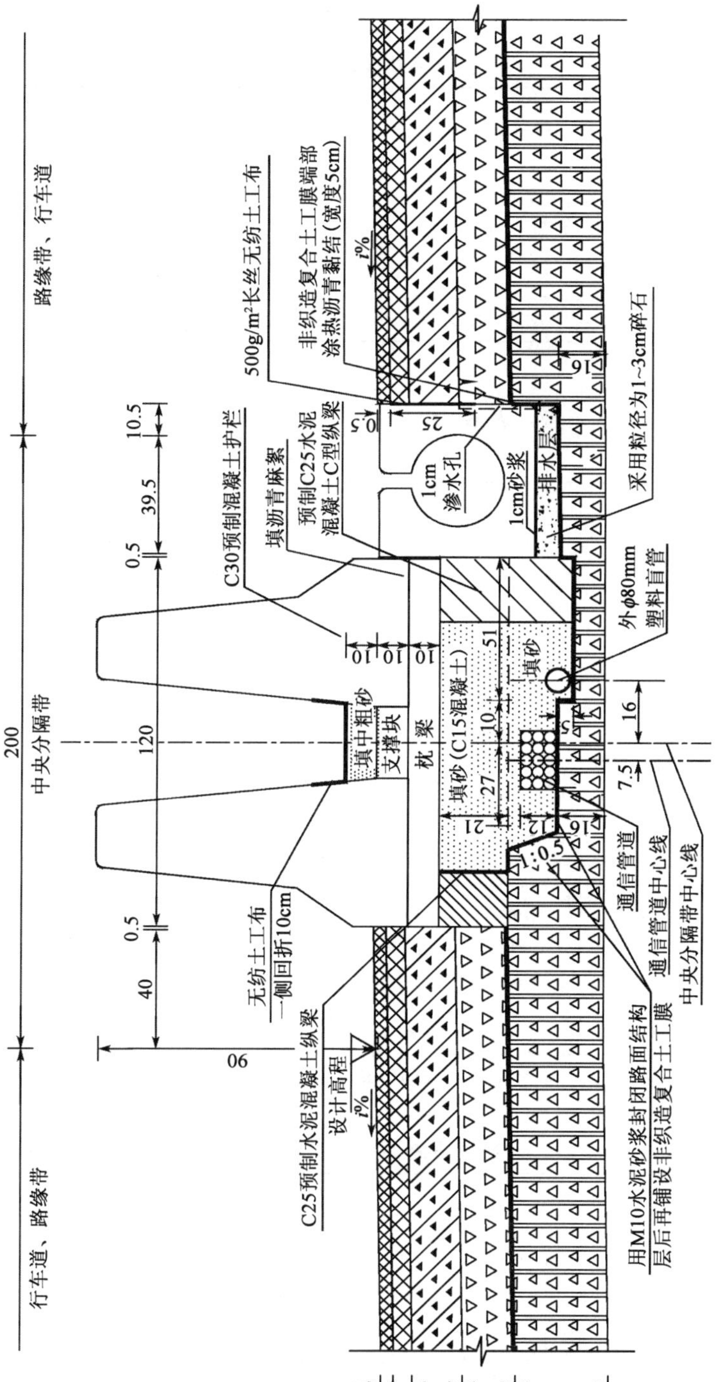

图 6-12 中央分隔带超高路段设计图(1：20,尺寸单位:cm)

(2)土路肩处理

土路肩处理工程数量包括主线、中仙服务区、中仙互通立交、华口互通立交，具体见表6-58。

土路肩处理工程数量表　　表6-58

长度(m)	分项工程数量										
	C20现浇混凝土(m^3)	C25混凝土预制压顶(m^3)	C20混凝土预制路缘石(m^3)	M7.5浆砌片石(m^3)	砂浆调平层1cm(m^2)	2～4cm碎石透水层(m^3)	PVC管(m/处)		M10砂浆抹面(m^2)	300g/m^2无纺土工布(m^2)	400g/m^2非织复合土膜(m^2)
							外ϕ75mm	外ϕ100mm			
36627	2282	2577	40	3235	13727	3338	896/2368	4918/3074	13341	1422	1509

(3)路面排水

路面排水工程数量见表6-59、表6-60。

中央分隔带排水工程数量表　　表6-59

长度(m)	分项工程数量										
	外ϕ80mm塑料盲管(m)	回填中粗砂(m^3)	排水层1～3cm级配碎石(m^3)	400g/m^2非织复合土膜(m^2)	1cm厚M10砂浆调平层(m^2)	集水坑					
						C20混凝土(m^3/处)	弯头(个)	内ϕ80mm横向镀锌管(m)	内ϕ125mm镀锌管(m)	反开槽挖土方(m^3)	反开槽回填中粗砂(m^3)
8386	8386	2957	228	20529	20529	3.72/124	124	2099	164	45	45

分项工程数量									
A型纵梁		B型纵梁		C型纵梁		枕梁下填C15混凝土	护栏内		
C25混凝土(m^3/块)	HPB300钢筋(kg)	C25混凝土(m^3/块)	HPB300钢筋(kg)	C25混凝土(m^3/块)	HPB300钢筋(kg)		回填中粗砂(m^3)	回填耕植土(m^3)	300g/m^2无纺土工布(m^2)
462/6602	35782	132/2201	10433	190/1903	12789	185	1477	3518	5694

说明：根据工程量清单计量规则，纵梁及枕梁下填C15混凝土属于中央分隔带混凝土护栏的附属工程，在混凝土护栏（第600章602-1-b子目）中计价。

超高段路面排水工程数量表　　表6-60

工程名称	分项工程数量										
	超高段纵向排水沟						超高段清淤井				
	现浇C25混凝土沟身(m^3/m)	HPB400钢筋(kg)	C25混凝土土挡块(m^3)	砂浆调平层厚1cm(m^2)	外径30cmPVC内模管(m)	500g/m^2长丝无纺土工布(m^2)	预制C25混凝土井身(m^3/处)	HPB300钢筋(kg)	开挖土方(m^3)	预制钢筋混凝土井盖	
										C25混凝土(m^3)	HPB400钢筋(kg)
纵向缝隙式排水沟	1300.95/7434	84004	0.3	3717	7434	1859	26/260	797	24	6	1613

续上表

工程名称	分项工程数量						
	超高段纵向排水沟						
	现浇 C25 混凝土沟身 (m^3/m)	HPB300 钢筋 (kg)	HPB400 钢筋 (kg)	C25 混凝土土挡块 (m^3)	砂浆调平层厚 1cm (m^2)	30×25cm 内模 (m)	500g/m^2 长丝无纺土工布 (m^2)
中央分隔带开中部箱型纵向排水沟(6 处)	62.4/240	586	11722		144	240	60

中央分隔带排水设计图如图 6-13、图 6-14 所示。

隧道拦水沟数量见表 6-61。

隧道拦水沟数量 表 6-61

分项工程数量			
排水沟(m)	40 型伸缩(m)	C50 钢纤维混凝土(m^3)	HPB400 钢筋(kg)
302	302	56	11483

3. 工程量清单与计量规则

(1)说明

①工程量清单说明。

a. 本工程量清单是根据《公路工程标准施工招标文件》(2018 版)中包括的有合同约束力的工程量清单计量规则、图纸以及有关工程量清单的国家标准、行业标准、合同条款中约定的其他规则编制。约定计量规则中没有的子目,其工程量按照有合同约束力的图纸所标示尺寸的理论净量计算。计量采用中华人民共和国法定计量单位。

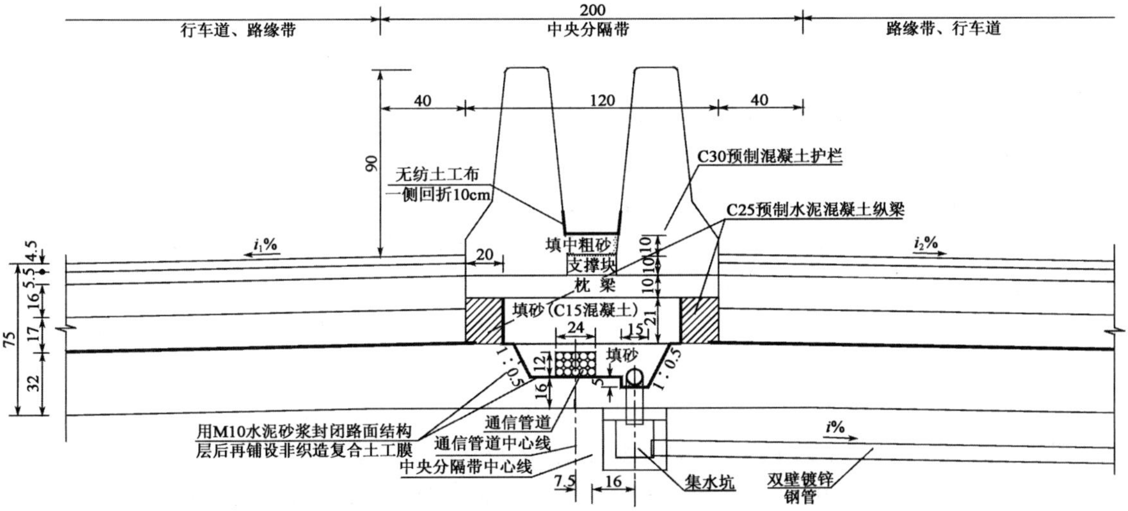

图 6-13 一般路段中央分隔带排水设计图(1:20,尺寸单位:cm)

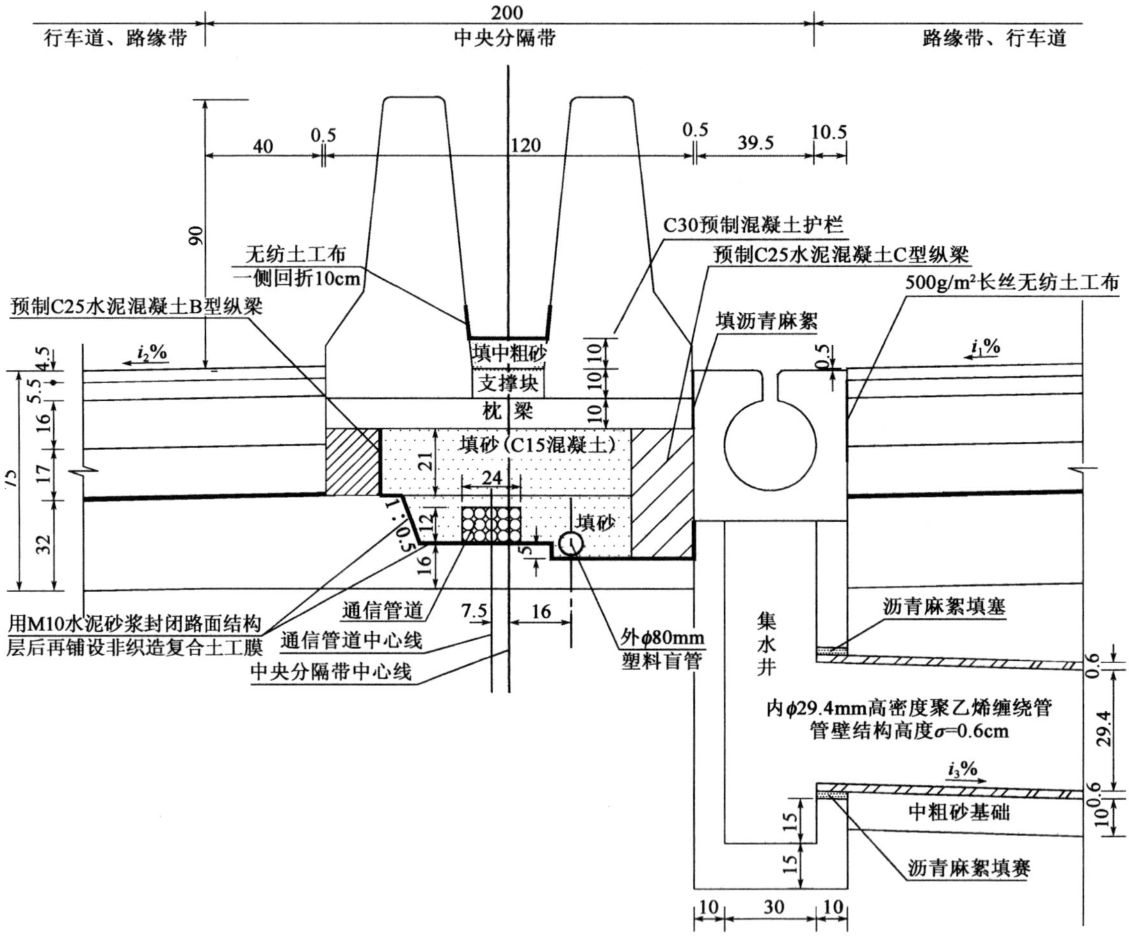

图 6-14 超高路段中央分隔带排水设计图(尺寸单位:cm)

b. 本工程量清单应与招标文件中的投标人须知、通用合同条款、专用合同条款、工程量清单计量规则、技术规范及图纸等一起阅读和理解。

c. 本工程量清单中所列工程数量是估算的或设计的预计数量,仅作为投标报价的共同基础,不能作为最终结算与支付的依据。实际支付应按实际完成的工程量,由承包人按工程量清单计量规则规定的计量方法,以监理人认可的尺寸、断面计量,按本工程量清单的单价和总额价计算支付金额;或根据具体情况,按合同条款第 15.4 款的规定,按监理人确定的单价或总额价计算支付额。

d. 工程量清单各章是按《公路工程标准施工招标文件》(2018 版)第八章“工程量清单计量规则”、第七章“技术规范”的相应章次编号的,因此,工程量清单中各章的工程子目的范围与计量等应与“工程量清单计量规则”“技术规范”相应章节的范围、计量与支付条款结合起来理解或解释。

e. 对作业和材料的一般说明或规定，未重复写入工程量清单内，在给工程量清单各子目标价前，应参阅第七章“技术规范”的有关内容。

f. 工程量清单中所列入工程量的变动，丝毫不会降低或影响合同条款的效力，也不免除承包人按规定的标准进行施工和修复缺陷的责任。

g. 图纸中所列的工程数量表及数量汇总表仅是提供资料，不是工程量清单的外延。当图纸与工程量清单所列数量不一致时，以工程量清单所列数量作为报价的依据。

②投标报价说明。

a. 工程量清单中的每一子目须填入单价或价格，且只允许有一个报价。

b. 除非合同另有规定，工程量清单中有标价的单价和总额价均已包括了为实施和完成合同工程所需的劳务、材料、机械、质检（自检）、安装、缺陷修复、管理、保险、税费、利润等费用，以及合同明示或暗示的所有责任、义务和一般风险。

c. 工程量清单中投标人没有填入单价或价格的子目，其费用视为已分摊在工程量清单中其他相关子目的单价或价格之中。承包人必须按监理人指令完成工程量清单中未填入单价或价格的子目，但不能得到结算与支付。

d. 符合合同条款规定的全部费用应认为已被计入有标价的工程量清单所列各子目之中，未列子目不予计量的工作，其费用应视为已分摊在本合同工程的有关子目的单价或总额价之中。

e. 承包人用于本合同工程的各类装备的提供、运输、维护、拆卸、拼装等支付的费用，已包括在工程量清单的单价与总额价之中。

f. 工程量清单中各项金额均以人民币（元）结算。

g. 暂列金额的数量为估算，施工时按实际发生额进行计量。

h. 暂估价的数量为估算，施工时按实际发生额进行计量，该费用由发包人实行甲控，在发包人的监督指导下，由承包人统一进行竞争性招标确定并支付费用。

（2）工程量清单表

招标人提供的工程量清单见表6-62。

工程量清单表（节选） 表6-62

合同段：B合同段

清单 第100章 总则					
子目号	子 目 名 称	单位	数量	单价	合价
101	通则				
101-1	保险费				
-a	按合同条款规定，提供建筑工程一切险	总额	1.0		
-b	按合同条款规定，提供第三者责任险	总额	1.0		
102-1	竣工文件	总额	1		
102-2	施工环保费	总额	1		
102-3	安全生产费	总额	1		

续上表

清单　第100章　总则

子目号	子 目 名 称	单位	数量	单价	合价
102-4	计算机管理软件费用(暂估价)	总额	1	50000.00	50000
103-1	临时道路(含桥涵)				
-a	临时道路修建、养护和拆除(含原有道路的使用和养护费)	总额	1		
-b	利用地方道路修复费(暂估价)	总额	1	500000.00	500000
103-2	临时工程用地(含不可复耕的临时用地改为永久用地的追加费用)	总额	1		
103-3	临时供电设施	总额	1		
103-5	供水与排污设施	总额	1		
104-1	承包人驻地建设(含党建)	总额	1		
105-1	施工现场标准化建设费	总额	1		
106-1	劳动竞赛和检查评比活动基金(暂估价)	总额	1	1402566.58	1402567
107-1	工伤保险费	总额	1		
清单　第100章　合计　人民币　　　元					

清单　第300章　路面

子目号	子 目 名 称	单位	数量	单价	合价
304-1	3%水泥稳定碎石底基层				
-d	厚300mm	m^2	34380.000		
-e	厚320mm	m^2	395063.000		
306-3	级配碎石下基层				
-c	厚160mm	m^2	34380.000		
-d	厚170mm	m^2	387556.000		
308-1	透层				
-a	高渗透乳化沥青透油层	m^2	851381.000		
308-2	黏层				
-a	改性乳化沥青黏层	m^2	1189188.000		

清单　第300章　路面

子目号	子 目 名 称	单位	数量	单价	合价
-b	乳化沥青黏层	m^2	836970.000		
-c	改性乳化沥青防水黏层	m^2	373300		

续上表

清单 第100章 总则					
子目号	子 目 名 称	单位	数量	单价	合价
307-1	密级配沥青稳定碎石基层				
-a	ATB-25 厚100mm	m^2	31444.000		
-c	ATB-25 厚160mm	m^2	384604.000		
310-2	封层		429443.000		
311-1	中粒式改性沥青混凝土抗滑表层(AC-16C)				
-a	厚45mm	m^2	763444.000		
-c	排水缓坡区面层	m^2			
-c-1	厚67mm	m^2	6317.000		
311-2	中粒式改性沥青混凝土下面层(AC-20C)				
-a	厚55mm	m^2	773139		
311-6	沥青碎石增运费用(暂定工程量)	$m^3\cdot km$	11913833		
312-4	沥青混凝土表面抛丸凿毛(含桥面、搭板、过渡板、隧道内路面)	m^2	373300		
313-2	中央分隔带护栏内回填				
-a	土(含耕植土)	m^3	3518.000		
-b	砂(含中粗砂)	m^3	1477.000		
313-3	现浇混凝土加固土路肩(C..,厚60mm)				
-a	C20 现浇混凝土	m	36627.000		
313-5	路缘石				
-a	C20 混凝土预制块路缘石	m^3	40.000		
-c	C25 混凝土预制块压顶	m^3	2577.000		
-d	M7.5 浆砌片石	m^3	3235.000		
314-1	排水管				
-a-2	外 ϕ80mm 塑料盲管	m	8386.000		
-b-1	内 ϕ80mm 镀锌钢管壁厚 $\sigma=4$mm	m	2099.000		
-b-2	内 ϕ125mm 镀锌钢管壁厚 $\sigma=4.5$mm	m	164.000		
314-2	纵向雨水沟(管)				
-a	C25 纵向缝隙式排水沟	m	7434.000		
-b	中央分隔带开口部混凝土箱型纵向排水沟	m	240.000		
314-3	…级混凝土集水井(坑)、清淤井				
-a	C20 混凝土集水坑	座	124.000		
-c	C25 混凝土清淤井	座	260.000		
清单 第300章 合计 人民币 元					

续上表

清单　第100章　总则					
子目号	子 目 名 称	单位	数量	单价	合价
清单第400章桥梁、涵洞					
415-4	桥面排水				
-a	碎石盲沟	m^3	73.000		
417-2	数模式伸缩装置				
-b	伸缩量80mm	m	1263.000		
-d	伸缩量160mm	m	867.000		
清单　第400章　合计　人民币　　　元					
清单　第500章　隧道					
517-1	洞口拦水沟	m	302.000		
清单　第500章　合计　人民币　　　元					
清单　第600章　安全设施及预埋管线（略）					
清单　第700章　绿化及环境保护（略）					

(3)工程量清单计量规则

本招标项目采用的工程量清单计量规则包括《公路工程标准施工招标文件》(2018版·第三册)第八章工程量清单计量规则(由投标人自行购买或到交通运输部门户网站下载)和《项目补充计量与支付规则》。凡《项目补充计量与支付规则》未做规定的,以《公路工程标准施工招标文件》(2018版·第三册)第八章工程量清单计量规则为准。

三、报价文件编制

1. 正常报价条件下建筑安装工程造价计算依据

(1)工程所在地:福建省三明市尤溪县。

(2)取费标准和定额:《建设项目概算预算编制办法》(2018版)、《公路工程预算定额》(2018版)、《福建省公路工程建设项目估算概算预算编制补充规定》(闽交建〔2019〕31号)、《机械台班费用定额》(2018版)。

(3)主要临时设施及第100章等开办费用。

①全线设稳定土拌和站2座(400t/h以内)、沥青混合料拌和站1座(320t/h以内)。根据现场情况和拌和站的供应能力及范围,稳定土12t以内自卸汽车运输平均运距4.4km,沥青混合料12t以内自卸汽车运输平均运距6.7km。

②计算机管理软件费用(暂估价)、利用地方道路修复费(暂估价)、劳动竞赛和检查评比活动基金(暂估价)均按招标文件提供的单价及合价计入。

③建筑工程一切险的投保金额为工程量清单第100章至第700章的合计金额(不含工程一切险、第三者责任险、安全生产费、暂估价),保险费率按2.5‰计算,第三者责任险的最低投保金额为2000万元,但事故次数不限(不计免赔额),保险费率按2.5‰计算。

④安全生产费按100章至700章清单合计(不含工程一切险、第三者责任险、安全生产费、暂估价)的1.5%计算。

⑤临时道路修建、养护和拆除(含原有道路的使用和养护费)按总额价500000元计列。

⑥临时工程用地(含不可复耕的临时用地改为永久用地的追加费用)按总额价2500000元计列。

⑦临时供电设施按总额价750000元计列。

⑧供水与排污设施按总额价100000元计列。

⑨承包人驻地建设(含党建)按总额价1000000元计列。

⑩施工现场标准化建设费按总额价3000000元计列。

⑪工伤保险费按照项目总造价的1.5‰单独计列,规费中相应的工伤保险费费率取零。

(4)措施费计取费率类别:冬季施工增加费、雨季施工增加费、施工辅助费、工地转移费(距离按200km计),按现行部颁《概算预算编制办法》(2018版)相关费率计算,无特殊地区施工增加费和行车干扰施工增加费。

(5)企业管理费:企业管理费基本费用、主副食运费补贴(综合里程3km)、财务费用,按现行部颁《概算预算编制办法》(2018版)相关费率计算,无职工取暖补贴。

(6)规费费率:养老保险费16%,失业保险费0.5%,医疗保险费(含生育保险)8.5%,住房公积金8.5%。

(7)利润率:自定(本书按7%)。

(8)人工、主要材料、机械台班单价的确定。

①人工费(含机械)单价按112元/工日计算。

②主要材料和地方性材料的预算价格根据当地省交通运输厅和市交通运输局(委)发布的价格信息结合实际情况取定。

③其他材料预算单价,按《预算定额》(2018版)附录四确定的材料基期价格作为编制期材料预算价格。

④机械台班单价根据《机械台班费用定额》(2018版)及机械工单价、燃料动力预算价格和车船使用税标准由软件自行分析确定。

2. 报价原始数据表

报价原始数据见表6-63。

报价原始数据表 表6-63

项	目	节	细目	名 称	单位	工程量	备 注
1				第100章至第700章合计		0.0	
				清单 第100章总则		0.0	
	101			通则		0.0	
		101-1		保险费		0.0	
			-a	按合同条款规定,提供建筑工程一切险	总额	1.0	({建安费}-{DSZ}-{JSJ}-{DFDL}-{LDJS}-{GSBX})×0.25%
			-b	按合同条款规定,提供第三者责任险	总额	1.0	20000000×0.25%

续上表

项	目	节	细目	名称	单位	工程量	备注
	102-1			竣工文件	总额	1.0	1×200000 元
	102-2			施工环保费	总额	1.0	1×100000 元
	102-3			安全生产费	总额	1.0	({建安费}-{DSZ}-{JSJ}-{DFDL}-{LDJS-{GSBX}})×1.5%
	102-4			计算机管理软件费用(暂估价)	总额	1.0	1×50000 元
	103-1			临时道路(含桥涵)		0.0	
		-a		临时道路修建、养护和拆除(含原有道路的使用和养护费)	总额	1.0	1×500000 元
		-b		利用地方道路修复费(暂估价)	总额	1.0	1×500000 元
	103-2			临时工程用地(含不可复耕的临时用地改为永久用地的追加费用)	总额	1.0	1×2500000 元
	103-3			临时供电设施	总额	1.0	1×750000 元
	103-5			供水与排污设施	总额	1.0	1×100000 元
	104-1			承包人驻地建设(含党建)	总额	1.0	1×1000000 元
	105-1			施工现场标准化建设费	总额	1.0	1×3000000 元
	106-1			劳动竞赛和检查评比活动基金(暂估价)	总额	1.0	1×1402566.58 元
	107-1			工伤保险费	总额	1.0	{建安费}×0.15%
				清单第 300 章　路面		0.0	
	304-1			3% 水泥稳定碎石底基层		0.0	
		-d		厚 300mm	m^2	34380.0	
			2-1-7-5 换	生产能力 400t/h 以内厂拌基层稳定水泥碎石(水泥剂量 3%,压实厚度 30cm)	$1000m^2$	34.38	厂拌设备:生产能力 400t/h 以内 实际厚度(cm):30cm 配比 [碎石:32.5 级水泥]=[97.0:3.0]
			2-1-8-5 换	装载质量 12t 以内自卸汽车运厂拌基层稳定土混合料 4.4km	$1000m^3$	10.314	实际运距(km):4.4km
			2-1-9-12	宽度 12.5m 以内摊铺机铺筑底基层	$1000m^2$	34.38	
			2-1-10-5	生产能力 400/h 以内稳定土厂拌设备安装、拆除	1 座	0.099	
		-e		厚 320mm	m^2	395063.0	

续上表

项	目	节	细目	名　称	单位	工程量	备　注
			2-1-7-5换	生产能力400t/h以内厂拌基层稳定水泥碎石（水泥剂量3%，压实厚度32cm）	$1000m^2$	395.063	配比[碎石:32.5级水泥]=[97.0:3.0]厂拌设备:生产能力400t/h以内实际厚度(cm):32cm
			2-1-8-5换	装载质量12t以内自卸汽车运厂拌基层稳定土混合料4.4km	$1000m^3$	126.42	实际运距(km):4.4km
			2-1-9-12	宽度12.5m以内摊铺机铺筑底基层	$1000m^2$	395.063	
			2-1-10-5	生产能力400/h以内稳定土厂拌设备安装、拆除	1座	1.215	
	306-3			级配碎石下基层		0.0	
		-c		厚160mm	m^2	34380.0	
			2-1-7-5换	生产能力400t/h以内厂拌基层稳定水泥碎石（水泥剂量3%，压实厚度16cm）	$1000m^2$	34.38	配比[碎石:32.5级水泥]=[97.0:3.0]实际厚度(cm):16cm [5509001]量0.0厂拌设备:生产能力400t/h以内
			2-1-8-5换	装载质量12t以内自卸汽车运厂拌基层稳定土混合料4.4km	$1000m^3$	5.501	实际运距(km):4.4km
			2-1-9-12	宽度12.5m以内摊铺机铺筑底基层	$1000m^2$	34.38	
			2-1-10-5	生产能力400/h以内稳定土厂拌设备安装、拆除	1座	0.053	
		-d		厚170mm	m^2	387556.0	
			2-1-7-5换	生产能力400t/h以内厂拌基层稳定水泥碎石（水泥剂量3%，压实厚度17cm）	$1000m^2$	387.556	配比[碎石:32.5级水泥]=[97.0:3.0]实际厚度(cm):17cm[5509001]量0.0厂拌设备:生产能力400t/h以内
			2-1-8-5换	装载质量12t以内自卸汽车运厂拌基层稳定土混合料4.4km	$1000m^3$	65.885	实际运距(km):4.4km
			2-1-9-12	宽度12.5m以内摊铺机铺筑底基层	$1000m^2$	387.556	
			2-1-10-5	生产能力400/h以内稳定土厂拌设备安装、拆除	1座	0.633	
	308-1			透层		0.0	
		-a		高渗透乳化沥青透油层	m^2	851381.0	
			2-2-16-4	乳化沥青半刚性基层透层	$1000m^2$	851.381	

续上表

项	目	节	细目	名　　称	单位	工程量	备　　注
	308-2			黏层		0.0	
		-a		改性乳化沥青黏层	m^2	1189188.0	
			2-2-16-7	改性乳化沥青层黏层	$1000m^2$	1189.188	
		-b		乳化沥青黏层	m^2	836970.0	
			2-2-16-6	乳化沥青层黏层	$1000m^2$	836.97	
		-c		改性乳化沥青防水黏层	m^2	341339.0	
			2-2-16-7换	改性乳化沥青层黏层	$1000m^2$	341.339	[3001006]换[3022]改性乳化防水沥青
	309-1			密级配沥青稳定碎石基层		0.0	
		-a		ATB-25　厚100mm	m^2	31444.0	
			2-2-10-12	生产能力320t/h以内设备拌和沥青碎石混合料(粗粒式)	$1000m^3$路面实体	3.144	
			2-2-13-5换	装载质量12t以内自卸汽车运输沥青混合料6.7km	$1000m^3$	3.144	实际运距(km):6.7km
			2-2-14-27	生产能力320t/h以内设备拌和,机械摊铺沥青碎石混合料(粗粒式)	$1000m^3$路面实体	3.144	
			2-2-15-6	生产能力320t/h以内沥青混合料拌和设备安装、拆除	1座	0.022	
		-c		ATB-25　厚160mm	m^2	384604.0	
			2-2-10-12	生产能力320t/h以内设备拌和沥青碎石混合料(粗粒式)	$1000m^3$路面实体	61.537	
			2-2-13-5换	装载质量12t以内自卸汽车运输沥青混合料6.7km	$1000m^3$	61.537	实际运距(km):6.7km
			2-2-14-27	生产能力320t/h以内设备拌和,机械摊铺沥青碎石混合料(粗粒式)	$1000m^3$路面实体	61.537	
			2-2-15-6	生产能力320t/h以内沥青混合料拌和设备安装、拆除	1座	0.433	
	310-2			封层	m^2	429443.0	
			2-2-16-12	乳化沥青上封层(层铺法)	$1000m^2$	429.443	
	311-1			中粒式改性沥青混凝土下面层(AC-20C)		0.0	

续上表

项	目	节	细目	名　　称	单位	工程量	备　　注
		-a		厚 55mm	m^2	773139.0	
			2-2-11-13换	生产能力 320t/h 以内设备拌和沥青混凝土混合料(中粒式)	$1000m^3$ 路面实体	42.523	[3001001]换[3001002]
			2-2-13-5换	装载质量 12t 以内自卸汽车运输沥青混合料 6.7km	$1000m^3$	42.523	实际运距(km):6.7km
			2-2-14-51	生产能力 320t/h 以内设备拌和,机械摊铺沥青混凝土混合料(中粒式)	$1000m^3$ 路面实体	42.523	
			2-2-15-6	生产能力 320t/h 以内沥青混合料拌和设备安装、拆除	1 座	0.3	
	311-2			中粒式改性沥青混凝土抗滑表层(AC-16C)		0.0	
		-a		厚 45mm	m^2	763444.0	
			2-2-11-13换	生产能力 320t/h 以内设备拌和沥青混凝土混合料(中粒式)	$1000m^3$ 路面实体	34.355	[3001001]换[3001002]
			2-2-13-5换	装载质量 12t 以内自卸汽车运输沥青混合料 6.7km	$1000m^3$	34.355	实际运距(km):6.7km
			2-2-14-51	生产能力 320t/h 以内设备拌和,机械摊铺沥青混凝土混合料(中粒式)	$1000m^3$ 路面实体	34.355	
			2-2-15-6	生产能力 320t/h 以内沥青混合料拌和设备安装、拆除	1 座	0.242	
		-c		排水缓坡区面层		0.0	
			-c-1	厚 67mm	m^2	6317.0	
			2-2-11-13换	生产能力 320t/h 以内设备拌和沥青混凝土混合料(中粒式)	$1000m^3$ 路面实体	0.423	[3001001]换[3001002]
			2-2-13-5换	装载质量 12t 以内自卸汽车运输沥青混合料 6.7km	$1000m^3$	0.423	实际运距(km):6.7km
			2-2-14-51	生产能力 320t/h 以内设备拌和,机械摊铺沥青混凝土混合料(中粒式)	$1000m^3$ 路面实体	0.423	
			2-2-15-6	生产能力 320t/h 以内沥青混合料拌和设备安装、拆除	1 座	0.0030	

续上表

项	目	节	细目	名　　称	单位	工程量	备　　注
	311-6			沥青碎石增运费用(暂定工程量)	m^3.km	11913833	11913833×1.8
	312-4			沥青混凝土表面抛丸凿毛(含桥面、搭板、过渡板、隧道内路面)	m^2	373300.0	
			借[2013闽预补]闽2-1-1	铣刨机混凝土凿毛	$1000m^2$	373.3	
	313-2			中央分隔带护栏内回填		0.0	
		-a		土(含耕植土)	m^3	3518.0	
			5-1-9-3	中间带填土	$10m^3$	351.8	
		-b		砂(含中粗砂)	m^3	1477.0	
			4-11-5-1换	涵管基础垫层填砂砾(砂)	$10m^3$实体	147.7	[5503007]换[5503005]
	313-3			现浇混凝土加固土路肩(C..,厚60mm)		0.0	
		-a		C20现浇混凝土	m	36627.0	
			2-3-5-1换	现浇混凝土加固土路肩	$10m^3$	228.2	[1503034]换[1503007]
			4-11-5-2	涵管基础垫层填碎(砾)石	$10m^3$实体	333.8	
			1-3-2-2换	PVC管安装(路基、中央分隔带盲沟)	100m	8.96	[5001031]换[3017]ϕ75mmPVC塑料排水管
			1-3-2-2换	PVC管安装(路基、中央分隔带盲沟)	100m	49.18	[5001031]换[5001014]
			4-11-6-17	水泥砂浆抹面(厚2cm)	$100m^2$	133.41	
			1-3-2-1换	土工布铺设(路基、中央分隔带盲沟)	$1000m^2$	1.422	[5007001]换[3023]300g/m^2无纺土工布
			1-3-2-1换	土工布铺设(路基、中央分隔带盲沟)	$1000m^2$	1.509	[5007001]换[3024]400g/m^2非织造复合土工膜
	313-5			路缘石		0.0	
		-a		C20混凝土预制块路缘石	m^3	40.0	
			2-3-3-4换	预制混凝土预制块路缘石	$10m^3$	4.0	[1503033]换[1503032]
			2-3-3-6	安砌路缘石	$10m^3$	4.0	
		-c		C25混凝土预制块压顶	m^3	2577.0	

续上表

项	目	节	细目	名　　称	单位	工程量	备　　注
			2-3-3-4	预制混凝土预制块路缘石	$10m^3$	257.7	
			2-3-3-6	安砌路缘石	$10m^3$	257.7	
		-d		M7.5 浆砌片石	m^3	3235.0	
			4-5-2-7	浆砌片石锥坡、沟、槽、池	$10m^3$	323.5	
	314-1			排水管		0.0	
	-a-2			外 ϕ80mm 塑料盲管	m	8386.0	
			1-3-2-2 换	PVC 管安装(路基、中央分隔带盲沟)	100m	83.86	[5001031]换[5001019]
			1-3-2-1 换	土工布铺设(路基、中央分隔带盲沟)	$1000m^2$	20.529	[2009034]量 0.0[5007001]换[3024] 400g/m^2 非织造复合土工膜
			1-3-2-3 换	回填碎石(路基、中央分隔带盲沟)	$100m^3$	29.57	[5505016]换[5503005] [5503005]量 12.75
			1-3-2-3	回填碎石(路基、中央分隔带盲沟)	$100m^3$	2.28	
			4-11-6-17 换	水泥砂浆抹面(厚 2cm)	$100m^2$	205.29	定额 ×0.500
	-b-1			内 ϕ80mm 镀锌钢管壁厚σ = 4mm	m	2099.0	
			1-3-2-2 换	PVC 管安装(路基、中央分隔带盲沟)	100m	20.99	[5001031]换[3026]内径 80mm 双壁镀锌钢管
			4-1-3-3	斗容量 1.0m^3 以内挖掘机挖基坑≤1500m^3 土方	$1000m^3$	0.042	
			4-11-5-1	涵管基础垫层填砂砾(砂)	$10m^3$实体	4.2	
	-b-2			内 ϕ125mm 镀锌钢管壁厚 σ = 4.5mm	m	164.0	
			1-3-2-2 换	PVC 管安装(路基、中央分隔带盲沟)	100m	1.64	[5001031]换[3027]内径 125mm 双壁镀锌钢管
			4-1-3-3	斗容量 1.0m^3 以内挖掘机挖基坑≤1500m^3 土方	$1000m^3$	0.0030	
			4-11-5-1	涵管基础垫层填砂砾(砂)	$10m^3$实体	0.3	
	314-2			纵向雨水沟(管)		0.0	
		-a		C25 纵向缝隙式排水沟	m	7434.0	
			1-3-4-1 换	混凝土预制块边沟、排水沟(矩形)	$10m^3$实体	130.095	增:[2001001][2001001]量 0.646 删:[1517001]
			1-3-4-3 换	铺砌混凝土预制块边沟、排水沟(矩形)	$10m^3$实体	130.095	删:[1517001]

续上表

项	目	节	细目	名　称	单位	工程量	备　注
			4-11-6-17换	水泥砂浆抹面(厚2cm)	$100m^2$	37.17	定额×0.500
			1-3-2-1	土工布铺设(路基、中央分隔带盲沟)	$1000m^2$	1.859	
			1-3-2-2	PVC管安装(路基、中央分隔带盲沟)	100m	74.34	
		-b		中央分隔带开口部混凝土箱型纵向排水沟	m	240.0	
			1-3-4-1换	混凝土预制块边沟、排水沟(矩形)	$10m^3$实体	6.24	增:[2001001] 增:[2001002] [2001001]量0.094[2001002]量1.878 删:[1517001]
			1-3-4-3换	铺砌混凝土预制块边沟、排水沟(矩形)	$10m^3$ 实体	6.24	删:[1517001]
			4-11-6-17换	水泥砂浆抹面(厚2cm)	$100m^2$	1.44	定额×0.500
			1-3-2-1	土工布铺设(路基、中央分隔带盲沟)	$1000m^2$	0.06	
			1-3-2-2换	PVC管安装(路基、中央分隔带盲沟)	100m	2.4	[5001031]换[5001023]
	314-3			…级混凝土集水井(坑)、清淤井		0.0	
		-a		C20混凝土集水坑	座	124.0	
			1-3-6-1	现浇井身混凝土(雨水井、检查井)	$10m^3$	0.4	
		-c		C25混凝土清淤井	座	260.0	
			1-3-6-1换	现浇井身混凝土(雨水井、检查井)	$10m^3$	2.6	[1503007]换[1503008] [2001001]量0.339
			4-1-3-3	斗容量$1.0m^3$以内挖掘机挖基坑≤$1500m^3$土方	$1000m^3$	0.024	
			1-3-6-2换	钢筋混凝土井盖制作安装(雨水井、检查井)	$10m^3$	0.6	[2001001]换[2001002] [2001002]量2.688
				清单　第400章　桥梁、涵洞		0.0	
	415-4			桥面排水		0.0	
		-a		碎石盲沟	m^3	73.0	

续上表

项	目	节	细目	名 称	单位	工程量	备 注
			1-3-2-3	回填碎石(路基、中央分隔带盲沟)	$100m^3$	0.73	
	417-2			数模式伸缩装置		0.0	
		-b		伸缩量 80mm	m	1263.0	
		-d		伸缩量 160mm	m	867.0	
		-e		伸缩量 240mm	m	63.0	
				清单第 500 章隧道		0.0	
	517-1			洞口拦水沟	m	302.0	
			4-11-7-1	模数式伸缩缝(伸缩量480mm 以内)	1m	302.0	
			4-11-7-5	模数式伸缩缝预留槽混凝土	$10m^3$	5.6	
			4-11-7-6换	模数式伸缩缝预留槽钢筋	1t	11.483	删:[2001001][2001002]量 1.025

3. 工程量清单报价部分成果示例

工程量清单报价部分成果示例见表 6-64 ~ 表 6-72。

工程量清单汇总表

表 6-64

合同段:某高速公路路面工程 B 合同段

标表 1

序号	科 目 名 称	金额(元)
1	清单 第 100 章 总则	14586969
2	清单 第 300 章 路面	220247600
3	清单 第 400 章 桥梁、涵洞	4063434
4	清单 第 500 章 隧道	1095898
5	第 100 章至第 700 章合计	239653055
6	已包含在清单合计中的材料、工程设备、专业工程暂估价合计	
7	清单合计减去材料、工程设备、专业工程暂估价合计	239993900
8	计日工合计	
9	暂列金额(不含计日工总额)	
10	投标报价	239993900

清单 第 1 页 共 1 页

工程量清单表一

表 6-65

合同段:某高速公路路面工程 B 合同段 标表 2

清单 第 100 章 总则

细目号	细 目 名 称	单位	数量	单价	合价
101	通则				
101-1	保险费				
-a	按合同条款规定,提供建筑工程一切险	总额	1.000	583892.33	583892
-b	按合同条款规定,提供第三者责任险	总额	1.000	50000.00	50000
102-1	竣工文件	总额	1.000	200000.00	200000
102-2	施工环保费	总额	1.000	100000.00	100000
102-3	安全生产费	总额	1.000	3503353.98	3503354
102-4	计算机管理软件费用(暂估价)	总额	1.000	50000.00	50000
103-1	临时道路(含桥涵)				
-a	临时道路修建、养护和拆除(含原有道路的使用和养护费)	总额	1.000	500000.00	500000
-b	利用地方道路修复费(暂估价)	总额	1.000	500000.00	500000
103-2	临时工程用地(含不可复耕的临时用地改为永久用地的追加费用)	总额	1.000	2500000.00	2500000
103-3	临时供电设施	总额	1.000	750000.00	750000
103-5	供水与排污设施	总额	1.000	100000.00	100000
104-1	承包人驻地建设(含党建)	总额	1.000	1000000.00	1000000
105-1	施工现场标准化建设费	总额	1.000	3000000.00	3000000
106-1	劳动竞赛和检查评比活动基金(暂估价)	总额	1.000	1402566.58	1402567
107-1	工伤保险费	总额	1.000	353339.25	353339
清单 第 100 章 合计 人民币 14586969 元					

工程量清单表二

表 6-66

合同段:某高速公路路面工程 B 合同段 标表 2

清单 第 300 章 路面

细目号	细 目 名 称	单位	数量	单价	合价
304-1	3%水泥稳定碎石底基层				
-d	厚 300mm	m^2	34380.000	67.84	2332339
-e	厚 320mm	m^2	395063.000	74.53	29444045
306-3	级配碎石下基层				
-c	厚 160mm	m^2	34380.000	32.28	1109786
-d	厚 170mm	m^2	387556.000	34.01	13180780
308-1	透层				

续上表

清单　第300章　路面					
细目号	细 目 名 称	单位	数量	单价	合价
-a	高渗透乳化沥青透油层	m^2	851381.000	3.52	2996861
308-2	黏层				
-a	改性乳化沥青黏层	m^2	1189188.000	2.11	2509187
-b	乳化沥青黏层	m^2	836970.000	1.53	1280564
-c	改性乳化沥青防水黏层	m^2	341339.000	2.56	873828
309-1	密级配沥青稳定碎石基层				
-a	ATB-25　厚100mm	m^2	31444.000	78.75	2476215
-c	ATB-25　厚160mm	m^2	384604.000	126.01	48463950
310-2	封层	m^2	429443.000	5.14	2207337
311-1	中粒式改性沥青混凝土下面层(AC-20C)				
-a	厚55mm	m^2	773139.000	57.52	44470955
311-2	中粒式改性沥青混凝土抗滑表层(AC-16C)				
-a	厚45mm	m^2	763444.000	47.06	35927675
-c	排水缓坡区面层				
-c-1	厚67mm	m^2	6317.000	70.03	442380
311-6	沥青碎石增运费用(暂定工程量)	$m^3 \cdot km$	11913833.384	1.80	21444900
312-4	沥青混凝土表面抛丸凿毛(含桥面、搭板、过渡板、隧道内路面))	m^2	373300.000	3.74	1396142
313-2	中央分隔带护栏内回填				
-a	土(含耕植土)	m^3	3518.000	46.81	164678
-b	砂(含中粗砂)	m^3	1477.000	332.09	490497
313-3	现浇混凝土加固土路肩(C..,厚60mm)				
-a	C20现浇混凝土	m^3	36627.000	63.10	2311164
313-5	路缘石				
-a	C20混凝土预制块路缘石	m^3	40.000	970.13	38805
-c	C25混凝土预制块压顶	m^3	2577.000	985.58	2539840
-d	M7.5浆砌片石	m^3	3235.000	409.10	1323439
314-1	排水管				
-a-2	外ϕ80mm塑料盲管	m	8386.000	86.83	728156
-b-1	内ϕ80mm镀锌钢管壁厚$\sigma=4$mm	m	2099.000	67.73	142165
-b-2	内ϕ125mm镀锌钢管壁厚$\sigma=4.5$mm	m	164.000	98.50	16154
314-2	纵向雨水沟(管)				
-a	C25纵向缝隙式排水沟	m	7434.000	236.47	1757918
-b	中央分隔带开口部混凝土箱型纵向排水沟	m	240.000	557.53	133807

续上表

清单 第300章 路面					
细目号	细 目 名 称	单位	数量	单价	合价
314-3	…级混凝土集水井(坑)、清淤井				
-a	C20 混凝土集水坑	座	124.000	29.63	3674
-c	C25 混凝土清淤井	座	260.000	155.23	40360
清单 第300章 合计 人民币220247600元					

工程量清单表三 表6-67

合同段:某高速公路路面工程B合同段 标表2

清单 第400章 桥梁、涵洞					
细目号	细 目 名 称	单位	数量	单价	合价
415-4	桥面排水				
-a	碎石盲沟	m^3	73.000	138.82	10134
417-2	数模式伸缩装置				
-b	伸缩量80mm	m	1263.000	1200.00	1515600
-d	伸缩量160mm	m	867.000	2600.00	2254200
-e	伸缩量240mm	m	63.000	4500.00	283500
清单 第400章 合计 人民币4063434元					

工程量清单表四 表6-68

合同段:某高速公路路面工程B合同段 标表2

清单 第500章 隧道					
细目号	细 目 名 称	单位	数量	单价	合价
517-1	洞口拦水沟	m	302.000	3628.80	1095898
清单 第500章 合计 人民币1095898元					

因表6-69过长,因此4个工程项目的合计排在表6-69的后面,请学生们注意比对。

单价分析表(08 表格式)

表 6-69

项目编号:311-1-a

项目名称:厚 55mm　　单位:m^2　　数量:773139.000　　单价:57.52 元　　摊销费:　元

代号	工程项目			中粒式			沥青混合料运输			沥青混合料路面铺筑			沥青混合料拌和设备安装、拆除		
	工程细目			生产能力 320t/h 以内设备拌和沥青混凝土混合料(中粒式)			装载质量 12t 以内自卸汽车运输沥青混合料 6.7km			生产能力 320t/h 以内设备拌和,机械摊铺沥青混凝土混合料(中粒式)			生产能力 320t/h 以内沥青混合料拌和设备安装、拆除		
	定额单位			$1000m^3$ 路面实体			$1000m^3$			$1000m^3$ 路面实体			1 座		
	工程数量			42.523			42.523			42.523			0.300		
	定额表号			2-2-11-13 改			2-2-13-5 改			2-2-14-51			2-2-15-6		
	工、料、机名称	单位	单价(元)	定额	数量	金额(元)	定额	数量	金额(元)	定额	数量	金额(元)	定额	数量	金额(元)
100100	人工	工日	112.00	20.700	880.226	98585.32				14.800	629.340	70486.12	2536.200	760.860	85216.32
200300	型钢工字钢,角钢	t	3973.00										0.101	0.030	120.38
200302	组合钢模板	t	4880.34										0.218	0.065	319.17
200902	铁件铁件	kg	5.00										135.900	40.770	203.85
300100	改性沥青 SBS、SBR、SR 复合	t	4593.00	114.042	4849.408	22273330.79									
300500	水	m^3	1.00										1849.000	554.700	554.70
400300	锯材中板 δ = 19 ~ 35mm,中方混合	m^3	1055.00										0.030	0.009	9.50
550300	中(粗)砂混凝土、砂浆用堆方	m^3	190.00										976.130	292.839	55639.41

续上表

代号	工程项目			中粒式			沥青混合料运输			沥青混合料路面铺筑			沥青混合料拌和设备安装、拆除		
	工程细目			生产能力320t/h以内设备拌和沥青混凝土混合料(中粒式)			装载质量12t以内自卸汽车运输沥青混合料6.7km			生产能力320t/h以内设备拌和,机械摊铺沥青混凝土混合料(中粒式)			生产能力320t/h以内沥青混合料拌和设备安装、拆除		
	定额单位			1000m^3路面实体			1000m^3			1000m^3路面实体			1座		
	工程数量			42.523			42.523			42.523			0.300		
	定额表号			2-2-11-13改			2-2-13-5改			2-2-14-51			2-2-15-6		
	工、料、机名称	单位	单价(元)	定额	数量	金额(元)	定额	数量	金额(元)	定额	数量	金额(元)	定额	数量	金额(元)
550301	矿粉粒径<0.0074cm	t	155.34	106.330	4521.471	702365.24									
550301	路面用石屑	m^3	105.00	376.030	15989.924	1678941.99									
550500	片石码方	m^3	65.00										986.700	296.010	19240.65
550501	碎石(4cm)最大粒径4cm堆方	m^3	90.00										202.890	60.867	5478.03
550501	路面用碎石(1.5cm)最大粒径	m^3	105.00	686.090	29174.605	3063333.53									
550501	路面用碎石(2.5cm)最大粒径	m^3	105.00	426.960	18155.620	1906340.11									
550502	块石码方	m^3	65.00										1351.350	405.405	26351.33
550900	32.5级水泥	t	425.00										287.555	86.267	36663.26
780100	其他材料费	元	1.00	223.300	9495.386	9495.39							503.500	151.050	151.05

续上表

代号	工程项目			中粒式			沥青混合料运输			沥青混合料路面铺筑			沥青混合料拌和设备安装、拆除		
	工程细目			生产能力 320t/h 以内设备拌和沥青混凝土混合料(中粒式)			装载质量 12t 以内自卸汽车运输沥青混合料 6.7km			生产能力 320t/h 以内设备拌和,机械摊铺沥青混凝土混合料(中粒式)			生产能力 320t/h 以内沥青混合料拌和设备安装、拆除		
	定额单位			$1000m^3$ 路面实体			$1000m^3$			$1000m^3$ 路面实体			1 座		
	工程数量			42.523			42.523			42.523			0.300		
	定额表号			2-2-11-13 改			2-2-13-5 改			2-2-14-51			2-2-15-6		
	工、料、机名称	单位	单价(元)	定额	数量	金额(元)	定额	数量	金额(元)	定额	数量	金额(元)	定额	数量	金额(元)
790100	设备摊销费	元	1.00	2289.700	97364.913	97364.91							35469.700	10640.910	10640.91
800102	斗容量 $0.6m^3$ 履带式单斗挖掘机	台班	820.29										18.220	5.466	4483.71
800104	斗容量 $3.0m^3$ 轮胎式装载机 ZL50	台班	1182.96	2.640	112.261	132799.94									
800305	生产能力 320t/h 以内沥青混合料	台班	84264.99	1.230	52.303	4407336.21									
800306	最大摊铺宽度 12.5m 以内沥青混合	台班	3731.76							1.460	62.084	231681.02			

续上表

代号	工程项目			中粒式			沥青混合料运输			沥青混合料路面铺筑			沥青混合料拌和设备安装、拆除		
	工程细目			生产能力 320t/h 以内设备拌和沥青混凝土混合料（中粒式）			装载质量 12t 以内自卸汽车运输沥青混合料 6.7km			生产能力 320t/h 以内设备拌和，机械摊铺沥青混凝土混合料（中粒式）			生产能力 320t/h 以内沥青混合料拌和设备安装、拆除		
	定额单位			$1000m^3$ 路面实体			$1000m^3$			$1000m^3$ 路面实体			1 座		
	工程数量			42.523			42.523			42.523			0.300		
	定额表号			2-2-11-13 改			2-2-13-5 改			2-2-14-51			2-2-15-6		
	工、料、机名称	单位	单价（元）	定额	数量	金额（元）	定额	数量	金额（元）	定额	数量	金额（元）	定额	数量	金额（元）
800306	机械自身质量 15t 以内双钢轮振动	台班	1600.48							6.140	261.091	417871.28			
800306	机械自身质量 16～20t 轮胎式压路	台班	744.52							2.040	86.747	64584.82			
800306	机械自身质量 20～25t 轮胎式压路	台班	927.70							3.920	166.690	154638.46			
800500	出料容量 250L 以内强制式混凝土	台班	191.71										7.380	2.214	424.45
800701	装载质量 5t 以内自卸汽车 CA340	台班	555.66	1.460	62.084	34497.36									

续上表

代号	工程项目			中粒式			沥青混合料运输			沥青混合料路面铺筑			沥青混合料拌和设备安装、拆除		
	工程细目			生产能力 320t/h 以内设备拌和沥青混凝土混合料(中粒式)			装载质量 12t 以内自卸汽车运输沥青混合料 6.7km			生产能力 320t/h 以内设备拌和,机械摊铺沥青混凝土混合料(中粒式)			生产能力 320t/h 以内沥青混合料拌和设备安装、拆除		
	定额单位			$1000m^3$ 路面实体			$1000m^3$			$1000m^3$ 路面实体			1 座		
	工程数量			42.523			42.523			42.523			0.300		
	定额表号			2-2-11-13 改			2-2-13-5 改			2-2-14-51			2-2-15-6		
	工、料、机名称	单位	单价(元)	定额	数量	金额(元)	定额	数量	金额(元)	定额	数量	金额(元)	定额	数量	金额(元)
800701	装载质量 12t 以内自卸汽车 T138,	台班	808.38				16.360	42.523	562370.79						
800702	装载质量 20t 以内平板拖车组	台班	932.67										9.470	2.841	2649.72
800704	容量 10000L 以内洒水汽车	台班	1077.33							0.500	21.262	22905.65			
800902	提升质量 12t 以内汽车式起重机	台班	840.37										4.550	1.365	1147.11
800903	提升质量 40t 以内汽车式起重机	台班	2206.02										20.310	6.093	13441.28
800903	提升质量 75t 以内汽车式起重机	台班	3453.21										18.780	5.634	19455.39

续上表

代号	工程项目			中粒式			沥青混合料运输			沥青混合料路面铺筑			沥青混合料拌和设备安装、拆除		
	工程细目			生产能力 320t/h 以内设备拌和沥青混凝土混合料（中粒式）			装载质量 12t 以内自卸汽车运输沥青混合料 6.7km			生产能力 320t/h 以内设备拌和，机械摊铺沥青混凝土混合料（中粒式）			生产能力 320t/h 以内沥青混合料拌和设备安装、拆除		
	定额单位			1000m³ 路面实体			1000m³			1000m³ 路面实体			1 座		
	工程数量			42.523			42.523			42.523			0.300		
	定额表号			2-2-11-13 改			2-2-13-5 改			2-2-14-51			2-2-15-6		
	工、料、机名称	单位	单价（元）	定额	数量	金额（元）	定额	数量	金额（元）	定额	数量	金额（元）	定额	数量	金额（元）
809900	小型机具使用费	元	1.00										1496.500	448.950	448.95
999900	定额基价	元	1.00	869385.859	36968894.86	36968894.86	13766.286	585383.76	585383.76	23043.545	979880.664	979880.68	833508.278	250052.48	250052.48
	其他材料费	元													
	其他机械使用费	元													
	设备购置费	元													
	措施费 措施费Ⅰ	元		3503382.054	2.091%	73238.20	585383.763	1.786%	10454.95	979880.681	2.091%	20484.41	979880.681	2.091%	2577.25
	措施费 措施费Ⅱ	元		36968900.878	0.818%	302405.61	585371.618	0.154%	901.47	979900.012	0.818%	8015.58	979900.012	0.818%	2045.43
	企业管理费	元		36968900.878	3.056%	1129769.61	585371.618	1.888%	11051.82	979900.012	3.056%	29945.74	250052.400	3.056%	7641.60
	规费	元		135685.790	33.500%	45454.74	77915.743	33.500%	26101.77	180596.882	33.500%	60499.96	90257.664	33.500%	30236.32
	利润	元		37344544.689	7.000%	2693202.00	596728.044	7.000%	42544.59	1008400.000	7.000%	72684.20	254675.077	7.000%	18362.17
	税金	元		37518691.343	9.000%	3478361.49	642373.581	9.000%	58808.29	1123851.496	9.000%	103841.75	335860.307	9.000%	30915.17
	合计	元				42126822.44			712233.68			1257638.99			374417.08
	单位单价	元				990683.22			16749.38			29575.50			1248056.93
	每 m² 单价	元				54.49			0.92			1.63			0.48

续上表

代号	工程项目												合计	
	工程细目													
	定额单位													
	工程数量													
	定额表号													
	工、料、机名称	单位	单价(元)	定额	数量	金额(元)	定额	数量	金额(元)	定额	数量	金额(元)	数量	金额(元)
100100	人工	工日	112.00										2270.427	254287.77
200300	型钢工字钢，角钢	t	3973.00										0.030	120.38
200302	组合钢模板	t	4880.34										0.065	319.17
200902	铁件铁件	kg	5.00										40.770	203.85
300100	改性沥青SBS、SBR、SR复合	t	4593.00										4849.408	22273330.79
300500	水	m^3	1.00										554.700	554.70
400300	锯材中板δ=19～35mm，中方混合	m^3	1055.00										0.009	9.50
550300	中(粗)砂混凝土、砂浆用堆方	m^3	190.00										292.839	55639.41
550301	矿粉粒径<0.0074cm	t	155.34										4521.471	702365.24

续上表

代号	工程项目												合计	
	工程细目													
	定额单位													
	工程数量													
	定额表号													
	工、料、机名称	单位	单价(元)	定额	数量	金额(元)	定额	数量	金额(元)	定额	数量	金额(元)	数量	金额(元)
550301	路面用石屑	m^3	105.00										15989.924	1678941.99
550500	片石码方	m^3	65.00										296.010	19240.65
550501	碎石（4cm）最大粒径 4cm 堆方	m^3	90.00										60.867	5478.03
550501	路面用碎石（1.5cm）最大粒径	m^3	105.00										29174.605	3063333.53
550501	路面用碎石（2.5cm）最大粒径	m^3	105.00										18155.620	1906340.11
550502	块石码方	m3	65.00										405.405	26351.33
550900	32.5 级水泥	t	425.00										86.266	36663.26
780100	其他材料费	元	1.00										9646.440	9646.44
790100	设备摊销费	元	1.00										108005.820	108005.82
800102	斗容量 $0.6m^3$ 履带式单斗挖掘机	台班	820.29										5.466	4483.71

续上表

代号	工程项目												合计	
	工程细目													
	定额单位													
	工程数量													
	定额表号													
	工、料、机名称	单位	单价(元)	定额	数量	金额(元)	定额	数量	金额(元)	定额	数量	金额(元)	数量	金额(元)
800104	斗容量 $3.0m^3$ 轮胎式装载机 ZL50	台班	1182.96										112.261	132799.94
800305	生产能力 320t/h 以内沥青混合料	台班	84264.99										52.303	4407336.21
800306	最大摊铺宽度 12.5m 以内沥青混合	台班	3731.76										62.084	231681.02
800306	机械自身质量 15t 以内双钢轮振动	台班	1600.48										261.091	417871.28
800306	机械自身质量 16～20t 轮胎式压路	台班	744.52										86.747	64584.82
800306	机械自身质量 20～25t 轮胎式压路	台班	927.70										166.690	154638.46
800500	出料容量 250L 以内强制式混凝土	台班	191.71										2.214	424.45

续上表

代号	工程项目												合计	
	工程细目													
	定额单位													
	工程数量													
	定额表号													
	工、料、机名称	单位	单价(元)	定额	数量	金额(元)	定额	数量	金额(元)	定额	数量	金额(元)	数量	金额(元)
800701	装载质量5t以内自卸汽车CA340	台班	555.66										62.084	34497.36
800701	装载质量12t以内自卸汽车T138	台班	808.38										695.676	562370.79
800702	装载质量20t以内平板拖车组	台班	932.67										2.841	2649.72
800704	容量10000L以内洒水汽车	台班	1077.33										21.261	22905.65
800902	提升质量12t以内汽车式起重机	台班	840.37										1.365	1147.11
800903	提升质量40t以内汽车式起重机	台班	2206.02										6.093	13441.28
800903	提升质量75t以内汽车式起重机	台班	3453.21										5.634	19455.39

续上表

代号	工程项目												合计	
	工程细目													
	定额单位													
	工程数量													
	定额表号													
	工、料、机名称	单位	单价(元)	定额	数量	金额(元)	定额	数量	金额(元)	定额	数量	金额(元)	数量	金额(元)
809900	小型机具使用费	元	1.00										448.950	448.95
999900	定额基价	元	1.00										38784211.790	38784211.79
	其他材料费	元												
	其他机械使用费	元												
	设备购置费	元												
	措施费 措施费Ⅰ	元												106754.81
	措施费 措施费Ⅱ	元												313368.09
	企业管理费	元												1178408.77
	规费	元												162292.79
	利润	元												2826792.96
	税金	元												3671926.70
	合计	元												44471112.19
	单位单价	元												2285065.03
	每 m^2 单价	元												57.52

建筑安装工程费计算表

表 6-70

建设项目名称:某高速公路路面工程 B 合同段

编制范围:某高速公路路面工程 B 合同段

第 1 页 共 5 页 03 表

序号	分项编号	工程名称	单位	工程量	定额直接费（元）	定额设备购置费（元）	直接费（元）				设备购置费	措施费	企业管理费	规费	利润（元）	税金（元）	金额合计（元）	
							人工费	材料费	施工机械使用费	合计					费率（%）7.0%	税率（%）9.0%	合计	单价
1	2	3	4	5	6	7	8	9	10	11	12	13	14	15	16	17	18	19
1	-a	按合同条款规定，提供建筑工程一切险	总额	1.000						583892							583892	583892.33
2	-b	按合同条款规定，提供第三者责任险	总额	1.000						50000							50000	50000.00
3	102-1	竣工文件	总额	1.000						200000							200000	200000.00
4	102-2	施工环保费	总额	1.000						100000							100000	100000.00
5	102-3	安全生产费	总额	1.000						3503354							3503354	3503353.98
6	102-4	计算机管理软件费用(暂估价)	总额	1.000						50000							50000	50000.00
7	-a	临时道路修建、养护和拆除（含原有道路的使用和养护费）	总额	1.000						500000							500000	500000.00
8	-b	利用地方道路修复费(暂估价)	总额	1.000						500000							500000	500000.00

编制: 复核:

建筑安装工程费计算表

表 6-70

建设项目名称:某高速公路路面工程 B 合同段

编制范围:某高速公路路面工程 B 合同段　　　　第 2 页　共 5 页　　　　03 表

序号	分项编号	工程名称	单位	工程量	定额直接费(元)	定额设备购置费(元)	直接费(元)				设备购置费	措施费	企业管理费	规费	利润(元)	税金(元)	金额合计(元)	
							人工费	材料费	施工机械使用费	合计					费率(%) 7.0%	税率(%) 9.0%	合计	单价
1	2	3	4	5	6	7	8	9	10	11	12	13	14	15	16	17	18	19
9	103-2	临时工程用地(含不可复耕的临时用地改为永久用地的追加费用)	总额	1.000						2500000							2500000	2500000.00
10	103-3	临时供电设施	总额	1.000						750000							750000	750000.00
11	103-5	供水与排污设施	总额	1.000						100000							100000	100000.00
12	104-1	承包人驻地建设(含党建)	总额	1.000						1000000							1000000	1000000.00
13	105-1	施工现场标准化建设费	总额	1.000						3000000							3000000	3000000.00
14	106-1	劳动竞赛和检查评比活动基金(暂估价)	总额	1.000						1402567							1402567	1402566.58
15	107-1	工伤保险费	总额	1.000						353339							353339	353339.25
16	-d	厚 300mm	m^2	34380.000	1634910		28540	1729571	178769	1936879		17011	49383	17516	119091	192589	2332469	67.84
17	-e	厚 320mm	m^2	395063.000	20539559		343457	21967606	2160465	24471528		211812	620584	211316	1496037	2431015	29442291	74.53
18	-c	厚 160mm	m^2	34380.000	797167		20732	772933	120966	914631		9117	24053	12263	58124	91637	1109824	32.28

编制:　　　　复核:

建筑安装工程费计算表

表 6-70

建设项目名称:某高速公路路面工程 B 合同段

编制范围:某高速公路路面工程 B 合同段

第 3 页 共 5 页 03 表

序号	分项编号	工程名称	单位	工程量	定额直接费（元）	定额设备购置费（元）	直接费(元)				设备购置费	措施费	企业管理费	规费	利润（元）	税金（元）	金额合计（元）	
							人工费	材料费	施工机械使用费	合计					费率（%）7.0%	税率（%）9.0%	合计	单价
1	2	3	4	5	6	7	8	9	10	11	12	13	14	15	16	17	18	19
19	-d	厚 170mm	m^2	387556.000	9463690		236762	9236402	1396322	10869486		107162	285507	140754	689945	1088357	13181210	34.01
20	-a	高渗透乳化沥青透油层	m^2	851381.000	2982388		19071	2283902	99343	2402316		26907	91142	11819	217031	247429	2996644	3.52
21	-a	改性乳化沥青黏层	m^2	1189188.000	2034701		66595	1944294	35503	2046392		18726	62180	23648	148093	206913	2505952	2.11
22	-b	乳化沥青黏层	m^2	836970.000	1308184			1011662	13534	1025196		10993	39978	628	95141	105474	1277410	1.53
23	-c	改性乳化沥青防水黏层	m^2	341339.000	646496		19115	694181	10191	723487		5886	19757	6788	47050	72267	875234	2.56
24	-a	ATB-25 厚 100mm	m^2	31444.000	2052946		18329	1570517	434975	2023822		24155	62232	11890	149753	204467	2476320	78.75
25	-c	ATB-25 厚 160mm	m^2	384604.000	40178917		359396	30736842	8512964	39609202		472766	1217973	232945	2930876	4001739	48465502	126.01
26	310-2	封层	m^2	429443.000	2009364		221249	1388074	105198	1714520		23080	61406	80080	146570	182309	2207966	5.14
27	-a	厚 55mm	m^2	773139.000	38784225		254288	29886544	6070736	36211568		420123	1178409	162293	2826793	3671927	44471112	57.52
28	-a	厚 45mm	m^2	763444.000	31334073		205337	24145615	4904591	29255542		339418	952045	131081	2283788	2966569	35928443	47.06
29	-c-1	厚 67mm	m^2	6317.000	385821		2534	297306	60391	360231		4179	11723	1616	28121	36528	442399	70.03
30	311-6	沥青碎石增运费用(暂定工程量)	$m^3 \cdot km$	11913833.384						21444900							21444900	1.80

编制：　　　　复核：

建筑安装工程费计算表

表 6-70

建设项目名称：某高速公路路面工程 B 合同段

编制范围：某高速公路路面工程 B 合同段　　第 4 页　共 5 页　　03 表

序号	分项编号	工程名称	单位	工程量	定额直接费（元）	定额设备购置费（元）	直接费（元）				设备购置费	措施费	企业管理费	规费	利润（元）	税金（元）	金额合计（元）	
							人工费	材料费	施工机械使用费	合计					费率（%）7.0%	税率（%）9.0%	合计	单价
1	2	3	4	5	6	7	8	9	10	11	12	13	14	15	16	17	18	19
31	312-4	沥青混凝土表面抛丸凿毛（含桥面、搭板、过渡板、隧道内路面）	m^2	373300.000	1057559		33448	649915	452230	1135593		13218	35238	19609	77421	115297	1396376	3.74
32	-a	土（含耕植土）	m^3	3518.000	97097		102444			102444		2704	4312	34319	7288	13596	164662	46.81
33	-b	砂（含中粗砂）	m^3	1477.000	210029		47973	357803		405776		3242	9327	16071	15582	40500	490499	332.09
34	-a	C20 现浇混凝土	m	36627.000	1511409		392786	1307631	87982	1788400		24680	57486	138091	111550	190819	2311026	63.10
35	-a	C20 混凝土预制块路缘石	m^3	40.000	23240		14202	13380	305	27887		478	710	4816	1710	3204	38805	970.13
36	-c	C25 混凝土预制块压顶	m^3	2577.000	1522492		914938	895732	19660	1830330		30985	46527	310275	112000	209711	2539829	985.58
37	-d	M7.5 浆砌片石	m^3	3235.000	790311		315218	642253	21615	979086		21283	45403	108390	59990	109274	1323425	409.10
38	-a-2	外 ϕ80mm 塑料盲管	m	8386.000	490609		118812	431847	9210	559869		8523	22926	40173	36544	60123	728157	86.83
39	-b-1	内 ϕ80mm 镀锌钢管壁厚 $\sigma=4$mm	m	2099.000	106535		7054	106869	114	114038		1397	4739	2372	7887	11739	142171	67.73

编制：　　　　复核：

建筑安装工程费计算表

表 6-70

建设项目名称：某高速公路路面工程 B 合同段

编制范围：某高速公路路面工程 B 合同段　　　第 5 页　共 5 页　　　03 表

序号	分项编号	工程名称	单位	工程量	定额直接费（元）	定额设备购置费（元）	直接费（元）				设备购置费	措施费	企业管理费	规费	利润（元）	税金（元）	金额合计（元）	
							人工费	材料费	施工机械使用费	合计					费率（%）7.0%	税率（%）9.0%	合计	单价
1	2	3	4	5	6	7	8	9	10	11	12	13	14	15	16	17	18	19
40	-b-2	内 ϕ125mm 镀锌钢管壁厚 σ =4.5mm	m	164.000	12467		539	12457	8	13004		159	554	181	923	1334	16154	98.50
41	-a	C25 纵向缝隙式排水沟	m	7434.000	1148904		380086	940281	7384	1327752		19737	51229	128647	85391	145148	1757903	236.47
42	-b	中央分隔带开口部混凝土箱型纵向排水沟	m	240.000	91479		17839	86295	354	104488		1376	4071	6039	6785	11048	133808	557.53
43	-a	C20 混凝土集水坑	座	124.000	2577		762	1944	56	2762		43	114	259	191	303	3674	29.63
44	-c	C25 混凝土清淤井	座	260.000	27995		6490	24090	466	31046		446	1248	2210	2078	3333	40361	155.23
45	-a	碎石盲沟	m^3	73.000	6963		695	7227	211	8133		98	309	241	516	837	10134	138.82
46	-b	伸缩量 80mm	m	1263.000						1515600							1515600	1200.00
47	-d	伸缩量 160mm	m	867.000						2254200							2254200	2600.00
48	-e	伸缩量 240mm	m	63.000						283500							283500	4500.00
49	517-1	洞口拦水沟	m	302.000	871947		58151	801318	26345	885815		6111	27580	22512	63395	90487	1095899	3628.80
50		合计	公路千米	23.385	162124051		4206840	133944494	24729888	202625546		1825816	4988146	1878841	11825661	16505972	239990827	10262596.85

编制：　　　　　　　　复核：

综合费率计算表

表 6-71

建设项目名称：某高速公路路面工程 B 合同段

编制范围：某高速公路路面工程 B 合同段

第 1 页　共 1 页　　04 表

序号	工程类别	措施费(%)											企业管理费(%)						规费(%)					
		冬季施工增加费	雨季施工增加费	夜间施工增加费	高原地区施工增加费	风沙地区施工增加费	沿海地区施工增加费	行车干扰施工增加费	施工辅助费	工地转移费	综合费率 I	综合费率 II	基本费用	主副食运费补贴	职工探亲路费	职工取暖补贴	财务费用	综合费率	养老保险费	失业保险费	医疗保险费	工伤保险费	住房公积金	综合费率
1	2	3	4	5	6	7	8	9	10	11	12	13	14	15	16	17	18	19	20	21	22	23	24	25
01	土方		1.50						0.52	0.39	1.88	0.52	2.75	0.12	0.19		0.27	3.33	16.00	0.50	8.50		8.50	33.50
02	石方		1.37						0.47	0.29	1.66	0.47	2.79	0.11	0.20		0.26	3.36	16.00	0.50	8.50		8.50	33.50
03	运输		1.53						0.15	0.26	1.79	0.15	1.37	0.12	0.13		0.26	1.89	16.00	0.50	8.50		8.50	33.50
04	路面	0.07	1.46						0.82	0.56	2.09	0.82	2.43	0.07	0.16		0.40	3.06	16.00	0.50	8.50		8.50	33.50
05	隧道								1.20	0.45	0.45	1.20	3.57	0.10	0.27		0.51	4.44	16.00	0.50	8.50		8.50	33.50
06	构造物 I	0.12	1.02						1.20	0.45	1.58	1.20	3.59	0.11	0.27		0.47	4.44	16.00	0.50	8.50		8.50	33.50
06－1	构造物 I(绿化)		1.02						1.20	0.45	1.47	1.20	3.59	0.11	0.27		0.47	4.44	16.00	0.50	8.50		8.50	33.50
07	构造物 II	0.17	1.20	0.90					1.54	0.58	2.85	1.54	4.73	0.13	0.35		0.55	5.75	16.00	0.50	8.50		8.50	33.50
08	构造物 III(一般)	0.29	2.30	1.70					2.73	1.08	5.37	2.73	5.98	0.23	0.55		1.09	7.85	16.00	0.50	8.50		8.50	33.50
08－1	构造物 III(室内)	0.29		1.70					2.73	1.08	3.07	2.73	5.98	0.23	0.55		1.09	7.85	16.00	0.50	8.50		8.50	33.50
08－2	构造物 III(桥梁)	0.29	2.30	1.70					2.73	1.08	5.37	2.73	5.98	0.23	0.55		1.09	7.85	16.00	0.50	8.50		8.50	33.50
08－3	构造物 III(设备安装)	0.29							2.73	1.08	1.37	2.73	5.98	0.23	0.55		1.09	7.85	16.00	0.50	8.50		8.50	33.50
09	技术复杂大桥	0.17	1.41	0.93					1.68	0.67	3.18	1.68	4.14	0.10	0.21		0.64	5.09	16.00	0.50	8.50		8.50	33.50
10	钢材及钢结构(一般)			0.87					0.56	0.61	1.48	0.56	2.24	0.10	0.16		0.65	3.16	16.00	0.50	8.50		8.50	33.50
10－1	钢材及钢结构(桥梁)			0.87					0.56	0.61	1.48	0.56	2.24	0.10	0.16		0.65	3.16	16.00	0.50	8.50		8.50	33.50
10－2	钢材及钢结构(金属标志牌等)								0.56	0.61	0.61	0.56	2.24	0.10	0.16		0.65	3.16	16.00	0.50	8.50		8.50	33.50

编制：　　　　　　　　　　复核：

表 6-72

人工、材料、施工机械台班单价汇总表(1)

建设项目名称:某高速公路路面工程 B 合同段

编制范围:某高速公路路面工程 B 合同段　　　　第 1 页　共 3 页　　09 表

序号	名　称	单位	代号	预算单价(元)	备　注	序号	名　称	单位	代号	预算单价(元)	备　注
1	人工	工日	1	112.00		19	20 ~ 22 号铁丝镀锌铁丝	kg	2001022	5.47	
2	机械工	工日	2	112.00		20	型钢工字钢,角钢	t	2003004	3973.00	
3	人工	工日	1001001	112.00		21	钢板 A3,δ = 5 ~ 40mm	t	2003005	3920.00	
4	机械工	工日	1051001	112.00		22	钢模板各类定型大块钢模板	t	2003025	5102.56	
5	柴油	kg	863	6.83		23	组合钢模板	t	2003026	4880.34	
6	水	m^3	866	1.00		24	电焊条结 422(502、506、507) 3.2/4.0/5.0	kg	2009011	4.19	
7	其他材料费	元	996	1.00		25	铁件铁件	kg	2009028	5.00	
8	ϕ75mmPVC 塑料排水管	m	3017	8.00		26	铁钉混合规格	kg	2009030	5.96	
9	改性乳化防水沥青	t	3022	4500.00		27	U 形锚钉	kg	2009034	4.27	
10	300g/m^2 无纺土工布	m^2	3023	2.00		28	石油沥青	t	3001001	3841.00	
11	400g/m^2 非织造复合土工膜	m^3	3024	4.50		29	改性沥青 SBS、SBR、SR 复合	t	3001002	4593.00	
12	内径 80mm 双壁镀锌钢管	m	3026	41.00		30	乳化沥青阳离子类乳化沥青、阳离子类乳化改性沥青、阴离子类乳化改性沥青	t	3001005	2605.00	
13	内径 125mm 双壁镀锌钢管	m	3027	65.00		31	改性乳化沥青	t	3001006	3606.00	
14	HPB300 钢筋	t	2001001	3770.00		32	重油	kg	3003001	5.16	
15	HRB400 钢筋	t	2001002	3761.00		33	汽油 93 号	kg	3003002	7.71	
16	钢丝绳股丝 6 - 7 × 19,绳径 7.1 ~ 9mm;股丝 6 × 37,绳径 14.1 ~ 15.5mm	t	2001019	5195.00		34	柴油 0 号, - 10 号, - 20 号	kg	3003003	6.81	
17	钢纤维扁丝切断型、钢丝切断型、高强铣销型、剪切波纹型、剪切压痕型	t	2001020	5128.21		35	电	kW · h	3005002	1.00	
18	8 ~ 12 号铁丝镀锌铁丝	kg	2001021	5.21		36	水	m^3	3005004	1.00	

编制:　　　　复核:

人工、材料、施工机械台班单价汇总表(2)

表 6-72

建设项目名称:某高速公路路面工程 B 合同段

编制范围:某高速公路路面工程 B 合同段　　第 2 页　共 3 页　　09 表

序号	名称	单位	代号	预算单价(元)	备注	序号	名称	单位	代号	预算单价(元)	备注
37	锯材中板 $\delta = 19 \sim 35$mm,中方混合规格	m^3	4003002	1055.00		55	块石码方	m^3	5505025	65.00	
38	PVC 塑料管(ϕ100mm)ϕ100mm	m	5001014	10.77		56	32.5 级水泥	t	5509001	425.00	
39	塑料弹簧软管(ϕ80mm)	m	5001019	13.62		57	42.5 级水泥	t	5509002	442.00	
40	ϕ300mm 以内双臂波纹管	m	5001023	65.06		58	模数式伸缩装置 240 型	m	6003004	2393.16	
41	塑料打孔波纹管(ϕ100mm)	m	5001031	15.38		59	其他材料费	元	7801001	1.00	
42	土工布宽 4~5m	m^2	5007001	4.27		60	设备摊销费	元	7901001	1.00	
43	中(粗)砂混凝土、砂浆用堆方	m^3	5503005	190.00		61	铣刨机刀片	片	闽补 213001	55.00	
44	路面用机制砂	m^3	5503006	130.00		62	2.0m^3 轮胎式装载机	台班	1050	948.59	
45	砂砾堆方	m^3	5503007	180.00		63	2000mm 以内路面铣刨机	台班	1255	4265.43	
46	矿粉粒径 < 0.0074cm,重量比 > 70%	t	5503013	155.34		64	路面清扫机	台班	1258	1112.73	
47	路面用石屑	m^3	5503015	105.00		65	15t 以内自卸汽车	台班	1388	883.16	
48	片石码方	m^3	5505005	65.00		66	8000L 以内洒水汽车	台班	1406	819.72	
49	碎石(2cm)最大粒径 2cm 堆方	m^3	5505012	90.00		67	斗容量 0.6m^3 履带式单斗挖掘机 WY60 液压	台班	8001025	820.29	
50	碎石(4cm)最大粒径 4cm 堆方	m^3	5505013	90.00		68	斗容量 1.0m^3 履带式单斗挖掘机 WK100 机械	台班	8001035	1022.88	
51	碎石未筛分碎石统料堆方	m^3	5505016	90.00		69	斗容量 1.0m^3 轮胎式装载机 ZL20	台班	8001045	560.05	
52	路面用碎石(1.5cm)最大粒径 1.5cm 堆方	m^3	5505017	105.00		70	斗容量 2.0m^3 轮胎式装载机 ZL40	台班	8001047	932.76	
53	路面用碎石(2.5cm)最大粒径 2.5cm 堆方	m^3	5505018	105.00		71	斗容量 3.0m^3 轮胎式装载机 ZL50	台班	8001049	1182.96	
54	路面用碎石(3.5cm)最大粒径 3.5cm 堆方	m^3	5505019	105.00		72	机械自身质量 12~15t 光轮压路机 3Y-12/15	台班	8001081	567.61	

编制:　　　　复核:

表 6-72

人工、材料、施工机械台班单价汇总表(3)

建设项目名称:某高速公路路面工程 B 合同段

编制范围:某高速公路路面工程 B 合同段　　　　第 3 页　共 3 页　　　　09 表

序号	名　称	单位	代号	预算单价（元）	备　注	序号	名　称	单位	代号	预算单价（元）	备　注
73	机械自身质量 20t 以内振动压路机 YZ18A, YZJ19A	台班	8001090	1411.40		87	容量 $3m^3$ 以内混凝土搅拌运输车 JCQ3	台班	8005028	799.76	
74	生产能力 300t/h 以内稳定土厂拌设备 WBC－300	台班	8003011	1400.70		88	生产能力 $15m^3/h$ 以内混凝土搅拌站 HZ15	台班	8005056	859.99	
75	生产能力 400t/h 以内稳定土厂拌设备 WBC－400	台班	8003012	1641.70		89	装载质量 5t 以内自卸汽车 CA340	台班	8007012	555.66	
76	最大摊铺宽度 12.5m 稳定土摊铺机 WTU125	台班	8003017	2982.70		90	装载质量 12t 以内自卸汽车 T138, SX360	台班	8007016	808.38	
77	撒布宽度 1～3m 石屑撒布机 SA3	台班	8003030	694.41		91	装载质量 20t 以内平板拖车组	台班	8007024	932.67	
78	容量 8000L 以内沥青洒布车 LS－7500	台班	8003040	808.50		92	容量 10000L 以内洒水汽车 YGJ5170GSSJN	台班	8007043	1077.33	
79	生产能力 320t/h 以内沥青混合料拌和设备 H40000	台班	8003053	84264.99		93	提升质量 12t 以内汽车式起重机 QY12	台班	8009027	840.37	
80	最大摊铺宽度 12.5m 以内沥青混合料摊铺机(带自动找平) S2000	台班	8003060	3731.76		94	提升质量 40t 以内汽车式起重机 QY40	台班	8009032	2206.02	
81	机械自身质量 15t 以内双钢轮振动压路机 YZC－15	台班	8003065	1600.48		95	提升质量 75t 以内汽车式起重机 QY75	台班	8009034	3453.21	
82	机械自身质量 9～16t 轮胎式压路机 YL16	台班	8003066	635.50		96	容量 32kV·A 以内交流电弧焊机 BX1－330	台班	8015028	202.79	
83	机械自身质量 16～20t 轮胎式压路机 YL20	台班	8003067	744.52		97	小型机具使用费	元	8099001	1.00	
84	机械自身质量 20～25t 轮胎式压路机 YL27	台班	8003068	927.70		98	滑移式装载机(bobcat S160) S160	台班	闽补 1047001	563.16	
85	出料容量 250L 以内强制式混凝土搅拌机 JD250	台班	8005002	191.71		99	定额基价	元	1999	1.00	
86	出料容量 400L 以内灰浆搅拌机 UJ325	台班	8005010	146.74							

编制:　　　　　　　　　　复核:

思考题

1. 根据标的不同公路工程招标有哪些形式?
2. 公路工程招标的法定方式有哪些? 各有何特点?
3. 公路工程施工招标文件包括哪些内容?
4. 公路工程施工投标文件包括哪些内容?
5. 简述利用土、石填方及借土填方的工程量计量规则。
6. 请根据现行《公路工程标准施工招标文件》(2018 版)分析计价工程子目"钻孔灌注桩"的计价内容和工程计量规则。
7. 不计量是不是就是不计价? 请举例说明。
8. 简述工程量清单的组成。
9. 工程量清单的作用有哪些?
10. 在单价合同计价方式下,请分析计价工程子目综合单价的含义。
11. 简要说明工程量清单分解方法。
12. 简述报价工作程序。
13. 报价由哪几部分组成? 投标报价策略的内容是什么?
14. 何谓不平衡报价? 在投标报价时如何采用不平衡报价?

案例练习题

案例题一

背景材料:××省拟修建一座预应力混凝土连续刚构大桥,桥跨组合为 3×30m+60m+2×100m+60m+3×30m,桥梁全长 505.50m,桥梁宽度为 12.50m。其中,30m 跨径为现浇预应力混凝土连续箱梁。基础为钻孔灌注桩,采用回旋钻机施工,连续刚构桥主墩(单墩)为每排 3 根共 6 根 1.50m 的桩、过渡墩(单墩)为每排 2 根共 4 根 1.20m 的桩,桥台及现浇箱梁段均为 2 根 1.20m 的桩,1.50m 的桩平均设计桩长为 63.00m,1.20m 的桩平均设计桩长为 28.00m。

其基础项目的工程量见表 6-73。

主要工程项目的工程量表　　表 6-73

部　位	标　号	工程项目名称	单　位	各工程项目数量
基础	1	ϕ1.50m 桩径钻孔深度		
	(1)	砂、黏土	m	69
	(2)	砂砾	m	871.4
	(3)	软石	m	175.5
	(4)	次坚石	m	26.9
	2	ϕ1.20m 桩径钻孔深度		
	(1)	砂、黏土	m	66.8
	(2)	砂砾	m	333.2
	(3)	软石	m	160

续上表

部位	标号	工程项目名称	单位	各工程项目数量
基础	3	灌注桩混凝土	m^3	2637.3
	4	灌注桩光圆钢筋	t	41.45
	5	灌注桩带肋钢筋	t	76.97
	6	承台封底混凝土	m^3	341
	7	承台混凝土	m^3	1376.3
	8	承台光圆钢筋	t	11.92
	9	承台带肋钢筋	t	22.15

问题：请根据上述资料和招标文件编制基础的工程量清单。

案例题二

背景材料：某预应力混凝土连续梁桥，桥跨组合为 50 + 3 × 80 + 50，桥梁全长 345.50m，桥梁宽度为 25.00m。基础为钻孔灌注桩，采用回旋钻机施工，每个桥墩为每排 3 根共 6 根2.50m 的桩，每个桥台为 8 根 2.50m 的桩。承台尺寸为 8.00 × 20.00 × 3.00m，除桥台为干处施工外，其余均为水中施工（水深 4 ~ 5m）。混凝土均要求采用集中拌和、泵送施工，水上混凝土施工考虑搭便桥的方法，便桥费用不计。本工程计划工期为 18 个月。其施工图设计的主要工程数量见表 6-74。

桥梁下部主要工程数量表 表 6-74

项目		钻孔深度(m)				钢筋(t)
		砂土	砂砾	软石	次坚石	
灌注桩	桥墩	87	862	176	27	329
	桥台	67	333	160	—	
承台		封底混凝土(m^3)		承台混凝土(m^3)		钢筋(t)
		640		1920		91

注：承台采用钢套箱施工，按低桩承台考虑，钢套箱按高出水面 0.5m 计算，其重量按 150kg/m^2 计算。

招标文件提供的工程量清单见表 6-75。

工程量清单（第 400 章桥梁、涵洞） 表 6-75

子目号	子目名称	单位	数量	单价	合价
403-1	基础钢筋（包括灌注桩、承台、桩系梁等）				
-a	光圆钢筋（HPB235、HPB355）	t	147		
-b	带肋钢筋（HRB355、HRB400）	t	273		
405-1	钻孔灌注桩				
-a	桩径 2500mm	m	1712		
410-1	混凝土基础（包括支撑梁、桩基承台，但不包括桩基）	m^3	2560		
清单 第 400 章合计 人民币________元					

问题：试对其工程量清单进行分解及列出各清单子目工程造价所涉及的定额名称、定额表号、单位、工程量和，需要时应列式计算或文字说明。

第七章
CHAPTER SEVEN

公路工程施工阶段造价文件

第一节 计量与支付文件

一、概述

1. 工程计量与支付的概念

工程计量与支付(又称项目结算),是指监理工程师在工程施工过程中,依据合同双方约定的计量支付条及相关规定,对承包商符合要求的已完工程量,进行计量、计价并报业主审批由其办理支付的过程,也是承包商、监理工程师、业主共同参与完成的工作。

工程计量与支付包括确定已完工程造价(计量、计价)和费用支付两大内容。

2. 计量与支付的依据

公路工程项目计量与支付的依据主要有:

(1)国家和地方交通主管部门颁发的有关工程造价编制方面的文件规定。

(2)工程承包合同。

(3)合同条款。

合同条款包括通用合同条款、公路工程专用合同条款和项目专用合同条款三类。

①通用合同条款。通用合同条款是指交通运输部《公路工程标准施工招标文件》(2018版)的"通用合同条款",该"通用合同条款"不加修改地引用了原国家九部委(国家发展和改革委员会、财政部、城乡和住房建设部、铁道部、交通运输部、信息产业部、水利部、民用航空总局、广播电影电视总局)联合制定的《标准施工招标文件》(2007 版)相关内容,该条款共24 条。

②公路工程专用合同条款。考虑到公路工程的特点和管理的需要,在《公路工程标准施工招标文件》(2018 版)中发布有"公路工程专用合同条款"。"公路工程专用合同条款"仍为

24 条，其条编号、名称与“通用合同条款”相同，只是对一些相关内容根据公路工程招标及管理的具体情况作了细化和补充。

③项目专用合同条款。项目专用条款是根据招标项目的具体情况，对“通用合同用条款”和“公路工程专用合同条款”的补充或修正。作为具体项目的专用合同条款，“公路工程专用合同条款”规定，招标人在根据《公路工程标准施工招标文件》(2018 版) 编制项目招标文件中的“项目专用合同条款”时，可根据招标项目的具体特点和实际需要，对“通用合同条款”和“公路工程专用合同条款”进行补充、细化，除“通用合同条款”明确“专用合同条款”可作出不同约定外，补充和细化的内容不得与“通用合同条款”及“公路工程专用合同条款”强制性规定相抵触；同时，补充、细化或约定的不同内容，不得违反法律、行政法规的强制性规定和平等、自愿、公平、诚实信用原则。

合同条款在合同文件中的优先顺序为“项目专用合同条款”“公路工程专用合同条款”“通用合同条款”。

(4) 技术规范和工程量清单计量规则。

(5) 工程量清单。在施工结算中，作为合同文件重要组成部分的工程量清单中所列的支付子目编号、项目名称、计量单位、单价是施工结算编制的重要依据，且不得随意更改。

(6) 计量的工程量。

(7) 日常施工记录。

(8) 国家有关主管部门颁发的文件。

二、工程计量

1. 工程计量的含义

工程计量是按照公路工程招标文件工程量清单计量规则所规定的方法对承包人符合要求的已完工程的实际数量所进行的测量、计算、核查和确认的过程。

工程计量的任务是确定实际工程数量的多少。工程量有预估工程量和实际工程量之分，工程量清单的工程量仅是估算工程量，不能作为承包人应予完成的工程之实际和确切的工程量。实际工程量的多少只有通过计量才能确定。计量必须准确、真实、合法和及时。

2. 工程计量的条件

工程计量一方面需准确地测定和计算已完工程的数量，另一方面还需对已完工程进行综合评价。因此，对进行计量的工程，必须满足以下条件：

(1) 计量的项目应符合合同要求。合同规定计量的项目包括清单中的工程子目、合同文件中规定的项目、工程变更项目三个方面。

(2) 质量必须达到合同规范标准的要求。

(3) 验收手续必须齐全。

3. 工程计量的依据

计量的依据一般有质量合格证书、工程量清单前言、合同条件中的“计量支付”条款、工程量清单计量规则和设计图纸及各种测量数据等。

4. 计量方法

工程的计量必须以净值为准。《公路工程标准施工招标文件》(2018 版)第 17.1.2 款明确规定:工程的计量必须以净值为准,除非项目专用合同条款另有约定。工程量清单中各个子目的具体计量方法按合同文件工程量清单计量规则中的规定执行。

根据技术规范、工程量清单和合同条款的有关规定,公路工程施工监理一般采用以下方法进行计量:

(1)断面法。断面法主要用于取土坑和路基土方的计量。

(2)图纸法。在工程量清单中,许多项目的工程数量按照设计图纸所示的尺寸进行计量。例如混凝土的体积、钢筋的长度、钻孔灌注桩的桩长等。

(3)钻孔取样法。钻孔取样法主要用于道路面层结构的计量。采用钻孔取样法确定结构层的厚度。

(4)分项计量法。分项计量法就是将一个项目根据工序或部位分解为若干子项,对完成的各子项进行计量支付。这种计量方法主要是为了解决一些较大的工程项目或包干项目的支付时间过长,影响承包人的资金流动等问题。

(5)均摊法。均摊法就是对清单中某些项目的合同价款,按合同工期平均计量。它适用于临时道路、电设施、电设设施及供水与排污设施的修建与养护等清单项目。这些项目的特点是在合同工期内每月都有发生,因此可以采用均摊法。

(6)凭证法。凭证法就是根据合同中要求承包人提供的票据进行计量支付。如建筑工程一切险和第三方责任险的保险费等,一般按凭证法进行计量支付。

(7)估价法。估价法就是按照合同文件的规定,根据监理工程师估算的已完成的工程价值支付。如为监理工程师提供办公和生活设施、车辆以及测量设备、天气记录设备、通信设备等项目。

5. 计量的周期

除专用合同条款另有约定外,单价子目已完成工程量按月计量,总价子目的计量周期按批准的支付分解报告确定。

6. 单价子目的计量

《公路工程标准施工招标文件》(2018 版)第 17.1.4 项规定:

(1)已标价工程量清单中的单价子目工程量为估算工程量。结算工程量是承包人实际完成的,并按合同约定的计量方法进行计量的工程量。

(2)承包人对已完成的工程进行计量,向监理人提交进度付款申请单、已完成工程量报表和有关计量资料。

(3)监理人对承包人提交的工程量报表进行复核,以确定实际完成的工程量。对数量有异议的,可要求承包人按第 8.2 款(施工测量)约定进行共同复核和抽样复测。承包人应协助监理人进行复核并按监理人要求提供补充计量资料。承包人未按监理人要求参加复核,监理人复核或修正的工程量视为承包人实际完成的工程量。

(4)监理人认为有必要时,可通知承包人共同进行联合测量、计量,承包人应遵照执行。

(5)承包人完成工程量清单中每个子目的工程量后,监理人应要求承包人派员共同对每个子目的历次计量报表进行汇总,以核实最终结算工程量。监理人可要求承包人提供补充计量资料,以确定最后一次进度付款的准确工程量。承包人未按监理人要求派员参加的,监理人最终核实的工程量视为承包人完成该子目的准确工程量。

(6)监理人应在收到承包人提交的工程量报表后的7d内进行复核,监理人未在约定时间内复核的,承包人提交的工程量报表中的工程量视为承包人实际完成的工程量,据此计算工程价款。

(7)承包人未在已标价工程量清单中填入单价或总额价的工程子目,将被认为其已包含在本合同的其他子目的单价和总额价中,发包人将不另行支付。

7. 总价子目的计量

《公路工程标准施工招标文件》(2018 版)第17.1.5 项规定:除专用合同条款另有约定外,总价子目的分解和计量按照下述约定进行。

(1)总价子目的计量和支付应以总价为基础,不因第16.1 款(物价波动引起的价格调整)中的因素而进行调整。承包人实际完成的工程量,是进行工程目标管理和控制进度支付的依据。

(2)承包人在合同约定的每个计量周期内,对已完成的工程进行计量,并向监理人提交进度付款申请单、专用合同条款约定的合同总价支付分解表所表示的阶段性或分项计量的支持性资料,以及所达到工程形象目标或分阶段需完成的工程量和有关计量资料。

(3)监理人对承包人提交的上述资料进行复核,以确定分阶段实际完成的工程量和工程形象目标。对其有异议的,可要求承包人按第8.2 款(施工测量)约定进行共同复核和抽样复测。

(4)除按照第15 条(变更)约定的变更外,总价子目的工程量是承包人用于结算的最终工程量。

(5)工程量清单中要求承包人以"总额"方式报价的子目,各子目的支付原则和支付进度按项目专用合同条件的规定执行。

三、工程费用支付的分类

1. 按时间分类

按时间分类,工程费用支付可分为前期支付、期中支付、交工支付和最终支付四种。

(1)前期支付。前期支付即预付款,有开工预付款和材料预付款两类。在开工前,承包人履行了合同规定的义务后,由监理人签发支付证书,发包人付款。施工中按规定扣回。

(2)期中支付。期中支付即工程进度付款,一般按月进度支付,是根据每月完成的工程量按清单价格计算的工程价款及合同规定应结算(支付)的其他款项。

(3)交工支付。交工支付即交工结算,在本合同段完工或基本完工后,监理人签发交工验收证书后办理的结算(支付)工作。

(4)最终支付。最终支付即最终结清,在缺陷责任期结束,监理人签发缺陷责任终止证书后,办理的最后一次结算(支付)工作。

2. 按支付的内容分类

按支付的内容分类,工程费用支付可分为工程量清单内的支付和工程量清单外、合同内的支付。

(1)工程量清单内的支付。工程量清单内的支付是按合同条件和技术规范,通过监理人的质量检查、计量,确认已完的工程量,然后按确认的工程数量与报价单中的单价结算和支付工程量清单中的各项工程费用,简称清单支付。清单支付是期中支付中的主要项目,占有很大的比重。

(2)工程量清单外、合同内的支付。工程量清单外、合同内的支付是按合同规定,并且监理人根据工程实际情况和现场证实资料,确认清单以外的各项工程费用,如索赔费用、工程变更费用、价格调整等,简称附加支付。附加支付在期中支付中虽然占的比重较小,却是比较难控制和掌握的,它一方面取决于合同规定,另一方面取决于工程施工中实际遇到的客观条件和各种干扰。

四、公路工程费用支付项目的类别

根据九部委的《标准施工招标文件》(2007 年版)和《公路工程标准施工招标文件》(2018 版)的相关条款规定,工程支付费用项目按其内容一般可以划分为两类:一类是工程量清单内的费用项目,它包括清单内各章、各节、各细目应支付的费用项目及工程量清单汇总表中包含的计日工、暂列金额(不含计日工总额);另一类是清单以外、合同以内的费用项目,它包括开工预付款、材料预付款、质量保证金、工程变更费用、价格调整费用、索赔费用等费用项目。

1. 清单内费用项目

工程量清单内的费用项目,是将整个工程项目按照一定的划分原则和工程量计算规则进行分解并计算出工程量而构成的工程细目表。工程量清单主要由说明、工程细目表、计日工表和投标报价汇总表等组成。按照《公路工程标准施工招标文件》(2018 年版)中的工程量清单样表,工程细目表包括第 100 章　总则、第 200 章　路基、第 300 章　路面、第 400 章　桥梁涵洞、第 500 章　隧道、第 600 章　安全设施及预埋管线、第 700 章　绿化及环境保护设施。除各章的费用项目外,在投标报价汇总表中,支付的费用项目还包括计日工、暂列金额。

2. 清单外、合同内的费用项目

(1)预付款

①开工预付款。开工预付款是开工前由业主支付给承包人用于工程开工前各项准备工作的无息款项。开工预付款的金额一般为合同价的 10%,具体金额在项目专用合同条款数据表中约定。

在承包人签订了合同协议书承包人承诺的主要设备进场后,监理人应在当期进度付款证书中向承包人支付开工预付款

②材料、设备预付款。材料、设备预付款是由业主预先支付给承包人的一定比例的材料、设备款项,以供购进将用于和安装在永久工程中的各种材料、设备。

材料、设备预付款按项目专用合同条款数据表所列主要材料、设备单据费用(进口的材料、设备为到岸价,国内采购的为出厂价或销售价,地方材料为堆场价)的百分比支付。其预

付条件为：

a. 材料、设备符合规范要求并经监理工程师认可；

b. 承包人已出具材料、设备费用凭证或支付单据；

c. 材料、设备已在现场交货，且存储良好，监理人认为材料、设备的存储方法符合要求。

监理人应将此项金额作为材料、设备预付款计入下一次的期中支付证书中。在预计交工前3个月，将不再支付材料、设备预付款。

预付款的扣回与还清按合同条款的规定执行。

(2)质量保证金

质量保证金是监理工程师根据合同条款的规定，从支付给承包人的付款中替业主暂时扣留的一种款项，主要用于保证在缺陷责任期内，承包人履行缺陷修复义务的金额。

监理人应从第一个付款周期开始，在发包人的进度付款中，按项目专用合同条款数据表规定的百分比扣留质量保证金，直至扣留的质量保证金总额达到项目专用合同条款数据表规定的限额为止。质量保证金的计算额度不包括预付款的支付、扣回及价格调整的金额。

约定的缺陷责任期满时，且质量监督机构已按规定对工程质量检测鉴定合格，承包人向发包人申请到期应返还承包人剩余的质量保证金金额，发包人应在14d内会同承包人按照合同约定的内容核实承包人是否完成缺陷责任。如无异议，发包人应当在核实后将剩余保证金返还承包人。

缺陷责任期满时，承包人没有完成缺陷责任的，发包人有权扣留与未履行责任剩余工作所需金额相应的质量保证金余额，并有权要求延长缺陷责任期，直至完成剩余工作为止。

(3)索赔费用

其索赔费用的支付额，应按监理人签发的索赔审批书来确定或按监理人暂时确定的赔偿金额来支付。

(4)变更工程费用

工程变更是工程费用支付中的一个重要项目。工程变更费用的支付依据是工程变更令和工程变更清单，支付方式采用列入《中期支付证书》的形式进行。

(5)价格调整费用

由于公路工程项目施工所跨越的时间较长，施工成本容易受市场物价波动的影响。根据合同条款的规定，在合同执行期间，由于劳务、材料或影响工程施工成本的任何其他事项的价格涨落而引起费用增减时，应根据合同条款规定的价格调整公式给予调价，将其浮动的价格从合同价值中增加或减去。

(6)逾期交工违约金

逾期交工违约金是因承包人原因，使得工程不能如期完成的，承包人应向业主支付的项目专用合同条款数据表写明的金额(按天计算)。逾期交工违约金应不超过项目专用合同条款数据表中写明的限额(一般为签约合同价格的10%)。

(7)提前交工奖励

如果项目专用合同中有此条款，而承包人比此规定的工期提前完工，则可以得到提前交工奖励。该奖金时间是按工程移交证书的签署日期与合同规定的完成时间之差，按天数计算。提前交工奖励应不超过项目专用合同条款数据表中写明的限额。

(8)逾期付款违约金

发包人不按期支付工程进度款的,应按项目专用合同条款数据表约定的利率向承包人支付逾期付款违约金。违约金计算基数为发包人的全部未付款额,时间应从应付而未付该款额之日算起(不计复利)。

五、公路工程支付费用的计算

1. 工程量清单内各费用项目的计算

清单内各费用项目支付额按每月完成工程项目计量的工程量乘以报价单中相应的单价计算,暂列金额、计日工支付项目应支付费用的计算按工程量清单、合同条款中的规定进行。

2. 清单以外、合同以内支付项目应支付费用的计算

清单以外、合同以内支付项目应支付费用应严格按照合同条款(专用合同条款、通用合同条款、项目专用合同条款数据表)的规定进行计算,特别要注意工程变更、价格调整、索赔等支付项目应支付费用的计算和确定。各项费用的计算、款额的预付或扣回应严格按合同文件的规定进行,并在规定的计量支付表格中示明。

六、计量与支付文件

计量与支付文件是在公路工程施工阶段,对已完工程进行计量,并根据计量结果和合同约定对应付价款进行统计和确认,用于支付工程价款而编制的文件。计量与支付文件是公路工程资金支付和工程结算的依据性文件,应依据合同文件、工程变更、签认的质量检验单和计量工程量等编制。

计量与支付文件一般以规定格式的报表形式表现,包括计量报表(计量表1)和支付报表(支付表1),格式见表7-1、表7-2。

计 量 报 表 表7-1

建设项目名称: 合同段:

截止日期: 编号: 计量1表

要素费用项目编码	清单子目编码	清单子目名称	单位	合同数量	变更数量	变更后数量	单价	本年累计完成		至本期完成		至上期末完成		本期完成	
								数量	金额(元)	数量	金额(元)	数量	金额(元)	数量	金额(元)

承包人: 监理工程师: 建设单位: 第 页 共 页

说明:该报表由承包人、监理工程师、建设单位代表共同确认,按项目管理相关规定签署或盖章。

支付报表

表7-2

建设项目名称： 合同段：

截止日期： 编号：

支付1表

要素费用项目编码	清单子目编码	清单子目名称	合同金额（元）	变更增减金额(元)	变更后金额(元)	至本期末完成金额(元)	至上期末完成金额(元)	本期完成金额(元)

承包人： 监理工程师： 建设单位： 第 页 共 页

说明：该报表由承包人、监理工程师、建设单位代表共同确认，按项目管理相关规定签署或盖章。

第二节 工程变更费用

一、工程变更概述

1. 工程变更的含义

工程变更是合同变更的一种特殊形式，它通常是指合同文件中“设计图纸”“技术规范”或工程量清单的改变，包括设计变更、进度计划变更、施工条件变更以及工程量清单中工作内容或数量的变更，如取消某工作或新增某工作等。

在工程项目的实施过程中，由于多方面的原因，经常会出现工程形式、数量、性质、进度等方面变化的问题，这些问题的产生，一方面是由于勘察设计工作不细致，以致在施工过程中发现许多招标文件中没有考虑或估算不准确的情况，因而不得不改变施工项目或增减工程量；另一方面是由于发生不可预见的事件，比如地质条件与预计的不同，或社会原因引起的停工或工期拖延等。工程变更的目的是为了使工程更完善、合理或有利于工程的实施。因此，一旦发生工程变更，应遵循合同条款规定进行。

2. 工程变更的范围

根据九部委的《标准施工招标文件》(2007 年版) 和《公路工程标准施工招标文件》(2018版) 的相关条款规定，除专用合同条款另有约定外，在履行合同中发生以下情形之一，应按照规定进行变更。

(1) 取消合同中任何一项工作，但被取消的工作不能转由发包人或其他人实施，由于承包人违约造成的情况除外。

(2) 改变合同中任何一项工作的质量或其他特性。

(3) 改变合同工程的基线、高程、位置或尺寸。

(4)改变合同中任何一项工作的施工时间或改变已批准的施工工艺或顺序。

(5)为完成工程需要追加的额外工作。

3. 工程变更的原因

引起工程变更的原因有很多,有业主、设计、监理及承包人提出的工程变更,也有其他自然条件造成的工程变更。

(1)业主的原因

如果是业主提出工程变更,监理工程师应与承包人协商,看是否合理可行,主要看业主方提出的工程变更内容是否超出合同限定的范围。若属于新增工程,则不能算作工程变更,只能按另签合同处理,除非承包方同意作为变更。

(2)设计方面的原因

设计人员提出工程变更往往是由于技术原因,也可视为业主的要求,必须通过监理工程师下达工程变更指令。如果承包人提出设计变更从而造成工程变更要求,则此变更设计要求只能是建议性的。具体设计变更应由监理工程师认可,经设计单位进行变更设计后方可成立。

(3)监理方的原因

监理工程师往往根据工地现场的工程进展的具体情况,认为确有必要时,提出工程变更。如:公路工程承包合同施工中,常有通道与涵洞及排水系统在设计阶段考虑不周,或施工时环境发生变化的情况,监理工程师应本着节约工程成本和加快工程进度与保证工程质量的原则,提出工程变更;桥梁工程施工中,主要在地基基础方面提出变更的较多。

(4)承包人的原因

如果是承包商提出工程变更,应该交监理工程师审查。承包商提出工程变更,一种情况是工程遇到不能预见的地质条件或地下障碍,如原设计的斜拉桥基础为钻孔灌注桩,承包商根据开工后钻探的地质条件和施工经验,认为改成沉井基础较好;另一种情况是承包商为了节约工程成本或加快工程施工进度,提出工程变更。

(5)工程相邻地段的第三方原因

如果是工程相邻地段之外的任何第三方提出工程变更的要求,监理工程师要先报请业主,由业主出面与第三方协调,以利工程进展。

(6)自然条件和客观障碍的原因

工程承包合同执行过程中,由于地下水、地质断层、地下溶洞和地基沉陷等无法预料的不利自然条件,以及现场调查时无法发现的下水道、公共设施、坑、文物、隧道及废旧建筑物等客观障碍,造成工程项目数量、设计内容或施工方法等发生变化,从而引起工程变更。

总之,有关工程变更的原因多种多样,要根据工程项目实际情况合理确定。只要提出的工程变更与原合同规定一致,一般是切实可行的,并应加办理变更手续;如果超出了原合同规定,新增了很多工程项目和内容,则不属于合理的工程变更请求,监理工程师应和业主协商后酌情处理。

4. 工程变更的程序

(1)变更的提出

①在合同履行过程中,可能发生工程变更约定情形的,监理人可向承包人发出变更意向书。变更意向书应说明变更的具体内容和发包人对变更的时间要求,并附必要的图纸和相关

资料。变更意向书应要求承包人提交包括拟实施变更工作的计划、措施和竣工时间等内容的实施方案。发包人同意承包人根据变更意向书要求提交的变更实施方案的,由监理人按照约定发出变更指示。

②在合同履行过程中,发生工程变更约定情形的,监理人应按照约定向承包人发出变更指示。

③承包人收到监理人按合同约定发出的图纸和文件,经检查认为其中存在工程变更约定情形的,可向监理人提出书面变更建议。变更建议应阐明要求变更的依据,并附必要的图纸和说明。监理人收到承包人书面建议后,应与发包人共同研究,确认存在变更的,应在收到承包人书面建议后的14d内作出变更指示。经研究后不同意作为变更的,应由监理人书面答复承包人。

④若承包人收到监理人的变更意向书后认为难以实施此项变更,应立即通知监理人,说明原因并附详细依据。监理人与承包人和发包人协商后确定撤销、改变或不改变原变更意向书。

(2)变更估价

①除专用合同条款对期限另有约定外,承包人应在收到变更指示或变更意向书后的14d内,向监理人提交变更报价书,报价内容应根据约定的估价原则,详细开列变更工作的价格组成及其依据,并附必要的施工方法说明和有关图纸。

②变更工作影响工期的,承包人应提出调整工期的具体细节。监理人认为有必要时,可要求承包人提交要求提前或延长工期的施工进度计划及相应施工措施等详细资料。

③除专用合同条款对期限另有约定外,监理人收到承包人变更报价书后的14d内,根据约定的估价原则,按照有关条款商定或确定变更价格。

(3)变更指示

①变更指示只能由监理人发出。

②变更指示应说明变更的目的、范围、变更内容以及变更的工程量及其进度和技术要求,并附有关图纸和文件。承包人收到变更指示后,应按变更指示进行变更工作。

(4)设计变更程序

设计变更程序应执行《公路工程设计变更管理办法》的相关规定。

二、工程变更的单价分析与计算

1. 工程变更的工程量核算

工程变更后,必然将引起工程量的变化,监理工程师应重新加以核算。如原工程量清单中列有此项目,则应将变更后的数量与变更前的数量进行对比,从而确定工程量的增加量或减少量,并计算出相应的百分比;如果原工程量清单中无此项目,则此变更属于新增加项目,也需要准确计算工程量。总之,不论是哪一种情况,都必须通过准确计算工程量形成工程变更清单(即修改的工程量清单),并以此作为工程变更费用支付的基础。监理工程师在核算变更的工程量时主要依据以下3个方面的信息:

(1)设计图纸、合同文件及技术规范。设计图纸、合同文件及技术规范是计算变更工程量的基本依据,因为变更前的工程量就是按设计图纸、合同文件及技术规范计算出来的。

(2)监理工程师的记录。监理工程师和旁站人员的现场记录是核算变更项目实际工程量的重要依据,因此,监理工程师应高度重视现场记录、试验数据和其他原始资料的积累。

(3)承包人提供的工程数量。承包人提供的工程数量如果经过监理工程师审核,也可以作为核算工程量的依据,但承包人单方提供而没有经监理工程师证明和签认的工程量仅能作为参考,不能作为依据。

2. 工程变更单价确定的原则

《公路工程标准施工招标文件》(2018 版)专用合同条款第 15.4 款规定:除专用合同条款另有约定外,因变更引起的价格调整按照以下约定处理:

(1)如果取消某项工作,则该项工作的总额价不予以支付。

(2)已标价工程量清单中有适用于变更工作的子目的,采用该子目的单价。

(3)已标价工程量清单中无适用于变更工作的子目,但有类似子目的,可在合理范围内参照类似子目的单价,由监理人与承包人按照有关条款商定或确定变更工作的单价。

(4)已标价工程量清单中无适用或类似子目的单价,可在综合考虑承包人在投标时所提供的单价分析表的基础上,由监理人与承包人按照有关条款商定或确定变更工作的单价。

(5)如果本工程的变更指示是因承包人过错、承包人违反合同或承包人责任造成的,则这种违约引起的任何额外费用应由承包人承担。

3. 工程变更的单价确定方法

由于工程变更的单价涉及业主和承包人的切身利益,所以双方对此都十分关心。虽然《公路工程标准施工招标文件》(2018 版)给出了总的原则,但没有给出具体的处理办法。为了公正地对每一个变更项目进行估价,使业主和承包人对变更项目的造价满意,监理工程师必须完成大量而又详细的测算工作。

(1)采用工程量清单中相应工程细目的单价

这是确定变更工程单价的首要依据。即工程量清单中有相应工程细目者,原则上应按工程量清单中相应工程细目的单价。由于工程量清单的价格是承包人投标时填报的,用于变更工程,容易为业主、承包人及监理工程师所接受,而且从合同意义上来说也比较公平合理。

采用工程量清单的价格分三种情况:

①直接套用,即直接采用工程量清单上的价格。

②间接套用,即依据工程量清单,经换算后采用。

③部分套用,即依据工程量清单,取用价格中的某一部分。

(2)采用计日工单价作计价依据

如果工程量清单中无相应的单价作计价依据,当变更工程是一些小型变更工程时,可根据监理工程师的指示使用计日工单价作为计价的依据。

(3)对工程量清单中的相应单价进行调整

如果变更工程的性质和数量关系到整个工程或其任何部分的性质或数量,使涉及的工程细目原有单价或总额价因此而不合理或不适应,当该工程细目的变更规模超过合同规定的某个范围时,对工程量清单中相应的单价进行调整。

变更工程原则上应按合同中的相应单价来执行,但如果变更太大,尤其是合同中存在不平衡报价，则单价与成本相比会显得偏高或偏低。此时当工程变更规模超过合同规定的某个范围时，继续采用原单价会有悖公平性甚至出现显失公平的现象，所以此时单价应进行修订或调整。

(4)通过协商确定新工程细目的单价

如果工程量清单中没有相应工程细目的单价，且又不宜采用计日工单价作计价依据，则监理工程师根据授权和业主、承包人协商确定新的工程细目单价。在协商过程中，下列文件是协商确定变更工程单价的依据：①《公路工程预算定额》(JTG/T 3832—2018)(以下简称《预算定额》)、《公路工程建设项目概算预算编制办法》(JTG 3830—2018)(以下简称《概算预算编制办法》)及工程所在地的有关计价补充规定；②承包人投标时提交的单价分析资料及工程量清单中相关细目的报价。

需要注意的是，一旦监理工程师决定的价格不太合理，或缺乏说服承包人的依据，那么承包人有权就此向业主提出费用索赔。因此，监理工程师在协商和决定变更价格时，要充分熟悉和掌握工地情况和技术资料，并通过综合分析，合理判断，做到心中有数。

在实践中，确定新工程细目的单价有以下方法：

①以合同单价为基础定价。该方法的特点是简单且有合同依据；但如果原合同单价偏低，则得出的新单价也会偏低，反之，原合同单价偏高，则得出的新单价也会偏高。所以其确定的单价只有在原单价合理的情况下才会相对合理，当原单价不合理（有不平衡报价）时，该方法对增加的工程量部分的定价是不合理的。

案例 7-1

设某合同中沥青路面原设计厚度为4cm，其合同单价（报价）为32元/m^2。现进行设计变更为厚5cm。试确定变更后沥青路面的单价。

解：按照“以合同单价为基础定价”的原则，变更后沥青路面的单价可按“变更后的厚度÷原设计厚度×原合同单价”公式计算。因此，变更后沥青路面（厚5cm）的单价为 $5 \div 4 \times 32 = 40$ 元/m^2。

这种方法的特点是简单且有合同依据；但不足是合同单价是由不变成本和可变成本构成，可变成本随着工程量的增加而增加，不变成本是相对固定的，当工程量增加时，分摊在合同单价中的不定成本下降，而不是随着工程量的增加而增加。

②以概算预算方法为基础定价。按照概算预算方法确定单价时，应首先确定施工方案和施工方法，其次确定资源的价格，之后按照定额和编制办法确定其预算单价。预算单价乘以投标报价的降幅后确定单价。

该方法的优点是以《预算定额》(2018 版)及《概算预算编制办法》(2018 版)作为定价依据，产生的价格相对合理，能真实地反映完成变更工程的成本和利润。其缺点是不同的施工方案、施工方法会有不同的单价，另外该方法无法反映竞争产生的原有招标成果的作用，特别是当承包人有不平衡报价时，该方法会加剧总造价的不合理性。

③合理差价定价法。合理的定价方法是在考虑单价时，在保持原有报价不受实质影响的

前提下,对新增工程量部分以合理定价的差价计算,变更工程的新单价是在承包人原有报价的基础上加上合理定价的差价。如某合同中沥青路面原设计厚度为4cm,其合理单价为40元/m^2。现设计变更为厚度5cm,其合理单价为49.6元/m^2。承包人的原报价是32元/㎡,则变更后的新单价为$32+(49.6-40)=41.6$元/m^2。

这种方法体现了工程变更定价的一般原则,即工程变更不改变承包人在报价时的状态,承包人不因工程变更而额外受益,也不因工程变更而受损。

三、工程变更费用文件

工程变更费用是指在公路工程实施过程中,由于工程设计、合同约定发生变化等因素导致增加或减少的费用。

发生费用变化的工程变更应编制工程变更费用文件,具体可根据工程管理实际采用工程量清单形式或施工图预算形式编制。工程变更费用文件是评价工程变更经济合理性的依据,是编制计量与支付文件、工程结算、工程竣工决算的基础性资料。

1.说明

工程变更费用文件的编制说明应包括下列内容:

(1)建设项目设计文件的批复情况、工程变更的主要原因、相关的会议纪要等依据。

(2)采用的造价依据,人工、材料、设备、机械台班的单价依据或来源,其他费用标准或费用信息等。

(3)工程变更前、后的工程规模、技术标准、主要工程量及费用变化情况。

(4)其他与造价有关但不能在表格中反映的事项。

2.基本表格

工程量清单形式的工程变更费用文件的基本表格包括工程变更项目清单对比表(变更清单1表)、工程变更工程量清单对比表(变更清单2表)、工程变更台账表(变更清单3表)、工程变更项目清单对比汇总表(变更清单总1表)、工程变更工程量单对比汇总表(变更清单总2表),部分表格格式见表7-3~表7-5。

工程变更项目清单对比表 表7-3

建设项目名称: 合同段:

截止日期: 变更令号: 第 页 共 页 变更清单1表

要素费用项目编码	清单子目编码	工程或费用名称	单位	变更前			变更后			增减		
				数量1/数量2	单价1/单价2(元)	合价(元)	数量1/数量2	单价1/单价2(元)	合价(元)	数量1/数量2	单价1/单价2(元)	合价(元)

编制: 复核:

说明:变更令号为项目建设单位统一编制的变更号。

工程变更工程量清单对比表 表7-4

建设项目名称： 合同段：

编制范围： 变更令号： 第 页 共 页 变更清单2表

序号	清单子目编码	清单子目名称	变更前金额（元）	变更后金额（元）	增减金额（元）
1	100	第100章 总则			
2	200	第200章 路基工程			
3	300	第300章 路面工程			
4	400	第400章 桥梁、涵洞工程			
5	500	第500章 隧道工程			
6	600	第600章 安全设施及预埋管线			
7	700	第700章 绿化及环境保护设施			
8	800	第800章 管理、养护设施			
9	900	第900章 管理、养护及服务房屋			
10	1000	第1000章 其他工程			
…	…	……			
001		各章合计			
002		计日工合计			
003		暂列金额			
004		总价004 =（001 +002 +003）			

编制： 复核：

工程变更台账表 表7-5

建设项目名称： 合同段：

编制范围： 数据截止日期 变更清单3表

序号	变更令编号	变更工程名称	变更原因及主要内容	变更发生时间	批复变更费用(元)			变更依据（附件）	备注
					变更前	变更后	增减		
		小计							

编制： 复核： 第 页共 页

说明：1. 变更令号为项目建设单位统一编制的变更号，备注栏一般应填写批复文件号。

2. 变更工程应按类别和发生时间顺序编入本表，未经批准的变更意向不应列入。

第三节 工程索赔费用

一、工程索赔的概念、产生原因及分类

1. 工程索赔的概念

工程索赔是在工程承包合同履行中，当事人一方由于另一方未履行合同所规定的义务或者出现了应当由对方承担的风险而遭受损失时，向另一方提出赔偿要求的行为。

在实际工作中，“索赔”是双向的，既包括承包人向发包人的索赔，也包括发包人向承包人的索赔，我国《标准施工招标文件》(2007 年版)中的索赔就是双向的。但在工程实践中，发包人索赔数量较小，而且处理方便，可以通过冲账、扣拨工程款、扣保证金等实现对承包人的索赔；而承包人对发包人的索赔则相对较困难。通常情况下，索赔是指承包人向发包人提出的索赔，是指承包人(施工单位)在合同实施过程中，对非自身原因造成的工程延期、费用增加而要求发包人给予补偿损失的一种权利要求。本书主要讲的是承包人向发包人提出的索赔。

索赔有较广泛的含义，可以概括为如下三个方面：

(1)一方违约使另一方蒙受损失，受损方向对方提出赔偿损失的要求。

(2)发生应由业主承担责任的特殊风险或遇到不利自然条件等情况，使承包商蒙受较大损失而向业主提出补偿损失要求。

(3)承包商本人应当获得的正当利益，由于没有及时得到工程师的确认和业主应给予的支付，而以正式函件向业主索赔。

2. 工程索赔产生的原因

(1)发包人违约

发包人违约常常表现为发包人或监理人未能按合同规定为承包人提供得以顺利施工的条件。九部委的《标准施工招标文件》(2007 年版)通用合同条款约定的有：

①发包人未能按合同约定支付预付款或合同价款，或拖延、拒绝批准付款申请和支付凭证，导致付款延误的。

②发包人原因造成停工的。

③监理人无正当理由没有在约定期限内发出复工指示，导致承包人无法复工的。

④发包人无法继续履行或明确表示不履行或实质上已停止履行合同的。

⑤发包人无正当理由不按时返还履约保证金、质量保证金、农民工工资保证金。

⑥发包人不履行合同约定其他义务的。

(2)合同缺陷

合同缺陷常常表现为合同文件规定不严谨甚至矛盾、合同中的遗漏或错误，这不仅包括商务条款中的缺陷，也包括技术规范和图纸中的缺陷。在这种情况下，监理人有权做出解释。但

如果承包人执行监理人的解释后引起成本增加或工期延长，则承包人可以为此提出索赔，监理人应给予证明，发包人应给予补偿。一般情况下，发包人作为合同起草人，要对合同中的缺陷负责，除非其中有非常明显的含糊或其他缺陷，根据法律可以推定承包人有义务在投标前发现并及时向发包人指出。

(3)不利物质条件

不利物质条件通常是指承包人在施工现场遇到的不可预见的自然物质条件、非自然的物质障碍和污染物，包括地下和水文条件，但不包括气候条件。合同中一般约定，承包人遇到不利物质条件时，应采取适应不利物质条件的合理措施继续施工，并通知监理人。监理人发出指示，指示构成变更的，按有关变更的约定处理。监理人没有发出指示的，承包人因采取合理措施而增加的费用和(或)工期延误，由发包人承担。监理人发出的指示不构成变更时，承包人因采取合理措施而增加的费用和(或)工期延误，也应由发包人承担。

(4)工程变更

工程变更常常表现为设计变更、施工方法变更、追加或取消某些工作、合同规定的其他变更等。变更可以由发包人、工程师或承包人提出。这种变更是指在原合同范围内的变更，即有经验的承包人意料之中的变更，否则承包人可以拒绝。其判断标准是，变更是否与原工程有关，其目的是不是为了实现工程合同的总目标。工程变更与索赔有密切的关系。在实际工作中，可以把工程变更分为变更及相应的索赔两个部分，即把事先可以确定费用、双方签订了变更令的变更归入“工程变更”办理。把变更当时无法预知的费用或双方没有达成一致的变更价格，事后再由承包人以索赔形式提出补偿要求的变更归入“索赔”办理。事实上，合同中也作出规定，如果对于一项变更，监理人和承包人之间无法对其估价取得一致意见，则将监理人决定的价格值列入“工程变更”，剩余差额待承包人以索赔的形式提出后再按“索赔”进行处理。

(5)国家政策及法律、法令变更

国家政策及法律、法令变更，通常是指直接影响到工程造价的某些法律、法令的变更，比如限制进口、外汇管制或税收及其他收费标准的提高。国家的政策和法律、法令是承包人投标时编制报价的重要依据之一。

(6)其他承包人干扰

其他承包人干扰通常是指因其他承包人未能按时按质按量进行并完成某工作，各承包人之间配合协调不好等而给承包人工作带来的干扰。大中型土建工程，往往会有多个承包人同时在现场施工。特别是高等级公路建设，一般分为几个标段，每个标段由不同的承包人承担，由于各承包人之间没有合同关系，他们只各自与发包人存在合同关系，监理人作为发包人代理人有责任组织协调好各承包人之间的工作，否则，就会给整个工程和各承包人的工作带来严重影响，引起承包人索赔。

3. 工程索赔的分类

工程索赔依据不同的标准可以进行不同的分类。

(1)按索赔的合同依据分类

按索赔的合同依据可以将工程索赔分为合同内索赔和合同外索赔。

①合同内索赔。合同内索赔指承包人所提出的索赔要求在该工程项目的合同文件中有文字依据，承包人可以据此提出索赔要求，并取得经济补偿。这些在合同文件中有文字规定的合

同条款，在合同解释上被称为明示条款，或称为明文条款，此项索赔也称为合同中明示的索赔或合同规定的索赔。

②合同外索赔。合同外索赔即承包人的该项索赔要求，虽然在工程项的合同条款中没有专门的文字叙述，但可以根据该合同的某些条款的含义，推论出承包人有索赔权。这种索赔要求，同样有法律效力，有权得到相应的经济补偿。这种有经济补偿含义的条款，在合同管理工作中被称为"默示条款"或称为"隐含条款"。默示条款是一个广泛的合同概念，它包含合同明示条款中没有写入、但符合双方签订合同时设想的愿望和当时环境条件的一切条款。这些默示条款，或者从明示条款所表述的设想愿望中引申出来，或者从合同双方在法律上的合同关系引申出来，经合同双方协商一致，或被法律和法规所指明，都成为合同文件的有效条款，要求合同双方遵照执行。此项索赔也称为合同中默示的索赔或非合同规定的索赔。

(2)按索赔目的分类

按索赔目的可以将工程索赔分为工期索赔和费用索赔。

①工期索赔。由于非承包人责任的原因而导致施工进程延误，要求批准顺延合同工期的索赔，称为工期索赔。工期索赔形式上是对权利的要求，以避免在原定合同竣工日不能完工时，被发包人追究拖期违约责任。一旦获得批准合同工期顺延后，承包人不仅免除了承担拖期违约赔偿费的严重风险，而且可能因提前工期而得到奖励，最终仍反映在经济收益上。

②费用索赔。费用索赔的目的是要求经济补偿。当施工的客观条件改变导致承包人增加开支，要求对超出计划成本的附加开支给予补偿，以挽回不应由他承担的经济损失。

(3)按索赔事件的性质分类

按索赔事件的性质可以将工程索赔分为工程延误索赔、工程变更索赔、合同被迫终止索赔、工程加速索赔、意外风险和不可预见因素索赔及其他索赔。

①工程延误索赔。因发包人未按合同要求提供施工条件，如未及时交付设计图纸、施工现场、道路等，或因发包人指令工程暂停或不可抗力事件等原因造成工期拖延的，承包人对此提出索赔。这是工程中常见的一类索赔。

②工程变更索赔。由于发包人或监理工程师指令增加或减少工程量或增加附加工程、修改设计、变更工程顺序等，造成工期延长和费用增加，承包人对此提出索赔。

③合同被迫终止的索赔。由于发包人或承包人违约以及不可抗力事件等原因造成合同非正常终止，无责任的受害方因其蒙受经济损失而向对方提出索赔。

④工程加速索赔。由于发包人或工程师指令承包人加快施工速度，缩短工期，引起承包人人力、财力、物力的额外开支而提出的索赔。

⑤意外风险和不可预见因素索赔。在工程实施过程中，因人力不可抗拒的自然灾害、特殊风险以及一个有经验的承包人通常不能合理预见的不利施工条件或外界障碍，如地下水、地质断层、溶洞、地下障碍物等引起的索赔。

⑥其他索赔。如因货币贬值、汇率变化、物价、工资上涨、政策法令变化等原因引起的索赔。

二、工程索赔的处理原则

1. 索赔必须以合同为依据

不论是风险事件的发生，还是当事人不完成合同工作，都必须在合同中找到相应的依据，当然,有些依据可能是合同中隐含的。工程师依据合同和事实对索赔进行处理是其公平性的重要体现。在不同的合同条件下,这些依据很可能是不同的。如因为不可抗力导致的索赔,在我国《标准施工招标文件》(2007 年版)合同条件下,承包人机械设备损坏的损失,是由承包人承担的,不能向发包人索赔;但在 FIDIC 合同条件下,不可抗力事件一般都列为业主承担的风险,损失都应当由业主承担。如果到了具体的合同中,各个合同的协议条款不同,其依据的判别就更大了。

2. 及时、合理地处理索赔

索赔事件发生后,索赔的提出应当及时,索赔的处理也应当及时。索赔处理得不及时,对双方都会产生不利的影响,如承包人的索赔长期得不到合理解决,索赔积累的结果会导致其资金周转困难,同时会影响工程进度,给双方都带来不利的影响。处理索赔还必须坚持合理性原则,既考虑到国家的有关规定,也应当考虑到工程的实际情况。如承包人提出索赔要求,机械停工按照机械台班单价计算损失显然是不合理的,因为机械停工不发生运行费用。

3. 加强主动控制,减少工程索赔

对于工程应当加强主动控制,尽量减少索赔。这就要求在工程管理过程中尽量将工作做在前面,减少索赔事件的发生。这样能够使工程更顺利地进行,降低工程投资,缩短施工工期。

三、工程索赔的程序

九部委的《标准施工招标文件》(2007 年版)通用合同条款第 23 款和《公路工程标准施工招标文件》(2018 版)专用合同条款第 23 款针对索赔有以下规定。

1. 承包人索赔的提出

根据合同约定,承包人认为有权得到追加付款和(或)延长工期的,应按以下程序向发包人提出索赔:

(1)承包人应在知道或应当知道索赔事件发生后 28d 内,向监理人递交索赔意向通知书,并说明发生索赔事件的事由。承包人未在前述 28 天内发出索赔意向通知书的,丧失要求追加付款和(或)延长工期的权利。

(2)承包人应在发出索赔意向通知书后 28 天内,向监理人正式递交索赔通知书。索赔通知书应详细说明索赔理由以及要求追加的付款金额和(或)延长的工期,并附必要的记录和证明材料。

(3)索赔事件具有连续影响的,承包人应按合理时间间隔继续递交延续索赔通知,说明连续影响的实际情况和记录,列出累计的追加付款金额和(或)工期延长天数。

(4)在索赔事件影响结束后的 28 天内,承包人应向监理人递交最终索赔通知书,说明最终要求索赔的追加付款金额和(或)延长的工期,并附必要的记录和证明材料。

2. 监理人索赔处理程序

(1)监理人收到承包人提交的索赔通知书后,应及时审查索赔通知书的内容、查验承包人的记录和证明材料，必要时监理人可要求承包人提交全部原始记录副本。

(2)监理人应有关条款商定或确定追加的付款和(或)延长的工期，并在收到上述索赔通知书或有关索赔的进一步证明材料后的42天内，将索赔处理结果报发包人批准后答复承包人。如果承包人提出的索赔要求未能遵守《公路工程标准施工招标文件》(2018版)第23.1(2)~(4)项的规定，则承包人只限于索赔由监理人按当时记录予以核实的那部分款项和(或)工期延长天数。

(3)承包人接受索赔处理结果的，发包人应在作出索赔处理结果答复后28天内完成赔付。承包人不接受索赔处理结果的，转入争议的解决程序。

工程索赔时限如图7-1所示。

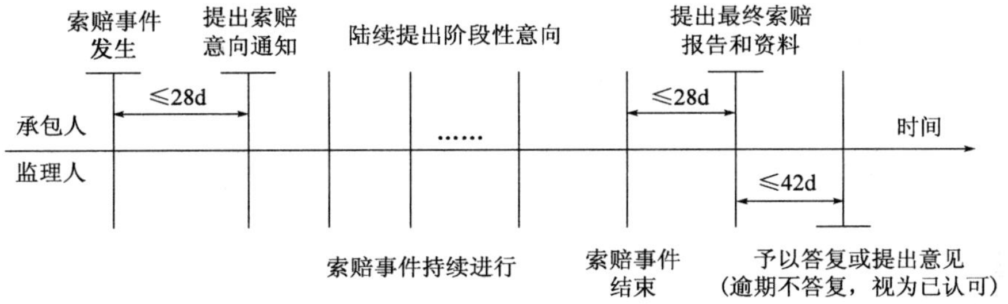

图7-1 工程索赔时限

3.承包人提出索赔的期限

承包人约定接受了竣工付款证书后，应被认为已无权再提出在合同工程接收证书颁发前所发生的任何索赔。承包人提交的最终结清申请单中，只限于提出工程接收证书颁发后发生的索赔。提出索赔的期限自接受最终结清证书时终止。

4.发包人的索赔

发生索赔事件后，监理人应及时书面通知承包人，详细说明发包人有权得到的索赔金额和(或)延长缺陷责任期的细节和依据。发包人提出索赔的期限和要求与上述约定相同，延长缺陷责任期的通知应在缺陷责任期届满前发出。

监理人商定或确定发包人从承包人处得到赔付的金额和(或)缺陷责任期的延长期。承包人应付给发包人的金额可从拟支付给承包人的合同价款中扣除，或由承包人以其他方式支付给发包人。

四、工程索赔的证据

1.索赔证据的种类

索赔证据是当事人用来支付其索赔成立或和索赔有关的证明文件和资料。索赔证据作为索赔文件的组成部分，在很大程度上关系到索赔的成功与否。没有证据或证据不全、不足，索赔是难以成功的。

常见的索赔证据主要有：

(1)各种合同文件，包括招标文件、工程合同及附件、中标通知书、投标书、标准和技术规范、图纸、工程量清单、工程报价单或预算书、有关技术资料和要求等。

(2)工程各项有关的设计交底记录、变更图纸、变更施工指令等。

(3)工程各项经发包人或监理人签认的签证。

(4)工程各项会议纪要、协议及往来信件、指令、信函、通知、答复等。

(5)施工计划及现场实施情况记录。

(6)施工日报及工长工作日志、备忘录。

(7)工程中送电和停电、送水和停水、道路开通和封闭的记录及证明。

(8)工程结算资料和有关财务报告。如工程预付款、进度款拨付的数额及日期记录、工程结算书等。

(9)工程图纸、图纸变更、交底记录的送达份数及日期记录。

(10)工程有关施工部位的照片及录像等。

(11)工程现场气候记录,如有关天气的温度、风力、雨雪等。

(12)工程验收报告及各项技术鉴定报告等。

(13)工程材料采购、订货、运输、进场、验收、使用等方面的凭据。

(14)国家和省级或行业建设主管部门有关影响工程造价、工期的文件、规定等。

2. 索赔证据的基本要求

(1)真实性。索赔证据必须是在实施合同过程中确实存在和发生的,必须完全反映实际情况,能经得住推敲。

(2)全面性。所提供的证据应能说明事件的全过程。索赔报告中涉及的索赔理由、事件过程、影响、索赔值等都应有相应证据,不能零乱和支离破碎。

(3)关联性。索赔的证据应当能够互相说明,相互具有关联性,不能互相矛盾。

(4)及时性。索赔证据的取得及提出应当及时,符合合同约定。

(5)具有法律证明效力。索赔证据必须是书面文件,有关记录、协议、纪要必须是双方签署的;工程中重大事件、特殊情况的记录、统计必须由合同约定的监理人签证认可。

五、工程施工中常见的索赔问题

1. 施工现场条件变化索赔

施工现场条件变化的含义是指在施工过程中,承包商“遇到了一个有经验的承包商不可能预见到的不利的自然条件或人为障碍”,因而导致承包商为完成合同要花费计划外的额外开支。按照国际惯例,这些额外开支应该得到业主方面的补偿。

施工现场条件主要是施工现场的地下条件(即地质、地基、地下水及土壤条件)的变化,给项目实施带来严重困难。这些地基或土壤条件,同招标文件中的描述差别很大,或在招标文件中根本没有提到。至于水文气象方面原因造成的施工困难,如暴雨、洪水对施工带来的破坏或经济损失,则属于投标施工的风险问题,而不属于施工现场条件变化的范畴。在施工索赔中处理的原则是:一般的不利水文气象条件,是承包商的风险;特殊反常的水文气象条件,即通常所谓的“人力不可抵御的”自然力,则属于业主的风险。

(1)不利现场条件的类型

在国际工程承包施工中,把不利的施工现场条件分成两类,作为处理施工索赔的重要依据。

①第一类不利的现场条件,是指招标文件描述现场条件失误,即在招标文件中对施工现场存在的不利条件虽然已经提出,但严重失实,或其位置差异极大,或其严重程度差异极大,从而使承包商施工时“误入歧途”。主要有:在开挖现场挖出的岩石或砾石,其位置高程与招标文件中所述的高程差别甚大;招标文件钻孔资料注明系坚硬岩石的某一位置或高程上,出现的却是松软材料;实际的破碎岩石其地下障碍物,其实际数量大大超过招标文件中给出的数量;设计指定的取土场或采石场开采出来的土石料,不能满足强度或其他技术指标要求,而要更换料场;实际遇到的地下水在位置、水量、水质等方面与招标文件中的数据相差悬殊;地表高程与设计图纸不符,导致大量的挖填方量,等等。

②第二类不利的现场条件,是指在招标文件根本没有提到,而且按该项工程的一般施工实践完全是出乎意料地出现的不利现场条件。这种意外的不利条件,是有经验的承包商难以预见的情况。主要有:在开挖基础或土石方时发现了古代建筑遗迹、古物或化石;遇到了高度腐蚀的地下水或有毒气体,给承包商的施工人员和设备造成意外的损失;在隧洞开挖过程中遇到了强大的地下水流,这是类似地质条件下隧洞施工中罕见的情况,等等。

(2)处理原则

上述两种不同类型的现场不利条件,不论是招标文件中描述失实的,还是招标文件中根本未曾提及的,都是一般施工实践中承包商难以预料的,给承包商的施工带来严重困难,从而引起施工费用大量增加或工期延长。从合同责任上讲,不是承包商的责任,因而应给予相应的经济补偿和工期延长。

2. 工程范围变更索赔

工程范围变更索赔是指业主和监理工程师指令承包商完成某项工作,而承包商认为该项工作已超出原合同的工作范围,或超出其投标时估计的施工条件,因而要求补偿其附加开支,即新增开支。

超出原合同规定范围的新增工程,在合同语言上被称为“额外工程”。这部分工程是承包商在投标报价时没有考虑的工作。它在招标文件的“工程量清单表”中及其“技术规范”中都没有列入,因而承包商在采购施工材料设备和制定施工进度计划时都没有考虑。因此,对这种额外工程,承包商虽然应遵照业主和工程师的指令必须予以完成,但其理应得到经济补偿以及工期延长。

(1)新增工程的类型

在工程范围变更的各种形式中,新增工程的现象最为普遍。监理工程师在其工程变更指令中,经常要求承包商完成某种新增工程。这些“新增工程”,可能包括各种不同的范围和规模,其工程量也可能很大。因此,要在索赔管理中严格确定“新增工程”的确切范围。如果是属于工程项目合同范围以内的“新增工程”,就称为“附加工程”;如果属于工程项目合同范围以外(超出合同范围)的“新增工程”,则应称为“额外工程”。

①附加工程。附加工程是指该合同项目所必不可少的工程,如果缺少了这些工程,该合同项目便不能发挥合同预期的作用。或者说,附加工程就是合同工程项目所必需的工程。这种

附加工程，才是合同语言中真正的新增工程，也是承包商在接到监理工程师的工程变更指令后必须完成的工作，无论这些工作是否列入该工程项目合同文件中。

②额外工程。额外工程是指工程项目合同文件中“工作范围”中未包括的工作。缺少这些工作，原订合同工程项目仍然可以运行，并发挥效益。所以，额外工程是一个“新增的工程项目”，而不是原合同项目工程量清单表中的一个新的“工作项目”。如果属于“附加工程”，即使工程量清单表中没有列入，它也可以增列进去；如果是“额外工程”，便不应列入工程量清单表中。

在工程项目的合同管理和索赔中，应该严格区分“附加工程”和“额外工程”，不能把它们混为一谈。因为在合同管理工作中，这两种工作范围不同的工程，有不同的合同手续和做法，见表7-6。

新增工程分类表 表7-6

<table>
<tr><th>工作性质</th><th>按合同工作范围</th><th>工程量清单表</th><th>工程变更指令</th><th>单　价</th><th>结算支付方式</th></tr>
<tr><td rowspan="4">新增工程</td><td rowspan="2">附加工程：
属于原合同工作范围以内的工程</td><td>列入工程量清单表的工作</td><td>不必发变更指令</td><td>按投标单价</td><td>按合同规定的程序按月结算支付</td></tr>
<tr><td>未列入工程量清单表</td><td>要补发变更指令</td><td>议定单价</td><td>同上</td></tr>
<tr><td rowspan="2">额外工程：
超出原合同工作范围的工程</td><td rowspan="2">不属于工程量清单表的工作项目</td><td>要发变更指令</td><td>新定单价</td><td>提出索赔，按月支付</td></tr>
<tr><td>或另订合同</td><td>新定单价或合同价</td><td>提出索赔，或按新合同程序支付</td></tr>
</table>

（2）处理原则

在国际工程施工索赔的实践中，确定合同工程的工作范围时，通常遵循以下原则：

①包括在招标文件中的“工程范围”所列的工作内，并在工程量清单、技术规范及图纸中所标明的工程，均属于“附加工程”。

②监理工程指示进行的“工程变更”，如属于“根本性的变更”，则属于“额外工程”。

③发生的工程变更的工程量或款项，超过了一定的界限时，即超出了“附加工程”的范围，应属于“额外工程”。

④如果属于“附加工程”，则计算工程款时，应按照投标文件工程量清单表中所列的单价进行计算，或参照近似工作的单价计算。如果确定是属于“额外工程”，则应重新确定单价，按新单价支付工程款。

六、索赔费用的计算

1. 可索赔的费用内容

工程索赔的费用内容，与合同报价包含的内容相似，主要包括人工费、材料费、机械使用费、管理费、延长工期后的费用、延期付款利息、赶工费、利润等。

在不同的索赔事件中可以索赔的费用是不同的。根据《公路工程标准施工招标文件》（2018版）“通用合同条款”的内容，可以合理补偿承包人的条款见表7-7。

《公路工程标准施工招标文件》中“通用合同条款”规定的可以合理补偿承包人索赔的条款

表 7-7

序号	条款号	主 要 内 容	可补偿内容		
			工期	费用	利润
1	1.10.1	施工过程发现文物、古迹以及具有地质研究或考古价值的其他遗迹、化石、钱币或物品	√	√	
2	3.4.5	监理人未能按合同约定发出指示、指示延误或指示错误	√	√	√
3	4.1.8	承包人为他人提供方便		√	√
4	4.11.2	承包人遇到不利物质条件	√	√	
5	5.2.4	发包人要求向承包人提前交付材料和工程设备	√		
6	5.2.6	发包人提供的材料和工程设备的规格、数量或质量不符合合同要求	√	√	√
7	8.3	发包人提供的测量基准点、基准线和水准点及其书面资料等基准资料错误导致承包人测量放线工作的返工或造成工程损失	√	√	√
8	11.3	发包人的原因造成工期延误	√	√	√
9	11.4	异常恶劣的气候条件	√		
10	11.6	发包人要求承包人提前竣工		√	
11	12.2	发包人原因引起的暂停施工	√	√	√
12	12.4.2	发包人原因造成暂停施工后无法按时复工	√	√	√
13	13.1.3	发包人原因造成工程质量达不到合同约定验收标准	√	√	√
14	13.5.3	监理人对隐蔽工程重新检查,经检验证明工程质量符合合同要求	√	√	√
15	13.6.2	发包人提供的材料或工程设备不合格造成的工程不合格,需要承包人采取措施补救	√	√	√
16	14.1.3	监理人重新试验和检验材料、工程设备和工程,结果证明该项材料、工程设备和工程符合合同要求	√	√	√
17	16.2	法律变化引起的价格调整		√	
18	18.4.2	发包人在全部工程竣工前,使用已接收的单位工程导致承包人费用增加	√	√	√
19	18.6.2	发包人原因导致试运行失败		√	√
20	19.2	发包人原因导致的工程缺陷和损失		√	√
21	21.3.1	不可抗力	√	√	
22	21.3.4	因不可抗力解除合同		√	

(1)人工费

①停工及窝工的人工费。

a. 合同中规定了计算方法的,原则上按合同中规定的计算方法计算;

b. 合同中未规定计算方法的，可以参考计日工单价、人工费预算单价、当前的人工工资水平来计算。

在此基础上确定停工及窝工费的工日单价并根据实际的停工及窝工时间进行计算。其中停工、窝工时间中应根据工程的不同性质扣除雨水天气所占用的时间。

②增加的人工费。

由于增加了合同以外的工程内容，或由于业主原因造成工程拖延，致使承包人多用了人工或者延长了工作时间，则承包人有权向业主要求补偿人工费的损失。其计算方法是：工资单价 × 人工数 × 应赔偿（或延长）的天数。经累加后，即为要求赔偿的人工费。

（2）材料费

①材料积压损失费。

a. 合同中已支付材料预付款的，原则上不考虑材料积压损失费；

b. 合同中未支付材料预付款的，可根据材料费价格及积压材料的费用总额计算其利息；

c. 对于使用时间有要求的材料，当材料积压时间太长时，应根据实际情况考虑材料超过使用期限后报废的损失。

②增加材料的费用。由于业主修改了工程内容，或需要重新施工制作，致使工程材料用量增加，则承包人可向业主提出材料费用索赔。其计算方法是：（实际使用的材料数量 - 原来材料数量）× 所使用材料单价，由此可以求出增加材料的费用。

（3）机械费

①机械设备停置费。

a. 合同中规定了计算方法的，原则上按合同中规定的计算方法计算；

b. 合同中未规定计算方法的，可参考式（7-1）计算：

$$机械停置费台班单价 = (折旧费 + 大修理费) \times \alpha\% + 机上人员工资 + 养路费及车船使用税 \tag{7-1}$$

式中：折旧费、大修理费——机械台班费用定额中每台班的折旧费和大修理费；

$\alpha\%$——机械设备的使用率，查有关规定执行；

机上人员工资——按停工、窝工人工费的计算方法确定；

养路费及车船使用税——可查有关定额或规定。

c. 施工单位租赁机械，可在出具租赁合同后，根据租赁价格扣除燃料费后确定其停置费。

②增加机械设备的费用。

首先，计算机械工作时间的增加量，即原有各种机械比预定计划所增加的工作时间（或台班）；新增加各种机械和数量的工作时间（或台班）。其次，将求得以上各种工作时间的增加量乘以合同规定单价或台班单价。最后，将不同种类机械费用累计，就可以计算出机械的索赔金额。

（4）管理费

①可根据实际情况由业主、监理工程师、承包人协商确定（主要考虑现场管理费）。

②按辅助资料表之单价分析表中的管理费比例，测算管理费占合同总价的比例，确定合同总价中的管理费总额，再根据项目合同工期测算承包人每天的现场管理费总额，最后根据增工、停工或窝工时间确定索赔事件期间所发生的管理费总额。

(5)延长工期后的费用

①当合同规定由承包人办理工程保险时,工程保险费追加可根据保险单或调查所得的保险费率来确定保险费用。

②承包人临时设施维护费,如已包含在现场管理费中,则不另行计算,否则可根据延长时间由业主、监理工程师、承包人协商确定维护费用。

③当合同规定临时租地费由承包人承担时,延长期间的临时租地费可根据租地合同或其他票据参考确定。

④临时工程的维护费可根据临时工程的性质及实际情况由业主、承包人、监理工程师协商确定。

(6)延期付款利息

根据投标书附件中规定的延期付款利率和延期付款时间按单利法进行计算。

(7)赶工费

为抢工期而增加的周转性材料增加费、工效和机械效率降低费、职工的加班费、不经济地使用材料等赶工费由业主、承包人、监理工程师根据赶工的工程性质和当时当地的实际情况协商确定。

(8)利润

对于不同性质的索赔,取得利润索赔的成功率是不同的。一般来说,由于工程范围的变更和施工条件变化引起的索赔,承包人是可以列入利润的;由于业主的原因终止或放弃合同,承包人除有权获得已完成工程款外,还应得到原定比例的利润。而对于工程延误的索赔,由于利润通常是包括在每项实施的工程内容的价格之内的,而延误工期并未影响、削减某些项目的实施而导致利润减少,所以,一般监理工程师很难同意在延误费用索赔中加进利润损失。索赔利润款额的计算通常是与原报价单中的利润百分率保持一致。即在索赔款直接费的基础上,乘以原报价单中的利润率,即为该项索赔款中的利润额。

2. 索赔费用的计算

(1)计算原则

①合同原则。所谓合同原则,是指承包商提出的索赔必须以合同为依据。即合同中已经明确规定,此项风险损失费由业主及其代理人承担,或者明确规定此项风险费用不应由承包商承担。合同原则还包括索赔费用的计算方法应该采用合同规定的计算方法。

②损害事实原则。合同中规定由业主及其代理人承担的风险责任确实给承包商造成了实际损失,使承包商增加了额外费用,因此,承包商的索赔要以实际损害为前提,以损害事实为依据。如果没有损害事实,则承包商不能要求业主给予补偿。

(2)计算方法

①实际费用法。实际费用法是按照各索赔事件所引起损失的费用项目分别分析计算索赔值,然后将各费用项目的索赔值汇总,即可得到总索赔费用值。这种方法以承包商为某项索赔工作所支付的实际开支为依据,但仅限于由于索赔事项引起的、超过原计划的费用,故也称额外成本法。在这种计算方法中,需要注意的是不要遗漏费用项目。

②总费用法。总费用法又称总成本法,就是当多次发生索赔事件后,重新计算出该工程的实际总费用,再从这个实际总费用中减去投标合同价,即为索赔金额。

③修正的总费用法。修正的总费用法是对总费用法的改进，即在总费用计算的原则上，去掉一些不合理的因素，使其更合理。

第四节 公路工程结算

一、公路工程结算的概念

公路工程结算是指在工程实施过程中或工程完工后，发、承包双方依据国家有关法律、法规，按合同约定计算确定的最终工程价款。

合同约定的工程、服务或采购完成后，应编制工程结算文件。工程结算文件是承包人向发包人申请办理最终工程价款清算的依据。工程结算文件应依据合同文件、计量与支付文件、工程变更费用文件等资料编制。

二、公路工程结算文件的编制

1. 公路工程结算的编制方式

按照现行公路工程项目建设管理的通常方式，公路工程结算一般采用开工前预付（开工预付款和材料设备预付款）、施工期中按月支付（又称期中结算或工程进度付款）、工程接收证书颁发后交工结算（通用合同条款称"竣工结算"）、缺陷责任终止证书签发后结清（最终结算）的支付方式。工程结算中涉及的一些基本数据（如质量保证金的限额），通常在招标文件中以"项目专用合同条款数据表"的形式给出，见表7-8。

项目专用合同条款数据表 表7-8

序号	条目号	信息或数据
1	1.1.2.2	发包人：× × 地址：× × 邮政编码：
2	1.1.2.6	监理人：× × 地址：× × 邮政编码：
3	1.1.4.5	缺陷责任期：自实际交工日期起计算________年①
4	1.6.3	图纸需要修改和补充的，应由监理人取得设计和发包人同意后，在该工程或工程相应部位施工前____天签发图纸修改图给承包人
5	3.1.1	监理人在行使下列权力前需要经发包人事先批准： （6）根据第15.3款发出的变更指示，其单项工程变更涉及的金额超过了该单项工程签约合同价的____%或累计变更超过了签约合同价的____%
6	5.2.1	发包人是否提供材料或工程设备： 如发包人负责提供部分材料或工程设备，相关规定如下：__________

续上表

序号	条目号	信息或数据
7	6.2	发包人是否提供施工设备和临时设施： 如发包人负责提供部分施工设备和临时设施，相关规定如下：__________
8	8.1.1	发包人提供测量基准点、基准线和水准点及其书面资料的期限：__________ 承包人将施工控制网资料报送监理人审批的期限：__________
9	11.5(3)	逾期交工违约金：________元/天
10	11.5(3)	逾期交工违约金限额：________%签约合同价[②]
11	11.6	提前交工的奖金：________元/天
12	11.6	提前交工的奖金限额：________%签约合同价
13	15.5.2	承包人提出的合理化建议降低了合同价或者提高了工程经济效益的，发包人按节约成本的____%或增加收益的____%给予奖励
14	16.1	□因物价波动引起的价格调整按照第16.1.1项或第16.1.2项约定的原则处理。 若按第16.1.1项的约定采用价格调整公式进行调价，每半年或一年 按价格调整公式进行一次调整。 □合同期内不调价[③]
15	17.2.1(1)	开工预付款金额：____签约合同价[④]
16	17.2.1(2)	材料、设备预付款比例：______________等主要材料、设备单据所列费用的____%[⑤]
17	17.3.2	承包人在每个付款周期末向监理人提交进度付款申请单的份数：____份
18	17.3.3(1)	1.进度付款证书最低限金额____%签约合同价或____万元[⑥]。 2.安全专项费用支付：中标人向监理单位申报实际发生的用于安全生产实施费用，业主审批后据实予以支付
19	17.3.3(2)	逾期付款违约金的利率：________‰/天[⑦]
20	17.4.1	质量保证金：____%合同价格[⑧]，若交工验收时承包人具备被招标项目所在地省级交通运输主管部门评定的最高信用等级，发包人给予____%合同价格质量保证金的优惠。 质量保证金是否计付利息： □是，利息的计算公式：____________ □否
21	17.5.1(1)	承包人向监理人提交交工付款申请表（包括相关证明材料）的份数：____份
22	17.6.1(1)	承包人向监理人提交最终结清申请单（包括相关证明材料）的份数：____份
23	18.2(2)	竣工资料的份数：____份
24	18.5.1	单位工程或工程设备是否需投入施工期运行：____________ 如单位工程或工程设备需要进行施工期运行，需要施工期运行的单位工程或工程设备规定如下：__________
25	18.6.1	本工程及工程设备是否进行试运行：______
26	19.7.(1)	保修期：自实际交工日期起算____年[⑨]
27	20.1	建筑工程一切险的保险费率：____%

续上表

序号	条目号	信息或数据
28	20.4.2	第三者责任险的最低投保金额：____万元
29	24.1	争议的最终解决方式：仲裁或诉讼 如采用仲裁，仲裁委员会名称：__________

注：①缺陷责任期一般自实际交工日期起计算1年，最长不超过2年。
②逾期交工违约金限额一般为10%签约合同价。
③对于工程规模不大、工期较短的工程(例如工期不超过12个月的)，可以不进行调价。
④开工预付款金额：一般为10%签约合同价
⑤指主要材料，一般应为70%～75%，最低不少于60%。
⑥相当于中国人民银行短期贷款利率加手续费。招标人不能自行取消本项内容或降低利率。
⑦国际上一般按月平均支付额的0.3～0.5倍计算，我国可按0.2～0.3倍计算，以利承包人资金周转。
⑧质量保证金最高不超过合同价格的3%。
⑨保修期一般应为自实际交工日期起算5年。

2. 期中结算(工程进度付款)程序

期中结算是合同在履行过程中对每月所发生的付款申请、审查和支付的工作。通用合同条款规定的期中结算程序如图7-2所示。

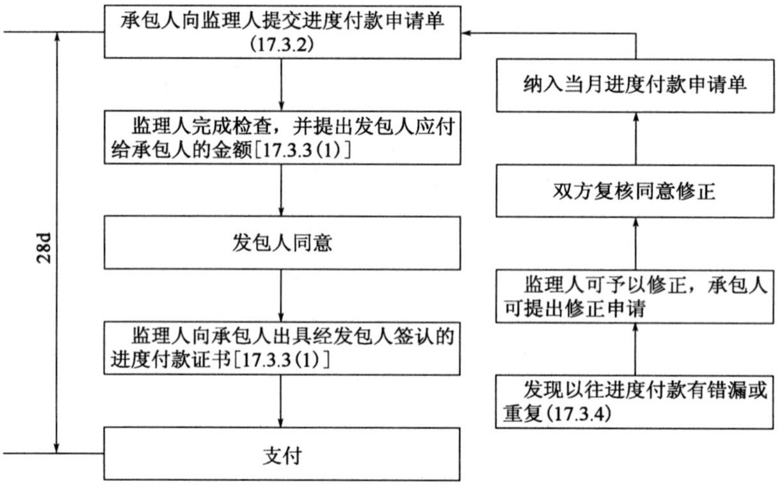

图7-2 期中结算程序

(1)承包人提交付款申请

根据合同规定，承包人应在每月末向监理人提交由其项目经理签署的按监理人格式要求填写的月结账单(付款申请书)一式6份，该月结账单包括以下内容：

①自开工截至本月末止已完成的工程价款。

②自开工截至上月末止已完成的工程价款。

③本月完成的(应结算的)工程价款，即①、②。

④本月完成的应结算的计日工价款。

⑤本月应支付的暂列金额价款。

⑥本月应支付的材料设备预付款。

⑦根据合同规定本月应结算的其他款项。

⑧价格调整及法规变更引起的费用。

⑨本月应扣留的保留金、材料设备预付款及开工预付款。

⑩根据合同规定,本月应扣除的其他款项。

(2)监理人审查与签证

监理人在收到承包人进度付款申请单以及相应的支持性证明文件后的14d内完成核查,提出发包人到期应支付给承包人的金额以及相应的支持性材料,经发包人审查同意后,由监理人向承包人出具经发包人签认的进度付款证书。监理人有权扣发承包人未能按照合同要求履行任何工作或义务的相应金额。

(3)发包人付款

根据《标准施工招标文件》(2007年版)通用条款第17.3.3款的有关规定,发包人应在收到期中支付证书后28d内将应付款项支付给承包人,如果发包人未能在规定期限内付款,则应按投标书附录规定的利率支付全部未付款额的利息。如果发包人收到承包人通知后的28d内仍不履行付款义务,承包人有权暂停施工。暂停施工28d后,发包人仍不纠正违约行为的,承包人可向发包人发出解除合同通知。

3. 交工结算程序

(1)承包人的交工支付申请

根据《公路工程标准施工招标文件》(2018版)专用条款第17.5.1款的规定,工程接收证书颁发后,承包人应按专用合同条款数据表约定的份数和期限(交工验收证书签发后42d内)向监理人提交交工付款申请单,并提供相关证明材料。除专用合同条款另有约定外,交工付款申请单应包括下列内容:

①交工结算合同总价。

②发包人已支付承包人的工程价款。

③应扣留的质量保证金。

④应支付的竣工付款金额。

(2)交工支付申请的审定与支付

监理人在收到承包人提交的竣工付款申请单后的14d内完成核查,提出发包人到期应支付给承包人的价款送发包人审核并抄送承包人。发包人应在收到后14d内审核完毕,由监理人向承包人出具经发包人签认的竣工付款证书。监理人未在约定时间内核查,又未提出具体意见的,视为承包人提交的竣工付款申请单监理人已经核查同意。发包人未在约定时间内审核又未提出具体意见的,监理人提出发包人到期应支付给承包人的价款视为发包人已经同意。

4. 最终结算程序

最终结清,即最后一次支付。它是在承包人的缺陷责任期满,缺陷责任期终止证书签发后才进行的支付,是发包人与承包人经济关系的结清。最终结清申请单中的总金额应认为是代表了根据规定应付给承包人的全部款项的最后结算。

(1)承包人提交最终结清申请单

根据现行《公路工程标准施工招标文件》(2018 版)专用合同条款第 17.6.1 款的约定,承包人向监理人提交最终结清申请单(包括相关证明材料)的期限为监理人签发缺陷责任终止证书后的28d 内,份数为"项目专用合同条款数据表"中约定的份数。

发包人对最终结清申请单内容有异议的,有权要求承包人进行修正和提供补充资料,由承包人向监理人提交修正后的最终结清申请单。

(2)监理人核查、发包人审核最终结清申请单

监理人收到承包人提交的最终结清申请单后的 14d 内,提出发包人应支付给承包人的价款送发包人审核并抄送承包人。监理人未在约定时间内核查,又未提出具体意见的,视为承包人提交的最终结清申请已经监理人核查同意;发包人未在约定时间内审核又未提出具体意见的,监理人提出应支付给承包人的价款视为已经发包人同意。

(3)监理人签发最终结清证书

发包人应在收到后 14d 内审核完毕,由监理人向承包人出具经发包人签认的最终结清证书。

(4)发包人在规定的时间内付款

发包人应在监理人出具最终结清证书后的 14d 内,将应支付款支付给承包人。

5. 公路工程结算文件

(1)说明

工程结算文件应全面、准确、直观地反映合同、工程变更、结算的数据、单价及合价,其编制说明应包括下列内容:

①工程范围及主要工作内容等。

②工程结算文件编制依据、合同价及工程变更的主要内容等。

③工程结算遗留问题。

④其他与工程结算有关但不能在表格中反映的事项。

(2)基本表格

工程结算的基本表格包括工程结算项目清单对比表(结算 1 表)、工程结算工程量清单对比表(结算 2 表)、工程变更台账表(结算 3 表)。工程变更台账表见表 7-5,其他表格格式见表 7-9、表 7-10。

工程结算项目清单对比表 表 7-9

建设项目名称: 合同段:

编制范围: 第 页 共 页 结算 1 表

要素费用项目编码	清单子目编码	工程或费用名称	单位	合同			结算			增减			备注
				数量 1/数量 2	单价 1/单价 2(元)	合价(元)	数量 1/数量 2	单价 1/单价 2(元)	合价(元)	数量 1/数量 2	单价 1/单价 2(元)	合价(元)	

编制: 复核:

说明:变更令号为项目建设单位统一编制的变更号。

工程结算工程量清单对比表　　表 7-10

建设项目名称：　　合同段：

编制范围：　　第　页　共　页　　结算 2 表

序号	清单子目编码	清单子目名称	合同金额(元)	结算金额(元)	增减金额(元)
1	100	第 100 章　总则			
2	200	第 200 章　路基工程			
3	300	第 300 章　路面工程			
4	400	第 400 章　桥梁、涵洞工程			
5	500	第 500 章　隧道工程			
6	600	第 600 章　安全设施及预埋管线			
7	700	第 700 章　绿化及环境保护设施			
8	800	第 800 章　管理、养护设施			
9	900	第 900 章　管理、养护及服务房屋			
10	1000	第 1000 章　其他工程			
…	…	……			
001		各章合计			
002		计日工合计			
003		暂列金额			
004		总价 004 = (001 + 002 + 003)			

编制：　　复核：

三、造价管理台账

造价管理台账是在公路工程实施阶段，总体反映公路工程自初步设计至工程竣工过程中的造价变化、工程变更、合同支付以及预估决算等造价管理动态信息的台账式文件。

工程实施阶段，建设单位应组织编制造价管理台账。造价管理台账是合理控制投资的有效手段，其内容应反映公路工程建设项目实施期工程投资动态变化的总体情况。造价管理台账应依据批准的初步设计概算、施工图预算、合同价、工程变更、投资进度及其他相关的造价管理信息等资料进行编制，并动态更新。

造价管理台账的编制说明应包括造价管理总体情况、造价文件批复、重(较)大设计变更、工程费用支付、重大造价变化及原因分析、预估决算及其他需要说明的事项等。

造价管理台账的基本表格包括造价台账汇总表(台账 1 表)、工程变更台账表(台账 1 表)、中标价与业主控制价对比表(台账 1 表)、合同支付台账表(台账 1 表)，其格式应符合规定的要求。

四、工程竣工决算与造价执行情况报告

1. 工程竣工决算

公路工程竣工决算指经审定的从筹建到竣工验收、交付使用全过程中实际支出的全部工

程建设费用。工程竣工决算是整个公路工程的最终造价，作为建设单位财务部门汇总固定资产的主要依据。

公路工程建设项目竣工验收前，应编制工程竣工决算文件。工程竣工决算文件应全面、准确、清晰地反映公路工程项目自筹建至竣工发生的全部费用。

工程竣工决算文件应包括项目地理位置图、编制说明、基本表格和辅助表格。基本表格包括工程概况表（竣1表）、财务决算表（竣2表）、资金来源情况表（竣3表）、工程竣工决算汇总表（竣4表）、工程竣工决算汇总表（合同格式，竣4-1表）、全过程造价对比表（竣5表）等。

工程竣工决算文件的表格应符合下列规定：

（1）全面、准确、清晰地反映项目的主要工程概况、建设资金来源与使用、实际投资，以及自决策至竣工阶段的工程造价变化情况。

（2）全过程造价对比表的内容应能实现从决策至竣工各阶段要素费用项目对比，并与实施阶段的造价台账汇总表的内容相对应。

（3）在基本表格基础上，补充各项费用基础数据计算等辅助表格，实现数据可追溯，确保造价文件完整。

2. 造价执行情况报告

造价执行情况报告是指在公路工程竣工验收前，建设单位就本公路工程全过程造价管理和投资控制等情况编制的造价工作总结报告。造价执行情况报告归入建设单位的项目执行报告。

造价执行情况报告应总体反映公路工程建设全过程中主要阶段的造价管理情况。主要内容包括项目的工程概况，投融资方式，建设管理模式，概（预）算执行情况，合同管理，重（较）大设计变更，工程竣工决算，造价信息收集和报送，造价管控目标、措施、成效及体会，以及上级单位对本项目的造价管理或投资控制方面的考核情况等。

思考题

1. 何谓工程计量与支付？其依据有哪些？
2. 公路工程费用支付按其内容分为哪几类？
3. 何谓工程计量？工程计量的条件是什么？工程计量的依据是什么？
4. 简述工程变更的范围。
5. 试分析工程变更产生的原因。
6. 工程变更单价的确定原则有哪些？
7. 工程变更单价如何确定？
8. 何谓工程索赔？按索赔的目的（或内容）可以将施工索赔分为哪几种？
9. 试分析引起工程索赔的原因主要有哪些。
10. 试述工程索赔费用的内容。
11. 索赔金额的计算方法有哪几种？
12. 何谓公路工程结算？说明公路工程结算的编制方式。

参考文献

[1] 交通运输部职业资格中心. 交通运输工程技术与计量[M]. 北京:人民交通出版社股份有限公司,2019.

[2] 交通运输部职业资格中心. 交通运输工程造价案例分析[M]. 北京:人民交通出版社股份有限公司,2019.

[3] 中华人民共和国行业标准. JTG 3830—2018 公路工程建设项目概算预算编制办法[S]. 北京:人民交通出版社股份有限公司,2018.

[4] 中华人民共和国行业标准. JTG 3832/T—2018 公路工程预算定额[S]. 北京:人民交通出版社股份有限公司,2018.

[5] 中华人民共和国行业标准. JTG 3833/T—2018 公路工程机械台班费用定额[S]. 北京:人民交通出版社股份有限公司,2018.

[6] 中华人民共和国行业标准. JTG 3810—2018 公路工程建设项目造价文件管理导则[S]. 北京:人民交通出版社股份有限公司,2018.

[7] 中华人民共和国交通运输部. 公路工程标准施工招标文件(2018 版)[M]. 北京:人民交通出版社股份有限公司,2018.

[8] 赖雄英,郭俊飞. 公路工程造价编制与应用[M]. 北京:人民交通出版社股份有限公司,2018.

[9] 雷书华,高伟,马涛. 公路工程预算与工程量清单计价[M]. 2 版. 北京:人民交通出版社,2013.